KB160710

동북아 냉전 체제의 고착과 문화적 재현

이 저서는 2017년도 정부(교육부)의 재원으로 한국연구재단의 지원을 받아 수행된 연구임.
(NRF-2017S1A6A3A02079082)

NORTHEAST ASIA DIMENSION

동·북·아·다·이·멘·션
연구총서

8

# 동북아 냉전 체제의 고착과 문화적 재현

원광대학교 한중관계연구원
동북아시아인문사회연구소 편

경인문화사

현재 세계는 냉전의 귀환, 즉 신냉전Second Cold War의 도래와 여파로 고심하고 있다. 그러나 동북아시아는 지금껏 냉전Cold War의 구심력에서 벗어난 적이 없었다. 1945년 2차 세계대전 종전 후 동북아시아는 빠른 속도로 냉전에 진입했다. 일본을 단독 점령한 미국은 점령정책의 목표를 전쟁 책임 추궁 및 국가개조에서 냉전 기지화로 조정했고, 중국은 공산화됐으며, 한반도는 냉전 시기 첫 전면적 열전Hot War인 한국 전쟁을 겪었다. 그 결과 동북아시아는 본격화된 냉전 체제 속에서 미국 중심의 바퀴살 hub-and-spokes 체제와 중소동맹의 성립과 분열이라는 새로운 지역 구조와 대면하게 됐다. 특히 미국의 정책 변화를 틈타 전쟁 책임을 냉전 참여로 회피한 일본의 성장과 위상은 현재 동북아 갈등의 원천으로 지적되기도 한다. 동북아시아 국가의 대외적 독립성과 대내적 자유를 약화시킨 냉전은 동북아시아 국가들의 정치, 사회, 경제, 문화 등에 고착됐다. 또한 동북아에서 냉전은 단지 대외정책의 노선에 해당하는 문제를 넘어 자신을 새로 바라보고 구성하는 동학動學 그 자체이기도 하다. 동북아 국가들이 냉전 체제를 살아가고 이용하면서 제각기 대내외적인 폭력의 장치를 국가에 장착해 사회에 투사하며 냉전을 내재화했기 때문이다. 이렇듯 냉전은 동북아 국가와 사회의 외부와 내부, 어제와 오늘을 관통하며 오늘에 이르렀다. 그러므로 냉전이 고착되는 과정과 냉전을 기억하고 의미화 하는 방식을 이해할 수 있다면, 동북아시아는 냉전이라는 역사적 경험과 현실 속에서 자신과 서로를 더 깊이 이해할 수 있는 공감과 소통의 지대로 한 걸음 더 나아갈 수 있을 것이다.

이 책은 원광대학교 한중관계연구원 HK+동북아시아인문사회연구소에서 수행하고 있는 "동북아 공동번영을 위한 동북아시아다이멘션 NEAD 토대 구축" 사업의 연구 성과를 담은 여덟 번째 연구총서다. 이번 총서에는 냉전 체제라는 구조와 냉전의 내재화라는 동학, 이 단절되지 않은 역사 속에서 동북아시아의 상호 이해가 가능한 역사적 경험 지대를 모색했다.

마크 E. 카프리오Mark E. Caprio의 총론 「집단 책임과 한반도 분단: 동북아 평화공존 로드맵」은 강력한 국가와 국익 추구의 정당성을 제공하는 현실주의적 사고에 기초한 국제관계와 한반도의 침략 및 분단의 관계성 및 의미를 일별하고, '한반도 분단의 집단 책임'이라는 장을 제시한다. 근대와 냉전의 교차와 변주는 동북아시아 모두의 경험이자 과제다. 열전인 한국전쟁과 그 결과인 한반도 분단은 동북아의 냉전을 고착시키고 근대적 경쟁을 촉발하며 서로 간의 새로운 관계성을 형성했다. 현재 동북아시아 주요 국가는 모두 한반도 분단의 책임에서 자유롭지 않다. 이는 곧 역설적으로 '한반도 분단의 집단 책임'에 관한 저마다의 자성自省이 서로를 이해하는 새로운 사유의 실마리가 될 수 있다는 뜻이기도 하다. 한반도와 동북아의 평화는, 관련국 모두에게 서로에 대한 비난과 처벌뿐 아니라 자신에 대한 자성과 책임도 요구하고 있다.

제1부 〈동북아 냉전의 고착과 영향〉에서는 연합국최고사령부GHQ의 정책 및 기능 변화, 중국의 일본전범 재판, 1950~60년대 홍콩에서의 아시아재단, 8·15에 대한 남북한의 기억담론 연구를 통해 냉전의 동북아 고착 과정의 양상과 의미를 다룬다.

유지아의 「냉전 체제 고착과 GHQ의 정책 변화: 전범추방에서 레드퍼지로」는 연합국최고사령부GHQ의 정책 변화의 내용과 역사적 의미를 고찰한다. 아시아태평양 전쟁 직후 GHQ의 목표는 일본의 비군사화와 민주화였다. 하지만 냉전체제가 고착되면서 미국은 일본을 아시아의 '반공방파제' 내지 '군수물자의 공장'으로 재규정한다. 이에 따라 GHQ의 대일본 정책은 '기존 일본의 해제'가 아니라 '반공 기지 일본의 탄생'에 초점을 두고 전개된다. 사회적 추방과 견제의 대상이 군국주의자를 중심으로 한 우익에서 좌익 세력으로 바뀌었고, 일본 전쟁 책임과 관련한 반성과 성찰의 역사적 과정 없이 냉전의 일원이 됐다. 이후 일본 경찰예비대는 해체된 제국 군인을 수용하며 자위대의 핵심 세력으로 발돋움했고, 일본 민주주의는 냉전에 적합한 반공 민주주의의 형태를 갖췄으며, 일본의 대외정책은 미국과의 동맹을 최우선으로 삼고 전개됐다. 이 일련의 과정은 냉전이 동아시아에 드리운 그림자를 숙고하게 만든다.

염송심·유지원의 「전후 중국의 일본전범 재판 연구」는 중국의 일본전범 재판 연구를 통해 동아시아의 전쟁기억과 역사인식 이해를 시도한다. 국민정부의 전범 재판은 근대 이후 처음으로 주권국가로서 침략에 대해 판결하는 작업이었으나, 내전 승리라는 국민당의 정치적 목적과 일본을 냉전의 일원으로 편성하던 당시 미국의 정책 등 요인으로 인해 상당수의 전범이 재판과 처벌을 면했다. 반면 신중국정부의 일본전범 재판(1950-1956)은 국민정부에 비해 상대적으로 엄격한 판결과 관대한 처분이라는 두 축으로 진행됐다. 전범들은 수감 동안 사상교육과 노동개조를 받았고, 법정은 전범들을 심사한 후 석방했다. 본 연구는 두 정부의 전범재판을 비교하면서 자주적이고 독립적인 능력을 갖춘 현대적 정부의 수립이 중요하다는 점, 그리고 침략전쟁 범죄에 대한 일본의 진정한 반성과 사과가 결여된 상황에서 피해자 중국의 일방적 관용과 용서로는 진정한 역사적 화해를 실현할 수 없다고 강조한다.

오병수의 「아시아재단과 홍콩의 냉전(1952-1961): 냉전시기 미국의 문화정책」은 1950년대 아시아재단 홍콩지부의 설립 배경과 활동을 통해 홍콩의 냉전과 미국의 동아시아 정책을 지역사의 맥락에서 검토했다. 아시아재단은 1954년 자유아시아위원회(The Committee for Free Asia)를 개조해서 설립됐다. 이 재단의 목표는 냉전시기 자유 아시아 지역의 반공 블록을 형성해 중공의 팽창을 저지하는 것으로, 이를 위해 심리전과 선전전의 일환으로 홍콩 및 동남아 화교를 대상으로 하는 다양한 교육 문화 사업을 진행했다. 특히 1960년대부터 홍콩의 상징성을 주목하고 홍콩 자체의 경제적 번영과 자유 시민 육성에 힘을 기울였다. 이는 미국적 가치관에 바탕을 둔 새로운 지역 질서를 형성하려는 미국의 의도에 부합하는 것으로, 당시 홍콩은 당대 중국에 관한 정보를 미국에 제공하거나 미국의 의도에 부합하는 학술·문화 사업을 다발적으로 펼치며 냉전을 수행한다. 홍콩의 사례는 냉전 시기 미국이 구상한 동아시아 지역 질서와 외교정책의 틀이 갖는 정치적·사회적 영향력을 고민하게 만든다.

곽송연의 「냉전시기 8.15에 대한 남북한 기억담론 연구: 최고지도자의 연설문에 나타난 해방과 분단, 국가정체성의 교차를 중심으로」는 냉전시기 남북한 최고지도자의 기념사를 통해 8·15에 대한 남북한 국가의 이데올로기적 담론을 분석한다. 기념사를 통해 본 남북한의 민족관은 모두 민족주의적 시각과 이데올로기적인 기준선을 중심으로 정의됐다. 특히 양자가 공유하는 종족 상징주의에 입각한 민족주의적 시각은 국가의 존립 근거인 정통성을 주창하는 근거임과 동시에, 서로를 반민족적 집단으로 비난하는 정당성의 근원으로 작동했다. 남북한 모두 8·15라는 공적 기념의 서사를 현재의 정치적 필요에 따라 재구성하는 정당화의 재원으로 활용한 것이다. 남북의 권력이 모두 냉전과 분단 구조를 자기 강화에 활용했다는 사실은 냉전과 권력의 관계를 더 깊이 고찰하게 해준다.

제2부 〈동북아 냉전 경험의 문화적 재현〉에서는 한국 전후시에 나타난

다양한 층위의 죽음 의식, 1950년대 아시아재단의 영화프로젝트와 문화냉전, 히노 하시헤이의 '반핵 평화' 담론과 전후 일본의 평화주의, 1950년대 항미원조 문학 등을 통해 냉전 이 동북아시아 각 사회에서 어떻게 작동하고 문화적으로 재현됐는지, 그리고 그 재현의 영향과 의미는 무엇인지를 살핀다.

김정배의 「한국 전후시에 나타난 죽음 의식의 세 층위: 『구름의 파수병』과 『원정』을 중심으로」는 김수영의 『구름의 파수병』과 김종삼의 『원정』을 중심으로 한국전쟁 이후 한국 시문학에 나타난 죽음 의식의 세 층위를 분석하고 죽음에 관한 미적 확장 가능성을 타진한다. 전후시의 죽음 의식은 단순한 현실로부터의 도피가 아니라, 오히려 '전쟁으로 모든 게 파괴된 이 땅에서 모든 것을 새롭게 창조해야 한다는' 실존의식과 함께 등장한 전후세대의 '화전민 정신'이 반영된 의미화 작업에 가까웠다. 전후시인에게 '죽음'이 삶과 문학을 확장할 수 있는 또 하나의 터전이었다는 사실은 문화가 전쟁이나 냉전 같은 거대한 외부의 힘을 응시하며 조응하고 대응한다는 사실을 확인시켜준다.

이상준의 「아시아재단의 영화프로젝트와 1950년대 아시아의 문화냉전」은 1954년에 아시아재단으로 개명된 자유아시아위원회의 1950년대 영화 프로젝트 기원과 경로를 역사적으로 조망한다. 특히 자유아시아위원회에서 아시아재단으로의 정체성 변화에 이르는 기간 동안 아시아 각 국가에 설치된 지부, 그리고 각 지부의 현장 요원들이 아시아에서 친미 성향의 반공 영화 제작자 동맹을 구성하기 위하여 은밀하게 수행한 프로젝트의 방법과 범위를 주목했다. 이를 통해 1950년대 미국 주도의 냉전문화정책이 아시아 각국의 영화 산업과 문화에 끼친 영향은 결국 대상국 및 대상 사회와 상호작용하며 구성된다는 것을 이해할 수 있다.

김지영의 「전후 일본의 평화주의와 냉전의 심상지리: 히노 하시헤이의 '반핵 평화' 담론을 중심으로」는 히노 아시헤이(火野葦平)가 1950년대에 문화 외교의 장에서 발신한 '평화주의'적 메시지가 각각 아시아, 소련, 미국과의 관계에서 어떻게 냉전 상황과 맞물려 보편주의적 평화주의로 수용되었는지를 살핀다. 1945년 이후 아시아에서는 탈식민화와 냉전체제 구축이 동시에 진행됐다. 포스트제국과 냉전의 역학이 교차했고, 여기서 일본의 평화주의 담론이 싹텄다. 히노 아시헤이의 평화주의적 메시지가 보편주의적 평화주의로 수용되는 과정은, 일본제국주의의 과거를 봉인하는 대신 냉전을 내장한, 즉 '제국'이 삭제된 냉전 서사에 기반하는 일본 평화주의 담론의 특징과 한계를 보여준다.

한담의 「신중국 초기 냉전적 세계관 고찰: 1950년대 '항미원조' 문학을 중심으로」는 웨이웨이魏巍, 양쉬楊朔, 루링路翎처럼 한국전쟁 당시 전지戰地 취재와 생활 체험, 창작, 북한 방문 위문단 등 다양한 목적으로 한반도를 방문한 작가들의 작품을 분석했다. 이들은 새로운 당의 문예 지침에 따라 항미원조 문학을 창작하여 고국으로 전송했고, 중국 인민들은 그들의 작품을 통해 경험하지 못한 가상의 전쟁, 즉 이데올로기 틀 안에서의 한국전쟁을 상상할 수 있었다. 연구는 이 명제에서 한 걸음 더 나아간다. 한국전쟁이 신중국 수립 직후였기 때문에 작가들이 기존의 출신 성분과 세계관을 완벽하게 계급 이데올로기로 '개조'하지는 못한 상태였다는 점에 주목하고, 항미원조라는 동일한 소재에서 빚어졌던 상이한 서사 유형을 수색해냈다. '계급 정체성' 서사의 초석, '민족주의' 정서의 냉전적 전환, '인도주의' 시야에서 바라본 전쟁이라는 세 가지 서사 유형으로 분석한 신중국 초기 냉전적 세계관의 혼재 양상은 냉전의 고착과 변용이라는 주제를 더 다채롭게 검토할 수 있게 해준다.

동북아시아에서 냉전 체제는 그 자체로 존재하지 않고 존재할 수 없다. 냉전이 내려앉고 녹아들고 굳어지는 지역, 국가, 사회, 분야, 상황에 따라 냉전의 양상과 동학은 다양하다. 그렇기 때문에 냉전의 고착 과정을 검토하는 이 책은 동북아 국가들이 서로의 현실과 욕망을 이해하는 역사적 토대 구축에 도움을 준다. 동시에 냉전의 고착과 내재화를 응시하고 해석하는 문화적 재현의 틈새를 수색하는 작업은, 강력한 이데올로기와 문화의 조응 내지는 문화의 대응 사이에도 공간이 존재한다는 사실을 상기시킴으로써 동북아가 상호 연대할 수 있는 문화적 지점을 모색하게 만든다. 또한 일견 보편당위에 부합하는 듯한 평화담론의 기저를 파고드는 분석은, 이른바 '동북아 공동체론'의 논의가 분분한 상황에서 냉전과 동북아 사이의 관계성과 동학 인지의 중요성을 일깨운다. 현재 동북아는 냉전을 온전한 역사의 영역으로 밀어내지 못한 상황에서 냉전이 유발한 긴장의 한복판에 서 있다. 이 '이중 냉전' 혹은 '냉전의 중첩'은 동북아가 앞으로 견뎌야 할 새로운 대내외적 시련과 폭력을 예고하고 있는지도 모른다. 모두가 저마다의 이익과 욕망을 서로와 자신에게 투사하며 질주하려는 현시점에서, 냉전의 실태와 영향을 고찰한 이 책이 성찰의 역할을 수행할 수 있기를 바란다.

2022년 10월
김정현
원광대학교 한중관계연구원장
HK+동북아시아인문사회연구소장

# 차
# 례

총론

# 집단 책임과 한반도 분단

## : 동북아 평화공존 로드맵

마크 E. 카프리오(Mark E. Caprio)

전 릿쿄대학(立教大学) 교수

　　지난 수 세기 동안, 현실주의적 사고는 전쟁이 갈등을 해결하는 데에 가장 효과적이라는 생각을 사람들의 마음속에 심어왔다. 오랜 기간 국가는 이 무질서한 세계에서 피할 수 없는 전쟁에 대비하기 위해 다른 국가와 동맹을 맺고, 영토를 통제하며, 그들의 군사력을 강화시켜 왔다. 이렇게 함으로써, 국가는 적의 공격 위협을 감소시켜 전쟁 위협을 줄이는 동시에 평화의 가능성을 증가시킨다고 믿었다. 적어도 현실주의자들은 그런 결론을 내렸다. 최근의 예를 들자면, 핵무기가 외부의 침입에 대한 억제력을 제공하기 때문에 핵무기가 확산되면 더 높은 수준의 세계 평화를 이룰 수 있을 거란 주장도 있었다.[1] 현실주의적 사고에 따르면, 국가는 무질서한 세계에서 "합리적"인 지도자가 국익을 지키기 위한 방향으로 나아간다. 전쟁에 대해 확실히 대비하면, 적국이 공격하면서 감당해야 할 위험 역시 늘어난다. 패배할 가능성이 더 커진다면, 적국 입장에서는 더 강한 적국을 상대로 전쟁을 일으키는 건 불합리한 행동일 것이기 때문이다. 하지만, 역사는 이 주장에 오류가 있음을 증명했다. 역사 속의 국가들은 국력이 언제나 침략 행위를 막지는 못한다는 사실을 보여줬다. 강대국은 종

---

1) 케네스 월츠Kenneth N. Waltz는 스콧 사간Scott D. Sagan과의 논쟁에서 이와 같은 입장을 취하였다. Scott D. Sagan and Kenneth N. Waltz, *The Spread of Nuclear Weapons: A Debate Renewed* (New York: W. W. Norton, 2002).

종 자신의 군사적 우위를 이용하여 약소국을 압박하고, 약소국은 이에 대해 공격적으로 대응하기도 하였다. 한 국가와 경쟁국 사이의 이익선이 엇갈릴 때, 현실주의적 사고로 인해 국가가 전쟁에 의지하게 될 가능성이 줄어들기는커녕 오히려 늘어난다고 결론을 내려야 하는 게 맞지 않을까? 전쟁은 많은 경우 제로섬 형태로 끝나고, 승자는 자신들의 참전을 정당화하며 부적절한 침략 행위가 모두 패자에게 책임이 있다고 떠넘긴다. 그리고는 승자와 패자 모두 언젠가 하게 될 미지의 다음 전쟁을 준비한다.

19세기 중반 이후 한반도 역사는 대부분 이러한 사고의 영향을 받았다. 저무는 중국과 떠오르는 일본 사이에 위치한 상대적 약소국 입장에서, 한민족은 주변국의 세력권 확장을 위한 경쟁, 일본의 식민지배, 미국과 소련의 분할점령을 겪어야 했고, 북한 지역은 국제사회와의 협력을 거부하면서 오랜 시간 고립되어야만 했다. 한국의 불운한 역사는 국익을 수호할 수 없었던 무능력에도 일정 부분 책임이 있다. 하지만 한국이 겪은 역사적 문제는 다른 국가들이 자국의 세력권을 확장하다가 한반도에서 충돌하면서 생긴 결과이다. 이런 점을 생각하면, 지난 수십 년간 한국이 겪었던 문제는 한국만의 책임이 아니라 집단적인 것이다. 그럼에도 불구하고, 과거에도 그렇고 현재의 국제사회 역시 이 책임을 한국만 부담하게 만들었다. "식민지배는 약소국이었던 한국이 한반도에 전쟁을 끌어들였기 때문이다", "능력 있는 한국인이 없었기 때문에 해방 이후 점령과 분단이 필요했다", "지금은 핵으로 무장한 북한이 취한 행동 때문에 경제적 고립과 핵감시를 받는 것이다"라는 식으로 말이다.

이 논문은 한국이 겪는 문제가 역사상 한국에 개입했던 다른 나라의 책임을 이해하지 않고서는 해결이 불가능하다고 주장하고자 한다. 현재, 북한 정권은 꾸준히 군사력을 강화하며 한반도, 동북아시아와 세계의 안보 상황을 위협하기 위한 수단을 계속 확보하고 있다. 압박을 통해 김씨 정권을 무너뜨리려는 시도는 이미 실패하였다. 그럼에도 불구하고, 국제

사회가 유일하게 내놓은 답은 압박을 더욱 강하게 하는 것이다. 이는 불난 데에 기름을 붓는 것과 다를 바 없는 행위로, 남북과 북미 간의 긴장만 늘려왔다. 국제적인 압박은 남한이 미국과의 동맹으로 인해 확실한 군사적 우위가 있음에도 불구하고 여러 차례 한반도를 전쟁의 위기로 몰았다. 그러나, 현재까지도 미국은 북한만이 이를 해결할 열쇠를 쥐고 있으며, 북한만이 북한 내부 문제뿐만 아니라 동북아시아, 심지어 국제적인 불안정 상태에 대한 책임이 있다는 생각을 가지고 있다. 이를 옹호하는 사람들은 이 문제가 오로지 북한이 검증 가능한 비핵화를 할 때에만 해결할 수 있다고 주장한다. 경제제재 해제, 외교관계 복원, 국제사회로의 복귀와 같은 긍정적인 조치는 비핵화 이후에나 가능하다는 것이다. 이 조건은 한반도가 과거부터 현재에 이르기까지, 주변국이 한반도에 대해 가지고 있던 이해관계를 지키려다 현재의 문제를 초래했다는 역사적 전개를 무시하고 있다. 이들의 행위는 지리적·이념적 분단을 키웠고, 결국에는 1,500년 이상 하나의 통일된 체제로 이어져 온 국가와 민족을 갈라서게 만들었다. 이러한 역사를 살펴보면 주변 강대국의 책임 역시 시대에 따라 변화하며 오늘날까지 이어졌음을 알 수 있다. 한국 문제를 해결하기 위한 첫 걸음은, 현재의 상황에 대한 과거의 책임을 인정하는 것이어야 한다. 주변국이 집단적 책임을 인정함으로써, 한 국가에 모든 책임을 묻는 것보다 상처를 치유하기 위한 더 좋은 기회를 제공할 수 있다. 19세기 후반부터 외국의 엄청난 압박을 겪어야 했던 한반도는 기존 접근이 실패하였음을 여실히 보여주고 있다. 지난 수십 년간, 현실주의적 사고는 "한국 문제"를 해결할 수 없음이 증명되었다. 그러므로, 실행 가능한 해결책을 원한다면 사고 방식의 전환이 필요하다.

이 논문은 이러한 변화를 제안하고자 한다. 지난 수십 년간 한국의 근대사를 살펴보며, 한국의 부족한 면뿐만 아니라 강대국이 동북아시아 지역에서 자국의 국익을 위해 한반도를 이용하면서 취한 행동이 한국에 어떤 결과를 불러일으켰는지 알아보고자 한다. 이 논문은 역사적 과정에 대한 책임이 다수에게 있는 만큼, 해결책을 위한 방안 역시 다수의 노력으로만 얻을 수 있다고 주장하고자 한다. 이 해결책은 한반도의 지리적·사상적 통일이 될 수 있겠지만, 이 역시 한민족이 원하고 결정할 때에만 이뤄질 수 있는 것이어야 한다. 그래도 최소한 관련국들이 논의를 통해 결론에 이른다면 한반도, 동북아시아, 그리고 세계의 안보와 행복을 위협하는 문제에 대한 해결책이 무엇이 될 수 있는지는 보여줄 수 있다. 일단 주변국이 합의에 성공하면, 이를 받아들여 통일을 할지, 현재와 같은 분단 상태를 이어 갈지에 대한 결정은 전적으로 한국인이 내려야 한다.

## 1. 현실주의적 사고와 식민제국의 확장

그렇다면, 수 세기 동안 여러 나라의 국제 관계를 주도한 "현실주의"라는 사상은 무엇인가? 현실주의를 다루는 글들은 주로 아테네의 역사학자 투키디데스Thucydides의 『펠로폰네소스 전쟁사』(BC 431-404), 그리고 16세기 이탈리아 학자 니콜로 마키아벨리Niccolò Machiavelli의 『군주론』(1532)을 이론의 기반으로 소개하지만, 이와 같은 사고 방식에 "현실주의"라는 이름이 정식으로 붙은 건 20세기 초에 들어서면서 였다. 하지만, 현실주의의 현대적 요소는 초기 학자인 산드리나 안투네스Sandrina Antunes와 이사벨 카미사오Isabel Camisão가 제시한 내용을 계승하고 있다. 이 두 학자는 현실주의의 4가지 핵심 요소로 다음을 들었다: 1) 국제관계에서 국가는 가장 중요한 행위자이다; 2) 국가는 국익을 추구하기 위해 구성원 전체가 함께 행동하는 "단일한 행위자"이다; 3) 세계 단위로 경쟁하는 환경에서 살아남기 위해 국정을 운영하는 정책결정자는 "이성적인 행위자"이다; 그리고 4) 이 국가들을 다스리는 주체가 없음을 고려할 때 국제적 환경은

"무질서 상태"라고 볼 수 있다.2) 국제적 환경이 무질서하면 각 국가들은 상대적으로 평화로운 시기에도 이후에 다가올 피할 수 없는 분쟁을 준비해야만 한다. 이러한 사고방식은 1876년 조선이 "개항"하기 이전부터 외국의 한반도 정책과 한반도 내 국내 정책을 주도하였다.

19세기 후기와 20세기 초기의 국제적 확장은 이러한 사고방식의 산물이었다. 국가는 그들이 통치하는 지역의 주민과 시민, 그리고 국가가 생각하기에 자국의 영토여야 하는 지역을 통합하는 것이 확장의 출발이라고 믿었다.3) 자국의 영토를 확보한 뒤, 확장적인 성향을 가진 국가는 국경 바로 옆에 인접해 있는 지역을 통제하고자 하였다. 최종적으로, 국가는 미래의 군사적 충돌에 대비하기 위해 산업 기반을 강화하려면 이에 필요한 인적·물적 자원을 갖춘 지역을 확보해야 한다는 결론에 이르게 되었다. 이로 인해 위기에 처하게 된 건 자국의 주권영토를 확실히 밝히고 주민을 통합하는 가장 기초적인 단계조차 달성할 수 없는 국가들이었다.

1889년 메이지 헌법 공포 후 처음으로 취임한 야마가타 아리토모山縣有朋 일본 수상은 1890년 제국의회 개회식에서 이 개념을 설명하였다. 이 자리에서, 그는 일본 열도를 지키기 위해 "주권선"과 "이익선"을 보호해야 한다고 하였다. 야마가타는 일본이 주권을 확장하면 이익선 역시 확대해야 한다고 주장하였다. 이와 같은 사고 방식은 야마가타가 만들어낸 게

---

2) Sandrina Antunes and Isabel Camisão, "Introducing Realism in International Relations Theory," *E-International Relations*, February 27, 2018, https://www.e-ir.info/2018/02/27/introducing-realism-in-international-relations-theory/ (accessed January 3, 2021).

3) 이렇게 다양한 집단이 "상상의 공동체"를 형성한다는 개념은 베네딕트 앤더슨 Benedict Anderson의 1983년 책, *Imagined Communities: Reflections on the Origin and Spread of Nationalism* (London: Verso)를 통해 유명해졌다. 이 상상의 공동체들 사이의 경계를 정하는 데에 지도가 얼마나 중요한지에 대해서는 베네딕트 앤더슨의 제자였던 통차이 위니차쿨Thongchai Winichakul이 1994년에 출간한 책 *Siam Mapped: A History of the Geo-Body of a Nation* (Honolulu: University of Hawai'i Press)이 보여주었다.

아니다. 그는 분명 1869년 유럽으로 파견되어 군사전략을 연구하는 동안 이와 같은 사상을 접했을 것이다.[4] 이 같은 사고방식은 이미 일본인에게 도 수십 년간 익숙하였다. 이러한 주장은 1798년『경세비책』(経世秘策)이 란 책을 쓴 혼다 도시아키本多利明나, 1825년『신론』(新論)을 쓴 아이자와 세이시사이会沢正志斎, 1850년대 인물인 요시다 쇼인吉田松陰, 그 외 많은 일 본인이 설파하였다. 이 3명의 일본인 학자는 서로에게 영향을 끼쳤고, 특 히 요시다는 메이지明治 시대(1868-1912) 초기 조슈번長州藩에서 자신이 운 영하던 학당에 다니던 야마가타 아리토모, 이토 히로부미伊藤博文 등 주요 관료들에게 이와 같은 사상을 주입하였다. 일본이 18세기부터 1910년까 지 늘 식민제국의 확장을 꿈꾼 국가라는 결론은 섣부를 수 있지만, 한반도 가 결국에는 일본 제국에 합병될 것이라고 본 일본인이 적게나마 있었음 은 의심의 여지가 없다. 몇몇 확장 시나리오에서 한국 병합 문제가 언급되 었다. 하지만 혼다, 아이자와, 그리고 어쩌면 요시다까지 크게 자극을 받 게 된 계기는 18세기 말 일본 북부의 에조蝦夷(현재의 홋카이도北海道), 주 변 섬들과 혼슈本州 북단에 도착한 러시아 탐험대였다. 일본인들은 이 러 시아 침입자가 온 것을 "침략"의 전초 단계로 봤다. 그들은 일본과의 무역 을 독점하려 했던 네덜란드인들이 만든 보고서를 심각하게 받아들였는데, 이 보고서는 러시아가 제국주의적 의도를 가지고 있다고 주장하였다. 하 지만 일본 해안에 도착한 이 탐사대는, 이처럼 야심찬 계획을 추진하기엔 너무나 작은 규모였다.[5]

---

4) 주변으로의 확장에 대한 유사한 사례는, 야마가타가 유럽을 돌아볼 당시 잉글랜 드가 "연방"의 형식으로 웨일즈, 스코틀랜드, 아일랜드를 통합하여 만든 연합 왕국United Kingdom이었다. 1870년대 이후, 야마가타가 유럽에서 복귀하고 이와 쿠라 사절단이 미국과 유럽을 순방하던 시기, 프랑스는 알제리를 식민지배하고 있었고, 독일은 프랑스 국경지대인 알자스와 로레인을 합방하였다. 필자는 이들 확장 정책과, 대내외적 확장 사례를 Mark E. Caprio, *Japanese Assimilation Policies in Colonial Korea*, 1910-1945 (Seattle: University of Washington Press, 2009)의 Chapter 1에서 다루었다.

일본인들은 이들의 침입이 일본 본토인 혼슈의 북단에서 시작하여, 결국에는 일본 전체를 위협할 것으로 보았다. 서양 열강이 아시아의 다른 지역을 침입한 사례나 이웃한 중국에 가한 위협들을 생각해보면, 이와 같은 논리는 어느 정도 설득력이 있었다. 하지만, 이와 같은 "위협"에 맞서기 위해 일본이 감행한 제국의 확장이 일본에게 주어진 유일한 해결책이었을까? 곧이어 여러 철학자들 사이에서 인기를 얻었던 아시아 연합체가 대안이 될 수도 있었다. 그리고 일본이 강력하지만 중립적인 국가로 성장하는 대안도 있었다.[6] 하지만, 일본은 재빨리 확장주의를 수용하였다. 러시아인과의 접촉 직후, 도쿠가와 막부德川幕府는 에조 지역을 일시적으로 통제하에 두었다.[7] 그리고 1855년 일본과 러시아가 국경을 획정하는 협정을 맺은 뒤엔 에조 지역을 합병하였다. 도쿠가와 막부의 뒤를 이은 메이지 정부(1868-1912년)는 에조의 이름을 홋카이도로 변경하였다. 메이지 정부는 방향을 바꿔 규슈九州에서 떨어져 있던 류큐琉球 왕국(이후 오키나와沖繩로 명칭 변경)과 타이완을 합병하고, 다음 목표인 한반도를 노리기

---

5) 이는 1792년 에도 일본과의 교역을 위해 방문한 아담 락스만Adam Laxman 사절단의 사례에서 잘 드러난다. 일본인들은 이들의 진정한 목적에 의심을 품고, 일본과 유일하게 교역을 하던 유럽 국가인 네덜란드인들의 의견에 동의하였다. 네덜란드인은 그들의 무역 독점권을 지키기 위해, 러시아인들은 "모든 외국인을 잔인하고 야만스럽게 학대하는 이들"로 묘사하고 사절단 역시 "해군 원정대"라고 하였다. George A. Lensen, *The Russian Push Toward Japan: Russo-Japanese Relations*, 1697-1875 (Princeton: Princeton University Press, 1959), 106.

6) 여기서 말하는 아시아 공동체는 일본이 이끄는 것이 아니라 다수의 국가가 평등하게 참여하는 것을 말한다. 다수의 일본인은 자국이 중립적인 소국으로 머물지 않고 확장적인 대국을 목표로 하는 것에 의문을 품었다. Mark E. Caprio, "To Adopt a Small or Large State Mentality: The Iwakura Mission and Japan's Meiji-era Foreign Policy Dilemma," *Asia-Pacific Journal* 18, issue 20, number 3, October 15, 2020.

7) Brett L. Walker, *The Conquest of Ainu Lands: Ecology and Culture in Japanese Expansion, 1590-1800*(Berkeley: University of California Press, 2001)가 이에 관한 역사를 다루고 있다.

시작하였다.

합병 대상이 된 외부의 인접국들은 위에서 언급한 현실주의적 사고, 특히 해당 정부가 허약한 경우에 부합한다. 특정 주변 지역이 그 자체만으로는 한 국가의 안보를 위협하지 못할 지라도, 이후 강대국이 이 나라를 손에 넣게 될 경우에는 위협이 될 수 있다. 그러므로, 현실주의적 사고방식에서는 현재 위협 수준이 낮더라도 자국의 국익을 지키기 위한 행동이 필요하게 되고, 이 위협이 현실이 될 때까지 마냥 기다리는 국가는 자국을 지킬 기회를 잃게 되는 셈이다. 국가는 확장이 국력의 상징이면서, 약소한 비문명 국가에 문명을 전파할 수 있는 능력을 증명하는 것이라고 인식하였다. 하지만, 확장은 대부분 피식민자보다 식민제국의 이익에 부합하였다. 국가가 자국의 이익을 지키기 위해 주변부로 확장을 하다 보면, 이를 두고 경쟁국과 피할 수 없는 분쟁을 겪을 수밖에 없었다. 1870년대부터 1940년대까지 고삐 풀린 확장주의 시대에 두 번의 세계전쟁이 있었다는 건 결코 우연이 아니다.[8] 지진을 일으키는 지하 단층선이 다른 단층선과 엇갈려 지진을 일으키는 것처럼, 경쟁국의 이익선과 충돌을 일으키면 결국에는 분쟁으로 이어졌다. 한국에서 여러 국가의 이익선끼리 교차하다 보니 충돌이 생겨나게 되었고, 일본은 타이완臺灣과 한국을 합병하는 식으로 자국의 이익선을 확보하고자 하였다.

---

8) "민족자결주의"를 언급한 우드로 윌슨Woodrow Wilson과 프랭클린 루즈벨트Franklin Roosevelt 미국 대통령은 임기 중 일어난 세계 대전이 부분적으로는 식민지 경쟁 때문에 발생하였음을 알고 있었다. 이들은 식민주의를 끝내기 위한 계획을 입안하였고, 점령에서 해방된 민족이 독립 정부를 갖추기 전에 신탁통치를 거치며 훈련을 받는 정책을 구상하였다.

## 2. 현실주의적 사고로 바라본 근대성

동북아시아 지역에서 멀리 떨어져 있는 유럽 제국주의 국가들은 동북아시아 제(諸)민족과 매우 제한적인 접촉만 가졌다. 그렇기 때문에, 동북아시아인의 유럽 국가에 대한 시각은 극소수의 여행자가 다녀온 뒤 남긴 기행문이 주는 상상의 이미지에 의존할 수밖에 없었다. 일본의 "개항" 이후, 유럽과 미국을 다녀온 일본인 여행자들이 여기에 새로운 이야기를 더해주었다. 1853-1854년에 미국 매튜 페리Matthew C. Perry 제독이 일본에 와 개항을 하게 된 이후, 일본은 자국뿐만 아니라 다른 아시아 국가를 서방에 알리는 데에 주도적인 역할을 하였다. 에도江戸 시대 말기부터 일본인은 서방 세계로부터 배울 의지가 있음을 끊임없이 알렸다. 각 번藩은 비밀리에 해외로 유학생을 파견하였고, 도쿠가와 정권은 미국과 유럽에 정식 사절단을 보냈다.9) 메이지 정부도 열정적으로 이러한 정책을 이어갔다.

1871-1873년 파견된 이와쿠라 사절단岩倉使節団 역시 이와 같은 노력의 일환으로, 유력한 정치인을 포함해 100여 명 이상의 단체로 구성되어 세계 각지를 방문하였다. 도쿠가와 막부가 미국, 유럽 국가와 맺은 "불평등조약"을 개정하는 것이 주요 목적이었지만, 문명국의 제도에 대한 정보를 얻고자 하는 이유도 있었다. 사절단은 유람하는 동안 세계 각지에 유학생을 보내며 서구 교육 기관에서 공부할 수 있도록 하였다. 이들이 방문한 나라에서는 사절단을 통해 일본과 일본인에 대한 이미지가 형성되었고, 일본인이 민족으로서 어떤 존재인지에 대해 서방 각국이 알 수 있게 되었다. 일본들은 서양식 복장과 머리를 하며 "문명인"인 것처럼 보이고자 하였고, 방문한 국가들이 제공하는 정보를 적극적으로 배웠다.10) 유학생

---

9) 조슈번(1863)과 사쓰마번(1865)이 비밀리에 사절단을 파견한 바 있다. 도쿠가와 막부 역시 미국(1860)과 유럽(1862)에 최초로 사절단을 보냈다.

들은 다음 세대의 일본 지도자가 되기 위해 필요한 정보와 경험뿐만 아니라, 이들이 해외에 있는 동안 맺은 인맥과 함께 돌아왔다. 이런 학생 가운데 한 명이 가네코 겐타로金子堅太郎로, 하버드 대학교에서 유학하였으며 러일전쟁(1904-1905) 기간에 워싱턴으로 파견되었을 때에는 미국 시어도어 루즈벨트Theodore Roosevelt 대통령과 동문이란 점을 이용하여 미국 대통령이 러일전쟁에 대한 일본 측의 입장에 동조하게 하고자 하였다.11)

게다가 일본은 자신들이 개발 중이던 근대적 교육 기관에서 해외 학자가 강의를 하도록 초대하기도 하였다. 일본은 잠재력 있는 일본 젊은이들의 학업을 목적으로 이들을 초대하였지만, 동시에 일본의 이미지를 제고하고자 하는 의도도 있었다. 이렇게 초대된 학자 가운데 하나인 윌리엄 E. 그리피스William E. Griffis는, 일본뿐만 아니라 한국을 외부 세계에 소개하는 책을 집필하였다. 일본에 관한 책으로는, 1876년 직접 쓴 『미카도의 제국』(The Mikado's Empire)이란 책이 있다. 1882년 한국을 다룬 저서인 『은둔의 나라 한국』(Corea: The Hermit Kingdom)에서는 왜 한국이 일본의 발전을 따라잡을 수 없는지에 대해 질문을 던졌다. 이 책에서 그는 "한때는 은둔자였던 일본이 이제 문호를 개방하고 세계 시장에 뛰어들고 있는데, 한국은 왜 아직도 문을 걸어 잠그고 비밀스러운 채로 남아있는가? 한국은 언제쯤 각성할 것인가? 다이아몬드는 다른 다이아몬드로 깎아야 하

---

10) 이와쿠라 사절단의 견문을 담은 책으로는 전 5권인 Kume Kunitake, *Tokumei zenken taishi Bei-ō kairan jikki:* (A True Account of the Special Embassy's Tour of America and Europe), ed. Tanaka Akira, vol. 2(Tokyo: Iwanami shoten, 1996)가 있다. 이 책의 영어 번역본은 Martin Collcutt이 번역한 Kume Kunitake, *The Iwakura Embassy, 1871-73, a True Account of the Ambassador Extraordinary Plenipotentiary's Journey of Observations Through the United States and Europe: The United States of America,* 5 vols.(Chiba: The Japan Documents, 2002)가 있다.

11) 이안 럭스톤Ian Ruxton이 번역한 Masayoshi Matsumoto, *Baron Kaneko and the Russo-Japanese War* (1904-1905)(Morrrisville, NC: Lulu Press, 2009)가 이를 다루고 있다.

는 것처럼, 일본이 한국을 개방해야 하지 않는가'라고 주장하였다.[12) 그를 일찍부터 아시아 분야 권위자로 만든 그의 저서들은 한국과 일본의 역사와 문화를 종합적으로 소개한 최초의 책이었다. 아시아 지역에 관심이 있는 사람이라면 누구나 그의 책을 찾는 모습을 쉽게 상상할 수 있다. 그리피스의 저서가 서구권의 아시아학 분야에 어느 정도의 영향이 있었는지 알 수 있다면 흥미로울 것이다.[13) 그리피스가 한국에 관한 책을 쓸 당시 한국인과 직접 접촉하거나 한국어나 문화를 직접 접할 기회는 매우 제한적이었을 테니, 일본인 한국학자나 일본 학계가 그의 책에 얼마나 도움을 주었을지에 대한 의문이 있다. 일본인들은 그리피스의 말년에 "욱일훈장"을 수여하며 그의 노력에 고마움을 표하기도 하였다.

외국인이 도래하면서 일본 교육도 안보와 관련된 다양한 내용을 다루게 되었다. 그 가운데 가장 확고한 이미지는 한반도로부터 초래할 수 있는 위협이었으며, 어떤 이들은 한반도를 "일본의 심장을 겨냥한 단검"으로 묘사하기도 하였다. 이러한 한반도 이미지는 한국이 일본에 가할지도 모를 위협을 지적하는 현실주의적 사고에도 잘 부합하였다. 이는 서양인이 만들어 낸 이미지이지만, 야마가타가 위에서 언급하였던 주권선과 이익선에 대한 연설을 할 때 이 이미지를 염두에 두고 있었음은 의심의 여지가 없다. 당시 일본에 인접해 있고 일본의 이익선 안에 있던 전략적 지역인

---

12) William Griffis, *Corea: The Hermit Kingdom*(London: W. H. Allen, 1882), 13. 그리피스가 일본 역사에 대해 다룬 책인 *The Mikado's Empire: A History of Japan from the Age of Gods*는 1906년에 이미 11쇄를 찍었다. 그리피스의 한국에 대한 이해를 비판한 최근 연구로는 에드워드 박Edward Park이 번역한 Yi Tae-jin, "Was Early Modern Korea Really a Hermit Kingdom?" in *The Dynamics of Confucianism and Modernization in Korean History*(Ithaca, NY: Cornell University East Asian Program, 2007)이 있다.

13) Joseph M. Henning, ed.. *Interpreting the Mikado's Empire: The Writings of William Eliot Griffis*(Lanham, MD: Lexington Books, 2021)가 윌리엄 그리피스의 영향에 관해 다루고 있다.

한반도를 통제하는 데에 실패한다면, 이는 결국 일본의 국방과 주권도 위협할 것으로 보았다. 하지만, 결국 이 무기를 들고 있는 사람이 누구인지 확실히 하지 않으면 이러한 이미지도 결국 미완성인 채로 남아 있게 된다. 단검 자체는 위협적인 자의 손아귀 안에 들어가기 전까지는 그저 금속 덩어리일 뿐이다. 한국이 다른 열강과의 동맹 없이 그 자체로 위협이 될 거라고 믿는 일본인은 거의 없었고, 위협이 될 가능성이 있다고 본 나라인 중국과 러시아는 이후 일본이 전쟁을 통해 굴복시켰다. 러시아마저 무너뜨린 1905년 이후의 일본은, 매튜 페리 제독이 에도 항에 나타났던 1853년 이래로 가장 안전한 상황에 있었다고 볼 수도 있다. 하지만 현실주의적 사고는 국제정치를 다르게 본다. 현실주의적 사고는 현재 가시적인 위협이 없다 하더라도, 이론적 위협이 존재한다면 실질적 위협이 되기 전에 단검을 칼집에 집어넣어야 한다고 가르친다. 이후 실제 역사에서 그랬던 것처럼 주변 영토를 합병하다가 안보 위협을 높이고 결국 일본의 핵심부를 지키기 위해 더 많은 노력을 쏟아야 하는 방향으로 가지 않고, 위에서 언급되었던 다른 방법을 통해 일본의 안보 위협을 낮추는 것도 가능했을 것이다.[14] 하지만 단검으로 비춰진 한국의 이미지는 1910년 한일병합이나 1945년 일본의 패망과 함께 사라지지 않았다. 단검이라는 은유는 전후 점령기에도 살아 남아 동북아시아 안보 이슈를 다룬 문서에서 여러 차례 언급되었다.[15]

---

14) 일본의 외교적 선택에 대한 흥미로운 논쟁은 나카에 초민Nakae Chōmin을 통해 확인할 수 있다. 그는 이와쿠라 사절단이 프랑스에 머물렀을 때 리옹에 남아 유학을 하였고, 이후 일본의 야당인 자유당에 참여하였다. Nakae Chōmin, *A Discourse by Three Drunkards on Government*, trans. Nobuko Tsukui(New York: Weatherhill, 1984). 미우라 테쓰다로Miura Tetsutarō도 러일전쟁 이후 유사한 논쟁을 이끌었다. Matsuo Takayoshi, ed., *Dainipponshugika shonihonshugika: Miura Tetsutarō ronsetsushū* [Big Japanism? Small Japanism? A Collection of Miura Tetsutarō Essays](Tokyo: Tōyō Keizai shinbunsha, 1995).

15) 1957년 12월 작성된 "정책기획실 로버트 맥클린톡 작성 문서(Paper Prepared

한국인은 외세 침입자들이 가져올 위험을 확실히 인식하고 있었다. 1866년부터 1876년까지 한국은 프랑스, 미국 그리고 마지막엔 일본과의 무력 충돌에 맞서야 했다. 특히 과거 미국이 1854년과 1858년 자신들에게 강요했던 것과 유사한 "친선" 조약을 일본이 한국에 강요하여 맺은 뒤, 한국 역시 개혁을 위해 노력하기도 하였다. 한국은 정보 수집과 교육을 목적으로 자국 국민을 중국, 미국, 일본 등에 파견하였다. 1881년 한국을 떠나 일본으로 간 조사시찰단朝士視察團은 상당한 학술적 흥미를 이끌었다. 일본의 이와쿠라 사절단처럼 이들 역시 일본에 유학생을 보냈다. 하지만, 이 시찰단은 이와쿠라 사절단과 최소 두 가지 면에서 차이가 있다. 첫 번째는 일본으로 제한되었다는 점으로, 1881년의 도쿄東京는 세계적인 도시라고 하기엔 무리가 있었기에,16) 일본인이 뉴욕, 런던, 파리와 다른 미국, 유럽 도시들을 방문하면서 겪었던 충격적인 인상을 줄 수 없었다. 두 번째로, 시찰단에 참여한 인사들이 주로 중간 관료급으로, 이들의 생각이 정책에 영향을 줄 수는 있다 하더라도 정책 자체를 바꿀 정도로 유력한 것은

---

by Robert McClintock of the Planning Staff)"는 미국의 중국 정책을 평가하면서 이와 같은 "사실"을 "한국 중립화에서 일본의 역할(Role of Japan in Neutralization of Korea)"이라는 부제가 달린 섹션에서 사용하였다. Office of the Historian, "Paper Prepared by Robert McClintock of the Planning Staff", *Foreign Relations of the United States, 1955-1957, China*, Volume 3, December 31, 1957, https://history.state.gov/historicaldocuments/frus1955-57v03/d305 (accessed January 10, 2021).

16) 이후 도쿄를 여행한 방문자도 도쿄를 근대적인 도시로 평가하지는 않았다. 1880년에 도쿄를 방문했던 사람은 도쿄를 아래와 같이 표현하였다. "1880년까지 Tokio라고 불렸던 이 도시는 서구권의 지리 교과서에 실리게 되었는데, 보통은 '세계에서 가장 큰 도시'로 언급되었다. 관광객들은 이 도시가 거대하고 여기저기로 뻗어 나간 사실은 확인할 수 있지만, 동시에 해외의 시골 동네처럼 조용하면서 후진적이었다. 방문자들은 도시가 매우 조용하다는 사실에 놀라곤 했는데, 마차가 돌아다니거나 말발굽이 돌에 부딪히는 소리 등은 들리지 않았다. 진흙탕인 거리를 돌아다니는 건 주로 인력거였다. (Harold S. Williams, *Tales of The Foreign Settlements in Japan*(Rutland, VT: Tuttle, 2012), 103-104.

아니었다. 허동현은 시찰단에 참여한 인사들이 전통적인 유교 사상으로 철저히 교육을 받은 점 역시 약점으로 작용하였을 것이라고 지적하였다. 그는 "일본에서의 4개월 체류는 일본의 미래에 대해 살펴보는 기회였을 것이다. 하지만 깊숙이 박혀 있는 유교적 사고를 부정하기엔 이 정도로는 부족하였을 것"이 분명하다고 평하였다.[17]

일본처럼 해외 유랑을 하면서 인적 네트워크를 만들지도 않았기에, 한국에 대한 지식을 얻길 원하는 이들은 결국 윌리엄 그리피스처럼 한국과의 직접적인 접촉이 거의 없었던 사람이 쓴 책에 의지할 수밖에 없었다. 일본이 미국과 유럽에서 만든 인맥, 그리고 한국을 대변할 이들이 없었던 점 등이 그리피스와 같은 이들을 한국학의 권위자로 만들었다.[18] 한국은 19세기 말과 20세기 초를 거치며 분명 발전을 이루었다. 하지만, 많은 이들이 일본의 한국 합병을 여전히 지지하고 있었다. 일본이 청일전쟁 이후 전리품으로 얻었던 산동반도山東半島를 프랑스, 독일, 러시아의 "삼국간섭"(三國干涉) 때문에 포기해야 했을 때, 일본인 관료들은 확장을 꾀할 때에는 각별히 조심해야 한다는 교훈을 얻었을지도 모른다. 일본을 지지할 유럽 동맹국이 있으면 그럴 필요도 없었기에, 일본은 서둘러 영국의 지지를 확보하였다.

한국과 일본이 19세기 중반 "개항" 이후 겪은 여러 사건들을 간략히

---

17) Donghyun Huh, "Korean Courtiers' Observation Mission Views on Meiji Japan and Projects to Modern State Building," trans. by Vladimir Tikhonov, *Korean Studies* 29(2005), 42, 43.

18) 이는 1880년대 초 미국이 한국과의 외교 관계를 수립하기 위해 일본에 접촉할 때 더욱 분명하였다. 러일전쟁이 한국의 운명에 끼친 영향이 지대했음을 고려할 때, 카네코 켄타로가 러일전쟁 기간 동안 시어도어 루즈벨트가 한국을 바라보던 시각에 어떤 영향을 끼쳤는지 알 수 있다면 흥미로울 것이다. 루즈벨트가 가지고 있던 한국에 대한 부정적인 인상이나 러일전쟁의 승자가 한국을 통제해야 한다는 그의 확인에 카네코의 영향이 어느 정도였을까? 마쓰모토Matsumoto의 *Baron Kaneko and the Russo-Japanese War*를 참고할 것.

살펴보면, 일본과 한국이 각각 식민통치자가 되고 피식민자가 되도록 만든 게 무엇 때문인지 알 수 있다. 현실주의적 사고는 안보를 위해 영토를 확장하는 방식을 제안하여 근대국가로서 일본이 추구해야 할 외교의 방향을 제시하기도 하였다. 이것이 일본에게 주어진 유일한 방안은 아니었지만, 당시 세계 열강들이 힘의 정책을 펴고자 할 때 가장 널리 인정받은 방식이기도 하다. 에조, 류큐왕국, 대만과 한국까지, 허약한 국력의 나라가 다스리고 있다고 여겨진 지역들은 일본이 주변부로 확장할 수 있는 기회를 주었다. 반면, 저무는 중국과 떠오르는 일본 사이에 위치해 있던 한국은 영토 확장을 위한 기회가 사실상 없었다.[19] 대신, 한국이 자신의 주권을 유지할 수 있는 기회는 한국이 근대 체제를 내재화하는 "근대적" 방식으로 자강을 이룰 수 있음을 세계 열강에게 보여줌으로써 내적 확장을 할 수 있는가에 달려 있었다.[20] 외부인의 시선에서 볼 때 한국은 이 목표를 달성하는 데에 실패하였다. 한국은 중국과의 전통적인 관계 때문에 정치적인 제약을 받았는데, 한국은 수 세기 동안 운영된 중국 중심 세계 질서를 가장 충실히 따르는 국가 중 하나였고 중국은 이 관계를 다시 강화하기 위해 상당한 노력을 하였기 때문이었다.[21] 한국의 외교를 통제하고

---

19) 이에 대한 논쟁을 다룬 연구로는 Andrew De Lisle, "Border and Colonialism in Jiandao: Japan's Continental Policy and the Korean Question, 1905-1932" (PhD diss. Australia National University, 2021)가 있다.

20) 1860년을 기준으로 보면 오히려 한국이 일본보다 더 진보적이었다는 주장을 할 수도 있다. 특히 중요한 건, 일본이 에도 시대 말기 독립적이고 경쟁적인 번(藩) 때문에 겪었던 것과 달리 한국은 이런 문제가 없었다는 점이다. 왕실과 정부가 한반도 전체에 영향력을 가지고 있던 한국과 달리, 일본은 각지에 분열되어 있는 번을 통합해야 했기에 이와 같은 차이가 일본이 한국보다 개혁을 빨리 실행하게 만든 중요한 자극이 되었을 수도 있다. 하지만 이와 같은 사실은 외부 세계에 잘 알려지지 않았다.

21) 이에 대한 연구로는 Kirk L. Larsen, *Tradition, Treaties, and Trade: Qing Imperialism and Chosŏn Korea, 1850-1919* (Cambridge, Mass.: Harvard East Asian Monographs, 2011)과 Kim, C. I Eugene and Kim Hankyo, *Korean and*

자 한 중국의 시도는 한국이 자국의 사안을 다룰 능력이 없다는 인상을 주기만 하였다. 많은 이들은 약하고(이젠 전쟁까지 패한) 중국이 한국의 관리인 자리에서 물러나야 한다고 결론내렸으며, 일본이 한국을 통제하기 위해 경쟁하던 러시아를 무너뜨린 뒤에는 일본이야말로 이 역할에 최적인 국가라고 보기 시작하였다.

## 3. 일본의 식민 정책으로 인한 한국의 분열

19세기 중반부터 후반까지의 동북아시아 외교사는 서구 국가들이 무역을 목적으로 "개항"하기 위해 한국, 중국, 일본에 가한 위협과, 이에 대한 3국의 대응으로 구성되어 있다고 할 수 있다. 중국, 일본과 한국은 해안에 도착한 서양 국가에 다음 세 가지 방식으로 반응하였다. 해외 침략에 맞서고자 했던 중국은, 군사적인 불리함을 고려할 때 패배를 피할 수 없는 상황이었음에도 공격적으로 대응하면서 치명적인 선례를 만들고 말았다. 정면 대립을 택한 결과, 중국은 두 차례의 아편전쟁에서 훨씬 앞서 있던 영국군에게 패하고 말았다. 그 다음 서구 열강이 접근한 곳은 일본이었다. 일본은 이러한 위협에 어떻게 대응해야 할지에 대해서 논쟁을 벌였고, 서양과의 군사적 충돌[역자주: 1862년 9월 사쓰마번 무사들이 영국인을 살해한 뒤 이에 대한 배상을 거부하자 1863년 8월 영국군이 가고시마鹿児島만을 포격한 사쓰에이전쟁薩英戦争을 의미한다.]에서 패배를 겪은 뒤에는 이들을 몰아내기 위해 먼저 침입자들의 기술을 배우기로 하는 등 중국에 비해 훨씬 신중한 반응을 보였다.22) 마지막으로, 한국 역시 1866년과

---

the *Politics of Imperialism, 1876-1910* (Berkeley: University of California Press, 1968)가 있다.

22) 흥미롭게도 매튜 페리의 1853년 일본 방문 당시 일본의 정치권 내에서 여기에

1871년에 프랑스와 미국의 침입에 전쟁으로 대응했다. 그러나 일본의 경우와 달리 이들은 충돌 이후 곧 철수하였고, 한국인들에게는 대원군의 보수적인 쇄국정책이 위기에 합당한 대응이라는 잘못된 안도감을 주고 말았다.23) 1875년 일본인의 침입은 이렇게 순탄하게 끝나지 않았다. "포함 외교" 방식을 수용한 일본은 한국에서 농성하면서, 20여 년 전 미국이 일본에게 했던 것처럼 한국을 위협하며 외교 관계를 맺을 것을 강요하였다.

1882년 윌리엄 그리피스가 이야기했던 것처럼, 근대 국가라면 자국의 경계를 지킬 수 있어야 하는데 한국은 그런 단계를 밟을 수 밟을 의지조차 없는 나라로 인식되었다. 서양 국가의 눈에, 한국은 청일전쟁(1894-1895)과 러일전쟁(1904-1905)이 한국 땅에서 벌어졌음에도 이를 방관해야만 했기에 주권선을 지킬 수 없는 나라로 비췄다. 시어도어 루즈벨트 미국 대통령은 카네코 켄타로가 소개해준 니토베 이나조新渡戸稲造의 1900년작 『무사도』(Bushido: The Soul of Japan)이란 책을 읽고 일본의 팬이 되었는데, 그는 존 헤이John Hay 국무장관에게 쓴 편지에서 한국인은 "수비를 하더라도 한 방조차 제대로 먹이지 못할 것"이라고 하였다.24) 게다

대해 어떻게 대응할 지에 대해 논쟁하였다. 한쪽에서는 도쿠가와 막부가 즉시 외국인을 물리쳐야 한다고 주장하였고, 다른 쪽은 우선 이들을 환대하고, 이들로부터 배운 다음, 힘을 키운 뒤 이들을 물리쳐야 한다고 주장하였다. 요시다 쇼인의 사례가 특히 흥미로운데, 그는 원래 시모다下田로 가서 페리 제독의 부하를 죽이고자 하였으나, 곧 이 침입자로부터 먼저 배우는 게 더 생산적임을 깨달았다. 그는 미군의 군함에 탑승하기 위해 노력하였으나 결국 실패하였다.

23) 1863년부터 사쓰마와 조슈번은 한국이 강화도에서 마주했던 것과 유사한 상황을 가고시마와 시모노세키에서 겪게 되었다. 이 때 서양 열강이 일본의 두 도시를 파괴하면서, 서양 열강과 군사적으로 맞서는 게 소용없는 행동이라는 중요한 깨달음을 얻게 되었다. 1866년과 1871년 강화도를 침략했던 프랑스와 미국과 달리, 이들은 일본에 머물면서 일본측으로부터 상당한 양의 배상금도 챙겼다. 필자는 일본과 한국이 받은 서로 다른 영향은 두 나라가 근대에 진입하던 시기에 마주한 위기의 심각성을 다르게 느끼게 만들었다고 생각한다. 일본이 겪은 패배는 결국 장기적인 관점에서 승리하는 데에 도움을 주었고, 한국의 단기적인 "승리"는 이후 장기적으로 겪게 되는 다양한 어려움에 기여하였다.

가 그는 일본이 중국과 러시아의 위협으로부터 한국을 "지켜냈으며", 일본은 "무조건" 한국을 가져야 한다고 주장하였다. "한국인은 스스로 다스릴 수 없습니다. 늘 그래왔던 것처럼 이들은 지배자가 필요합니다. 중국이 아니라면 이는 러시아나 일본이고, 이 지배자의 손아귀를 벗어나면 일을 엉망진창으로 만들어 다른 국가가 지배해야만 하게 만듭니다. (⋯) 일본이 반드시 한국을 가져가게 하시오."25) 일본은 이러한 개념을 1910년 한일병합 당시 천황 칙령에 포함시켜, "한국에서의 평화와 안정을 유지"하기 위해 한반도 합병이 필요하다고 주장하였다.26) 일본은 주변국과 전쟁을 해야 할 때마다 한국의 "악정惡政"을 핑계로 삼곤 하였다. 일본은 한국인의 문화적 성취 역시 무시하였다. 35년 뒤 연합군이 해방 이후 한국을 점령할 때, 한국 내부에 잔존해 있는 심각한 위협들 사이에서 한국인을 "인도"하기 위한 목적이라며 일본과 비슷한 이유를 들기도 하였다. 서머 웰스Sumner Welles는 프랭클린 루즈벨트 행정부에서 일했던 1943년 9월까지 신탁통치 정책에 가장 큰 영향을 끼친 사람이었다. 국무부 차관이었던 그는 대통령의 믿음직한 보좌관이기도 하였다. 그가 관직에서 물러나 1944년에 쓴 책에서, 그는 한국의 상황을 아래와 같이 서술하였다.

> (⋯) 지난 36년간 일제의 잔혹한 통치와 학대를 겪은 한국이 일본 통치의 흔적을 쓸어버리고 자주적으로 경제를 일으키기 위해서는 어느 정도 시간이 흘러야 한다. 한국인이 자치를 하려면 그 동안 위축되었던 근육을 다시 풀기 위한 시간이 충분히 필요하다. 그리고 한국인이 자치를 위한 능력을 온전히 확보할 수 있을 때까지 도움을 제공할 우방이 반드시 있어야 한다는 점 또한 명백하다.27)

---

24) Howard K. Beale, *Theodore Roosevelt and the Rise of American World Power* (Baltimore: Johns Hopkins, 1969), 323.

25) Beale, *Theodore Roosevelt and the Rise of American World Power*, 319.

26) "The Annexation of Korea to Japan", *American Journal of International Law* 4, no. 4(October 1910), 924에서 재인용.

연합국의 신탁통치가 일제 식민지배와 다른 점은, 신탁통치의 목적이 한국인이 독립할 수 있도록 지도하기 위해서란 점이었다. 이 임시 조치가 얼마나 이어지는지에 대해서는 미국 정부도 제대로 알지 못하였다. 1945년 12월, 미국, 영국, 소련의 외무장관이 모인 모스크바 3상회의에서 이 기간이 5년 이내여야 한다는 합의를 하였다. 하지만 한반도 점령을 담당했던 소련과 미국이 한국 해방 이후 긴밀히 협력하는 데에 실패하면서 문제가 발생하기 시작하였다. 이들의 무능한 행동이 임시적 조치였던 분단을 영구적으로 만들었다.

한국에 대한 이와 같은 편견은 한반도를 멀리서 관망하는 사람들 때문에 생겨나게 되었는데, 한국을 직접 방문한 사람이 거의 없었기에 한국에 대한 지식 역시 매우 적은 편이었다. 이미 한일병합 이전부터 일본은 외부인이 영자신문을 통해 한국을 접한다는 사실을 알고 여기에 영향을 끼치고자 하였는데, 일례로 《서울 프레스》(Seoul Press)는 영국인 어니스트 베설Ernest Bethel이 출간하던 라이벌 영자신문 《대한매일신문》(Korean Daily News)이 일제 당국에 가하던 비판에 대응하기 위한 신문이었다.[28] 일본이 한국을 제국의 식민지로 삼은 이후에는 매년 한국의 경제, 사회 및 교육 분야가 식민통치를 받는 30여 년간 얼마나 발전하였는지를 기념하는 책자를 출간하였다.[29] 미군 장교들이 전시에 작성한 한국 관련 보고서는 이러한 출간물에 담긴 정보를 참고로 하여 만들었다. 예전에 한일병합 이

---

27) Sumner Wells, *The Time for Decision* (New York and London: Harper & Brothers, 1944), 300.

28) 이에 대한 연구로는 Chong Chin-sok, *The Korean Problem in Anglo-Japanese Relations, 1904-1910: Earnest Thomas Bethell and His Newspapers, the* Daehan Maeil Sinbo and the Korean Daily News (Seoul: Nanan, 1987)가 있다.

29) "한국 내 개혁과 진보에 관한 연례 보고서(*Annual Reports on Reform and Progress in Korea*)"라는 제목으로 작성된 조선총독부 보고서는 한국이 일제 지배 하에서 얼마나 진일보하게 되었는지에 대해 홍보할 목적으로 해외에 발송되었다.

전부터 수십 년간 그랬던 것처럼, 이와 같은 방식으로 일본인은 한국에 대한 정보를 독점하였고, 이러한 정보는 태평양전쟁 기간에 한국인 및 한국에 대해 잘 아는 사람들에 대해 미국이 인터뷰를 할 때 사용되었다.[30]

정보를 얻는 또 다른 경로는 재외 한국인이었는데, 이들은 미국 및 기타 연합국 인사들과 자주 접촉을 하여 망명 중인 한국인 정치 단체가 외교적으로 인정받길 원하였다. 1919년부터 다수의 한국인 단체가 힘을 합쳐 중국 상하이에 대한민국 임시정부를 수립하였고, 일본이 대륙을 침략하자 후퇴하면서 다른 7개 도시로 옮겨야 했다. 임시정부는 최종적으로 충칭에 정착하였는데, 당시 충칭은 중국의 전시 임시 수도였기에 타국의 대사관들이 몰려 있었다. 그리고 많은 재외 한국인이 미국 워싱턴 D.C.에서 영향력을 행사하기 위해 모였다. 하지만 충칭과 미주 일대에 있던 한국인들은 오히려 미국이 한국에 대해 가지고 있던 기존의 부정적인 시각을 강화하였는데, 바로 한국인은 외부의 도움 없이 자주적인 정부를 구성할 수 없다는 생각이었다. 한국인은 여러 갈래로 나눠져 있던 독립운동을 통합하고자 하였지만 늘 헛되이 끝났다. 이 문제는 부분적으로는 개인적인 견해차 때문에 발생하였다. 특히 이승만李承晩과 한길수韓吉洙 사이의 논쟁 [역자 주: 미주 내 한인단체인 중한민중동맹단의 대표와 재미한족연합위원회 미국방공작봉사원으로 활동한 한길수는 충칭重慶임시정부 내 좌익 세력의 입장을 지지하면서 재미한족연합위원회 대표로 있던 이승만과 갈등을 빚었고, 1942년 2월 연합회로부터 면직되자 이에 대한 반발로 중한민중동맹단과 조선의용대 미주후원회가 연합회에서 탈퇴하였다.]이 큰 해악을 끼쳤다. 그리고 한국인 좌익 단체와 우익 단체 사이의 이념적 견해 역시 갈등을 일으켰다. 일례로 대한민국 임시정부는 다양한 사상을 가진

---

30) 인터뷰 대상자는 진주만 공격 이후 한국에서 강제 출국 당한 선교사와 사업가들, 그리고 일본군에 징집되어 전쟁에 참가하였다가 포로가 된 조선인들이었다. 이들에 대한 인터뷰 기록은 이길상, 『해방전후사 자료집 I: 미군정준비자료』, 원주문화사, 1992에 수록되어 있다.

이들이 함께 참여한 연립 내각을 구성하고자 하였다. 하지만 곧 여러 문제가 수면 위로 떠오르게 되는데, 그 가운데 하나는 일본을 한반도에서 축출하기 위한 가장 효과적인 방법이 외교인가, 무력투쟁인가에 대한 논쟁이었다. 이 같은 이념적 차이가 발생했던 이유는 시대적 배경이었다. 당시는 소비에트 공산주의가 탄생한 직후였는데, 공산주의의 등장은 당시 2차대전 발발 이전과 이후 한국인이 추진하던 독립운동 가운데 상당수가 이를 수용하여 유사한 방식으로 운동을 전개하게 하였다. 피식민 지배를 받던 이들 가운데 일부를 부역자로 동원하고 이들로 하여금 독립운동과 좌익활동을 탄압하도록 한 식민 정책은 해방 이후 한국, 일본과 기타 한국인이 사는 곳이라면 어디서든 이들을 분열시키는 데에 지대한 역할을 하게 되었다. 전시 일본의 잔혹행위가 여전히 한일관계를 갈라놓고 있다면, 한국인 간의 분열은 해방 후 한국에 가장 즉각적이고 파괴적인 영향을 주었고 한반도와 한국인을 계속 갈라놓았다.

## 4. 분단을 강화한 미국과 소련

이처럼 식민시대 이전에 형성된 한국에 대한 인상은 일제 강점기와 해방 이후에도 반복되었다. 이러한 생각은 연합군이 한국의 미래에 관해 내린 정책, 특히 한국 해방 이후 반드시 무기한 점령이 필요하다는 결정에서 분명히 드러났다.[31] 해방 후 한국에 점령이 필요하다는 생각은 1943년 카이로 회담 이전의 비공식 토론에서 이미 언급되었다. 프랭클린 루즈벨트

---

31) 미국 대통령의 신탁통치에 대한 생각은 점령을 겪은 지역의 경우 정치적, 경제적 안정성을 이루기 위해 일정 기간의 지도를 반드시 거친 뒤 민족자결주의의 원칙에 따라 정부 수립을 결정한다는 것으로, 반드시 한국만을 대상으로 한 것은 아니었다.

미국 대통령은 이와 같은 생각을 1943년 초 워싱턴 D.C.를 방문하였던 앤서니 이든Anthony Eden 영국 수상에게 전달하였는데, 루즈벨트는 이미 다수의 국가가 수십 년간 점령하는 방안을 생각해두고 있었다. 그의 이와 같은 전후 구상에서 가장 중요한 질문은 어떤 나라가 참여할 것인지, 그리고 얼마나 오래 할 것인지였다. 한국의 경우, 이 계도 기간은 한국이 식민지배를 겪게 된 상황 —한국이 주변국의 침입을 스스로 방어하지 못하는 상황— 을 반복하지 않기 위해서 반드시 필요하였다. 서머 웰즈가 위에서 인용한 1944년 글에서 언급한 것처럼, 한국이 일본의 강압적인 식민지배 아래에서 오랜 시간을 보내야 했던 것은 한국의 행정적인 무능력 때문이라고 판단하였다.[32] 연합군이 일본의 항복을 기대하고 있던 상황에서도, 그리고 카이로 선언에서 한국의 독립을 약속한 상황에서도, 다수의 미국 관료와 전직 대통령까지도 전후 한국 점령에 일본이 참여하는 문제에 대한 논의를 하였다.[33] 이 제안은 진지하게 고려되진 않았고, 미국과 소련이

---

32) 영국 수상 윈스턴 처칠Winston Churchil이 영국이 가진 식민지 문제 때문에 한국 신탁통치 문제에 소극적이었던 반면, 국민당 지도자 장제스蔣介石는 카이로 회담 당시 한국이 즉각적으로 독립을 해야 한다고 주장하였는데 어쩌면 이 역시 자국의 이익을 염두에 둔 발언일 수 있다. 배경한, 「카이로 회담에서의 한국문제와 蔣介石」, 『역사학보』 224, 2014. 반면, 조세프 스탈린Joseph Stalin은 루즈벨트와의 회담에서 신탁통치에 시큰둥한 입장을 보였다. 1945년 2월 얄타 회담에서, 그는 전후 한반도 점령이 시행된다는 이는 짧은 게 최선이란 입장을 밝혔다. (Robert M. Slusser, "Soviet Far Eastern Policy, 1945-1950: Stalin's Goals in Korea, in Yōnosuke Nagai and Akira Iriye, eds. *The Origins o the Cold War in Asia* (Tokyo: University of Tokyo Press, 1977), 130). 슬러서 Slusser는 스탈린이 "한국에 대해 유의미한 침묵"을 지키는 정책을 폈다고 주장하였는데, 이는 스탈린이 한반도를 통제하고자 하던 그의 미래 계획을 지키기 위해 일부러 침묵을 지킨 것으로 보인다.

33) 이에 관한 사례는 "Letter from Hoover to Stimson", Henry Lewis Stimson Papers, Reel 112 (New Haven, Conn: Yale University Special Collections, May 15, 1945)에서 확인할 수 있다. 또한, 아시아 전후계획위원회에 있던 휴 보튼Hugh Borton은 위원회 내 일부 동료들이 이 사안의 가능성에 대해 논의해서 놀랐다고 기록하고 있다. Hugh Borton, *Spanning Japan's Modern Century:*

한국의 보호자로서 한반도를 분할 점령하는 방안을 미국이 제안하자 소련이 이에 동의하였다. 두 점령국 사이에 분쟁이 심해지면서, 이 결정은 결국 치명적인 문제를 안고 있었음이 증명되었다. 미국과 소련 (그리고 한국전쟁에 참여한 국가들)을 분열시킨 이 갈등은 제안 당시엔 임시 방안이었던 남북의 분단이 고착되게 만들었다.

점령국인 미국과 소련은 1945년 12월, 공동 위원회를 설립하여 통일된 한국 정부를 수립할 계획을 마련하는 데에 동의하였다. 양측은 1946년부터 1947년까지 두 차례의 회의를 통해 먼저 어느 "민주적 정당과 사회단체"가 임시 연합 정부를 구성하기 위한 논의에 참여할 것인지를 정하는 여러 단계의 계획을 입안하고자 하였다. 이 정부는 신탁통치 기간이 끝나면 한국의 독립을 실현할 정식 정부를 출범시킬 예정이었다.[34] 하지만 회의가 시작되기도 전에 심각한 갈등이 표출되기 시작하였는데, 모스크바 3상회의 결과에 동의하지 않는 한국 정치단체가 공동위원회에 참여하는 문제가 불거지면서 양측의 견해차는 더 커지게 되었다.[35] 미소 양국은 각자

---

The Memoirs of Hugh Borton (Lanham.MD: Lexington Books, 2002), 80. 유럽에서도 유사한 사례가 있었는데, 리비아를 지배했던 이탈리아가 리비아 신탁통치 참여국 가운데 하나로 논의되기도 하였다. Dirk Vandewalle, A History of Modern Libya (Cambridge: Cambridge University Press, 2011), 38.

34) 3개의 외무장관은 2차 세계대전 이후 남은 문제들을 해결하기 위해 일련의 회담을 가졌다. 여기에서 논의된 여러 주제 가운데 한국 문제는 상당한 관심을 불러일으켰다. 미국 국무부 외교문서(Foreign Relations of the United States)에 기록된 모스크바 3상회의 합의문은 "The Ambassador in the Soviet Union (Harriman) to the Acting Secretary of State,' Office of the Historian, https://history.state.gov/historicaldocuments/frus1945v02/d268 (accessed on December 18, 2020)에서 확인할 수 있다.

35) 미소 초강대국은 "민주주의"를 정의하는 데에도 차이를 보였다. 소련의 경우 사회적 격차 해소에 초점을 맞췄다면, 미국은 개인의 권리 보호를 강조하였다. 존 R. 커먼스John R. Commons는 이를 "집단적" 민주주의와 "개인적" 민주주의의 차이라고 보았다. John R. Commons, "Communism and Collective Democracy," The American Economic Review 25, no. 2 (June 1935): 214. Vladimir Tikhonov

의 사상적 신념을 지지하는 단체를 참여시키기 위해 논쟁을 벌였다. 게다가 세계적인 정세가 변하면서 양국이 원래 수행하려던 임무도 방해를 받았다. 유럽에서의 전쟁이 막을 내리면서 시작된 갈등이 악화되자 양국은 전후 문제를 긍정적으로 협상하기 힘든 상황이 되었다. 동시에, 미소 점령지에서는 서로 다른 사상적 신념을 기반으로 분리된 정부 조직을 세우느라 바빴다. 이는 만약 미소 공동위원회가 자신의 임무를 성공적으로 완수하였을 경우, 당시 형성되던 두 개의 한국 사회가 정치적, 사회적, 경제적 통합 체제를 세울 공동의 기반을 찾을 수 있었는지에 대한 중요한 질문을 제기한다.36)

미국과 소련이 한국의 민주 단체와 논의를 할 기회조차 갖지 못한 것은 이들이 갈등을 해결할 능력이 없었기 때문에 생긴 결과였다. 하지만 당시 한국인 정치 집단 역시 분열되어 있었다. 이러한 분열 가운데 일부는 이미 일제 식민 통치 시기부터 형성되어 있었다. 리차드 로빈슨의 회고록 『미국의 배반』(Betrayal of a Nation)은 당시 한국 내 급진주의자와 온건주의자 집단을 중심으로 한 대립이 어떻게 발생하게 되었는지에 대해 다루고 있다. 온건주의자가 연립정부를 구상하고자 애쓰는 동안, 급진주의자는 한국 사회 안에서 그들의 지위를 강화하는 데에 집중하면서 모스크바 3상회의의 결정 사항이 이행되는 것을 방해하였다.37) 각국 외무장관이

and Lim Kyounghwa, "Communism for Korea's future: The 1920-30s," *The Review of Korean Studies* 20, no. 1(June 2017), 8-34.

36) 해방 이후 첫 몇 달 동안, 소련과 미국은 극좌, 극우 정치를 추구하면서 남북한 간의 거리는 더욱 멀어지게 되었다. 미국 군사정부에서 1945년부터 1947년까지 복무한 리처드 로빈슨Richard Robinson은 한반도가 통일되기 위해서는 남북한 모두 더 온건한 정치세력을 지지할 필요가 있다고 주장하였다. 로빈슨의 기록과 기자였던 마크 게인Mark Gayn의 『일본에서의 일기』(*Japan Diary*)에 수록된 한국 관련 내용은 곧 출간 예정인 Frank Hoffmann and Mark E. Caprio, eds. *Witness to Korea 1946-47: The Unfolding of an Authoritarian Regime* (Berkeley: CA: Academia Publishers, forthcoming 2021)에서 확인할 수 있다.

37) Richard Robinson, "Betrayal of a Nation" in Hoffmann and Caprio, eds.

한국의 완전한 독립을 달성하기 위한 중간 단계로 삽입한 신탁통치가 쟁점이 되었다. 초기에는 대부분의 한국인이 신탁통치안에 반대하였다. 이들은 한국이 모스크바 3상회의의 결정을 따라 한국이 5년씩이나 외세의 감독을 받은 뒤에야 완전한 주권을 획득할 수 있다는 사실을 받아들일 수 없었다. 1946년 1월 소련이 모스크바 3상회의의 결정 사항에 반대하는 단체는 미래 정부를 구상하기 위한 논의에 참여할 수 없다고 하자, 좌익 진영의 급진주의자들과 온건주의자들은 태도를 전환하여 신탁통치를 찬성하기로 하였다. 극단적인 우익 인사, 특히 이승만과 김구金九는 공개적으로, 그리고 폭력적인 방식까지 사용하며 신탁통치를 반대하였다. 리차드 로빈슨은 일부 미국 관료들이 신탁통치를 부정적으로 언급하자 이승만은 본인이 한국의 첫 국가원수가 될 수 있다는 생각에 고무되었고, 그게 남한의 단독 정부라 해도 이승만은 개의치 않았을 것이라고 주장하였다. 통일 정부가 수립될 경우 국가 원수 자리에 올라설 수 없다고 판단한 이승만은 한반도 통일이 아닌 남한 단독 정부 수립을 주장하기 시작하였다. 그는 특히 한반도의 영구 분단을 위해 목소리를 높이면서 미소 공동위원회의 진행을 방해하는 데에 열을 올렸다.[38] 그의 신탁통치 반대는 미국을 난처한 상황에 놓이게 만들었다. 전쟁 기간 내내 신탁통치를 주창했던 미국은 공동위원회의 방안을 존중한다는 발언을 하면서도, 신탁통치 기간이 반드시 필요한 건 아니라는 인상을 넌지시 흘렸다. 미국 측이 소비에트 대표단과 갈등을 빚을 때 주요 쟁점은 한국인 단체의 의견도 "표현의 자유"로서 존중되어야 한다는 것; 그리고 신탁통치에 반대한다 하더라도 미래 정부를 구상하기 위한 논의에서 제외되어서는 안 된다는 것이었다. 그러나 미국 또한 소련의 주장이 관철될 경우 한국인 우익 집단은 설 자리를 잃고 좌익 집단이 득세하게 될 것이란 점을 잘 알고 있었다.

---

*Witness to Korea 1946-47: The Unfolding of an Authoritarian* (2021).
38) Robinson, "Betrayal of a Nation," Chapter 8.

미국과 이승만 또한 북측이 통일 정부 수립을 위한 계획을 진행할 때 이승만의 참여를 용납할 가능성은 거의 없음을 알고 있었다. 북측 매체는 남측의 반민주주의적 "반동주의자", 특히 이승만과 김구가 남측의 민주주의의 발전을 저해하였다고 주기적으로 비판하였다.[39] 이승만 역시 북한사회가 토지, 노동, 여성 분야에서 좌익 원칙에 따른 개혁을 빠르게 추진하는 모습을 보면서 남한 단독 선거만이 나은 선택이라고 믿게 되었다. 이러한 입장 차이로 인해 공동위원회는 더 이상 앞으로 나아가지 못하였다. 결국 미국은 소련의 반대에도 불구하고 1947년 중반 한국 문제를 국제연합 안전보장이사회에 넘겼다. 미소 공동위원회가 실패하고, 소련이 국제연합을 통한 문제 해결을 거부하면서, 분단 역시 확정되고 말았다. 김구와 김규식金奎植은 최후의 순간까지 북한 지도자들과 대화를 통해 통일을 달성하고자 노력하였다. 그리고 한반도 통일을 위한 노력을 이승만이 수용하지 않자, 이들은 1948년 5.10 총선거에 참여하는 것을 거부하였다. 이는 오히려 이승만이 총선거에서 무난히 승리를 거두게 만들었다. 한반도 남북에서 따로 총선거가 시행된 뒤 현재까지 이어지는 두 개의 정부 체제가 수립되었다. 이 분단은 한국인의 터전뿐만 아니라, 본국 송환을 포기하고 잔류하기로 한 60만 명의 재일교포 사회도 갈라놓았다.[40]

---

39) 예를 들면, "김구, 리승만 도당의 살인, 방화의 죄악 행위! 북조선의 민주건설은 날로 공고!"라는 식으로 비방하였다. 《정로》(1946년 3월 22일), 『북조선실록: 년표와 사료』 2권, 코리아 데이터 프로젝트, 514-16.

40) 한국인 송환문제에 대한 연구는 Mark E. Caprio and Yu Jia, "Legislating Diaspora: The Contribution of Occupation-era Administrations to the Preservation of Japan's Korean Community," in *Diaspora Without Homeland: Being Korean in Japan*, John Lie and Sonia Ryang, eds., (Berkeley: University of California Press, 2009), 21-38가 있다.

## 5. 가능했을지도 모르는 대체 역사들

　역사적 문제를 탐구할 때에는 보통 "만약"이라는 질문을 피한다. 하지만 이런 질문들은 종종 논쟁이 되는 역사 내러티브의 장단점이나, 아쉽게 놓친 기회들에 대한 흥미로운 토론을 끌어내기도 한다. 이 글에서는 이런 질문이 한 국가의 역사에 담긴 내용을 평가하면서, 이 과정에서 잊혀졌거나 고의로 누락된 문제에 대해 살펴보며 책임 소재와 관련된 주장을 발전시키는 데에 도움을 준다. 다수의 한국인들이 당시엔 해방 이후 연합군의 점령이 불필요하며, 한국인은 외부 간섭 없이 국정을 다룰 수 있다고 주장하였다. 이러한 시각을 지지하는 외국인 가운데 하나는 태평양관계연구원 the Institute of Pacific Relations의 러시아 학자였던 앤드류 그라즈단제프 Andrew Grajdanzev였다. 그라즈단제프는 일본이 한국을 보호국으로 만든 1905년에 미국이 한국을 도와주지 못한 것은 1882년 조미수호통상조약을 위반한 것이라는 한국의 주장에 동의하였다.[41] 그는 신탁통치안이 가지고 있는 주요 문제들을 언급하였다. 첫 번째로, 신탁통치는 당시까지 성공한 적이 없었고 한국인은 이에 반대하고 있었다. 게다가 어떤 초강대국이 이 임무를 맡느냐에 따라서 문제가 복잡해질 가능성이 있었다. 그는 추가로 해외에 있는 한국인이 한국의 자치를 위한 기술과 경험을 제공해 줄 수 있다고 보았다. 하지만, 그럼에도 불구하고 그는 해방 후 한국이 외세의 지배는 아니더라도 외세의 도움은 받아야 한다고 보았다. 그리고 다음과 같이 이유를 설명하였다.

　한국에게 중간단계로서 반半식민지배와 비슷한 상태에 놓이게 하는 것

---

41) 미국이 조선과 맺은 1882년 〈조미수호통상조약〉 제1조는 다음과 같다. "만약 타국이 불공정하고 위협적으로 한 정부를 위협할 경우, 다른 정부는 요청을 받을 경우 거중조정(居中調整)을 행사하여 우의를 확인한다." 위에서 언급된 것처럼, 이는 1905년 일본이 한반도를 보호국이 되도록 위협할 때 시어도어 루즈벨트 대통령이 취한 입장이 전혀 아니다.

보다 독립국가로 다루면서 한국이 필요로 하는 도움을 제공하는 게 더 나을 수도 있다. 하지만 한국이 극동에서 늘 아픈 상처로 남아있지 않고 국제사회의 강력하고 부유한 일원이 되고 싶다면, 주변 국가의 동정적인 태도가 반드시 필요하다.[42]

한국은 국가 재건 말고도 다뤄야 할 문제가 산적해 있었다. 그 가운데 가장 시급한 것은 60-70만 명에 달하는 한반도 내 일본인 처리 문제로, 이 가운데 20만 명은 군인이었다.[43] 조선총독부는 점령군이 도착하기에 앞서 일본인들을 안전하게 본국으로 송환하도록 도울 수 있는 임시 과도정부를 조직할 한국인을 찾았다. 이들은 중도좌익 인사인 여운형을 설득하여 건국준비위원회를 설립하기로 하였는데, 일제 측은 이를 위해 여운형이 제시한 건국위원회에 대한 간섭 금지, 정치범 석방 등의 조건을 수용하였다.[44] 하지만 이 계획이 입안될 당시엔 소련군이 일본군을 꺾으면서 한반도로 빠르게 진군하고 있던 시기였기에, 일본은 소련군이 한반도 전체를 점령할 것으로 예상하고 있었다. 하지만 미군이 한반도 남부로 진주할 것이란 소식을 듣자, 일제는 여운형을 버리고 오키나와에서 한반도 남부 점령을 준비하던 존 하지John Hodge 사령관과 직접 교섭을 시작하였다.

---

42) Andrew Granjdanzev, *Korea Looks Ahead* (New York: Institute of Pacific Relations, 1944), 58-61.

43) The G-2 Weekly Summary of December 26, 1947. 1947년 12월 26일의 "G-2 주간 보고서"에 따르면, 당시까지 일본으로 송환된 일본인의 숫자는 883,576명으로 이는 중국, 만주, 북한에서 남한으로 건너온 일본인 288,506명을 포함하고 있을 것으로 보인다. 이 보고서는 일본에서 한반도로 돌아온 한국인 역시 총 1,110,972명이라고 기록하고 있는데, 이 가운데 21,758명의 한국인은 일본으로 재입국하려다 붙잡혔다. HQ, USAFIX G-2 Weekly Summary 한림대학교 아시아문화연구소, 『駐韓米軍週間報要約』 4권, 1947.9.11.-1948.1.30, 춘천시: 한림대학교 아시아문화연구소, 599.

44) 여운형은 초기부터 친일 부역자를 위원회에 참여시키지 않았다. 해방 당시 여운형의 활동에 대해서는 이기형, 『여운형 평전』, 실천문학사, 2010 제3장을 참고할 것.

미군은 한반도에 진주한 후에도, 항복을 거부하거나 한일 해상에서 문제를 일으키는 일본인들을 상대해야만 했다.45) 한국 지도층은 연합군의 도움 없이도 일본의 계속된 침략에 대응할 수 있었을까?

만약 연합군이 해방 후 한국을 점령하고, 일본의 항복을 받아내고 일본인의 송환을 진행시킨 뒤 물러났다면 어떻게 되었을까? 그렇다 하더라도 한국인은 여전히 그들을 갈라놓았던 이념 차이를 극복했어야 할 것이다. 물론, 어느 한국인이 지도자 역할을 맡았을지, 어떤 이념적 기반이 주도하게 되었을지, 점점 심해지던 냉전 구도에서 한국이 어느 쪽을 지지했을지에 대한 절대적인 답은 없다. 점령군이 극단적인 한국인을 지지하지 않았더라면 온건한 정치세력이 더 큰 영향을 끼쳤을까?46) 이럴 경우 한국전쟁 동안 한국인이 경험했던 수준의 사회적 무질서를 겪었을 것이라고 상상하기는 어렵지만, 동시에 식민지배에서 자주독립으로의 전환이 평화적으로 이루어졌을 거라고 상상하기도 쉽지 않다. 미국과 소련이 한국을 점령하지 않았다 하더라도, 한국이 일정 기간 사회적 무질서를 겪어야 했을 거란 사실을 쉽게 상상할 수 있다.

이후 역사의 전개를 고려하면, 연합국 가운데 하나인 미국 혹은 소련이 한반도 점령 책임을 맡는 것이 가장 자연스러운 시나리오였을 것이다. 미국 전후계획위원회는 태평양 전쟁 말기에 한반도를 점령하고 다른 연합

---

45) 이는 북한에서는 그리 심각한 문제가 아니었는데, 북한 내 일본인 수가 적었을 뿐만 아니라 소련군이 진주하기에 앞서 다수의 일본인이 이미 남한으로 넘어갔으며, 북에 남아있던 일본인은 소련군이 시베리아로 이송하여 강제노동에 동원하였다. 게다가 남한에 비해 북한에서는 사상적 갈등 역시 적은 편이었는데, 이는 북한에서 공산주의 사상이 강화될 것이란 사실을 안 보수층 인사들이 대거 남한으로 넘어갔기 때문이다.

46) 리차드 로빈슨은 실효성 있는 한국 정부를 구성하기 위해서라면 자신의 정치적 신념과 갈등을 잠시 뒤로 하고 협력할 수 있는 중도적 인사들이 남북에 있었다고 주장하였다. 그는 그의 책 "미국의 배반"에서 이와 같은 인물로 북한의 김두봉과 남한의 김원봉을 언급하였다.

국이 도우러 올 때까지 이를 유지하는 계획을 세웠다. 만약 소련이 일본의 항복에 앞서 태평양 전쟁에 참전한다면, 소련이 한반도 문제에 도움을 줄 수 있을 것으로 보는 견해가 자주 언급되었다. 하지만 일본의 공식적인 항복 이전까지 소련군이 한국 북부 지역으로 진주한 것과 달리, 미국은 여전히 한국 남부에 도착하려면 몇 주의 시간이 더 필요하였다. 소련은 한반도를 양분한다는 미국의 제안을 존중하여 소련군의 진주를 미국이 기준선으로 설정한 북위38도선에서 멈추었는데, 이는 많은 미국인을 놀라게 하였다. 만약 소련이 한반도 전체를 점령하였다면 어땠을지 궁금할 수도 있다. 하지만 히로시마와 나가사키에 원자폭탄을 투하하였기 때문에 소련의 한반도 전체 점령은 실제로는 이뤄지지 않았을 수도 있다. 두 가지 이유가 있는데, 첫 번째는 소련의 태평양전쟁 참전만큼이나 원자폭탄 투하 역시 일본이 "갑자기" 항복하게 된 주요한 이유 중 하나였다. 두 번째로, 원자폭탄 투하로 인해 소련이 미국에 더욱 적극적으로 협력하게 된 것일 수도 있다. 5년 후인 1950년 3월 김일성이 스탈린과 한국 남침 문제를 논의하기 위해 모스크바를 방문하였을 때, 스탈린은 소련군이 노골적으로 북한을 도울 경우 이와 같은 군사작전이 3차 세계 대전으로 확전될 수 있다는 우려의 목소리를 냈다. 이와 같은 이유로,[47] 스탈린은 김일성에게 군사장비 공급과 훈련을 약속하였지만, 소련군을 직접 전쟁에 투입하는 것은 망설였다. 대신 중국이 병력을 파견하는 식으로 인적 자원을 제공하는 데에 동의했을 것이다.

소련이 전후 한국에 대한 이해관계와 관련된 기록을 남긴 관계자들은,

---

47) 이러한 약속과 경계는 김일성이 1950년 3월 김일성이 모스크바를 방문하였을 때 논의된 것으로 보인다. 이 문제에 대한 논의와 평가, 그리고 기타 한국전쟁 의 전개 과정에 대한 연구로는 Mark Caprio, "Neglected Questions to the 'Forgotten War': South Korea and the United States on the Eve of the Korean War," *Asia-Pacific Journal/Japan Focus* 9, no. 3, January 24, 2011, https://apjjf.org/2011/9/5/Mark-Caprio/3482/article.html (accessed January 26, 2021)가 있다.

소련 국경 부근에 공산주의 정권을 두고 싶어했던 스탈린의 욕망을 설명하기 위해 폴란드의 사례를 언급하였다.[48] 독일이 항복을 하기 전부터, 스탈린은 폴란드에 우호적인 정부가 들어서야 한다고 주장하였다. 그 이전의 역사를 돌아보면, 소련의 적들은 대개 폴란드를 거쳐 소련을 침공하였다. 스탈린은 보수적이던 폴란드 망명 정부가 폴란드 내에서 영향력 있는 자리에 올라야 한다는 영국과 미국의 제안을 무시하였다. 영국과 미국은 폴란드에서 실시된 선거 역시 "자유"와는 거리가 멀다고 보았다. 이와 같은 행동 때문에, 1945년 4월 사망한 루즈벨트에 이어 대통령직에 오른 해리 트루먼은 동년 2월에 얄타 회담에서 맺은 협약을 소련이 위반하였다고 비난하였다. 미국과 영국이 이러한 결론을 내린 게 정확할 수도 있다. 하지만 다른 대안을 제시하는 오스트리아 사례도 있다. 한국에서 그랬던 것처럼, 오스트리아에서도 소련군이 다른 연합군에 앞서 비엔나에 입성하였다. 소련군이 가장 먼저 취한 조치 가운데 하나는 "오스트리아 영토를 점령하지 않고도 독일 파시스트 군대를 무너뜨리고 오스트리아가 독일에 대한 의존으로부터 벗어나게" 하기 위해 연륜 있는 지도자였던 카를 레너 Karl Renner를 내세워 "괴뢰" 정부를 수립하는 것이었다. 오스트리아의 역사학자인 롤프 슈타이닝거Rolf Steininger는 스탈린이 "1938년 독일의 오스트리아 병합을 지지하면서 정치적 타격을 입었던 카를 레너를 조종할 수 있다는 희망을 가졌을 수도 있다"고 주장하였다.[49] 레너가 공산주의자를 내각 내 중요 인사로 임명하기도 하였지만, 동시에 그는 소련이 기대했던 것보다 훨씬 독립적인 인물이라는 사실 역시 증명하였다.[50] 다른 3개 점

---

48) 소련의 목적에 대한 영국의 평가는 "Mr. Kermode to Mr. Bevin "Soviet Policy in Korea" (March 28, 1947), in "Foreign Service: Correspondence Respecting Korea: Part 1, January to December 1947" British National Archives, Kew, Richmond, Great Britain에 잘 나타나 있다.

49) Rolf Steininger, *Austria, Germany, and the Cold War: From the Anschluss to the State Treaty, 1938-1955* (New York: Berghahn Books, 2008), 44.

령국은 소련이 단독으로 내린 결정에 항의하였지만, 1945년 11월 총선거에서 공산당은 참패를 겪었다.[51] 오스트리아인들은 1955년에서야 점령이 끝날 때까지 오랜 기간을 견뎌야 했다. 하지만 오스트리아 국가 조약을 통해, 오스트리아는 통일된 중립국이자 독립국이 될 수 있었다.[52] 1989년 유럽 내 공산주의권이 몰락하자, 오스트리아는 1995년 유럽연합에 가입하였다.

  같은 시나리오가 한국에서 벌어질 수도 있었을까? 미국이 일본에 원자폭탄을 쓸 수 없었다면, 일본의 갑작스러운 항복도 볼 수 없었을 테고 결국에는 11월 1일부터 일본 규슈에 상륙하여 본토를 침공하는 몰락 작전을 실행해야 했을 것이다. 그리고 독일의 5월 8일 패배 후 3개월 뒤에 태평양 전쟁에 참전하겠다던 소련이 이 시점까지 기존의 약속을 지켰다면, 소련 역시 이 작전에 참여했을 것이다. 진격하는 과정에서 큰 저항을 겪지 않은 소련군은 부산에 어렵지 않게 도착한 뒤 일본 본토 침략을 준비하는 미국을 전략적으로 지원하는 위치에 놓였을 것이다. 이런 상황일 경우, 일본이 분단 국가가 되고 한국이 소련의 통제 하에 놓인다는 걸 상상하기는 어렵지 않다. 이 경우의 "만약"을 가정하며 답을 상상할 때에는 우리는 스탈린이 한국을 폴란드나 오스트리아처럼 대했을 것이라고 확실히 답할 수 없다. 하지만, 이러한 고민은 한발 더 나아가 새로운 질문을 던지게 만든다.

---

50) 해리 표트로프스키Harry Piotrowski는 "레너 정부는 정치적인 기적이었다"라고 주장하였다. 레너가 연합군이 진주하기 이전에 권력 공백을 채울 수 있던 건 "그야말로 우연"이었다. 그가 취한 행동은 "냉전 시기 유일하게 성공한 해결책"을 위한 길을 닦았다. Harry Piotrowski, "The Soviet Union and the Renner Government of Austria, April-November 1945," *Central European History* 20, No. 3/4, September to December 1987, 279.

51) Steininger, *Austria, Germany, and the Cold War*, 58.

52) Steininger, *Austria, Germany, and the Cold War*, 131. 어떻게 한국전쟁이 오스트리아 독립을 지연시켰는지에 대한 내용은, Steininger, *Austria, Germany, and the Cold War*, 101에서 확인할 수 있다.

만약 소련이 일제가 권력 인수 대상으로 선택하였던 여운형(과 그 외 접근을 시도했던 인사들)을 지지하였거나 북측의 조만식처럼 다른 온건한 한국인을 지지하면서 한국에서 카를 레너 역할을 맡길 원했다면, 우리는 중도 좌파나 중도 우파 정권이 해방 후 한국에 부상하는 모습을 볼 수 있었을까? 여운형이 취한 행동을 보면, 그는 다양한 정치적 신념을 가진 이들과 함께 일하며 한국인을 통합하는 데에 관심이 있었음을 알 수 있다. 롤프 슈타이닝거는 스탈린이 레너를 선택한 게 그의 실수라고 보았다.[53] 그가 자신의 실수에서 깨달음을 얻은 뒤 같은 역할에 더 급진적인 인물을 앉힌 것일까? 소련이 처음에 조만식을 지지하려 하였으나 신탁통치안에 대한 소련의 입장에 반대한다며 이를 거부했다는 이야기를 보면, 그렇지는 않았던 것으로 보인다.[54] 또한, 스탈린이 한국에 대해 가지고 있던 장기적인 이해관계를 더욱 잘 파악해야 한다. 한반도는 소련의 아시아 이해관계에 얼마나 중요하였을까? 소련이 단순히 안정적이고 중립적인 한국 정부로 만족하였을까, 아니면 반드시 국경 인근에 공산국가를 두고자 하였을까? 이 시나리오대로라면, 미국의 일본 정책이 스탈린의 한국 정책에 변수가 되었을 수 있다. 미국이 일본 내 극우 정치세력을 지지하거나, 동해를 가로 질러 뻗어오는 새로운 "단검"을 상상하고 이에 대응하기 위해 일본의 재무장을 조기에 시도하면서,[55] 스탈린이 극좌 세력을 더욱 적극

---

53) Steininger, *Austria, Germany, and the Cold War*, 44.

54) Erik Van Rhee, *Socialism in One Zone: Stalin's Policy in Korea*, 1945-1947 (Oxford: Berg, 1989), 114-15.

55) 미국은 소련이 자국 내 한국인으로 대규모 군사기구를 조직하여 한반도에 빠르게 진입하려 한다는 의심을 품었고, 만약 소련이 한반도 전체를 점령할 경우 일본의 재무장으로 대응한다는 시나리오도 마련해 두었다. 물론, 미국은 1940년대 후반부터 동아시아 지역에서 공산세력이 강해지자 실제로 일본측에 재무장을 압박하기 시작하였다. 한반도 내 분쟁은 일본이 자위대의 전신인 경찰예비대를 창설하게 하였다. 이러한 의심을 보여주는 사례는 Charles W. McCarthy, Alvin F. Richardson, and Raymond E. Cox (1992), "State-War -Navy Coordination Committee: Utilization of Koreans in the War Effort"

적으로 지지하는 방식으로 이에 대응한 건 아닐까?

여기서 우리는 "만약"이란 질문이 깔끔한 답을 제시하지 못한다는 한계를 확인할 수 있다. 하지만 해방 이후 수십 년 동안 벌어진 한국 근현대사와 다른 역사가 존재할 수 있었을 가능성에 대해 생각해 보면서, 우리는 당시 부상하던 두 열강과 한반도 내 극단적인 정치 집단의 책임을 더욱 확실하게 볼 수 있었다. 한국의 운명을 결정한 두 열강, 그리고 이전 수십 년간 한국을 지배한 일본, 그리고 식민지배 이전 중국과 러시아까지, 이들은 모두 한국인의 관심은 무시한 채 자국만의 이익을 위한 결정을 내렸다. 그 후폭풍은 오늘날까지 한반도뿐만 아니라 동북아시아의 국제정치에 영향을 미치고 있다.

## 6. 책임 소재 평가하기

해방 직전 한국의 운명과 관련하여 내려진 결정들은, 일본이 한국을 지배할 때 사용한 것과 비슷한 논리를 바탕으로 외세 점령국과 이들이 협력한 소수 한국인 권력자의 이권을 고려하여 만들어졌다. 소련과 미국이 한국의 통일을 달성하는 데에 실패하면서, 한국은 피비린내 나는 전쟁, 수십 년간 이어지는 냉랭한 관계, 그리고 때때로 발생하는 격렬한 대립을 겪어야 했다. 이후 한국이 얻은 것은 모두 한국인이 군사정부와의 투쟁을 통해 획득한 결과였고, 그 덕에 남한 사람들은 북한 사람들보다 더 많은 것을 누릴 수 있었다. 해방 이후 들어선 남북한 정부는 각자의 가혹한 통치방식이 비무장지대 너머에 있는 적으로부터 나라를 "지키기" 위해 필요하다는 식으로 정당화하였다. 북한은 더 복잡하고 적대적인 국제환경에

---

(April 23, 1945) 문서에서 확인할 수 있다. 이길상, 『해방전후사 자료집 I』, 1992, 254-56.

처하였는데, 1990년대 초 소련과 중국이 라이벌인 남한과의 관계 개선을 위해 북한을 버리자, 북한은 자국의 핵개발을 정당화하는 데에 이러한 국제환경을 이용하였다. 오늘날까지 북한은 핵무기 개발이 미국의 공격을 막았다는 위험한 생각을 확신하고 있다. 전후의 역사에 대한 책임과 그 유산은 미국, 소련뿐만 아니라, 남북한의 한국인도 떠맡아야 하는 짐이 되었다.

하지만 문제가 전적으로 강대국만의 책임은 아니다. 40년에 가까운 일본의 강압적인 보호국과 식민지배는 분열을 야기하였고, 이는 남한뿐만 아니라 북한의 사회와 정치에 계속 영향을 끼치고 있다. 이 분열은 한국인들이 20세기 전반에 걸쳐 겪은 혼란과 억압을 야기하였다. 태평양전쟁 기간 이어진 해외 독립운동은 하나의 목적을 위해 통합하였지만 방법은 다 달랐기에 일본을 한반도로부터 일소하기 위해 전선을 연합하는 데엔 실패하였다. 미국이 이끄는 연합국은 이 분열을 한국인의 약점으로 보았고, 일본의 패배 이후 곧바로 제기된 한국 주권국가론을 받아들이지 못했다. 우익 한국인들은 가장 인기가 많지는 않았더라도 독립을 얻기에 가장 희망적인 방안이었던 미소 공동위원회에 대해 극단적인 시각을 표출하면서 이를 방해하고 한반도가 영구적으로 분단되도록 하는 데에 기여하였다. 수십 년에 걸친 이 분단은 오랜 기간 동안 지리적 분단에 강력한 심리적 차원까지 더해져 두 나라를 갈라놓게 만들었다. 이와 같은 행동은 어찌 보면 필연적인 것 같기도 하다. 한국인이 마주해야 했던 이념적 차이는 쉽게 통합할 수 없다. 한국의 행정적 발전을 이끌기 위해 외세의 힘이 필요하다는 생각은 수 세기 동안 자국을 통치해 온 민족을 무시하는 냄새를 풍긴다. 하지만, 한국인이 실효성 있는 대안을 제시하였는가? 이승만과 그의 보수적인 지지자들은 모스크바 3상회의의 결의안, 특히 신탁통치를 소리 높여 반대하였다. 그러면서 이들이 제시한 대안은 남한 단독 정부 수립뿐이었다. 분단과 같은 국가적 타격이 과연 한반도와 한국인의 이익에 가장 부합하였을까?

　동북아에서 일본의 화해가 여전히 문제로 남아있지만, 이를 해결하기 위해서는 이 아래에 깔려 있는 역사적 맥락을 더욱 잘 이해해야 한다. 이는 북한이 최근 핵보유국으로 부상하면서 초래한 안보 위기만큼 시급한 문제가 아닐 수도 있다. 이 핵문제 또한 해결책을 생각하기에 앞서 역사적 맥락과 북한이 지역적, 국제적 안보 분야에서 겪고 있는 곤란한 문제들을 이해하여만 한다. 이러한 과정을 통해 우리는 이것이 단순히 "깡패 국가"가 이웃을 위협하기로 결심한 것 이상의 복잡한 문제임을 알 수 있다. 책임 소재를 더욱 깊이 이해하는 것 또한 중요하다. 그리고 이 책임 소재를 파악하는 과정에서, 현대의 안보, 외교 및 경제 문제를 지난 150여 년의 역사와 대조해야 한다. 책임을 인정하는 것은, 관련 당사자가 현실주의적 야심을 버리고 자국의 국익 추구가 어떻게 한국의 분단을 강화하였는지에 대해 "진실과 화해"를 구하는 자세로 반성하는 과정을 의미한다. 처벌을 생각하는 것보다 해결책을 고민하는 것이 더 중요하다. 그 중에서도 가장 시급한 문제는 한반도의 물리적 분단이다. 그리고 다시 한번 반복하지만, 해결책을 위해서는 한반도, 동북아와 세계의 안정성 확보를 저지하는 문제를 일으키는 데에 기여했던 국가들이 각국의 이해관계를 옆으로 밀어두어야 한다. 이를 통해 남북한에 있는 한국인들이 그들의 이익에 부합하는 미래를 선택할 수 있는 위치에 있게 해야 하고, 한반도뿐만 아니라 동북아시아에서 한 국가, 혹은 두 국가로 평화롭게 공존하는 것이 이를 위한 최소한의 조건일 것이다.

　번역자: 권의석 원광대학교 동북아시아인문사회연구소 HK 연구교수

# 참고문헌

## ● 1차 사료

British National Archives, Kew, Richmond, Great Britain.

Stimson, Henry. Henry Lewis Stimson Papers. Yale University Special Collections.

U.S. Government. *Foreign Relations of the United States (FRUS)*. Washington, D.C. Government Printing Office.

김광선 외, 『북조선실록: 년표와 사료』, 데이터 코리아 프로젝트, 2018

이길상, 『해방전후사 자료집 I: 미군정준비자료』, 원주문화사, 1992

한림대학교 아시아문화연구소, 『駐韓米軍週間報要約』, 춘천시: 한림대학교 아시아문화연구소, 1990

## ● 2차 자료

Anderson, Benedict, *Imagined Communities: Reflections on the Origin and Spread of Nationalism*, London: Verso, 1983

"Annexation of Korea to Japan", *American Journal of International Law* 4, no. 4(October 1910)

Antunes, Sandrina and Isabel Camisão, "Introducing Realism in International Relations Theory," *E-International Relations*, February 27, 2018, https://www.e-ir.info/2018/02/27/introducing-realism-in-international-relations-theory/ (accessed January 3, 2021).

Beale, Howard K., *Theodore Roosevelt and the Rise of American World Power*, Baltimore: Johns Hopkins, 1969

Borton, Hugh, *Spanning Japan's Modern Century: The Memoirs of Hugh Borton*, Lanham.MD: Lexington Books, 2002

Caprio, Mark E., *Japanese Assimilation Policies in Colonial Korea, 1910-1945*, Seattle: University of Washington Press, 2009

Caprio, Mark E. and Yu Jia, "Legislating Diaspora: The Contribution of Occupation-era Administrations to the Preservation of Japan's Korean Community", In *Diaspora Without Homeland: Being Korean in Japan*, Edited by John Lie and Sonia Ryang, Berkeley: University of California Press, 2009

Caprio, Mark, "Neglected Questions to the 'Forgotten War': South Korea and the United States on the Eve of the Korean War", *Asia-Pacific Journal/Japan Focus* 9, no. 3, January 24, 2011, https://apjjf.org/ 2011/9/5/Mark-Caprio/3482/article.html (accessed February 1, 2021)

Caprio, Mark E., "To Adopt a Small or Large State Mentality: The Iwakura Mission and Japan's Meiji-era Foreign Policy Dilemma", *Asia-Pacific Journal* 18, issue 20, number 3, October 15, 2020, https://apjjf.org/ 2020/20/Caprio.html (accessed February 1, 2021)

Chong Chin-sok, *The Korean Problem in Anglo-Japanese Relations, 1904 -1910: Earnest Thomas Bethell and His Newspapers, the* Daehan Maeil Sinbo *and the Korean Daily News*, Seoul: Nanan, 1987

Commons, John R., "Communism and Collective Democracy", *The American Economic Review* 25, no. 2, (June 1935)

Granjdanzev Andrew, *Korea Looks Ahead.* New York: Institute of Pacific Relations, 1944

Griffis, William, Corea: *The Hermit Kingdom.* London: W. H. Allen, 1882

Henning, Joseph M., ed., *Interpreting the Mikado's Empire: The Writings of William Eliot Griffis.* Lanham, MD: Lexington Books, 2021

Hoffmann, Frank and Mark E. Caprio, eds., *Witness to Korea 1946-47: The Unfolding of an Authoritarian Regime.* Berkeley: CA: Academia Publishers, forthcoming 2021

Huh Donghyun, "Korean Courtiers' Observation Mission Views on Meiji Japan and Projects to Modern State Building." Translated. by Vladimir Tikhonov, *Korean Studies* 29, 2005.

Kim, C. I Eugene and Kim Hankyo, *Korean and the Politics of Imperialism, 1876-1910*, Berkeley: University of California Press, 1968

Korean Government-General *Annual Reports on Reform and Progress in Korea.*

Kume Kunitake, *Tokumei zenken taishi Bei-ō kairan jikki:* (A True Account of the Special Embassy's Tour of America and Europe), ed. Tanaka Akira, vol. 2, Tokyo: Iwanami shoten, 1996

Kume Kunitake, *The Iwakura Embassy, 1871-73, A True Account of the Ambassador Extraordinary Plenipotentiary's Journey of Observations Through the United States and Europe: The United States of America.* 5 vols., translated by Martin Collcutt, Chiba: The Japan Documents, 2002

Larsen, Kirk L. Larsen (201 *Tradition, Treaties, and Trade: Qing Imperialism and Chosŏn Korea, 1850-1919*, Cambridge, Mass.: Harvard East Asian Monographs.

Lensen, George A., *The Russian Push Toward Japan: Russo-Japanese Relations, 1697-1875*, Princeton: Princeton University Press, 1959

Lisle, Andrew De, "Border and Colonialism in Jiandao: Japan's Continental Policy and the Korean Question, 1905-1932", PhD diss. Australia National University, 2021

Matsumoto Masayoshi *Baron Kaneko and the Russo-Japanese War (1904-1905).* Translated by Ian Ruxton. Morrrisville, NC: Lulu Press, 2009

Matsuo Takayoshi, ed., *Dainipponshugika shonihonshugika: Miura Tetsutarō ronsetsushū* [Big Japanism? Small Japanism? A Collection of Miura Tetsutarō Essays]. Tokyo: Tōyō Keizai shinbunsha, 1995

Nakae Chōmin, *A Discourse by Three Drunkards on Government*, Translated by Nobuko Tsukui, New York: Weatherhill, 1984

Piotrowski, Harry, "The Soviet Union and the Renner Government of Austria, April-November 1945", *Central European History* 20, No. 3/4, forthcoming 2021

Rhee, Erik Van Rhee, *Socialism in One Zone: Stalin's Policy in Korea, 1945-1947*. Oxford: Berg, 1989

Robinson, Richard, "Betrayal of a Nation" Hoffmann and Caprio, eds. *Witness to Korea*, 2021

Sagan, Scott D. and Kenneth N. Waltz, *The Spread of Nuclear Weapons: A Debate Renewed*. New York: W. W. Norton, 2002

Slusser, Robert M., "Soviet Far Eastern Policy, 1945-1950: Stalin's Goals in Korea, in Yōnosuke Nagai and Akira Iriye, eds. *The Origins o the Cold War in Asia*. Tokyo: University of Tokyo Press, 1977

Steininger, Rolf, *Austria, Germany, and the Cold War: From the Anschluss to the State Treaty*, 1938-1955. New York: Berghahn Books, 2008

Thongchai Winichakul. *Siam Mapped: A History of the Geo-Body of a Nation*. Honolulu: University of Hawai'i Press, 1994

Tikhonov, Vladimir and Lim Kyounghwa, "Communism for Korea's future: The 1920-30s", *The Review of Korean Studies* 20, no. 1, June 2017

Vandewalle, Dirk, *A History of Modern Libya*. Cambridge: Cambridge University Press, 2011

Walker, Brett L., *The Conquest of Ainu Lands: Ecology and Culture in Japanese Expansion, 1590-1800*. Berkeley: University of California Press, 2001

Wells, Sumner, *The Time for Decision*. New York and London: Harper & Brothers, 1944

Williams. Harold S., *Tales of The Foreign Settlements in Japan*. Rutland, VT: Tuttle, 2012

Yi Tae-jin, "Was Early Modern Korea Really a Hermit Kingdom?" Translated by Edward Park. In *The Dynamics of Confucianism and Modernization in Korean History*. Ithaca, NY: Cornell University

East Asian Program, 2007

배경한, 「카이로회담에서의 한국문제와 蔣介石」, 『역사학보』 224, 2014
이기형, 『여운형 평전』, 실천문학사, 2010

# 1부

동북아 냉전의
고착과 영향

# 냉전 체제 고착과 GHQ의 정책 변화*
## : 전범추방에서 레드퍼지로

유지아
원광대학교 동북아시아인문사회연구소 HK교수

## 1. 머리말

아시아태평양 전쟁에서 패배한 일본은 1945년부터 1952년까지 연합국의 점령을 받았다. 그러나 실상은 맥아더Douglas A. MacArthur가 이끄는 미 점령군이 광범위한 군사, 정치, 경제 및 사회 개혁을 결정했다. 1945년 9월, 맥아더는 연합국최고사령부(SCAP/GHQ, 이하 GHQ)를 설치하고 일본 재건 사업을 시작했다. 영국, 소비에트연방 및 중국은 "대일이사회 ALLIED COUNCIL FOR JAPAN"를 구성하여 자문 역할을 했지만, 맥아더는 모든 결정을 내릴 수 있는 최종 권한을 가지고 있었다. 미 국무부의 해석에 따르면, 이렇게 실시된 대일본점령정책은 일본에 아시아태평양 전쟁의 책임을 물어 징벌하고 민주주의 개혁을 실현하는 단계, 일본 경제를 부흥시켜 미국의 동맹국으로 삼는 단계, 공식적인 평화 조약 및 동맹 체결 단계 등 세 단계로 나눌 수 있다.[1]

---

* 이 글은 유지아, 「냉전체제 고착과 GHQ의 정책 변화-군국주의자 공직추방에서 레드 퍼지로의 전환을 중심으로」(『일본역사연구』 제54집) 일본사학회, 2021에 수록된 논문을 수정·보완한 것임.

1) [https://history.state.gov/milestones/1945-1952/japan-reconstruction](검색일 2020. 7. 25. 검색)

첫 번째 단계는 1945년부터 1947년까지로 패전 후 일본 정부와 사회에 가장 근본적인 변화를 가져왔다고 할 수 있다. 1946년 5월, 연합국은 도쿄에 극동국제군사재판소를 설치하고 일본전범자 및 군국주의자 28명을 기소했다. 동시에 GHQ는 일본군을 해체하고 제국군인들에 대해 공직자 및 정치지도자 역할의 수행을 금지하는 등 공직추방을 단행했다. 이뿐만 아니라, 경제 분야에서는 대부분의 임차인 농부에게 혜택을 주고 토지 소유자의 권력을 줄이기 위해 고안된 토지 개혁을 도입했으며, 일본 경제를 자유 시장 자본주의 시스템으로 전환하기 위해 일본의 재벌기업을 해체했다. 그리고 개혁정책의 정점인 전쟁 권리를 포기한다는 제9조를 내포한 신헌법을 개정했다. 그러나 제2차 세계대전 종결 후, 새롭게 대두된 미소 냉전으로 인해 일본에 대한 점령정책도 영향을 받게 된다. 그렇게 시작된 두 번째 단계는 1947년 말부터 일본의 공산주의 확산에 대한 우려와 일본 경제 위기를 막기 위한 점령정책의 재검토에서 비롯된다. 이른바 "역코스"라고 하는데, GHQ는 일본의 경제 약세로 인해 일본국내 공산주의 운동이 영향을 받을 것이라고 생각했다. 특히 중국 내전에서 공산주의가 승리할수록 동아시아의 미래가 위태로워진다고 판단하여 경제 약화를 해결하기 위한 정책을 실시했다. 결국, 한국 전쟁이 발발하면서 일본에 대한 점령정책이 전면 수정되었다. 즉, 한국 전쟁은 미국의 아시아태평양지역 안보 인식에 큰 영향을 주었고, 그 가운데 일본의 중요성은 확대되었다. 이에 세 번째 단계에서 GHQ는 일본의 정치적, 경제적 미래를 확고하게 수립하고 전쟁과 점령을 종식시키기 위한 공식적인 평화 조약을 체결하고자 하였다. 국제적인 위협에 대한 미국의 인식은 일본의 재무장을 결정하고, 반면 아시아 지역에서 공산주의에 대한 경계심을 고양시켰다.

미국의 일본 점령에 대한 연구 성과는 방대하다.[2] 그 가운데에서도 일

---

2) 中村政則 編, 『戰後日本:占領と戰後改革』 全6卷, 岩波書店, 1995와 연합군총사령부 (GHQ/SCAP)가 편찬한 "History of the non-militaryactivities of the occupation

본의 민주화와 개혁 정책 실시에 초점을 둔 연구들은 점령통치의 성과에 대해 찬성과 반대, 성공과 실패로 나누어 이분법적으로 평가하는 경향이 많았다. 대표적으로 미국의 점령정책이 불합리한 과정이었음을 지적한 이오키베 마코토五百旗頭真[3]와 GHQ의 개혁정책을 긍정적으로 보는 후쿠나가 후미오福永文夫,[4] 그리고 헌법 개정에 대해서는 찬성하지만 미군 주둔과 통치방식에 대해서는 반대하는 가타오카 테츠야片岡鉄哉[5]를 들 수 있다. 그리고 2000년대 이후에는 이러한 방대한 연구를 망라한 연구도 전개되었다. 아마카와 아키라天川晃[6]와 다케마에 에이지竹前栄治[7] 교수의 회고 논문이 대표적인데 그야말로 일본 점령사 연구에 대한 연구사라 할 수 있다. 일본뿐만 아니라 에드윈 라이샤워Edwin Reischauer,[8] 존 다우어John Dower,[9] 허버트 빅스Bix, Herbert[10] 등 미국학자들의 연구도 적지 않다. 라이샤워는 국화파 학자로 일본 군부의 잘못과 미국에 의한 개혁에 초점을 맞추고 있지만, 존 다우어나 허버트는 수정주의의 입장에서 패전 후 일본의 개혁보다는 관료주의와 천황제 존속 문제 등을 지적하고 있다.

본고는 이러한 기존 연구들을 참고하여 일본에 대한 점령정책 전환 과정에서 나타난 특징 중 퍼지Purge에 주목하고자 한다. 패전 후 일본에서는

---

of Japan, 1945-1951"을 편집 복각한 『日本占領GHQ正史』(全55巻, 日本図書センター, 1990)을 번역한 天川晃 編, 『GHQ日本占領史』全47巻, 日本図書センター, 1996-2000이 대표적이다.

3) 五百旗頭真, 『米国の日本占領政策 戦後日本の設計図 (上)』, 中央公論社, 1985.

4) 福永文夫, 『日本占領史1945-1952: 東京・ワシントン・沖縄』, 中公新書, 2014.

5) 片岡鉄哉, 『日本永久占領 : 日米関係、隠された真実』, 講談社, 1999.

6) 天川晃, 「1970年前後の占領史研究とその周辺」, 『参考書誌研究』 第77号, 2016.

7) 竹前栄治, 「占領研究40年」, 国立国会図書館東京本館 講演, 2015. 3. 18.

8) Edwin Reischauer & Marius Jansen, *Japanese Today: Change and Continuity*, (Cambridge: Harvard University Press, 1977).

9) John Dower, *Embracing the Defeat*, (New York: W.W. Norton, 1999).

10) Herbert Bix, *Hirohito and the Making of Modern Japan*, (New York: Harper Collins, 2000).

두 번의 퍼지가 단행되었다. 1946년에 군국주의자를 공직에서 추방한 퍼지와 냉전이 본격화된 이후 공산주의자에 대해 실시한 레드 퍼지[11]이다. 이 두 번의 퍼지를 통해 패전 후 일본에서 실시한 점령정책의 변화를 살펴보고자 한다. 퍼지에 대한 연구는 일찍이 점령사의 '비사祕史'처럼 여겨진 경향이 적지 않기 때문에 연구가 많지는 않다.[12] 그 이유는 사료 수집이 곤란한 점을 들 수 있다. 특히 레드 퍼지는 점령당국인 미국의 정책 아래 일본 정부와 경영자들이 단행한 정치적·사상적 탄압사건이기 때문에 연구가 매우 적다. 이러한 상황에서 선구적이라 할 수 있는 것이 시오다 쇼베塩田庄兵衛[13]의 연구이다. 그는 레드 퍼지에 대한 전체를 다룬 최초의 연구자로, 1948년부터 1952년 시기를 전후가 전환되는 '전후 제1의 반동기'로 규정하고 그 과정에서 레드 퍼지가 어떻게 전개되었는가를 검토했다. 또한 실증적인 레드 퍼지 연구의 길을 연 것은 다케마에 에이지竹前栄治[14]로 노동 정책뿐만 아니라 점령정책 일반에 관한 학문적 연구의 기초를 마련했다고 평가받는다. 그 뒤를 이어 레드 퍼지에 대한 본격적인 연구를 전개한 것은 미야케 아키마사三宅明正[15]와 히라다 데츠오平田哲男[16]이다. 이들은 GHQ자료뿐만 아니라 정부, 검찰, 경찰, 노동위원회, 경영자단체, 정당 및 노동조합 등의 방대한 자료를 분석하여 레드 퍼지의 실상과 개념을 밝히고자 하였다.

전체적으로 공직추방과 레드 퍼지에 대한 연구는 일본 내에서 미국의 점령정책으로 다루고 있기 때문에 각각의 사안으로 인식되는 경향이 강하

---

11) GHQ 총사령관 맥아더의 지령에 의해 1947년 이후 일본공산당원과 동조자를 공무원이나 민간기업에서 해고한 움직임. 아카가리(赤狩り)라고도 함.

12) 中村隆英, 『GHQ日本占領史6巻-公職追放』, 日本図書センター, 1996; 増田弘, 『公職追放論』, 岩波書店, 1998. 등

13) 塩田庄兵衛, 『レッドパージ』, 新日本新書, 1984.

14) 竹前栄治, 『アメリカ対日労働政策の研究』, 日本評論社, 1970.

15) 三宅明正, 『レッド・パージとは何か』, 大月書店, 1994.

16) 平田哲男, 『レッド・パージの史的究明』, 新日本出版社, 2002.

다. 이에 본고에서는 군국주의자에 대한 공직추방에서 레드 퍼지로 이어지는 연속성을 고찰하여 점령정책의 전환 과정을 파악하고자 한다. 그리고 이러한 점령정책 전환이 동북아시아의 점령사와 전후 일본의 민주주의 형성에 미친 역사적 의의를 고찰하고자 한다.

## 2. 패전 후, 군국주의자에 대한 공직추방

추방Purge의 사전적 의미는 "공동사회·단체결사團體結社·행정조직 등에서 내부질서를 유지할 목적으로 사회규범이나 조직규범을 어긴 자를 사회·단체·조직 밖으로 내쫓거나, 그들로부터 일정한 자격을 박탈하는 행위"이다.[17] 일본에서 이러한 의미의 추방이 실행된 것은 '점령기'였다. 패전 후, 점령군이 일본에 대해 다시는 전쟁을 수행할 수 없는 국가로 만들기 위한 방법으로 실시한 것이 공직추방이었던 것이다. 점령군은 명목상 '간접통치'를 하고 있었기 때문에, 공직추방 과정에서는 일본의 내무성관리가 기준을 정하고 일본인으로 구성된 '공직적부심사위원회'를 조직하여 그 기준에 따라 공직자를 심사하여 추방해당자를 선정하게 하였다. 이와 같이 일본 정부를 통해서 선정하고 집행하도록 하여 자주적으로 관리하는 것처럼 보였지만, 근본적인 기준은 점령군이 정했으며 때에 따라서는 점령군이 독자적으로 정보를 수집하여 일본과는 다른 판단기준에 따라 심사판정을 내리는 경우도 있었다.

원래 공직추방은 미국 정부가 '일본을 비군사화하는 계획의 한 단계'로 구상하여, '한 개인이 정치적 권력의 지위에 머무는 것이 세계 평화에 위험할 경우, 그러한 인간을 공직에서 추방한다는 계획'이었다. 공직추방

---

17) 두산백과[https://terms.naver.com/entry.nhn?docId=1147555&cid=40942&category Id=31614] 두산백과

문제는 아시아태평양 전쟁이 종반으로 치닫던 1944년 봄 이후에 승리를 확신한 미국이 전후 대일점령계획을 본격화하면서 전쟁범죄자 처리 문제와 함께 거론되기 시작했다. 그리고 1944년 12월에 '국무·육군·해군 삼부 조정위원회(SWNCC)'가 성립되고, 그 하부기관에 '극동소위원회(SFE)'를 설치하면서 공직추방에 대한 논의가 본격화되었다. 이때부터 국무부, 육군부, 해군부에서 개별적으로 검토하던 대일정책이 삼부의 조정을 거치게 되었으며, 1945년 봄부터는 미국 정부의 통일된 대일점령정책안이 나오게 되었다.[18] 그 결과, 1945년 9월 2일에 거행된 일본의 항복문서 조인식날 워싱턴에서는 번즈James F. Byrnes 국무장관이 대일점령정책에 대해 언급하면서 일본의 '물적 무장해제'와 더불어 일본국민의 '정신적 무장해제'의 필요성을 강조하는 성명을 발표했다.[19]

이후 공직추방의 윤곽은 9월 22일에 맥아더에게 전달된 'SWNCC150/4/A' 문서에 명확하게 드러난다. 이 문서의 근간이 되는 'SWNCC150' 문서는 6월 11일에 제출되었는데, 일반조항, 정치, 경제 3부로 구성된 매우 초보적인 '미국의 초기대일방침'이었다. 이 문서에서 점령군의 정치 목표는 '제2부 정치'에서 1. 군국주의의 근절, 2. 민주주의의 강화, 3. 자유주의 세력의 지원과 연합국이 대처할 수 있는 정부의 수립이라고 명시했다. 그리고 공직추방에 대한 내용은 '제3부 군정부의 초기 사업'에서 1. 기성 정당, 전체주의 조직, 초국가주의 단체의 해산, 2. 전범의 체포 및 처벌이라고 명기하여 조직의 해산을 언급하는 정도였으며 명확하게 인물에 대한 추방을 언급한 것은 아니었다.[20]

그러나 7월 26일에 포츠담 선언이 발표되고 일본의 항복이 기정사실화되자, 육군부는 직접점령을 언급했던 'SWNCC150' 문서의 수정을 요청하

---

18) 大蔵省財政史室編, 『昭和財政史 3 -アメリカの対日占領政策』, 東洋経済新報社, 1976, pp.81-83.
19) 『朝日新聞』, 1945. 9. 4.
20) 増田弘, 『公職追放論』, p.23.

였고 극동소위원회는 수정을 거쳐 8월 11일에 'SWNCC150/1' 문서를 제출했다.[21] 이 문서에서 공직추방 관계는 문서B Ⅱ.군정 파트의 2. 점령군이 해야 할 일에서 "b. Removal of undesirable persons" 항목이다. 여기에서 공직추방은 "호전적인 국가주의와 침략을 선동한 인물의 공직 내지 다른 공적 책임이 있는 영향에서 제거 및 배제"라고 설명하고 있다. 그리고 다음 날 다시 약간의 수정을 거쳐 'SWNCC150/2' 문서를 작성하게 되는데, 이후 과정은 일본의 항복이 예상외로 빠르게 진행되면서 긴급조치로 수정안 작성의 주도권은 육군부가 주도하게 되었다. 육군부가 대폭 수정한 'SWNCC150/3' 문서는 천황을 포함한 기존 일본의 통치기구를 통해 점령정책을 수행한다는 간접통치 방침이 채택되는 한편, 주요연합국 간에 의견이 다를 경우에는 미국의 정책으로 그것을 결정한다는 문구가 삽입되었다.[22] 공직추방 내용은 제3부의 1. 비무장화와 비군사화에서 "대본영, 참모본부, 군령부의 고급직원, 그 외 일본 정부의 육해군 고급직원, 초국가주의적 또는 군국주의 조직의 지도자 및 이외 군국주의와 침략의 적극적 주창자는 감금되어 억류된다. 적극적으로 군국주의 및 호전적 국가주의를 주장한 인물은 공직 및 이외 공적 또는 중요한 사적 책임에서 제거 및 배제된다. 초국가주의적 내지 군국주의적인 사회·정치·직업 및 상업상의 단체 또는 기관은 해산되고 금지된다"고 명시하였다. 이 문서는 통합참모본부의 수정을 거쳐 8월 31일에 SWNCC회의에서 'SWNCC150/4' 문

---

21) United States Initial Post-Defeat Policy Relating to Japan (SWNCC150/1), 11 August 1945, GHQ/SCAP Records, Top Secret Records of Various Sections. Administrative Division Box No. CI-1(20) "SWNCC 150/1:Politico-Military Problems in the Far East:United States Initial Post-Defeat Policy Relating to Japan" 〈Sheet No. TS00349〉, 米国国立公文書館(RG331).

22) U.S. Initial Post-Surrender Policy for Japan (SWNCC150/3), 22 August 1945, GHQ/SCAP Records, Top Secret Records of Various Sections. Administrative Division Box No. CI-1(21) "SWANCC150/3: Politico-Military Problems in the Far East: United States Initial Post-Defeat Policy Relating to Japan" 〈Sheet No. TS00350〉, RG331.

서로 채택되어 승인되었다. 이어 9월 6일에는 트루먼 대통령의 승인을 거쳐, 22일에 국무부가 'SWNCC150/4/A' 문서[23]를 발표하고 도쿄에 있는 GHQ에도 전달했다.

그러나 GHQ의 추방계획은 육군부와는 차이가 있었다. GHQ는 공직추방은 일본민주화의 노력과 관련되어 있기 때문에 일본에서 민주주의의 성장을 위해 유해하다고 간주되는 인물을 모두 공직에서 제거하는 수단으로 삼고자 했다. 그 결과, GHQ는 1946년 1월 4일에 공직추방지령 SCAPIN-548 "정당, 정치결사, 협회 및 그 외 단체의 폐지에 관한 각서"와 SCAPIN-550 "공무종사에 적합하지 않은 자의 공직에서의 제거에 관한 각서"를 발표했다. 이는 미 국무부가 지정한 공직추방보다 훨씬 엄격하고 대대적인 규모의 처분이었다. 특히 SCAPIN-550의 부속서 A에는 다음과 같이 공직추방자의 범위를 명확하게 규정하고 있다.

A항 　전쟁범죄인
B항 　직업육해군직원, 육해군성의 특별경찰직원 및 관리
C항 　극단적인 국가주의적, 폭력주의적, 비밀애국적 단체의 유력분자
D항 　대정익찬회, 익찬정치회, 대일본정치회의 활약에서 유력분자
E항 　일본의 팽창에 관계한 금융기관 및 재계
F항 　점령지의 행정장관
G항 　그 외 군국주의자 및 극단적인 국가주의자[24]

여기에서 G항에 포함된 사람은 ①군국주의적인 정권반대자를 공격하

23) U.S. Initial Post-Surrender Policy for Japan(SWNCC150/4/A), 21 September 1945, GHQ/SCAP Records, Top Secret Records of Various Sections. Administrative Division; Box No. LS-1: "Top Secret, File No. 1 - Covering the Period from 1 September 1945 thru 19 January 1946" 〈Sheet No. TS00320-00323〉, RG331.

24) SCAPIN-550: Removal and Exclusion of Undesirable Personnel from Public Office 1946/01/04, 文書名:Supreme Commander for the Allied Powers Directives to the Japanese Government (SCAPINs), RG331.

거나 또는 체포에 기여한 모든 사람, ②군국주의적인 정권반대자에 대해 폭행을 사주하거나 또는 감행한 모든 사람, ③일본의 침략계획에 대해 정부에 적극적으로 중요한 역할을 하거나 또는 언론, 저작 및 행동에 의해 고전적인 국가주의 및 침략 활동의 주장을 명확하게 한 모든 사람이라고 규정하고 있다. 이 내용을 살펴보면, 개념이 매우 애매하고 추상적인만큼 일본에게는 타격이 컸다. 따라서 GHQ의 공직추방 지령이 패전 후 처음으로 실시된 총선거의 입후보자에 표준을 정해서 발표된 것이라는 평을 받기도 했다. 그리고 공직추방이 정치적인 차원에서 이루어졌다는 비판도 많았는데, 당시 아시다 히토시芦田均는 일기에 "그것(G항에는 쇼와17년의 추천의원도 포함하고 있음)이 각의에 보고된 것은 2월 9일 오전이었다. 그것을 보고 구 의원들은 경악했다. 무엇보다 380명의 추천의원을 가지고 있는데 이것이 배제된다면 구 의원에서 당선되는 자는 5~6명, 전체 의원에서는 30명 정도나 될까? 그 외에는 모두 '촌뜨기'라니 의회의 능률은 어찌될까?"라고 말하면서 이러한 상황에 대해 우려를 표하기도 했다.25) 이러한 우려는 같은 해 4월에 실시된 전후 최초의 총선거에서 자유당이 제1당이 되어 하토야마 이치로鳩山一郎가 차기 수상 후보가 되었으나 익찬 의원이었다는 이유로 5월 3일에 공직에서 추방된 사건으로 현실화되었다. 이 상황에 대해 당시 하토야마의 측근이었던 안도 마사즈미安藤正純는 5월 4일의 일기에 다음과 같이 쓰고 있다.

> 자유당 단독 내각 협정이 어제 성립하여(사회당은 내각 밖에서 협력) 오늘은 대명이 내려지지 않을까 생각하면서 아침에 하토야마씨 저택에 감. 예상외로 11시에 맥아더 사령부로부터 하토야마 씨에게 추방령을 내렸다고 발표하자 이 저택은 한순간에 희비가 바뀜. 바로 간부들이 숙의하여 수습책을 논의함. 본부에서는 국회의원 회의를 열고 소란스러움. 3시에 바쁜 와중에 잠깐 빠져나와 자동차를 몰고 야나카(谷中)에 있는 곤레이지(金嶺寺)의 천태종 혁신동맹에 가서

---

25) 進藤榮一 編, 『芦田均日記』1, 岩波書店, 1986, p.72.

정국의 현황과 교계의 방향에 대해 일장의 담화를 함. 바로 본부에 가서 국회의
원들의 의견을 청취함. 저녁에 호시지마 군이 데리고 간 뉴긴자(요정)에서 만찬
을 하고 서둘러 하토야마 저택의 총회에 특별히 참석하여 긴급수습처리의 상담
을 함. 나는 향후 총재를 두지 않고 총무회장 혹은 위원장제로 잠정적으로 기관
을 운영해야 한다고 강경하게 주장함. 10시 넘어서 해산하고 기타자와에서 숙
박함.26)

일기에도 쓰고 있는 것처럼 하토야마의 공직추방은 전혀 예상하지 못
한 상황이었으며, 그로 인한 정치권의 혼란도 극심했다. 일본 정치인들의
우려와 혼란에도 불구하고 미 점령군은 전쟁 시기의 익찬의원을 정치에서
배제시키기 위해 공직추방을 실행하고, 이 지령을 법령화하기 위해 착수
하여 같은 해 2월 24일에 SCAPIN-548에 해당하는 "정당, 협회, 그 외 단
체의 결성 금지에 관한 건"(1946년 칙령 제101호)을 공포27)하고, 같은 달
28일에 SCAPIN-550에 해당하는 "취직금지, 퇴관, 퇴직 등에 관한 건"(1946
년 칙령 제109호) 및 시행령을 공포28)했다. 그리고 공직취임 자격심사를
위해 2월 28일에 내각직속기관으로 '공직자격심사위원회'를 발족시키고
제1차 공직추방을 개시했다.29) 또한 1947년 1월 4일에 제2차 공직추방령
을 공포함으로써 정치뿐만 아니라 경제 및 언론계로 확대하여 공직추방을
진행하였고, 중앙의 도도부현都道府縣에서 시구정촌市區町村의 지방까지 시
행하였다. 이와 같이 시작된 공직추방은 1948년 5월에 GHQ가 종결을 선

26) [https://www.ndl.go.jp/modern/index.html] 昭和21年5月4日, 安藤正純関係文書
   (10-12), 国立国会図書館.
27) 昭和二十年勅令第五百四十二号「ポツダム」宣言ノ受諾ニ伴ヒ発スル命令ニ関スル件
   ニ基ク政党、協会其ノ他ノ団体ノ結成ノ禁止等ニ関スル件(2월 22일 공포, 통상 '단
   체 등 규정령').
28) 昭和二十年勅令第五百四十二号「ポツダム」宣言ノ受諾ニ伴ヒ発スル命令ニ関スル件
   ニ基ク就職禁止、退官、退職等ニ関スル件(2월 27일 공포, 통상 '공직추방령',
   1947년 칙령 제1호로 개정).
29) 自治大学校 編, 『戦後自治史〈第6〉公職追放』, 1964, pp.55-135.

언할 때까지 2년 반 동안 전국에 걸쳐 실시되었으며, 제국군인을 중심으로 하여 정계, 관계, 재계, 언론계, 교육계에서 21만 명이 넘는 사람들을 공직에서 추방했다.

〈표 1〉 공직추방령 실시현황(미국통계)

| 항목 | 통상심사 | | | 가(仮)지정30) | | | 합계 |
|---|---|---|---|---|---|---|---|
| | 중앙 | 지방 | 계 | 중앙 | 지방 | 계 | |
| A항 | 145 | 5 | 150 | 3,272 | | 3,272 | 3,422 |
| B항 | 7,219 | 1,604 | 8,823 | 113,412 | | 113,412 | 122,235 |
| C항 | 65 | 8 | 73 | 2,991 | | 2,991 | 3,381 |
| D항 | 225 | 598 | 823 | 1,261 | | 33,573 | 34,396 |
| E항 | 88 | 9 | 97 | 391 | 32,312 | 391 | 488 |
| F항 | 46 | | 46 | 43 | | 43 | 89 |
| G항 | 1,027 | 2,479 | 3,506 | 3,526 | 39,244 | 42,770 | 46,276 |
| 계 | 8,815 | 4,703 | 13,518 | 124,896 | 71,556 | 196,452 | 210,287 |

참고: John D. Montgomery, *The Purge in Occupied Japan: A Study in the Use of Civilian Agencies Under Military Government*, The Johns Hopkins University, Chevy chase, MD, 1953, 23.

〈표 1〉의 인원을 직종으로 분류하면 군인 16만 7,035명(79.6%), 관료 1,809명(0.9%), 정치가 3만 4,892명(16.5%), 극단적 국가주의자 3,438명(1.6%), 사업가 1,898명(0.9%), 언론보도 관계자 1,216명(0.5%)로 군인과 정치인이 대부분을 차지하고 있다. 그렇다면 일본은 이로써 전범자 및 극단적 국가주의자를 모두 공직에서 추방할 수 있었을까? 공직추방의 결과에 대해서는 현재까지도 비판적인 연구자가 많다. 실제로 공직추방 지령이 발표되었을 당시에는 군부를 중심으로 한 정계·관계·재계·언론계 및 그 친족들을 비롯하여 100만여 명이 해당될 것이라고 추정하였다.31) 그러

---

30) 가(仮)지정은 사직 등에 의해 추방해당자라고 결정하지 않은 잠재적인 추방해당자에 대한 조치이다. 이에 따라 심사위원회는 조사표의 심사 내지 일방적으로 추방해당을 판정할 수 있으며, 당사자의 소원이 인정되지 않는 한 자동적으로 추방해당자가 된다.

나 공직추방을 당한 인물은 군인과 정치가가 주를 이루고 있을 뿐만 아니라, 중앙과 지역의 차이도 적지 않다. 이는 공직추방 과정에서 GHQ가 갑자기 공직추방의 종결을 선언해버림으로써 유종의 미를 거두지 못한 데서 기인하는 바가 크다. 앞에서 서술한 바와 같이 공직추방은 원래 미국이 일본에 대해 비군사화와 민주화를 중심으로 한 점령정책을 성공적으로 완수하기 위해 일본국민의 정신적인 무장해제를 주창하여 시작한 것이다. 그러나 냉전이 심화되면서 미국은 일본을 경제적으로 자립시켜서 아시아의 '반공방파제' 내지 '군수물자의 공장'으로 삼고자 하였다. 그 결과 공직추방도 완결되지 못하고 미국의 일방적인 종결선언에 의해 끝났으며, 이후 냉전 체제의 고착으로 인해 공산주의에 대한 퍼지로 전환해 가는 과정을 볼 수 있다.

## 3. 냉전 체제 고착과 공직추방 종결

제2차 세계대전 후, 아시아는 냉전의 주요한 무대가 되어 냉전이 열전으로 전환된 장소이다.[32] 대전 직후 연합국 간의 대립과 논쟁의 초점이 된 장소는 아시아보다는 유럽이었다. 독일에 대한 연합군의 승리가 가시화되자 연합 4개국은 1945년 2월 얄타 회담에서 유럽의 전후처리와 소련의 대일전 참전 등에 대해 합의했다. 이때 소련의 대일전 참전에 대해 영국의 처칠Winston Leonard Spencer Churchill 수상은 전후 소련의 영향력 확대를 우려한 반면, 미국의 루즈벨트Franklin Roosevelt 대통령은 소련의 참전이 반드시 필요하다고 판단하여 소련의 요구를 대부분 수용하였다. 이 당시 소련의 요구는 러일전쟁의 결과로 상실한 남사할린과 쿠릴열도의 반환

---

31) 增田弘, 『公職追放論』, p.3.
32) ロバート·マクマン, 『冷戦史』, 勁草書房, 2018, p.47.

및 만주에서의 철도와 항구 사용에 대한 우선권 인정이었다. 그러나 1945년 4월 루즈벨트의 갑작스런 사망으로 대통령직을 이어받게 된 트루먼 Harry S. Truman은 일본에 대한 종전과 전후처리 과정에서 이미 소련의 영향력 확대를 염려하고 있었다. 당시 미국에서 전쟁부 장관이었던 헨리 스팀슨Henry Stimson과 육군부 참모총장 조지 마셜George Marshall은 일본의 조기 항복 가능성이 희박하다고 판단하여 강경책을 지지하였으나, 조셉 그루Joseph Grew 전일본대사 등은 전쟁을 조기에 종결시키기 위해 일본이 고수하는 천황보존주의를 수용하는 등 정책을 수정하였다. 양쪽 모두 전후 소련의 패권 장악을 우려한 정책이었다.

그러나 대전 직후 미국과 소련은 동아시아의 질서가 아시아태평양 전쟁으로 파괴되었고, 그로 인해 폭발한 민족주의의 조류가 아시아를 변화시키고 있다는 인식이 희박했다. 따라서 소련은 아시아에서 제정러시아 시대의 모든 영토를 탈환하고 만주와 외몽골에 이르는 경제적인 이익을 재구축하기 위해 중국 연안의 안전 보장을 확보하고자 했다. 미국도 일본을 약체화시키고, 중국의 공산화를 막음으로써 태평양 지역의 안전보장 체제를 구축하고자 했다. 이와 같이 대전 이후 미국과 소련은 유럽에서뿐만 아니라 동아시아에서도 이권 확보와 안전보장 체제 구축을 둘러싸고 패권 장악을 위해 열기를 띠었으며, 그 결과 열전으로 전이되었다.

이 과정에서 중국에서는 국민당과 공산당의 내전이 격화되고, 한반도에서는 38도선 이북에 공산정권이 수립되었다. 이에 미국은 1946년 초에 중국의 내전을 중재하고자 마셜을 중국에 특사로 파견하였다. 마셜은 중국으로 떠나기 직전 트루먼에게 중국을 지원하지 않으면 중국이 둘로 나누어질 것이며, 소련이 만주를 지배하게 되면 태평양 전쟁의 목적을 상실하는 것과 같다고 발언하였다. 그리고 1년 뒤, 마셜은 국민당에 대한 미군의 지원 보장은 불가능하다고 발표하면서 일본과 태평양 섬들에 대한 통제만 계속된다면 중국에서의 공산당 승리도 미국의 안보 이익에는 위협이 되지 못한다는 판단을 내리게 되었다.[33] 이 시점이 미국의 동아시아 정책의 전환점이라고 할 수 있다. 이후 미국은 대일점령정책을 전면 수정하여 적국이었던 일본의 개혁과 비군사화에서 급속한 경제부흥을 추진하고자 했다. 미국의 정책입안자들은 안정적이고 경제적이며, 친미적인 일본을 형성하는 것이 전후 아시아에서 미국의 전반적인 정책목표를 위해 불가결하다고 판단한 것이다. 이른바 미국의 대일점령정책이 본격적으로 '역코스'의 궤도로 진입하기 시작한 것이다.

일본에 대한 이러한 인식과 정책 전환이 급속하게 이루어질 수 있었던 것은 유럽에 대한 점령정책이 미·영·불·소 4개국에 의해 직접통치 형식으로 이루어지면서 행정적·정치적 목적을 달성하기 위해 동서로 분단된 반면, 일본에 대한 점령정책은 연합군의 이름으로 미국이 단독으로 실시했기 때문이다. 1947년 이후 트루먼 정권의 아시아 정책의 가장 중요한 목적은 정치적으로 안정되고 경제적으로 번영한 일본을 서쪽 진영에 포함시키는 것이었다. 미국의 통합참모본부는 트루먼 대통령에게 "일본이 공산주의의 영향하에 들어갈 경우, 소련은 국력의 25%에 상당하는 전쟁 수행 능력을 더 획득할 것"이라고 경고했다. 딘 아치슨Dean Acheson 국무장관도 1949년 12월에 동서 간의 전반적인 세력 관계에서 일본의 전략적 중요성을 지적하면서 "일본이 공산주의 진영에 들어간다고 가정할 경우, 소련은 세계의 세력균형을 크게 바꿀 정도로 숙련된 노동력과 잠재적 생산력을 획득하기에 이를 것"이라고 언급했다.[34]

이러한 인식을 근거로 미국은 일본을 확대되고 있는 공산주의의 위협으로부터 보호하고 동시에 일본 국내에서 공산주의의 전파를 예방하는 것이 선결과제라고 판단하였으며, 이는 GHQ의 정책 변화에도 영향을 미친

---

33) Michael Schaller, *The American Occupation of Japan: The Origins of the Cold War in Asia*, (New York: Oxford University Press, 1985), p.72.

34) ロバート·マクマン, 『冷戦史』, p.52.

다. GHQ 내부는 점령 초기부터 두 세력에 의한 정치적 대립이 강하게 존재하고 있었다. 하나는 포츠담 정신을 충실하게 이행하여 일본을 민주국가로 만들겠다는 이상주의적인 세력이고, 다른 하나는 미소 대립에 대응하기 위해 일본의 군부나 정치가, 재계인 등을 온존시키고자 한 현실주의적인 세력이다. 두 세력은 GHQ 내에서 초기 점령정책을 이끌었던 코트니 휘트니Courtney Whitney를 중심으로 한 민정국(GS)과 찰스 앤드류 윌로비 Charles Andrew Willoughby를 중심으로 한 직업군인 그룹 참모 제2부(G2)에서 각각 활동했다. 미국과 GHQ의 점령정책이 바뀌면서 점령정책을 이행하는 조직도 민정국(GS)에서 후자인 참모 제2부(G2)로 전환되었고, 이는 일본 내의 공산주의자에 대한 정책에도 영향을 미치게 되었다. 민정국 (GS)은 민주화를 실현하기 위해 군국주의자를 추방하는 공직추방을 강력하게 추진하여 일본을 변혁하고자 하였던 반면, 참모 제2부(G2)는 일본의 안정을 위해 공직추방에 의한 피해를 최소화하고 반대로 공산주의자를 견제하기 위한 정책을 추진하고자 했다.

참모 제2부와 같은 움직임은 이미 1947년 가을부터 워싱턴에서 케난 George F. Kennan과 드레이퍼William Henry Draper Jr.를 중심으로 하여 추진되었다. 그들은 일본의 개혁보다는 안정을, 일본의 비군사화와 민주화보다는 경제적 자립화를 추구하는 구체적인 정책안을 내놓으면서 경제인 공직추방에 대한 조기 중지와 궁극적으로는 공직추방의 종결을 구상하였다. 이에 대해 맥아더는 같은 해 말에 공직추방은 가仮지정을 제외하고 공직심사가 거의 끝났다고 보고하면서, 초국가주의 및 비밀애국주의 단체를 제외하고 공직추방을 확대할 방침은 없다고 알렸다. 그러나 국무부 극동국은 1948년 1월 중순에 공직추방 규정의 수정안을 작성하여 GHQ의 공직추방을 비판하면서 공직추방의 종결을 제기했다. 이와 같이 공직추방을 담당한 민정국(GS)은 참모 제2부(G2)의 반대에 부딪치게 되었고, 결국 GHQ는 강경한 입장을 철회하면서 1948년 1월 초순에는 민정국(GS)에서

공직추방을 담당하던 공직자격심사과(PSQD)를 특별조사과(SPD)로 변경하고 인원도 반으로 줄였다.[35]

공직추방 종결에 대한 논의가 시작되자, 일본 내에서도 GHQ와 일본 정부가 공직추방 종결 시기를 둘러싸고 대립하였다. 그러나 1948년 3월에 케난과 드레이퍼가 일본을 방문하여 공직추방 정책의 전환을 독촉하자 맥아더는 군인의 공직추방이 너무 지나쳤다고 인정하고, 경제인에 대한 공직추방에 대해서도 어느 정도는 배려해야 한다는 관점에서 공직추방 종결을 결정했다. 그리고 3월 말에 일본 정부 대표와 민정국(GS)은 '공직추방 계획의 종결Completion에 관한 회의'를 세 번 진행하여 종결 일자를 정했다. 이 과정에서 일본은 남아 있는 가假지정에 대한 심사 연기를 요구했으나 민정국(GS)은 그 요구를 일축하고 5월 10일에 공직추방을 종결하기로 결정했다. 다음은 3월 31일에 GHQ가 발표한 공직추방 계획의 종결 선언 내용이다.

> 1946년 1월 4일 SCAPIN-550에 의거하여 "바람직하지 않은 인물의 공직에서의 배제 및 제거"는 일부를 제외하고 종료했다. 공직추방개시 이래, 약 70만 명이 공직적부심사를 받았고, 그 가운데 8,700명이 추방해당자로 제거되었다. 한편, 본래 추방각서에 해당함에도 불구하고 공직을 사직해서 추방 지령을 적용하지 않았던 사람이 많이 존재한다. 그래서 일본 정부는 가假지정을 실시하였고, 그 결과 약 20만 명이 가假지정을 받았으며 그 가운데 약 1만 명이 심사위원회에 의해 반증을 인정받아 복직하였다. 이상과 같이 공직심사 및 가假지정의 계획은 사소한 사무 처리나 최종적인 기록 정리를 제외하고 종료했다. 따라서 중앙과 지방의 심사위원회는 1948년 5월 10일을 기해 소멸한다. 각령은 그 방침을 명시하고 있다. 또한 소원위원회도 같은 5월 10일에 그 기능을 정지한다. 단, 공직심사와 가假지정은 실질적으로 완료했지만 민정국(GS)국장 휘트니가 26일에 지적한 바와 같이 공직추방 실시는 아직 종료하지 않았다.[36]

---

35) 増田弘, 『公職追放論』, pp.240-241.
36) GS, Completion of the "Purge Program" 31 Mar. 1948, GHQ-Purge Papers, NND-775012.

공직추방 종결을 결정한 후, 맥아더와 케난은 대일강화방침에 대해 논의하였다. 케난은 이 논의 결과에 대해 국무부에 대일강화는 시기상조라고 결론지어 문서를 제출했다. 국무부는 이 문서를 바탕으로 "미국의 대일정책에 관한 권고"를 작성하여, 일본의 방위책으로 오키나와沖繩 주둔, 요코스카橫須賀 해군기지 확장, 일본경찰력 강화 등을 제안하고, 징벌적인 대일강화에서 온정적인 강화로 방침을 변경하는 한편, 구 정재계인의 공직복귀 등을 통한 일본의 정치적·경제적 자립을 촉진한다는 정책을 제안했다. 이 제안은 국가안전보장회의에서 논의되어 같은 해 10월 7일에 NSC13/2 문서로 채택되어 대일점령정책은 전면 수정되었다.[37] 결국, 공직추방은 일본국민의 정신적 무장해제의 역할을 다하지 못하고 종결되었다. 군부 이외에 일본 지도층을 일소한다는 GHQ의 방침은 충분하게 실행되지 못하였고, 전쟁 및 전체주의를 선동했던 일본인들은 공직추방을 받지 않은 상태에서 공직추방이 종결됨으로써 면죄부를 받는 격이 되어 전쟁 책임에 대한 인식이 희박해졌다. 동시에 미국의 온건한 점령정책 전환으로 의해 일본은 서쪽 진영에 편입되어 이후 공산주의에 대한 적대감을 확실하게 드러내게 되었다.

## 4. 한국 전쟁 발발과 본격적인 레드 퍼지

### 1) 공산주의에 대한 레드 퍼지

미국의 대일점령정책의 초기 목표는 일본의 전쟁 수행 능력을 제거하는 비군사화와 민주화에 있었다. GHQ는 이 목표를 수행하기 위해 먼저

---

37) Recommendations with Respect to U.S.Policy toward Japan(NSC13/2), 7 October 1948, 〈Sheet No. TRUMAN-4847〉, 国立国会図書館所蔵.

일본군이나 군수물자를 생산하는 공장 등에 대한 '물리적인 무장해제'를 실시하고, 일본국민의 '정신적인 무장해제'를 위해 공직추방을 시행했다. 여기에서 공직추방 해당자는 SCAPIN-550의 부속서에 규정한 대로 전쟁범죄자, 군인, 군국주의자 및 극단적인 국가주의자로 전쟁과 관련하여 계획, 수행하거나 적극적으로 지지한 인물들이다. 반면, 이 시기에 사회주의자나 공산주의자에 대한 평가는 전쟁범죄자와는 반대편에 서 있는 이미지를 가지고 있었다. 다음은 초기 점령정책을 담당했던 민정국(GS)에서 법제 개혁을 맡았던 오플러Alfred Christian Oppler가 언급한 것으로 GHQ의 공산주의관을 보여주는 내용이다.

> 공산당원은 예외 없이 점령군이 배제해야한다고 명령한 모든 세력, 즉 전쟁주모자, 봉건주의, 재벌 그 외 세력과 싸워온 일본 유일의 그룹이었다. 공산당원은 저항운동을 이유로 추방, 장기 투옥 및 심한 박해를 받아왔다. 귀환하거나 감옥에서 석방된 후, 잠시 그들은 많은 일본인에게 영웅 내지 순교자로 갈채를 받았다. 우리들의 임무에 비추어 보면, 그들은 일본 사회에서 가장 약점을 갖지 않은 분자였다. 이리하여 연합국 최고사령관이 먼저 일본 민주주의화의 임무를 지고 있는 점에 비추어 보면, 그들은 점령군의 목적을 지지하고 거역하지 않는 한 공통의 적에 대해 약간은 신뢰할 수 없는 동맹자로 간주되었던 것이다. 이는 오늘날 대다수의 독자에게 충격적으로 생각될지도 모른다. 그러나 합중국 정부는 히틀러에 대항하고 스탈린과 동맹했을 때 같은 일을 하지 않았는가.[38]

위에서 오플러는 공산당은 GHQ가 공직추방을 하고자 하는 그룹과는 정반대에 있다고 확실하게 언급하고 있다. 그리고 공산당은 전쟁 시기에 가장 약점이 없는 그룹이라고도 지칭하고 있으면서도, "점령군의 목적을 지지하고 거역하지 않는 한"이라는 단서를 붙여 "공통의 적에 대해 약간은 신뢰할 수 없는 동맹자"라고 인식하여 경계의 대상임을 밝히고 있다. 여기에서 공통의 적은 소련이 아니라 일본 군국주의 및 제국주의자들이었

---

38) オプラー, アルフレッド・C., 『日本占領と法制改革』, 日本評論社, 1990, p.176.

으며, 아직은 일본 공산당이 GHQ의 정책에 거역하지 않았기 때문에 가능한 판단이었다. 이 경계의 대상에서 비난·공격의 대상이 되어 적대관계에 놓이게 된 계기는 1947년 2월 1일 0시를 기해 관공청 노동조합을 중심으로 계획된 '2.1 스트라이크' 사건이었다. 이 계획은 단순한 스트라이크에서 멈추지 않고 일본사회당, 일본공산당 등을 포함한 내각타도 실행위원회를 발족시켰으며, '요시다내각 타도, 민주인민정부 수립' 등 정치적인 요구사항도 내걸었다. 그러나 1월 31일 오후 2시 30분에 맥아더가 금지명령을 발표함으로써 계획은 중지되었다. 이는 GHQ가 노동운동에 정면으로 개입한 최초의 사건으로 초기 점령정책이 전환되었음을 보여주는 사례라 할 수 있다. 점령정책의 전환은 앞에서 서술한 미소 냉전의 격화가 가장 큰 요인이었다. 이후 GHQ는 공산주의에 대한 경계를 넘어 공격의 자세를 취하게 되는데 본격적인 시작은 민간정보교육국(CIE) 고문 일즈 Walter Crosby Eells의 연설이었다. 그는 1949년 7월 19일, 니이가타대학新潟大學 발족식의 축하 연설에서 "학문의 자유라는 대학의 가장 중요한 권리와 의무 아래 우리는 공산주의자로 알려진 대학교수를 감히 배제하려 하지 않는다"[39]고 말한 것을 시작으로 20여 개 대학에서 '공산주의 교수를 배제해야 한다'는 반공 연설을 했다. 이 연설은 GHQ의 의향을 드러낸 것으로 몇몇 대학에서는 "빨갱이 교원"에 대한 퇴직권고가 이루어졌고, 다음 해 1950년에 소·중·고교의 교직원 약 2천 명을 해고하는 레드 퍼지의 단초가 되었다.

이미 1949년 1월부터 민간정보교육국(CIE)에서는 반공 정책을 강화하기 위해 국장이 연간활동계획정책에서 기본적 관점을 지시하였는데, 그 가운데 공산주의에 대한 대항 조치를 중시하였다. 내용을 살펴보면, "고려해야 할 다른 문제는 문화 분야에서 공산주의자의 침투문제이다. 이 문제에 대처할 방법에 대해서는 교육과, 정보과, 종교과 및 문화재과에서 제출

---

39) 『朝日新聞』, 1949. 7. 20.

된 계획에 고도의 우선권이 있어야 한다"고 지적했다. 이 지시에 따라 교육과장 사무실은 교육 활동 및 문화 활동에서 공산주의자의 침투 문제에 대해 민간정보교육국(CIE) 전체의 검토에 관한 지도, 원조, 조정과 그 위험에 대항할 제반 준비의 책임을 지게 되었으며, 업무 수행을 위해 새로운 위원회가 설치되었다. 이 공산주의 대책을 위한 위원회는 2월부터 3월까지 주 2회 개최하여 공산당 세력, 전술의 분석, 정치교육, 반공 팜플렛, 저서 작성·번역·출판 계획, 매스컴 대책 등 교육·정보에 관한 광범위한 반공계획을 검토하기 시작했다.[40] 그리고 참모 제2부(G2) 내에서 첩보 활동이나 검열을 담당하고 일본어 문서의 번역이나 기술정보를 수집하는 임무를 맡았던 민간첩보국Civil Intelligence Section(CIS)이 공산주의 세력의 동향에 관한 보고서를 작성하고 대책 검토를 위한 합동회의 개최를 요청하기도 했다. 이로써 민간정보교육국(CIE)은 공산주의에 대항하는 '반공'의 상징으로 자리를 잡게 되었다.

그리고 1949년 5월 3일 맥아더는 헌법 시행 2주년을 기념하여 일본국민에게 "인간의 예지를 뒤로하고 개인의 존엄을 범하고 개인의 자유를 억압하는 사람들의 개념이 파괴적인 힘을 가지고 침투하는 것을 부단히 경계하여 공공의 이익을 옹호하기를 절실하게 요망한다"는 메시지를 보냈다.[41] 이는 반공에 대한 의지를 더욱 선명하게 드러내고 있을 뿐만 아니라 일본이 적극적으로 반공을 수행할 것을 요청한 것이다. 그리고 같은 해 7월 4일 미국독립기념일에 발표한 성명에서는 처음으로 직접 공산주의라는 용어를 사용하면서, "공산주의는 국가적 및 국제적 민권박탈 운동에서 시작한 것으로 이후 이러한 운동에 대해 법률의 효력, 시인 및 보호를

---

40) マーク·T. オア, 『占領下日本の教育改革政策』, 玉川大学出版部, 1993, p.32. 여기에서 CIWE 교육과 차장이었던 오어(Mark Taylor Orr)는 교육과에는 전략위원회를 설치하여 때에 따라 회합을 가졌지만 확고한 활동 방침에서 일치하지는 못했다고 말하고 있다.

41) 『朝日新聞』·『読売新聞』, 1949. 5. 3.

해야 하는가라는 문제를 제기한다"라고 언급하여 공산당의 비합법화 가능성을 시사했다.[42]

이에 요시다 수상은 맥아더 성명은 GHQ가 공산당에 대한 비합법화를 처음으로 공식 선언한 것이라고 화답했다.[43] 요시다는 이미 1949년 1월에 실시한 중의원 총선거에서 일본공산당이 35석을 획득하자 공산당에 대한 대책을 강구하고자 했다. 구체적으로는 미국의 '비미활동위원화'와 유사한 '비일활동위원회'를 설치하여 공산당을 겨냥하여 반세反稅투쟁 배제의 방책 입안, 교원의 공산주의 활동 단속, 행정정리의 단행 등을 내걸고, 4월 4일에는 '단체 등 규정령'(정령 제64호)을 공포했다. 이 정령의 목적은 "평화주의 및 민주주의의 건전한 육성발달을 기하기 위해, 정치단체의 내용을 일반에게 공개하고 비밀주의, 군국주의, 극단적인 국가주의, 폭력주의 및 반민주주의적인 단체의 결성 및 지도 또는 개인의 그러한 행동을 금지하는 것"이라고 밝히고 있다. 여기에서 '단체 등 규정령'은 1946년 1월 4일에 SCAPIN-548의 '정당, 협회 그 외 단체의 결성 금지 등에 관한 건'에 기초하여 발령한 칙령 101호(1946. 2. 22.)를 개정한 것이다. 이 칙령이야말로 공직추방을 위해 발령한 것으로 원래 SCAPIN-548에 있던 '반민주주의적인 단체'라는 표현을 칙령 101호에서는 삭제했으나 다시 기입하여 개정한 것이다. 이 표현은 공직추방 당시에는 우익을 추방하기 위한 칙령이었기 때문에 좌익에 관계되는 용어를 생략했던 것이다. 결국, 레드 퍼지는 우익에서 좌익으로의 공직추방을 의미하는 것이라 할 수 있다. 이러한 정령을 근거로 1949년부터 행정기관과 민간기업의 대규모 인원정리를 시작으로 레드 퍼지가 실행되었으며 그 과정을 간략하게 요약하면 다음과 같다.

---

42) 『朝日新聞』·『読売新聞』, 1949. 7. 4.
43) 吉田茂, 『回想十年〈第2卷〉』, 新潮社, 1957, p.275.

① 1947.7~12「행정정리」약 1만 명 공산당 추방(관공청·지방자치제 등에
　　　서 17만여 명)
　　　「기업정리」수천여 명의 공산당원 추방(전체 약 43만 명)
② 1949.9~50.3「부적격교원정리」약 1,000~1,200명 추방
③ 1950.6.6일자 맥아더 서한: 공직추방 공산당 중앙위원 24명
　　　6.7일자 맥아더 서한: 추가 조치로『アカハタ』편집책임자 17명
　　　6.26일자 맥아더 서한:『アカハタ』30일간 발행정지
　　　7.18일자 맥아더 서한:『アカハタ』와 유사한 신문 무기한 발행정지
　　　8.30일자 맥아더 서한: 전학련 해산과 간부 12명
④ 이후~50.12 약 2,000명(공산당중앙위원, 신문, 방송 등 전 산업에서의
　　　공직추방 포함)
　　　약 1,200명(공무원 공직추방, 9월 5일 각의결정)[44]

　　이와 같이 일본에서 레드 퍼지는 1949년부터 시작되었지만 50년 초까
지는 인원 정리의 형태로 조직에서 공산당원이나 동조자를 추방하였다.
그리고 본격적인 레드 퍼지는 1950년 6월 6일에 맥아더가 일본 정부에 직
접 서한을 보내서 지령을 내림으로써 시작되었다. 이 지령에 따라 일본
정부는 1950년 9월 5일에「공산주의자 등의 공직으로부터 추방에 관한
건」을 각의에서 다음과 같이 결정하였다.

　1. 공산주의자 또는 동조자로 관청, 공단, 공공기업체 등이 기밀을 누설하여
　　 업무의 정당한 운영을 저해하는 등 질서를 무너뜨렸다고 인정되는 자는
　　 이들 기관에서 배제한다.
　2. 배제 방법은 국가공무원법 제78조 제3호(공공기업체의 직원에 대해서는
　　 일본국유철도법 제29조 제3호 또는 일본전매공사법 제22조 제3조)의 규
　　 정에 의한다.
　3. 배제는 한 번에 실시하는 것을 피하고, 필요할 때 특히 긴급하게 절실한

---

44)「人権救済申立事件について(勧告)」, 東弁2019人権第383号, 内閣総理大臣 安倍
　　晋三殿, 東京弁護士会 会長 篠塚力, 2019年12月2日. 이 문서는 레드 퍼지 대상
　　자를 구제하기 위해 일본 변호사회에서 조사하여 수상에게 권고장을 만들기
　　위해 작성한 것임.

사안부터 시작하여 여러 차례에 걸쳐 행한다.
4. 지방공무원 및 교직원(국가공무원법의 적용을 받는 자)에 대해서는 이번 조치에 준하는 조치를 강구하도록 힘쓴다.[45]

이와 같이 공무원뿐만 아니라 공공기관 전반에 대해 배제할 것을 결정하면서, 배제의 목적은 공산주의자에 대한 제재가 아니라 '어디까지나 파괴에 대한 방어'이기 때문에 반성의 여지가 있다고 판단되는 자는 기회를 줄 것이라고 단언하고 있다. 결국, 레드 퍼지는 공산주의자, 사회주의자 등 좌익을 대상으로 민간 기업에까지 확대되어 2만 2천 명 정도의 공무원, 저널리스트, 민간노동자가 해고되었으며, 좌파 노조는 물론 좌파 언론매체도 발행정치 처분을 당했다.[46] 이 시기 레드 퍼지를 당한 사람들의 인권 회복과 책임에 대해서는 현재까지도 재판이 진행 중이다. 특히 그 책임이 GHQ에 있는지 일본 정부에 있는지의 문제에 대해서는 현재까지도 법리 해석 등을 통해 연구가 진행되고 있다.[47]

한편, 레드 퍼지에 대해 공산당은 1950년 1월 코민포름 비판을 계기로 분열과 항쟁 상태에 있었기 때문에 효과적인 투쟁을 전개할 수 없었다. 기록에 의하면, "당의 분열과 혼란 속에서 대중운동에 대한 통일적인 지도를 할 수 없어 투쟁을 강력하게 발전시킬 수가 없었다. 그리고 『민도(民同)』[48] 등의 반노동자적 배신과 지배계급에 대한 협력에 의해 진행된 레드 퍼지 등의 탄압에 맞서 유효하게 투쟁할 수 없고, 경영지부의 대부분이

---

45) https://www.digital.archives.go.jp 2021.3.7. 검색 『公文類聚·第七十五編·昭和二十五年·第二十九巻』, M0000000000001784233_089303779007 문서, [https://www.digital.archives.go.jp](검색일 2021. 3. 7.).

46) ハワード·B.ショーンバーガー, 『占領1945~1952』, 時事通信社, 1994, p.189.

47) 明神勲, 『戦後史の汚点 レッド·パージ : GHQの指示という「神話」を検証する』, 大月書店, 2013.

48) 1947년 2·1스트라이크 중지 이후, 노동조합에서 공산당주도를 배제하기 위해 결집된 단체. 이 계열조합을 중심으로 총평이 결성됨.

파괴되어 노동조합운동에 대한 지도력도 극도로 약해졌다"로 기술하고 있다.[49] 그리고 한국전쟁이 발발하자 GHQ와 일본 정부의 공산당에 대한 적대감은 더욱 고조되어 공산당의 활동은 제한을 받을 수밖에 없었다. 이에 레드 퍼지로 인해 부족한 인원은 공지추방 해제를 통해 우익으로 대체되는 상황이 전개되었다.

## 2) 군국주의자 공직추방 해제와 일본의 재군비[50]

대일점령정책의 전환 과정은 한국전쟁이 발발하자 더욱 긴박하게 전개되었다. 연합군의 한국전쟁 참가가 결정되자, 일본의 방위에 위기감을 느낀 맥아더는 1950년 7월 8일에 일본 정부에 서한을 보내 일본의 경찰예비대 창설 지령을 내렸다. 이에 일본 정부는 8월 10일에 정령 제260호 '경찰예비대령'을 공포하여 경찰예비대 창설에 착수하였으며, 국가경찰본부가 경찰예비대 창설을 위한 준비담당기관이 되어 대원 모집을 실시했다. 전국의 경찰서에 원서를 제출하는 방식이었는데 당시 모집 정원인 7만 5천 명보다 5배가 넘는 38만 명이 응모했다. 그리고 8월 23일에 제1진 약 7천 명의 입대를 시작으로 10월 12일까지 11회로 나누어 국가경찰 각 관구 경찰학교에 입대하였다.[51]

이와 같이 급속한 경찰예비대 창설은 공직추방 해제 특히 제국군인에 대한 추방해제 문제에 영향을 미쳤다. 패전 이후, 막연한 평화주의에 안도

49) 日本共産党中央委員会編, 『日本共産党の60年—1922~1982』, 日本共産党中央委員会出版局, 1982, pp.136-137.
50) 제국군인의 공직추방 해제와 재군비에 대한 연구는 본인의 연구논문 유지아, 「일본 재군비 과정에서 제국군인의 역할과 위상 – 연합국총사령부(General head quarters) 復員局내의 '핫도리(服部) 그룹'을 중심으로 – 」, 『일본역사연구』 제33집, 2011를 인용하여 서술함.
51) 田村重信, 佐藤正久 編, 『教科書·日本の防衛政策』, 芙蓉書房出版, 2008, p.17.

하고 있던 일본은 주변국의 열전으로 인해 다시 전쟁을 현실적으로 느끼게 되었으며, 그러한 인식은 제국육해군 장교의 활용 문제를 야기시켰다. 전쟁 준비가 아닌 전쟁이 이미 시작된 상태이기 때문에 비직업군인만으로는 불충분하며 전문적인 훈련을 받고 군사전략·전술에 정통한 직업군인이 필요하다고 생각하게 된 것이다. 이러한 상황에 대해 요시다 수상은 다음과 같이 서술하고 있다.

> 이것에 의해 동아의 정세는 급격하게 변화하여 이제까지는 일본의 비군사화와 민주화에 주력해 온 점령정책의 대부분이 대일조치의 완화 방향으로 전환하기 시작하는… 이것이 이윽고 공직추방해제에 영향을 미치기에 이르렀다… 일본에 주둔한 미국이 급하게 한국으로 출동한 후, 총사령부로서 먼저 고려해야만 하는 것은 우리나라의 치안 유지와 국민의 사상동향이었다. 따라서 특히 지방정치를 담당하는 자들이 결여되어 있기 때문에 공백이 발생하는 것은 과격분자에게 기회의 여지를 줄 위험한 상태임을 총사령부에서도 통감하고 있을 것이며, 유능한 경영자가 필요하다는 것도 점차 총사령부가 인정하게 되었다.[52]

요시다가 예상한 바와 같이 경찰예비대 창설과 더불어 제국군인의 공직추방 해제 문제가 대두되었다. 이에 10월 12일에 제2차 소원위원회는 3만 2,091명의 소원자 중 1만 90명의 추방해제를 결정했다. 이 가운데 제국군인 장교가 838명 포함되어 있었는데, GHQ는 이를 기점으로 1941년 12월 8일 태평양전쟁 개전 이전에 사관학교에 입학하지 않은 제국군인은 추방해제 한다고 결정했다. 그 결과 11월 10일에 육군장교 1,814명과 해군장교 1,427명 합계 3,241명이 추방해제 되었다.[53] 다음 해인 1951년 6월 6일에 『朝日新聞』이 발표한 공직추방자는 총 15만 2,560명으로 A항 531명, B항 8만 2,788명, C항 1,581명, D항 2만 8,874명, E항 296명, F항 35명, G항 3만 8,258명, 기타 201명이다.[54] 앞 장에서 설명한 B항 직업육

---

52) 吉田茂, 『回想十年〈第2巻〉』, p.88.
53) 増田弘, 『公職追放論』, pp.308-309.

해군직원, 육해군성의 특별경찰직원 및 관리 범위에서 가장 많은 인원이 추방해제된 것을 알 수 있다. 이는 공직추방해제와 일본의 재군비가 밀접한 관계가 있음을 보여준다.

한편, 제국군인이 공직추방해제를 받자 경찰예비대의 제국군인 참여에 대한 논쟁이 치열해져 창설 초기에는 제국군인을 배제한 문관 출신의 경찰을 중심으로 조직되었다. 그러나 경찰예비대가 창설되고 예비대원을 육성하는 단계에서 예비대의 지휘막료군의 소질을 문제 삼는 비판이 나타나기 시작했다. 이러한 의견은 경찰예비대 창설 초기 미국 군사 고문단이 군사훈련과 지휘를 담당했을 때는 큰 문제가 되지 않았지만, 경찰예비대가 부대로서 체제를 갖추어감에 따라 현실적인 문제로 부상하게 되었다. 이에 마스하라 게이키치增原惠吉 경찰예비대 본부장관은 최근 젊은 장교가 추방해제가 되었다는 점, 그리고 가까운 시일 내에 상급 장교도 추방해제될 조짐이 있다는 점을 언급하며 이들의 경찰예비대 입대를 암시하기도 했다.[55]

이러한 상황에서 일본은 1951년 2월에 전년도 10월에 추방해제된 육사 58기와 해병 74기의 제국군대 소위 200명 내지 300명을 입대시키자는 의견을 GHQ에 제출했다. GHQ는 이 의견을 수용하여 1951년 6월에 위에서 언급한 제국군대 소위를 경찰예비대에 편입할 것을 허가하였다. 이와 동시에 요시다 수상은 맥아더의 후임으로 총사령관이 된 리지웨이Matthew Bunker Ridgway와 협의하여 제국군대 대좌, 중좌 계급의 장교를 예비대에 편입하기 위하여 제국군인에 대한 추방해제 심사를 실시하기로 결정했다. 이후 제국군인의 추방해제와 경찰예비대 채용은 빠른 속도로 진행되었다. 이때 제국군인에 대한 추방해제 심사에서는 "만약 추방이 해제되면, 예비

54) 『朝日新聞』, 1951. 6. 6.
55) 유지아, 「일본 재군비 과정에서 제국군인의 역할과 위상 - 연합국총사령부(General headquarters) 復員局내의 '핫도리(服部) 그룹'을 중심으로 - 」, pp.252-255.

대에 들어올 의지가 있는가"라는 권유장을 해당자에게 보내서, 마치 입대가 추방해제의 조건이라는 인상을 주었다고 한다.[56] 상급 간부의 경우 육군대학교, 해군대학교 출신의 참모경험자를 우선 채용한 것을 보면, 실제로 권유는 전원에게 행해진 것이 아니라 중핵 그룹에 의한 사상적 심사를 실시한 후에 특정한 사람들에게 했다는 것을 알 수 있다. 이러한 과정을 거쳐 1951년 4월 30일에 최초의 계획대로 육사, 해병 졸업생 제국군대 소위 243명이 추방해제된 군인 중 제1기생으로 간부교육 과정에 등록했다. 그리고 같은 해 8월 6일에는 육군 5,569명, 해군 2,269명 계 7,838명이 추방해제되어, 8월과 9월에 각각 900명씩 채용되었다.[57] 그 결과 경찰예비대의 상·중급 간부의 제국군인 비율은 점차 높아졌다. 1952년 5월 간부 중 군역자의 구성을 살펴보면 다음 표와 같다.

〈표 2〉 간부군역 구성표(1952년 5월 29일) (%)[58]

| 구분 | 군역이 있는 사람 | | | | 군역이 없는 사람 |
|---|---|---|---|---|---|
| | 구 정규장교 | 구 예비장교 | 구 하사관 | 구 병사 | |
| 모든경찰관 | 6.4 | | 12.7 | 14.4 | 66.5 |
| 간부경찰관 | 22.4 | 30.6 | 19.0 | 9.5 | 9.5 |
| 三正이상 | 44.2 | 34.6 | 12.3 | 0 | 8.5 |

위의 표에서 1952년 이후 간부경찰관의 경우, 군역의 경험이 있는 사람이 차지하는 비율이 90%를 넘고 있다. 이후에도 제국군인의 채용은 계속 진행되어 경찰예비대 발족 이후 10년 동안 제국군인들은 자위대에서 중요한 위치를 차지하게 되었다. 경찰예비대는 1950년 창설 초기에는 미군의 보조부대로서 편성장비, 지휘명령권, 교육훈련 등 전반적인 분야에

---

56) 藤原彰, 『戦後史と日本軍国主義』, 新日本出版社, 1982, p.45.
57) 陸上幕僚監部総務課文書班隊史編纂係, 『警察予備隊総隊史』, 大蔵省印刷局, 1958, pp.74-75.
58) 陸上幕僚監部総務課文書班隊史編纂係, 『警察予備隊総隊史』, p.419.

서 미군에 종속되어 있었으며, 주요 임무는 후방기지의 방위를 위한 경비대 역할이었다. 그러나 1952년에 샌프란시스코 강화조약과 안보조약이 발효된 후부터 1960년 안보조약 개정에 이르는 기간 동안, 보안대에서 자위대로 명칭을 바꾸었을 뿐만 아니라 역할도 완전한 종속적인 보조부대에서 육해공 삼군이 균형을 이룬 현대적인 군대로 변화했다. 경찰예비대의 성격과 역할이 변화해가면서 제국군인의 입대도 중간급 장교뿐만 아니라 대좌 이상의 제국군인을 적극적으로 참여하게 하였다.

## 5. 맺음말

아베 수상은 2012년에 두 번째 선거를 치르면서 '전후체제로부터의 탈각'을 자민당 총선 공약의 핵심 목표로 삼았다. 그리고 '아름다운 나라 일본'이라는 미사여구를 사용하여 일본의 개혁을 암시하는 정책을 내세우면서 구체적으로는 헌법 개정을 단행하고자 했다. 여기에서 헌법 개정의 목표는 일본의 자위대를 헌법상 군대로 인정하는 것이었다.

그러나 이미 일본은 자위대라는 군사력을 갖추고 있을 뿐만 아니라 세계에서도 뒤처지지 않는 화력을 보유하고 있다. 아시아태평양 전쟁 후, 일본에 대한 점령이 시작되었을 때 목표로 삼았던 점령정책의 목표는 비군사화와 민주화였다. GHQ는 이 목표를 수행하기 위해 먼저 일본군이나 군수물자를 생산하는 공장 등에 대한 '물리적인 무장해제'를 실시하고, 일본국민의 '정신적인 무장해제'를 위해 공직추방을 시행했다. 여기에서 공직추방 해당자는 SCAPIN-550의 부속서에서 규정한 대로 전쟁범죄자, 군인, 군국주의자 및 극단적인 국가주의자로 전쟁과 관련하여 계획, 수행하거나 적극적으로 지지한 인물들이다. 그러나 공직추방은 일본국민의 정신적 무장해제의 역할을 다하지 못하고 종결되었다. 군부 이외에도 전쟁 시기 일본 지도층을 일소한다는 GHQ의 방침은 충분하게 실행되지 못하였고, 그 결과 전쟁을 선동했던 일본인들은 오히려 전쟁 책임에 대한 면죄부를 받은 것으로 인식하여 전쟁 책임 의식이 더욱 희박해졌다. 그 배경에는 냉전 체제가 고착되면서 미국의 대일점령정책이 일본을 경제적으로 자립시켜서 아시아의 '반공방파제' 내지 '군수물자의 공장'으로 삼으려는 방침으로 바뀌었기 때문이다.

이러한 점령정책하에 일본 정부는 1950년 4월 4일에는 '단체 등 규정령'(정령 제64호)을 공포했다. 이 '단체 등 규정령'은 1946년 1월 4일에 SCAPIN-548의 '정당, 협회 그 외 단체의 결성 금지 등에 관한 건'에 기초하여 발령한 칙령 101호(1946. 2. 22.)를 개정한 것이다. 칙령101호는 원래 공직추방을 위해 발령한 것으로 SCAPIN-548에 있던 '반민주주의적인 단체'라는 표현을 삭제했었으나 '단체 등 규정령'에는 다시 기입하여 개정했다. 여기에서 '반민주주의적인 단체'는 좌익 및 공산주의 세력을 가리키는 것으로 이 법령을 기반으로 레드 퍼지를 시행했다. 결국, 법령의 개정 과정을 살펴보더라도 레드 퍼지는 우익에서 좌익으로의 공직추방을 의미하는 것이라 할 수 있다.

그리고 한국전쟁 발발 이후 창설된 경찰예비대는 공직추방 해제 특히 제국군인에 대한 추방해제와 밀접한 관련이 있다. 전쟁이 이미 시작된 상태이기 때문에 경찰예비대에 전문적인 훈련을 받고 군사전략·전술에 정통한 직업군인이 필요하다고 생각하여, 공직추방에서 해제된 제국군인을 경찰예비대에 입대시킨 것이다. 1952년 이후에는 경찰예비대 간부경찰관의 경우, 군역의 경험이 있는 사람이 차지하는 비율이 90%를 넘고 있다. 이후에도 제국군인의 채용은 계속 진행되어 경찰예비대 발족 이후 10년 동안 제국군인들은 자위대에서 중요한 위치를 차지하게 되었다. 이와 같이 일본의 군국주의자들은 점령정책의 전환과 더불어 군국주의자로 공직추방되었던 상황에서 정치 복귀로 이어졌으며, 제국군인들은 무장해제에서 자위대에 편입되었다. 반면 초기에 군국주의자의 반대편에 있던 그룹으로 인정받아 점령정책 파트너로 인식되었던 사회주의 및 공산주의자들은 레드 퍼지를 당했다. 이와 같이 전후 일본의 민주주의는 냉전이라는 외부 요인에 편승하여 그 목표와 정책이 전면 수정되었으며, 미국과의 동맹 체제를 우선시하는 정책으로 인해 동아시아 국가들과는 여전히 갈등을 거듭하고 있는 것이다.

# 참고문헌

- **자료**

United States Initial Post-Defeat Policy Relating to Japan (SWNCC150/1), 11 August 1945, 〈Sheet No. TS00349〉, 米国国立公文書館(RG331)

U.S. Initial Post-Surrender Policy for Japan(SWNCC150/4/A), 21 September 1945, 〈Sheet No. TS00320-00323〉, 米国国立公文書館(RG331)

U.S. Initial Post-Surrender Policy for Japan (SWNCC150/3), 22 August 1945, 〈Sheet No. TS00350〉, 米国国立公文書館(RG331)

SCAPIN-550: Removal and Exclusion of Undesirable Personnel from Public Office 1946/01/04, 文書名: Supreme Commander for the Allied Powers Directives to the Japanese Government (SCAPINs), RG331.

GS, Completion of the "Purge Program" 31 Mar. 1948, GHQ-Purge Papers, NND-775012

Recommendations with Respect to U.S.Policy toward Japan(NSC13/2), 7 October 1948, 〈Sheet No. TRUMAN-4847〉, 国立国会図書館所蔵

昭和二十年勅令第五百四十二号「ポツダム」宣言ノ受諾ニ伴ヒ発スル命令ニ関スル件ニ基ク政党、協会其ノ他ノ団体ノ結成ノ禁止等ニ関スル件(2월 22일 공포, 통상 '단체 등 규정령')

昭和二十年勅令第五百四十二号「ポツダム」宣言ノ受諾ニ伴ヒ発スル命令ニ関スル件ニ基ク就職禁止、退官、退職等ニ関スル件(2월 27일 공포, 통상 '공직추방령', 1947년 칙령 제1호로 개정)

「人権救済申立事件について(勧告)」, 東弁2019人権第383号, 内閣総理大臣 安倍晋三殿, 東京弁護士会 会長 篠塚力, 2019年12月2日

https://www.ndl.go.jp/modern/index.html　昭和21年5月4日,　安藤正純関係文書(10-12)

https://www.digital.archives.go.jp 『公文類聚・第七十五編・昭和二十五年・第二十九巻』

『朝日新聞』,『読売新聞』

## ● 연구서

吉田茂,『回想十年〈第2巻〉』, 新潮社, 1957

陸上幕僚監部総務課文書班隊史編纂係,『警察予備隊総隊史』, 大蔵省印刷局, 1958

自治大学校編『戦後自治史〈第6〉 公職追放』, 1964

竹前栄治,『アメリカ対日労働政策の研究』, 日本評論社, 1970

大蔵省財政史室編,『昭和財政史3－アメリカの対日占領政策』, 東洋経済新報社, 1976

日本共産党中央委員会編,『日本共産党の60年―1922~1982』, 日本共産党中央委員出版局, 1982

藤原彰,『戦後史と日本軍国主義』, 新日本出版者, 1982

塩田庄兵衛,『レッドパージ』, 新日本新書, 1984

五百旗頭真,『米国の日本占領政策 戦後日本の設計図 (上)』, 中央公論社, 1985

進藤榮一 編纂,『芦田均日記』1, 岩波書店, 1986

オプラー, アルフレッド・C.,『日本占領と法制改革』, 日本評論社, 1990

マーク・T. オア,『占領下日本の教育改革政策』, 玉川大学出版部, 1993

三宅明正,『レッド・パージとは何か』, 大月書店, 1994

ハワード・B.ショーンバーガー,『占領1945~1952』, 時事通信社, 1994

中村政則 編,『戦後日本:占領と戦後改革』全6巻, 岩波書店, 1995

天川晃 編,『GHQ日本占領史』全47巻, 日本図書センター, 1996-2000

増田弘,『公職追放論』, 岩波書店, 1998

片岡鉄哉,『日本永久占領 : 日米関係、隠された真実』, 講談社, 1999

平田哲男,『レッド・パージの史的究明』, 新日本出版社, 2002

田村重信, 佐藤正久 編著,『教科書・日本の防衛政策』, 芙蓉書房出版, 2008

明神勲,『戦後史の汚点 レッド・パージ : GHQの指示という「神話」を検証する』, 大月書店, 2013

福永文夫, 『日本占領史1945-1952: 東京・ワシントン・沖縄』, 中公新書, 2014

Edwin Reischauer & Marius Jansen, *Japanese Today: Change and Continuity*, Cambridge: Harvard University Press, 1977

Herbert Bix, *Hirohito and the Making of Modern Japan*, New York: Harper Collins, 2000

John Dower, *Embracing the Defeat*, New York: W.W. Norton, 1999

Michael Schaller, *The American Occupation of Japan: The Origins of the Cold War in Asia*, New York: Oxford University Press, 1985

ロバート・マクマン, 『冷戦史』, 勁草書房, 2018

● 연구논문

유지아, 「일본 재군비 과정에서 제국군인의 역할과 위상－연합국총사령부 (General headquarters) 復員局내의 '핫도리(服部) 그룹'을 중심으로－」, 『일본역사연구』 33, 2011

竹前栄治, 「占領研究40年」, 国立国会図書館東京本館 講演, 2015. 3. 18.

天川晃, 「1970年前後の占領史研究とその周辺」, 『参考書誌研究』 第77号, 2016

# 전후 중국의 일본전범 재판 연구*

**염송심**
중국북화대학 동아시아 역사와 문헌 연구센터 교수

**유지원**
원광대학교 역사문화학부 교수, 한중역사문화연구소 소장

## 1. 머리말

전후 중국의 일본전범 재판에 관한 연구는 동아시아의 전쟁기억과 역사인식, 나아가 역사화해에 관계되는 중요한 과제이다. 1945년 2차 세계대전이 반파쇼동맹국의 승리로 끝났지만 진정한 의미에서의 전쟁은 끝나지 않았다. 그것은 전쟁범죄와 그 집단에 대한 재판과 처벌이라는 중요한 과제가 남아 있었기 때문이다. 반파쇼동맹국은 뉘른베르크와 도쿄의 군사법정에서 A급 전범에 대한 재판을 진행한 동시에 아시아·태평양지역 일제 피해국의 법정에서 BC급 일본전범에 대한 재판을 진행하였다. 2차 세계대전의 가장 큰 피해국[1]인 중국의 일본전범 재판은 연이어 국민정부의

---

\* 이 글은 염송심·유지원, 「전후 중국의 일본전범 재판 연구」, 『史林』 第71號, 首善史學會, 2020에 수록된 논문을 수정·보완한 것임.

1) 1931년 "9.18사변"부터 1945년 8월 15일까지의 14년 기간 일본침략군은 중국에서 무차별적인 대학살, 세균실험, 독가스 사용, 살인 시합 등 온갖 비인도적인 범행을 저질렀다. 불완전한 통계에 의하면 일본의 침략전쟁으로 인한 중국인의 사상자 수는 3,500만 명에 달하고, 직접적 간접적 경제 손실은 6,000억 달러에 달한다. 「習近平: 在紀念中國人民抗日戰爭暨世界反法西斯戰爭勝利69周年座談會上的講話」, 北京, 『人民日報』, 2014. 9. 3.

법정(1945-1949)과 신중국정부의 법정(1950-1956)에서 진행되었다. 전후 국내외 학계에서 뉘른베르크와 도쿄 군사법정의 독일과 일본 주요 전범재판에 관한 연구는 비교적 활발히 진행되었지만 중국법정의 일본전범 재판에 관한 연구는 비교적 늦게 시작되었고 질적으로나 양적으로 만족스러운 정도에 달하지 못하였다.

지금까지 주요 당사국 중국과 일본 학계의 관련 연구는 거의 국민정부 또는 신중국정부의 한쪽 측면에서 진행되었다. 본문에서는 비교연구의 차원에서 중일학계의 선행연구를 정리하고, 두 정부 일본전범 재판의 기본 맥락과 특징에 대한 검토를 통하여 역사교훈을 제시해보려 한다. 이 연구는 한국의 일제 잔재 청산에 관한 연구에도 도움이 되리라 생각한다.

## 2. 국민정부의 일본전범 재판

### 1) 중일학계 관련 연구의 현황

중일학계의 관련 연구는 1980년대 난징대학살에 관한 사료 정리와 학술 차원의 연구로부터 시작되었다. 1990년대 후부터 일본 우익세력의 역사사실에 대한 왜곡과 전쟁범죄에 대한 부정 기류에 맞서 전후 일본전범 재판에 대한 재조명을 통하여 역사의 진실을 밝히기 위한 연구가 추진되었다. 이 시기 냉전의 종결로 미국과 구소련의 전범 관련 기록물이 공개되고, 타이완 역사기록관의 외교문서가 공개되었으며, 일본전범 당사자 및 당시 중국의 일본전범 재판 참여자들의 수기와 회고록들이 잇따라 출판되면서 관련 연구에 편리를 제공해 주었다. 하지만 대부분의 연구 성과는 21세기에 발표되었다.

## (1) 중국학계 관련 연구

1980년대의 대표적 연구로 중국제2역사기록관 후우쥐룽胡菊蓉의「중국 군사법정의 중국침략 일부분 일본전범의 재판에 대한 개술」은 난징대학살 관련 일본전범 다니 히사오谷壽夫, 무카이 토시아키向井敏明, 노다 와野田岩, 타나카 군키치田中軍吉 등 중대전쟁범죄자에 대한 난징군사법정의 재판 과정을 기술하였다. 그리고『중외 군사법정의 일본전범 재판: 난징대학살에 관하여』는 난징, 도쿄 등 국내외 법정에서 난징대학살 관련 일본전범에 대한 재판 과정을 기술하였다.[2] 후우쥐룽의 연구는 중국학계의 최초의 연구라는 점에서 중요한 의의가 있지만 1차적 문헌 자료에 의한 입증이 결여된 한계점이 있다.

1990년대의 대표적인 연구로 武漢대학 리룽李榮의「국민정부의 중국침략 일본군전범에 대한 재판 약론」[3]은 전후 국민정부가 국제법전문가가 부족하고, 민중들의 검거 의지가 약하고, 재정적인 곤란, 국내외 형세의 변화 등등 많은 어려움을 극복하고 일본전범에 대한 대규모적인 공개 재판을 진행함으로써 정의를 신장한 점에 대해 긍정적으로 평가한 동시에 오카무라 야스지岡村寧次 등 주요 전범에 대한 지나친 관용 및 그 부정적인 영향에 대해 지적하였다. 江漢대학의 장파쿤张發坤은「일본전범에 대한 판결은 뒤집을 수 없다: 중국국민정부 일본전범 재판의 전후」[4]에서 난징정부 재판의 합법성과 공정성에 대한 입증을 통하여 당시 일본政要 및 우익세력들이 일본의 침략전쟁범죄를 부정하고 역사사실을 왜곡하면서 전범을 위해 비호하는 행위를 비판했다.

21세기의 대표적 연구로 난카이대학 쑹즈융宋志勇의「전후 초기 중국의

---

2) 胡菊蓉,「中國軍事法庭對日本侵華部分戰犯審判槪述」, 開封市,『史學月刊』4, 1984; 『中外軍事法庭審判日本戰犯---關於南京大屠殺』, 天津, 南開大學出版社, 1988.
3) 李榮,「國民政府審判侵華日軍戰犯略論」, 北京,『抗日戰爭硏究』3, 1995.
4) 张發坤,「不許爲日本戰犯翻案---中國國民政府審判日本战犯的前前後後」, 武漢,『江漢大學學報』2, 1997.

대일정책과 전범 재판」5)은 국민정부가 미래 중일관계를 고려한 "이덕보원以德報怨" 대일정책을 제정하고 국제법과 중국의 관련 법규에 근거하여 일본전범에 대한 엄숙하고 공정한 재판을 진행하였지만 국공 내전의 환경 속에서 지나친 관대와 신속한 재판은 극소수의 전범 외 많은 전범들이 정의의 재판을 면하게 되었다고 주장하였다. 화난華南사범대학의 줘쐉원左双文은 「국민정부와 일본전범처벌에 관한 몇 가지 문제에 대한 재고」6)에서 전후 국민정부의 일본전범에 대한 재판은 정의를 신장하고 전쟁 원흉을 처벌한 긍정적인 측면도 있지만 민의를 거스르고 재판을 용두사미로 끝마친 부정적인 측면도 있다고 주장하였다. 특히 국민당이 공산당을 견제하기 위한 전략이익에서 출발한 "이덕보원", "관대처리" 방침은 일본전범에 대한 처벌의 범위와 양형의 수위를 제한하였을 뿐만 아니라 일부 주요 전범에 면죄부를 제공해 주었다고 주장하였다. 난징사범대학 앤하이잰嚴海建은 「관대 혹은 관종: 전후 국민정부의 일본전범 처벌에 대한 분석」, 「국민정부와 일본 BC급 전범에 대한 재판」7) 등 연구에서 국민정부의 일본전범에 대한 처벌 문제를 전후 반파쇼동맹국의 일본전범에 대한 처벌 문제의 전체적인 맥락에서 분석하고 국민정부의 대일 인식과 정책의 실행에 영향을 미친 여러 가지 요소들을 검토하였다. 그는 국민정부의 '이덕보원' 방침과 관대정책은 전후 중일 양국 간의 화해를 위한 양호한 의도가 반영된 측면도 있지만, 주요하게는 전후 국내외 현실 문제의 영향으로 초래된 결과로서 정책적으로 관대주의로, 실천적으로는 방임주의로 나타났다는 견해를 제시하였다. 또한 국민정부 재판의 특수성과 한계점을 지적하였다. 즉, 중국은 태평양전쟁이 발발하기 전부터 장기간에 걸쳐 일본의 침략을 받았기에 일본의 전쟁책임에 대한 추궁 문제에 있어서 다른 동맹국에 비

---

5) 宋志勇, 「戰後初期中國的對日政策與戰犯審判」, 天津, 『南開學報』 4, 2001.

6) 左双文, 「國民政府與懲處日戰犯幾個問題的再考察」, 成都, 『社會科學研究』 6, 2012.

7) 嚴海建, 「寬大抑或寬縱: 戰後國民政府對日本戰犯處置論析」, 南京, 『南京社會科學』 7, 2014; 「國民政府與日本乙丙級戰犯審判」, 北京, 『近代史研究』 1, 2017.

해 특수성을 가진다. 독립국가인 중국의 법정은 영국, 미국 등 서구 나라들이 극동지역에서 주도한 법정 그리고 전후 새로 독립한 국가들의 법정보다 상대적으로 주체성이 컸지만 당시 국민정부의 한계와 일본의 중국침략전쟁의 특수성으로 인하여 만족스러운 효과를 얻지 못하였다. 특히 많은 전쟁범죄 혐의자에 대한 인도가 제대로 이루어지지 못한 결과, 재판의 주요 대상이 현지 일본투항군 전범에 제한되었다고 주장하였다. 국제 정의의 실현은 완전한 국제보장메커니즘과 해결 방안이 필요하지만 보다 중요한 것은 상당한 능력을 갖춘 현대정부의 수립이라는 견해가 돋보인다. 상하이교통대학의 류우퉁劉統도 「국민정부의 일본전범 재판 개술(1945-1949)」, 「민국법정은 일본전범을 어떻게 재판했는가」, 「국민정부의 일본 주요전범에 대한 재판」8) 등 연구에서 국민정부의 일본전범에 대한 재판의 의의에 대해 긍정적으로 평가함과 동시에 한계점을 지적하였다. 그는 국민정부의 일본전범에 대한 대규모적인 군사재판은 근대사상 중국이 처음으로 주권국가로서 외래침략자에 대한 독립적이고 정의로운 재판이었다고 하였다. 국민정부는 선례도 없고 경험도 부족한 상황에서 국제경험을 본국의 구체 상황에 결부시켜 전범재판에 관한 법규를 제정하고, 군사법정을 설립하고, 증거 수집을 진행한 기초 위에서 전범에 대한 분별 작업, 범죄 확인 등 준비과정을 거쳐 2,000여 명의 일본전범에 대한 대규모적인 공개 재판을 진행하였다. 일본의 아시아에 대한 침략 행위가 주로 중국 경내에서 발생하였던 만큼 국민정부 법정에서 제공한 증거, 특히 난징대학살의 증거는 도쿄재판의 반인류·반평화 범죄의 판결에 법적 근거를 제공하였다. 하지만 국공 양당의 대립국면에서 일본군이 공산당의 항일근거지에서 저지른 전쟁범죄가 심판 대상에서 제외되었고, 특히 오카무

---

8) 劉統, 「國民政府審判日本戰犯槪述(1945-1949)」, 南京, 『民国档案』 1, 2014; 「國民法庭如何審判日本戰犯」, 廣州, 『同舟共济』 3, 2014; 「國民政府對日本重要戰犯的審判」, 上海, 『軍事歷史研究』 6, 2015.

라 야스지 등 일부 주요 전범에 무죄 판결을 내린 것은 명백한 위법 행위로서, 지금까지 일본의 전쟁범죄에 대한 인식에 부정적인 영향을 주고 있다는 점을 지적하였다. 중국사회과학원 왕차오광汪朝光은 「희열과 고민: 장제스의 일기로 본 전후 대일처리의 양면성」9)에서 장개석의 일기를 통해 전후 중국 국내 정치 분열과 국공 대립의 환경과 국민정부의 대일정책의 양면성을 검토하였다. 중국사회과학원 쉬이즈민徐志民은 「항전승리 후 국민정부의 일본전범 재판 연구」10)에서 국민정부는 "관이불종寬而不縱", "이덕보원"의 원칙에 근거하여 재판 관련 법률과 법규를 제정하고 전쟁범죄처리위원회와 군사법정을 설립하여 일본전범 중의 악질범죄자를 처벌함으로써 정의를 신장하고 근대 중국인의 백 년간의 치욕을 씻어 버렸다고 긍정적으로 평가하였다.

그 외 양저우대학 꺼우야신顧亞欣은 「베이핑 군사법정의 일본전범 재판 시말」11)에서 베이핑 당안관의 문헌자료와 『신보』 등의 관련 보도 자료에 근거하여 1946년 4월 8일부터 1947년 12월 13일까지 베이핑 군사법정의 일본전범 재판 과정을 서술했다. 특히 재판을 받은 일본전범 중에 헌병이 차지하는 비중이 컸다는 사실과 그 원인을 밝혔다. 상하이시 감옥관리국 사지반史志辦의 쉬이쟈쥔徐家俊은 「항전승리 후 상하이의 일본전범 수감 재판과 집행」12)에서 당시 『민국일보』, 『신문보』, 『중앙일보』, 『평화일보』, 『신보』, 『대공보』 등 신문의 보도 자료와 중국제2역사당안관의 문헌자료에 근거하여 전후 상하이의 미군군사법정과 국민정부군사법정의 일본전범에 대한 재판 상황을 개괄적으로 서술했다. 산시山西성 당안관의 쿵판즈

---

9) 汪朝光, 「喜悅與糾結: 由蔣介石日記觀戰後對日處置兩面性」, 合肥, 『江淮文史』 5, 2014.
10) 徐志民, 「抗戰勝利後國民政府審判日本戰犯研究」, 杭州, 『杭州師範大學學報』 5, 2015.
11) 顧亞欣, 「北平軍事法庭日本战犯審判始末」, 北京, 『北京檔案』 3, 2019.
12) 徐家俊, 「抗戰勝利後日本戰犯在上海的關押審判與執行」, 北京, 『犯罪與改造研究』 10, 2015.

孔繁芝는 「산시 타이왠의 일본전범에 대한 두 차례의 재판」(상, 하)13)에서 국민정부와 신중국정부 타이왠재판의 과정을 기술했다. 하지만 참고문헌이나 자료의 출처를 밝히지 않은 한계점이 존재한다.

상술한 바와 같이 중국학계의 관련 연구는 장기간에 걸쳐 도쿄와 난징 법정의 난징대학살 책임에 관한 재판에 집중되었고 대부분 연구가 난징군 사법정의 재판을 위주로 국민정부의 대일정책과 일본전범 재판 과정에 대한 개술이고 국내외 환경 변화에 따른 한계점을 지적하고 있다. 난징군사법정 재판에 대한 비교적 상세한 연구를 제외하면 기타 9개 법정의 재판에 대한 연구는 상대적으로 미흡하다. 그리고 개괄적인 연구가 다수이고 사례 연구가 미흡하며 대부분 연구가 당시 중국의 신문자료와 재판 관련 인사들의 회고록에 의뢰하였고 타이완이나 국외학계의 선행연구 자료를 활용한 연구는 별로 많지 않다. 21세기에 들어서면서 난징, 상하이, 베이징, 선양 등 지역의 학자들에 의해 보다 다양한 주제와 객관적 시각의 성과들이 나타나기 시작하고 있다.

## (2) 일본학계의 관련 연구

일본학계의 관련 연구에 대해서는 21세기에 발표한 연구를 중점으로 소개한다. 아이치대학의 와다 히데오和田英穂는 연이어 「전범과 한간의 틈새에서: 중국국민정부의 대일전범재판에서 유죄판결을 받은 타이완인」, 「국민정부의 전후 대일 처리 방침의 실상: 전범문제와 배상문제」, 「재판받은 헌병: 중국국민정부의 전범재판을 중심으로」 등 3편의 관련 논문을 발표하여 일본식민지였던 타이완인 전범이 전후 일본정부에 "버림" 당하고 옛 "조국"인 중국의 "한간매국적漢奸賣國賊"으로 취급되어 국민정부의 재판을 받게 되고 일제의 전쟁책임을 지게 된 난처한 상황을 서술하고;

---

13) 孔繁芝, 「山西太原對日本戰犯的兩次審判」 上, 太原, 『山西檔案』 6, 2007; 「山西太原對日本戰犯的兩次審判」 下, 太原, 『山西檔案』 1, 2008.

전후 국민정부의 일본에 대한 배상 청구 문제와 전범 처벌 문제가 국내외 복잡한 환경 속에서 특히 미국의 간섭으로 철저한 해결을 보지 못한 결과 지금까지 일본사회의 전쟁 인식에 부정적 영향을 미치고 있다는 점을 지적하였으며; 국민정부에 의해 재판을 받은 전범 중 헌병의 비중이 크고 많은 일본군 고위군관들이 증거 부족으로 판결을 면한 사실과 그 주요 원인을 검토하였다. 헌병의 비중이 큰 원인은 일본의 중국침략전쟁 과정에 헌병들이 점령지역 주민들을 수시로 체포하고 고문한 범죄 행위가 주민들의 깊은 원한을 쌓았고 재판에서 주민들의 증언이 많이 채택되었기 때문이고, 일본군 고위군관들이 증거 부족으로 판결을 면하게 된 주요 원인은 패전 시 많은 범죄 관련 서류들을 소각해 버린 점, 군부의 고위관계자들이 서둘러 귀국한 점, 범죄혐의자에 대한 인도가 이루어지지 못했던 점을 열거하였다. 결론적으로 국민정부의 재판이 공정하지 못한 재판이었다고 평가하였다.[14]

와세다대학의 시로야마 히데미城山英巳의 「국민정부 '대일전범 리스트' 와 장제스의 의향: 천황의 소추회피와 미국의 영향에 관한 연구」[15]에서 타이완의 "국사관"과 중앙연구원근현대사연구소의 문헌자료 및 베이징시 기록관의 자료에 근거하여 국민정부의 "일본전범 리스트"의 작성 과정을 검토하였다. 그는 냉전체제하에 미국의 반공정책의 영향으로 국민정부의 일본전범에 대한 독립적인 재판이 좌절당한 결과 전시 또는 전후 초기의 일본군국주의에 대한 엄벌주의 정책이 후퇴하여 전쟁의 주범인 천황을 전범 명단에서 제외시켰다는 견해를 밝혔다.

---

14) 和田英穂, 「戦犯と漢奸のはざまで:中国国民政府による対日戦犯裁判で裁かれた台湾人」, 東京, 『アジア研究』 49, 2003; 「国民政府の対日戦後処理方針の実際:戦犯問題と賠償問題」, 名古屋, 『若手研究者研究成果報告論集』 1, 2006; 「裁かれた憲兵:中国国民政府の戦犯裁判を中心に」, 熊本, 『尚絅大学研究紀要』 46, 2014.

15) 城山英巳, 「国民政府'対日戦犯リストと蒋介石の意向: 天皇の訴追回避と米国の影響に関する研究」, 東京, 『Waseda review of sosio-science』 20, 2014.

중앙대학의 우타가와 코타宇田川幸大는 「전쟁범죄재판과 피고인: 전범과 중국의 전쟁피해」16)에서 『세기의 유서』17), 『중국침략의 증언자들』18) 등 일부 사형 전범의 수기를 통하여 일본전범들의 국민정부재판에 대한 불만을 고찰하였다. 그는 국민정부가 국제법에 의해 일본의 BC급 전범에 대한 공개 재판을 진행하고 "관대" 처리하였지만 전범들의 인죄認罪를 얻어내지 못했고 그들의 전쟁인식을 변화시키지 못하였다. 전범들의 천황에 대한 숭배의식과 아시아인민들에 대한 멸시감은 여전하였다. 전후 중일관계사 또는 일본 전쟁책임의 차원에서 볼 때, 피해자 중국에 대한 시각이 결여된 중일 친선관계는 성립될 수 없다는 견해를 펼쳤다.

상술한 바와 같이 일본학계의 관련 연구는 주제가 상대적으로 다양하고 사례 연구에 속한다. 국민정부의 대일관대정책의 배경과 원인에 대한 분석을 중점으로 다루었고 국민정부의 재판에 대해 "불공정한 재판" 또는 "편파적인 재판"이라고 부정적으로 평가했다. 특히 국민정부가 국내외 형세의 변화와 현실적 필요성에 의해 가해자 일본전범의 사죄와 책임이 결여된 일방적인 관대정책을 실시한 결과, 중일 간의 진정한 역사화해에 부정적인 영향을 미치고 있다는 견해가 돋보인다.

## 2) 국민정부 일본전범 재판의 기본 맥락

1944년 파쇼독일의 패전이 이미 기정사실화된 상황에서 전승한 동맹국은 런던에서 전범심사위원회를 설립하고 "국제전범법원공약"과 "연합국전범인도공약"을 제정하였다. 동시에 중국의 항전 기간이 가장 길고 피

---

16) 宇田川幸大, 「戰爭犯罪裁判と被告人: 戰犯と中國の戰爭被害」 1(吉見義明教授古稀記念論文集), 東京, 『商学論纂』 58, 2017.

17) 巢鴨遺書編纂會, 『世紀の遺書』, 東京, 巢鴨遺書編纂會刊行事務所, 1953.

18) 岡部牧夫, 荻野富士夫, 吉田裕 編, 『中國侵略の證言者たち: "認罪"の記録を讀む』, 東京, 岩波書店, 2010.

해가 가장 컸던 점19)을 고려하여 중국과 미국, 영국, 호주, 네덜란드, 벨기에, 프랑스 등 10개국의 중국주재사절로 구성된 극동태평양분회를 충칭重慶에 특설하여 일본전범에 대한 재판과 처벌을 위한 자문 심사기구로 삼았다. 1944년 7월 26일 중, 미, 영 3국은 "포츠담선언"을 발표하여 나치독일의 주요 전범에 대해 "신속하고 정의로운 재판을 진행할 것을" 거듭 강조한 동시에 일본전범의 엄징에 관한 입장을 표명하였다. 공고의 제10조에서 "일본민족을 노역하거나 그 국가를 소멸하려는 것이 아니라 동맹국의 포로를 학대한 자를 포함한 전쟁범죄자들을 법에 의해 엄격히 재판하려는 것이다"20)라는 취지를 밝혔다.

1945년 8월 15일 일본의 무조건 투항으로 세계반파쇼전쟁 및 중화민족의 14년에 걸친 항전이 끝났다. 중, 소, 미, 영 등 동맹국은 "카이로선언", "포츠담선언" 등 문건에 근거하여 일본전범의 재판에 관한 협의를 달성하였다. 국제법과 극동위원회의의 일본전범의 처벌에 관한 결의에 근거하여 도쿄에서 "평화파괴죄"를 저지른 A급 전범을 재판하고 중국, 필리핀, 일본, 싱가포르, 미얀마, 베트남 등 피해국의 50여 개 군사법정에서 "전쟁죄"와 "반인도죄"를 저지른 BC급 전범을 재판할 것을 결정했다.

국민정부의 일본전범에 대한 재판은 국공 내전과 미소 냉전이라는 국내외 복잡한 환경 속에서 급급히 추진되었다. 일본군이 투항 시기 국민당군의 대다수가 중국 서남지역에 집중되어 있었기에 항전 승리의 과실을 독점하기에는 역부족이었다. 장제스는 일본투항군을 이용하여 공산당군

---

19) 아시아에 대한 일본의 침략 문제에 있어서 한국의 피해도 중국에 못지않다. 하지만 전후 한국은 여러 가지 원인으로 극동국제군사법정의 재판에 참여할 수 없었고 본국의 법정에서 일본전범을 심판할 수도 없었으며 특수 피해자로서의 한국의 전쟁 경험이 국제사회의 충분한 관심을 받지 못한 결과 관련 역사 문제의 원만한 해결을 보지 못하였다.

20) 秦孝儀 編, 『中華民國重要史料初編---對日抗戰時期』第二篇, 臺北, 中國國民黨黨史委員會, 1981, 398.

이 일본투항군 및 그들의 점령지역을 접수하는 것을 방지하기 위하여 1945년 8월 15일 전국 군민 및 전 세계 인사를 상대로 항전 승리에 관한 라디오 연설을 통하여 일본전범에 대한 "이덕보원" 관대정책을 반포하였다.

> '기왕불구旣往不咎', '이덕보원'은 우리민족전통의 지고지상한 덕성이다. 우리가 적대시해야 할 대상은 다만 무력을 남용하여 전쟁을 일삼는 일본군벌이며 일본 인민이 아니다……우리는 보복을 원하지 않으며 적국의 무고한 인민을 모욕해서도 안 된다. 우리는 오직 그들이 나치군벌에 우롱당하고 강요당함에 연민을 표시하고 그들이 스스로 과오와 죄악에서 벗어날 수 있게 해야 할 것이다. 만약 폭행으로 그들의 과거 폭행에 회답하고, 모욕으로 그들의 과거 잘못된 우월감에 회답한다면 서로 원한을 갚는 일이 끝이 없을 것이다. 이것은 결코 우리 인의지사가 바라는 바가 아니다. 우리 군민동포들은 이점에 대해 특별히 주의해야 할 것이다.[21]

장제스의 연설은 일본괴뢰군에 큰 위로를 주었으며 그들로 하여금 일본투항군이 국민당군에 접수되도록 협력하는 효과를 얻어 공산당군의 일본군 점령지역에 대한 통제를 유효하게 저지시켰다.

그러나 일본전범에 대한 엄징을 강력하게 요구하는 국내 여론을 감지한 장제스는 1945년 9월 14일 "9.18사변 기념 강화"를 통하여 일본전범에 대한 "엄징" 방침을 번복하였다.

> 갑오전쟁이후 50년간 일본이 끊임없이 우리나라를 능욕하고 압박하고 침략한 깊은 원한, 특히 9.18사변이후 14년간의 철천지원수를 이미 근본적으로 청

---

21) 林金莖, 『蔣介石秘錄---日中關係八十年證言』, 中央日報, 1981, 39, "我中國同胞须知'既往不咎'和·以德报怨'为我民族传统至高至贵的德性. 我们一贯声言, 只认黩武的日本军阀为敌而不以日本的人民为敌……但我们并不要报复, 更不可对敌国无辜人民加以污辱, 我们只对他们为他的纳粹军阀所愚弄所驱迫表示怜悯, 使他们能自拔于错误与罪恶. 要知道如果以暴行答复敌人从前的暴行, 以奴辱来答复他们从前错误的优越感, 则冤冤相报, 永无止境, 决不是我们仁义之师的目的. 这是我们每一个军民同胞所应特别注意的."

산하였다. 우리는 14년간의 철천지원수에 대해 진정으로 철저하게 청산하여 침략전쟁을 발동한 일본의 모든 군벌과 재벌에 대해 일망타진한 후 특별법정에 송치하여 엄격하고 공정하게 처벌하기를 희망한다. ……조선, 대만, 유구, 평후 등 지역의 주민들도 모두 일본의 식민통치 하에 수십 년간 노예생활을 하였다. 각 지역의 인민들도 전범명단을 제공하여 그들을 법적으로 처리할 수 있다. 우리의 주요 목적은 복수를 하기 위한 것이 아니라 공리公理를 지키기 위한 것이다. 이렇게 해야만 공리가 강권을 이길 수 있고 미래의 전쟁을 방지하고 영구적인 평화를 실현할 수 있다![22]

1945년 11월 6일 국민정부는 군령부 군정부 외교부 사법행정부 행정원 비서처 그리고 연합국전범심사위원회 극동·태평양분회를 연합하여 전쟁범죄처리위원회를 설립하였다. 그리고 1946년 2월 "전쟁범죄심사방법", "전쟁범죄처리방법", "전쟁범죄심판방법실시규칙"을 제정하여 일본전범 재판에 관한 법규를 규정하였다. 전범과 전범 혐의자의 확정은 두 가지 경로를 통하여 이루어졌다. 극악무도한 중대 범죄자는 국민정부에 의해 확정하고 일반 범죄자는 민중의 검거에 의해 확정되었다. 1946년 10월 하순까지 국민정부는 1,111명의 일본전범과 2,104명의 전쟁범죄 혐의자를 체포하였다. 그중 조선인 41명, 대만인 52명, 유구인 1명, 독일인 2명, 이탈리아인 5명이 있었다.[23] 이 전범들은 난징, 상하이, 광저우, 선양, 베이핑, 타이완 등 10개의 전범관리소에 나뉘어 수감되었다. 일본군의 투항 시 구소련의 통제하에 중국동북지역에 있거나 이미 귀국한 주요 전범에 대해

---

22) "自从甲午以来五十年间, 日本对于我们国家不断的欺凌侮辱和不断的压迫侵略的旧账, 尤其是九一八以来十四年间深仇大辱, 到今天都已给根本的清算了. 我们希望十四年来的深仇大辱, 真来一个总清算, 将日本所有发动侵略主义"神圣"战争的军阀、财阀们一网打尽, 送交特别法庭来一个严厉公正的清算. …… 朝鲜、台湾、琉球、澎湖, 皆在日本专制的管理下, 过了数十年的奸役生活, 各该地人民, 亦可另提名单, 依法处置. 这种办法其主要目的, 不是报仇, 乃是主持公理, 必如是, 公理才能胜过强权, 未来的战争才能免除, 永久的和平才能实现!" 『光明日报』, 1945年第1卷第1期第6面.

23) 秦孝儀 編, 『中華民國重要史料初編---對日抗戰時期』 第二篇, 422.

"연합국전범인도공약"에 근거하여 외교부를 통해 구소련정부 및 미국정부와 교섭하여 극동홍군총부와 일본점령군 최고사령부에서 체포하여 국민정부에 인도하게끔 조처하였다. 1948년 1월 전범처리위원회 보고에 의하면 "국방부에 의해 인도를 신청한 전범의 수는 17명이고 그중 13명은 이미 인도되었고, 인도를 신청 중인 전범의 수는 71명, 다른 경로를 통해 신청한 인도자는 72명이었다.[24]

　1945년 12월 16일부터 난징 광저우, 베이핑, 상하이 등 10개 도시의 군사법정에서 일본전범에 대한 재판을 시작하였다. 그 중 난징법정이 국방부 직속인 외 나머지 9개는 각 전구戰區의 최고 군사기관에 귀속시켰다. 대부분 1946년 하반기와 1947년에 추진되었다. 1947년 국방부 직속 군사법정 외 기타 법정은 전후하여 폐지되었다. 1948년 7월 전범처리위원회가 해산되고 1949년 4월 국방부군사법정의 재판도 끝마쳤다. 통계에 의하면 1947년 12월 25일까지 각지의 군사법정에서 1,523건의 일본전범 안건을 심사 처리하였다. 그중 사형 110명, 무기도형 41명, 유기도형 167명, 무죄 283명, 심사 대기자 218명이었다.[25] 다른 통계에 의하면 1949년 1월 말까지 국민정부는 2,200여 건의 일본전범 안건을 심사 처리하여 145명에 사형, 400여 명에 유기도형과 무기도형 판결을 내리고 나머지는 무죄로 송환시켰다.[26] 유죄 판결을 받은 일본전범은 상하이의 국방부전범감옥에 수감시켰다가 1949년 2월 국민정부가 국공 내전에서 패전하여 대만으로 퇴출하게 되자 전부 일본으로 압송하여 미군과 일본신정부의 통제에 맡겼다. 1952년 일본과 대만이 수교하면서 스가모巢鴨감옥에 수감되었던 일본전범들은 형량과 관계없이 전부 석방되었다.

　국민정부의 재판은 국제법의 관련 규정을 참조하고 형법과 전쟁 실제

---

24) 「戰爭罪犯處理委員會處理戰犯業務報告」(1948. 1. 23.), 秦孝儀 編, 『中華民國重要史料初編---對日抗戰時期』 第二篇, 457-458.
25) 秦孝儀 編, 『中華民國重要史料初編---對日抗戰時期』 第二篇, 451.
26) 『申報』, 1949. 1. 27.

상황을 결부시켜 국제죄행 34개 조항에 4개 조항을 첨가한 38개 조항의 죄행을 규정하여 "전범재판조례"를 공포하였다. 특히 일본군의 중국인에 대한 학살과 학대 그리고 문화재 약탈 등 범죄 행위에 대한 조항을 첨부 하였다. 도쿄재판의 방침에 따라 일본군이 중국에서 저지른 대학살 사건 에 중점을 두었으며, 전쟁범죄에 중요한 책임이 있는 일본군 장교들에 한 하여 재판을 진행하였다. 그리고 일제의 중국침략에 협력한 간첩행위자, 이태리 등 외국국적 전범, 일본군의 앞잡이 노릇을 하던 한국인과 대만인 전범에 대해서도 재판을 진행하였다. 일제의 중국침략을 적극 지원한 경 제범죄에 대해서도 상응한 처벌을 주었다.

국내외 정치 요인의 영향으로 국민정부 각 군사법정의 재판은 공정하 지 못하였고 많은 아쉬움을 남겨 놓았다. 특히 국민정부는 미국의 대일정 책에 호흡을 맞추어 일본전범에 대한 엄벌주의에서 관대주의로 회귀하였 다. 1946년 10월 25일 전범처리위원회는 일본전범처리정책회의를 개최하 여 "전후 대일정책은 '인애관대仁愛寬大', '이덕보원'의 원칙에 근거하여 중 일 양국의 영구적인 평화의 기초를 건립하는 것이다. 때문에 일본전범에 대한 처리도 역시 이 원칙을 따라야 한다"[27]라는 성명을 발표하였다. 회 의에서는 일본전범 재판에 관하여 아래와 같은 6개 조항을 결의하였다. (1) 일반 전범에 대한 재판은 관대하고 신속하게 진행하고, 이미 구속된 전범은 연내에 재판을 끝낼 것이며, 중대한 죄증이 없는 전범은 불기소처 분으로 일본에 송환하고, 이미 유죄 판결을 받은 전범은 일본에 이송하여 복역시킬 것이며, 기타 전범 안건의 심사는 1947년 6월 말까지 마무리할 것; (2) 연합국전범심사위원회극동·태평양분회심사에서 확정된 일본전범 은 즉시 체포하고, 이미 귀국한 전범은 유엔군총부와 연락하여 인도할 것; (3) 난징대학살 및 기타 지역의 대학살과 관련된 주범은 반드시 엄격하게 처리할 것; (4) 극동국제군사법정에서 재판 중인 중국 관련 전범은 잠시

---

27) 劉統, 「國民法庭如何審判日本戰犯」, 40.

인도하지 않을 것; (5) 일본군 투항 접수과정에서 국민정부의 명령을 집행한 전범에 대한 재판은 도쿄의 전범재판이 일단락 지은 후 다시 결정할 것; (6) 전쟁 혐의자 중 죄증이 없는 자는 신속히 송환 귀국시킬 것 등이다.[28] 이 정책에 근거하여 1946년 말까지 300만 명의 일본군 포로와 일본인이 송환되었다.

1945년 11월 6일부터 국민정부는 전쟁범죄처리위원회를 구성하고 군령부의 주도하에 일본전범에 대한 재판을 추진하여 각 지방정부와 법원에 일본군을 송환하기 전에 전범들의 죄증을 대대적으로 수집하여 극동국제군사법정에 증거를 제공하고 전범에 대한 인도 등 사항을 처리할 것을 지시하였지만 범죄 증거에 대한 조사는 많은 어려움에 부딪혔다. 그것은 점령구 피해 주민들의 이동이 빈번하고, 피해자들이 시간이 지남에 따라 쉽게 망각하고 고발을 꺼렸고, 피해지역이 넓고 교통이 불편한데다 각 지방법원의 재정 상황이 어려웠기 때문이다. 특히 전쟁 기간에 피해자가 일본전범의 번호를 확인하기가 어려웠고 그들의 신분과 이름을 확인한다는 것은 더더욱 어려운 일이었다. 거기에 가해자 일본군의 전근으로 타지에서 제소하더라도 원흉의 행방을 알아낼 수가 없었다. 그러므로 당시 일본군의 범죄 행위를 철저하게 조사한다는 것은 불가능한 일이었다.[29] 그리고 미국의 간섭으로 전범의 인도가 제대로 이루어지지 못했다. 그리고 각 군사법정에서는 규정된 기한 내에 대량의 안건을 심사 처리해야 했기에 세밀하고 철저한 재판이 불가능했고 무더기로 재판하고 급급히 판결을 내리는 현상이 속출했다. 특히 1947년 후반 북방지역의 국공내전이 치열해진 상황에서 대부분 법정의 일본전범에 대한 재판도 서둘러 마무리하고 말았다.

국민정부의 일본전범 재판은 미국의 대일정책에 호흡을 맞추면서 진행

---

28) 汪朝光,「喜悦與糾結:由蔣介石日記觀戰後對日處置兩面性」, 63쪽.
29) 『廣東高等法院檢察處工作報告書』, 1947.8 ; 劉統,「國民法庭如何審判日本戰犯」, 57쪽.

되었다. 특히 중죄 명단의 작성에 있어서 1931년 9.18사변을 일으켜 중국 동북지역을 점령하고 이어서 7.7사변을 일으켜 중국 전역에 대한 침략을 발동한 일본군의 두목들은 모두 당연히 중죄 명단에 들어가야 한다. 하지만 일본전범 두목인 히로히토 천황과 중국침략 원흉 오카무라 야스지 등 주요 전범들이 명단에서 빠졌다. 미국은 일본을 점령한 후 일본에 대한 장기 지배를 위해 천황에 대한 재판을 보류하고 일본에 대한 전쟁배상 청구권을 포기한다는 내용을 포함한 대일관대정책을 제출하였다. 당시 국민정부는 국내외 여론이 천황의 전쟁책임을 추궁해야 한다는 강력한 요구를 무시하고 미국의 대일관대정책을 따랐던 것이다. 특히 오카무라 야스지는 일본침략군의 "화북방면군 사령관"이고 "중국파견군 총사령관"으로서 온갖 전쟁범죄를 저지른 중범이었다. 그런데 일본이 투항한 후 그는 화북지역과 가까운 팔로군으로 투항하지 않고 국민당군에 접수되게끔 충칭국민정부에 적극 협력하였다. 장제스는 그의 "공로"에 보답하기 위해 법적 원칙을 위반하면서 그를 주요 전범 명단에서 제외시켰다. 국공내전이 발발한 후 공산당군과의 작전 경험이 풍부한 오카무라 야스지는 계속하여 국민당의 신임을 받았다. 그 후 국민정부가 여론의 압박에 못 이겨 오카무라 야스지를 체포하여 수감시켰지만 실제로는 국민당의 군사고문에 위임시켰다. 1947년 8월 23일 오카무라 야스지가 처음으로 법정에 나와 재판을 받았지만 1949년 1월 26일 난징군사법정은 그에게 끝내 무죄 판결을 내렸다. 이는 국민정부법정이 일본군의 공산당항일근거지에서 저지른 전쟁범죄를 완전히 무시한 결과로서 오카무라 야스지가 화북지역에서 저지른 범죄는 재판 과정에서 거론되지도 못하였다.

전후 동맹국의 일본전범 재판 전체 상황에 대한 고찰을 통하여 국민정부 일본전범 재판의 특징과 관대처리에 대해 알아볼 수 있다.

<표 1> 전후 동맹국의 일본 BC급 전범에 대한 재판 상황 통계표

| 재판국가 | 건수 | 인수 | 사형 | 무기 | 유기 | 무죄 | 기타 |
|---|---|---|---|---|---|---|---|
| 중국 | 605 | 883 | 149 | 83 | 272 | 350 | 29 |
| 미국 | 456 | 1453 | 143(3) | 164(2) | 871 | 188 | 89 |
| 영국 | 330 | 978 | 223 | 54 | 502 | 116 | 83 |
| 호주 | 294 | 949 | 153 | 38 | 455 | 267 | 36 |
| 네덜란드 | 448 | 1038 | 236(10) | 28(1) | 705 | 55 | 14 |
| 프랑스 | 39 | 230 | 63(37) | 23(4) | 112(2) | 31 | 1 |
| 필리핀 | 72 | 169 | 17 | 87 | 27 | 11 | 27 |
| 합계 | 2244 | 5700 | 984 | 475 | 2944 | 1018 | 279 |

注: (1) 기타에는 불기소자, 병자, 도망자 등을 포함; (2) 괄호 안의 수는 판결 후 감형자의 수; (3) 중국 부분의 통계 수에 신중국정부에 의해 재판을 받은 전범이 포함되지 않았음.

출전: (日)法務大臣官房司法法制調査部, 『戰爭犯罪裁判史槪要』, 1973, 266-269.

위의 표에 근거하면 중국은 일제의 침략전쟁에서 가장 큰 피해를 입은 나라로서 전후 일본 BC급 전범에 대한 재판을 위해 설치한 군사법정의 수는 동맹국법정 전체 수의 20%에 달했고, 심리한 안건은 동맹국 전체 수의 27%에 달했다. 하지만 전범 혐의자 수는 동맹국법정 전체 수의 15%에 미치지 못했고 그중 유죄 판결 전범 수는 동맹국 전체 수의 11%밖에 미치지 못했다. 국민정부법정의 일본전범 재판에서 무죄 석방자는 350명으로 전체 심사 안건의 40%를 차지한다. 이는 동맹국법정 전체 무죄 석방자 수의 34%에 달한다. 전후 국민정부재판에서 유죄 판결을 받은 일본전범 수는 504명으로 이 수치는 일본군이 중국에 대한 14년의 침략전쟁에서 저지른 엄청난 범죄와 너무 어울리지 않는다. 이런 결과에는 여러 가지 원인이 있겠지만 주요 원인은 일본의 중국침략전쟁의 장기성으로 전후 전범 재판이 범죄 행위가 발생한 후 오랜 시간이 지난 후에 진행되었고, 많은 전범 혐의자가 태평양전쟁 후 동남아전쟁에 참가했거나 또는 퇴역 또는 이미 전사했거나 사망했기 때문이다.[30]

---

30) 예를 들면 남경대학살 참여 제16사단은 태평양전쟁이 발발 후 동남아전방으로 이동하였고 종전 시 투항관병의 수는 620명에 불과하였다.

중국 현지에서 투항한 일본군관병은 중국침략일본군의 일부에 불과하였고 전쟁범죄 책임자에 대한 체포와 인도에 있어서 현실적인 어려움이 컸다. 실제로 중국법정에 인도된 전범의 수는 극히 적었다. 1947년 9월까지 동맹국법정에서 전범 혐의자에 대한 인도 상황을 보면 영국 290명, 프랑스 120명, 네덜란드 64명, 호주 19명, 중국은 9명으로 가장 적었다.[31] 국민정부 사법행정부장 쎄관썽謝冠生의 관련 보고에 의하면 "극동분회와 전쟁범죄처리위원회에서 결정한 전범은 8,000여 명, 그중 성명 번호 계급의 미상자와 중복자를 제외하면 2,033명, 그 중 이미 국내에서 체포한 928명을 제외한 나머지 1,105명은 국외에서 인도가 필요하다."[32]

유죄 판결을 받은 전범 중 헌병의 비중이 가장 높았다. 사형 판결을 받은 149명의 일본전범 중 헌병이 63명으로 42.3%를 차지했고, 광저우법정에 의해 기소된 171명 중 헌병이 64명, 한커우법정에 의해 기소된 151명 중 헌병이 59명, 베이핑 법정에 의해 기소된 112명 중 헌병이 47명이었다. 그리고 상해법정에서 기소한 181명 중에도 헌병의 비례가 아주 컸다.[33] 이것은 한편으로 일본헌병부대는 작전부대와 달리 유동성이 크지 않고 대다수가 현지에서 투항하였기에 현지 피해 민중들이 그들의 범죄사실을 명확하게 기억하고 있었기 때문이고 다른 한편으로는 일본군의 패전 시 전쟁범죄 자료들을 소각해 버렸고 대다수의 고위군관들이 서둘러 귀국하였기 때문이다.

극동지역 각 피해국 법정에서 일본 BC급 전범에 대한 재판과 비교해 보면, 중국국민정부의 재판은 다음과 같은 뚜렷한 특징이 있다. 첫째는 구

---

31) 「中國駐日代表團關於東京處理日本戰犯概況報告」(1947. 9. 22.), 中國第2歷史檔案館 編, 『中華民國史檔案資料彙編』 5(3), "外交", 南京,江蘇古籍出版社, 2000, 362쪽.

32) 「司法行政部長謝冠生關於引渡日本戰犯應先會同審查轉報核定一案函請查照由」(1948. 1. 30.), 臺北"國史館"藏, 『國民政府外交檔案』, 02001011700390070x.

33) 田中宏巳, 『BC級戰犯』, 東京, 築摩書房, 2002, 199.

체적으로 심리한 안건과 판결한 전범의 수가 비교적 적고 무죄 석방의 비례가 비교적 크다. 둘째는 심판을 받은 전범이 기본상 현지의 일본투항군이었고 특히 점령지 치안을 책임진 헌병의 비례가 컸다. 셋째, 대다수 전범에 대한 기소 이유와 유죄 판결의 주요 원인이 평민의 생명 재산 침해와 관계되는 일반 전쟁범죄였다.

총체적으로 볼 때 전후 국민정부의 일본전범에 대한 재판은 근대 이후 중국이 처음으로 주권국가로서 외래침략자에 대한 대규모의 정의로운 재판이었다. 이 재판은 도쿄재판의 중요한 구성 부분으로서 전국에 10개의 군사법정과 전범구치소를 설립하여 중국군민을 박해하고 살해한 일본전범에 대해 체포 구속 인도 기소 과정을 거쳐 대규모로 진행되었다. 각 군사법정의 재판은 연합국의 전범처리조례, 극동국제군사법정의 재판조례, 중국의 전범처리조례 및 국내외 관련 법규에 근거하여 진행되었다. 국민정부의 일본전범에 대한 재판은 국내외 정세의 변화에 따라 "기왕불구", "이덕보원"의 관대주의, 공리公理를 지키기 위한 엄벌주의 그리고 반공방공을 위한 관대주의 정책을 번복하였다. 국민당의 정치적 목적과 미국의 대일정책이 국민정부의 일본전범 재판에 큰 영향을 준 결과 중국에 대한 침략 과정에서 중대한 범죄를 저지른 히로히토천황과 오카무라 야스지를 포함한 많은 중대범죄자들이 법적 재판을 면하게 되었다. 이는 지금까지 일본의 전쟁인식과 중일 양국의 진정한 역사화해에 부정적인 영향을 주고 있다.

## 3. 신중국정부의 일본전범 재판

### 1) 중일학계 관련 연구의 현황

사료적 차원에서 볼 때 1950년대 후반부터 "중귀연"[34] 회원들이 출판한 일제침략전쟁에 대한 회고록 참회록이 전후 신중국정부의 일본전범 재판에 관한 최초의 연구라고 할 수 있다. 1980년대부터 "중귀연" 회원들이 쓴『우리는 중국에서 무슨 짓을 했는가?』,『영원한 참회』,『중국에서 돌아 온 전범』,『우리는 만주에서 무슨 짓을 했는가?』,『일본노병참회록』,『전쟁과 죄책』[35] 등 회고록과 참회록이 번역 출판되면서 관련 연구에 편리를 제공해 주었다.

### (1) 중국학계 관련 연구

중국학계의 관련 연구는 1990년대부터 시작되었고 대부분 성과는 21세기에 발표되었다. 주요 연구 저서로 왕짠핑王戰平의『정의의 재판』[36]은

---

34) "중국귀환자연락회"(약칭 "중귀연")은 중국에서 재판을 받고 수감되었던 일본 전범들이 석방되어 귀국 후 자원으로 조직된 구군인 조직이다. 이 조직은 1957년 9월에 설립된 후 2002년까지 강연 중국방문 회고록 출판 등 형식으로 신중국정부의 전쟁포로정책 선전, 일제의 전쟁범죄 폭로 등 반전평화활동을 지속하면서 전후 중일 양국의 관계 개선에 기여하였다.

35) 日本中國歸還者聯絡會 編, 吳浩然 譯, 『我們在中國干了什么: 原日本戰犯改造回憶錄』, 北京, 中國人民公安大學出版社, 1989; 日本中國歸還者聯絡會 編, 周維宏 等 譯, 『永遠的懺悔---歸國日本戰犯的後半生』, 北京, 解放軍出版社, 1999; 島村三郎 著, 金源 譯, 『中國歸來的戰犯』, 北京, 群衆出版社, 1985; 島村三郎 等 著, 公文逸 譯, 『我們在滿洲做了什么: 侵華日本戰犯懺悔錄』, 北京, 群衆出版社, 2016; 星彻 著, 葉世純 譯, 『日本老兵懺悔錄』, 銀川, 寧夏人民出版社, 2005; 野田正彰 著, 朱春立 譯, 『戰爭與罪責』, 北京, 崑崙出版社, 2004.

36) 王戰平, 『正義的審判: 最高人民法院特別軍事法庭審判日本戰犯紀實』, 北京, 人民法院出版社, 1991.

신중국의 최고인민법원이 1956년 6~7월까지 선양과 타이왠의 특별군사법정에서 45명의 일본전범에 대해 진행한 공개 재판의 경위를 상세하게 기술함으로써 향후의 관련 연구에 기초자료를 제공해 주었다. 쉬꿔잉徐桂英과 지민紀敏의 『전범개조실기』[37]는 일본전범에 대한 교육과 개조에 참여한 중국인민해방군과 공안부 관련 인사들의 견문록을 통하여 공산당의 전범 개조 정책과 그 성과를 반영하였다. 『일본전범의 재생지』[38]는 푸순전범관리소에서 교육과 개조를 통하여 일본전범들의 전쟁인식을 변화시킨 과정, 즉 "귀신에서 사람으로의 변화" 과정을 기술하였다. 그 외 쑤궁叔弓의 『중국의 일본전범 개조 시말』[39]은 신중국정부의 일본전범에 대한 개조와 재판에 관한 논픽션이다.

주요 논문으로 중공중앙당교의 린샤오꽝林晓光의 「신중국정부의 일본전범에 대한 재판과 개조」[40]는 신중국정부가 일본전범들에 대한 법률과 도덕, 처벌과 교육을 병행한 개조를 통하여 침략전쟁범죄와 책임을 인식시킴으로써 전후 중일관계의 개선을 위한 토대를 닦아 놓았다는 견해를 펼쳤다. 요녕사회과학원의 짜오랑趙朗 등은 「선양재판과 뉘른베르크 도쿄 난징 재판의 비교연구」[41]에서 도쿄재판과 국민정부의 재판은 미국과 국민당이 각자의 이익에서 출발한 관대주의 재판이었고, 반면에 신중국의 재판은 중일 양국의 영구적인 친선관계와 세계의 평화를 위한 관대주의 재판이었다는 견해를 펼쳤다. 9.18사변역사박물관의 까오잰高建은 「신중국의 일본전범 재판 연구」[42]에서 신중국정부 일본전범 재판의 배경과 과정에 대한 검토를 통하여 그 특징과 의의를 천명하였다. 그는 신중국의

37) 徐桂英, 紀敏, 『改造戰犯紀實: 親歷、親見、親聞』, 北京, 中國文史出版社, 2000.
38) 撫順戰犯管理所 編, 『日本戰犯的再生之地』, 北京, 五洲傳媒出版社, 2005.
39) 叔弓, 『中國改造日本戰犯始末』, 北京, 群众出版社, 2005.
40) 林晓光, 「新中國政府對侵华日本戰犯的審判和改造」, 『百年潮』7, 2005.
41) 趙朗 等, 「沈陽審判與紐倫堡,東京,南京審判比較研究」, 審判, 『遼寧大學學報』6, 2009.
42) 高建, 「新中國審判日本戰犯研究」, 南京, 『日本侵華史研究』3, 2014

일본전범 재판은 전후 반파쇼동맹국의 일본전범에 대한 재판의 연속이자 마지막 재판의 일환으로 진정한 의미에서 세계반파쇼전쟁역사에 마침표를 찍었다고 높이 평가하였다. 그 외 진왠金源의 「재생의 길: 일본전범 개조 회억」,[43] 왕허리王和利 등의 「선양특별군사법정 일본전범 재판 시말」,[44] 왕톈핑王天平의 「선양의 일본전범 재판 시말」[45] 등 연구가 있다. 이들 연구는 앞에서 소개한 연구들의 견해와 대동소이하므로 본문에서는 생략한다.

상술한 중국학계의 관련 연구는 대부분 재판 당시의 법률문서 법정조사 변호인의 기록 및 역사사진과 도표 등을 통하여 또는 당사자의 구술역사를 통하여 각기 다른 측면에서 신중국정부의 일본전범에 대한 재판의 경위를 서술하였으며, 특히 일본전범에 대한 교육과 개조 그리고 처벌이 병행된 관대정책의 의의를 강조하였다. 그러나 신중국정부의 관대정책의 국내외 배경에 대한 연구가 결여되었고 대부분 연구가 푸순전범관리소 관련 인사들의 회고록과 "중귀연"의 회고록 등 자료에 의해 이루어졌고 당사국 일본 등 국외학계의 선행연구에 대한 검토와 활용이 부족하다.

## (2) 일본학계 관련 연구

1956년부터 일본에서 신중국정부에 의해 재판을 받았던 일본전범들의 회고록 또는 참회록이 출판되기 시작하였다. 예를 들면 전 일본전범 노가미 케사오野上今朝雄 등이 쓴 회고록 『전범』[46]은 대량의 사료와 사실에 근거하여 신중국정부의 일본전범에 대한 개조 과정을 긍정적으로 평가하였다. "중귀연"에서 펴낸 『침략: 재중 일본전범의 고백』[47]은 일본전범들의 중국에 대한 침략전쟁에서 저지른 범죄에 대한 깊은 반성과 심경을 토로

---

43) 金源, 「再生之路: 改造日本戰犯回憶」, 北京, 『人民公安』 8, 2000.

44) 王和利 等, 「特別軍事法庭在沈陽審判日本戰犯始末」, 合肥, 『江淮文史』 1, 2001.

45) 王天平, 「沈陽審判日本戰犯始末」, 北京, 『中國黨案報』, 2001. 9. 14.

46) 野上今朝雄 等, 『戰犯』, 東京, 三一出版社, 1956.

47) 中國歸還者連絡會, 『侵略:在中國日本戰犯の告白』, 東京, 新讀書出版社, 1958.

하였다. "중귀연" 회장 부용정삼富勇正三의 『한 BC급전범의 전후사』는 귀국 후 중일 친선을 위해 민간 교류를 추진시킨 심경을 솔직하게 털어놓았다.[48]

일본학계의 신중국정부 일본전범 재판에 관한 본격적인 연구는 21세기 "중귀연"과 인연이 있는 젊은 학자들에 의해 이루어졌다. 릿쿄대학의 토요다 야유키丰田雅幸는 「중국의 일본전범에 대한 정책: 엄벌주의에서 '관대정책'으로」[49]에서 1956년 신중국정부의 일본전범에 대한 재판의 특징은 늦게 시작되고, 재판을 받은 전범의 수가 적으며, 유죄 판결을 받은 모든 전범들이 교육과 개조를 통하여 진심으로 인죄 반성 사죄에 이르렀고, 귀국 후 자원으로 "중귀연"을 조직하여 반전평화운동을 지속적으로 진행하였다는 견해를 펼쳤다. 신중국정부의 대일정책이 건국 전의 엄벌주의에서 건국 후의 관대주의로 전환하게 된 국내외 정치 배경과 원인에 대해 한편으로 중일관계 정상화를 추진시키기 위한 것이었고, 다른 한편으로는 교육을 통해 대부분 전범의 전쟁인식에 근본적인 변화가 일어났기 때문이었다는 견해를 펼쳤다.

메이지학원대학의 쨩훙버张宏波, 이시다 타카시石田隆至는 「가해자의 이야기와 전후 중일화해: 피해자가 받아 들여야 할 반성은 무엇인가?」[50]에서 타이왠의 전범구치소에 수감되었던 일본전범 모리하라森原의 수기와 그에 대한 인터뷰를 통하여 모리하라가 지속적인 사상교육 노동 개조 고백의 생활환경 속에서 점차적으로 전쟁인식이 변화되어 피해자의 입장에서 일본군의 침략전쟁범죄를 인식하게 되고 반성과 사죄에 이르렀으며, 귀국 후 "중귀연"에 참가하여 반전평화운동에 참가하였다는 견해를 펼쳤

48) 富勇正三 著, 『一名BC級戰犯の戰後史』, 東京, 水耀社出版, 1977.

49) 丰田雅幸, 「中国の対日戰犯処理政策--厳罰主義から'寛大政策'へ」, 東京, 『史苑』 69, 2009.

50) 张宏波, 石田隆至, 「加害の語りと日中戰後和解:被害者が受け入れる反省とは何か」, 東京, 『プライム』 30, 2009.

다. 또 「중국의 전범처리 방침에서 본 '관대'와 '엄벌': 초기의 전범교육을 중심으로」51)에서는 일본전범들이 신중국정부의 "관대"와 "엄장"을 병행한 교육과 개조 과정을 통하여 인죄 사죄에 이르게 된 경험이 현대동아시아 역사화해에 대한 의의를 천명했다.

文教대학의 히라타 노리코坪田典子는 「전쟁가해자와 피해자의 관계 구축에 대한 고찰: 중국의 일본전범정책을 사례로」52)에서 일본전범과 푸순전범관리소 직원들에 대한 인터뷰와 기록 그리고 푸순전범관리소 전임소장 진왠金源의 회고록『기원: 한 전범관리소장의 회억』,53) 푸순시정협문사위원회에서 펴낸『세계를 진동시킨 기적: 위만주국황제 푸이 및 일본전범 개조 실기』,54) 사진사 아라이 리난井利男의 인터뷰 자료『중국푸순전범관리소직원의 증언』55) 등 자료에 근거하여 신중국정부의 일본전범에 대한 재판은 세계전범재판 사상 유례를 찾아볼 수 없는 가해자의 인죄 반성 사죄를 받아 낸 성공적인 재판이었다는 높은 평가와 아울러 인간의 판단 능력의 중요성을 강조하였다.

首都대학의 천짜오빈陈肇斌은 「중국의 대일외교와 여론: 일본인전범의 석방과 일본상품전람회의의 개최를 중심으로」56)에서 1956년 여름 신중국정부의 일본전범에 대한 석방 문제와 일본상품전시회의 개최에 대한 중국

---

51) 石田隆至, 「中国の戦犯処遇方針にみる"寛大さ"と"厳格さ": 初期の戦犯教育を中心に」, 東京, 『プライム』 32, 2010.

52) 坪田典子, 「戦争加害者と被害者の関係構築をめぐる一考察: 中国の日本人戦犯政策を事例として」, 東京, 『理論と動態』 8, 2015.

53) 金源, 『奇縁: 一个戦犯管理所長的回憶』, 北京, 解放軍出版社, 1999.

54) 撫順市政協文史委員會, 『震撼世界的奇迹: 改造偽滿皇帝溥儀暨日本戦犯紀實』, 北京, 中國文史出版社, 1990.

55) 新井利男資料保存會 編, 『中国撫順戦犯管理所職員の証言: 写真家新井利男の遺した仕事』, 東京, 梨の木舍, 2003.

56) 陈肇斌, 「中国の対日外交と世論: 日本人戦犯の釈放·日本商品展覧会の開催をめぐって」, 東京, 『法学会雑誌』 53, 2012.

사회의 여론 및 양자의 관계를 고찰하였다. 저자는 신중국정부가 일본전범에 대한 재판이 "엄징"에서 "관대처리"로, 다시 "전부석방"에서 "45명의 주요 전범에 대한 엄징"으로 변하게 된 국내외의 배경을 분석하였으며 특히 중국정부의 국민에 대한 해석과 일본전범 석방에 대한 사회여론의 반응을 중점으로 다루었다.

상술한 바와 같이 일본학계의 관련 연구는 신중국의 일본전범에 대한 관대정책의 국내외 정치 배경과 원인 그리고 변화 과정과 특징에 대해 중점으로 검토했고, 대부분 연구가 신중국정부의 전범재판은 전쟁 가해자의 인죄 반성 사죄를 받아낸 성공적인 재판이었다고 높게 평가하였다. 연구 자료에 있어서 중국 일본 타이완 미국 구소련의 관련 자료와 전범들의 회고록을 포괄적으로 검토하여 좀 더 객관적인 연구에 접근하고 있다. 특히 동아시아사회의 진정한 역사화해와 공생의 경로를 모색하기 위한 시도를 하였다는 점에서 돋보인다.

## 2) 신중국정부 일본전범 재판의 기본 맥락

1945년 8월 15일 일본이 투항하고 1개월 지난 9월 14일 공산당의 항일전쟁 지휘 중심이었던 옌안延安의 『해방일보』는 「전쟁범죄를 엄징하자」라는 제목의 사론을 발표하여 중국공산당의 입장을 다음과 같이 밝혔다.

> "일본군국주의 세력은 일본의 군사 분야에 존재할 뿐만 아니라 정치 경제 문화의 각 분야에 고질적으로 존재한다. 그들은 이번 침략전쟁에서 광인의 잔폭성을 남김없이 드러냈다. 전쟁범죄에 대하여 반드시 중앙에서 지방, 군인 관료에서 재벌가 정치가, 그리고 일본국내에서 일본군점령구에 이르기까지, 여러 방면의 조사와 검거를 진행하여 엄격하게 처벌하여야한다(⋯) 중국인민은 일본의 침략을 받은 기간이 가장 길고, 그로 인한 고통이 가장 크기에 일본전범을 처벌하려는 요구 또한 가장 절박하다. 일본전범에 대한 엄벌은 보복을 위한 것이 아니고 정의를 위한 것이며 미래의 영구적인 평화를 위한 것이다(⋯) 극동지

역과 세계의 평화를 위하여 일본파쇼강도들을 반드시 신속하고 철저히 소멸해야 한다. 모든 전쟁범죄를 신속하고 엄격하게 처벌해야만 평화를 건립하고 안전의 기초를 공고히 할 수 있다."[57]

이어서 일본전범을 죄질에 따라 분류하여 처벌할 것을 요구했다. 우선 중죄범으로 침략전쟁을 준비하고 발동한 일본군의 지도자 아라키 사다오 荒木貞夫, 혼조 시게루本庄繁, 도이하라 겐지土肥原賢二, 도조 히데키東條英機 등이 포함되었다. 다음은 침략전쟁의 동모자 및 군부와 협력하여 침략전쟁을 적극 지지한 세력으로서 황실과 중신重臣 재벌 반동정치가와 파쇼단체의 책임자가 포함되었다. 그다음은 전쟁법률과 전쟁관례 및 인도주의를 위반한 범죄자 예를 들면 학살을 감행한 자, 포로를 학대한 자, 노역을 살해한 자, 평민을 모욕한 자, 폭행으로 개인과 공공 재산을 약탈하고 파괴한 자가 포함되었다. 이상 세 가지 부류의 전범들에 대해 직위의 상하를 물론하고 모두 법적 처벌을 받게 해야 한다는 점을 지적하였다.

사론에서는 또 일본천황 히로히토는 국가의 원수이고 육해공대 원수이므로 결코 전쟁책임을 피할 수 없다는 점과 모든 국가 및 점령지역의 인민들은 자신들의 이익을 침해한 범죄자에 대해 심판할 수 있는 권리가 있다는 점을 강조하였으며, 이미 점령지역을 떠난 전범은 반드시 원래의 지역으로 소환하여 재판을 받게 해야 한다는 입장을 밝혔다.

1945년 11월 5일 중국해방구전범조사위원회가 연안에서 설립되었다. 조사위원회는 다시 일본전범의 여섯 가지 표준을 정하고 각 해방구에 전범조사위원회분회를 설립하여 상세한 조사를 진행할 것을 지시하였다. 1945년 12월 15일부터 23일까지 중국해방구전범조사위원회가 처음으로 365명의 일본전범명단을 공포하였는데, 그중에는 오카무라 야스지, 요시다 시게루 등 침략전쟁 조직자와 발동자 167명이 포함되고, 군부와 협력하여 침략전쟁을 적극 지지한 자 198명이 포함되었다.[58] 전범조사위원회

---

57) 「嚴懲戰爭犯罪」, 『解放日報』, 延安, 1945. 9. 14.

는 "죄악이 하늘에 사무치는 동방의 전쟁괴수 365명에 대해 즉시 체포하여 동맹국의 가장 엄격한 처벌을 받게 해야 한다"고 호소하였다. 하지만 국공 내전과 미소 냉전의 국내외 환경 속에서 국민당 당국이 일본군을 이용하여 중공군을 소멸하려 했고 미국이 장제스를 부추겨 반공연맹을 구축하기 위해 난징정부를 중국의 대표 정권으로 인정하므로 하여 중공을 대표로 하는 해방구에서 전시 후방에서 전쟁범죄를 저질렀던 일본전범들에 대한 심판을 진행할 수 없게 되었다.

그러나 중국공산당은 국민정부의 일본전범 재판의 합법성을 인정하지 않았다. 1949년 1월 26일 국민당이 오카무라 야스지를 무죄로 석방한 후 1월 28일 즉시 「국민당반동정부에 명령하여 일본침략군총사령 오카무라 야스지와 국민당내전범죄자를 재차 체포할 데 관한 중공대변인의 담화」, 그리고 2월 5일 「평화조건에 반드시 일본전범과 국민당전범에 대한 징벌이 포함되어야 한다는 중공대변인의 성명」[59]을 발표하여 국민정부군사법정의 오카무라 야스지에 대한 무죄 석방을 "민족이익을 팔아먹고 일본파쇼군벌과 결탁한 범죄행위"라고 강력하게 비판하였다.

1949년 10월 신중국정부가 수립된 후 1950-1956년 국민정부에 이어 또 한 차례의 일본전범 재판을 진행하였다. 신중국정부에 의해 재판 받은 일본전쟁범죄자 중 일부는 국공내전 기간에 공산당군에 의해 체포된 산시성山西省 옌시싼국민당군과 협력한 일본투항군이었고; 대부분은 구소련정부로부터 인도된 일본관동군이었다.[60] 이들은 타왠과 푸순의 전범관리소

---

58) 「中國解放區戰犯調查委員會公布首批日本戰犯名單」, 『解放日報』, 延安, 1945. 12. 15.

59) 「中共發言人關於命令南京政府重新逮捕前日本侵華軍總司令岡村寧次和國民黨内戰罪犯的談話」, 「中共發言人關於和平條件必須包括懲辦日本戰犯和國民黨戰犯的聲明」, 『毛泽东选集』 4, 北京, 人民出版社, 1993, 1394.

60) 1945년 8월 8일 소련군이 중국동북지역의 일본관동군에 선전포고 후 83,000여 명의 일본군을 격살하고 60만 명의 포로를 시베리아에 수감시킨 후 노동 개조를 시켰다. 이들 일본전범 중 577,567명은 개조를 거쳐 석방 귀환되고 10분의 1 정도의 일본포로는 기후 질병 등 원인으로 사망되었다. 그리고 일부 완고분

에 수감되어 인도주의 평화주의 사상 교육과 노동 개조를 받았다. 이들 중에는 일본군국주의 집단의 각 계층 요원들이 포함되어 있었지만 대다수는 하층군관과 병사로 점령지역 "치안"을 책임졌던 헌병과 경찰, 작전지휘 임무를 맡았던 하급 장교와 여단장 사단장도 있었고, 위만주국의 각급 행정지도자, 정책집행자, 최고지도자도 있었으며, 세균부대와 정보기관 요원도 있었다. 그중에는 극소수의 중죄범도 있었지만 대다수는 일반 전범이었으며 일부는 일본군국주의에 의해 강제로 침략전쟁에 동원되어 범죄를 저지른 자도 있었다.

전후 전쟁책임 문제를 해결하고 신중국의 국제 위상을 확립하기 위하여 1956년 4월 25일 중화인민공화국의 주석 모택동은 일본전범을 심판할데 관한 주석령에 서명하여 제1회 전국인민대표대회 상무위원회 34차 회의에서 통과시켰다. 이어서 『중국에 수감된 일본침략전쟁범죄자 처리에 관한 결정』을 발표하여 일본전범에 대한 관대정책의 기본원칙을 다음과 같이 규정하였다.

"중국에 수감된 일본전범들은 일본제국주의의 중국침략전쟁기간에 국제법과 인도주의 원칙을 공공연히 위반하고 각종 범행을 저질러 중국인민들에게 막중한 손실을 입혔다. 그들이 저지른 범행에 대해 마땅히 엄징해야 하지만 일본 투항 후 10여 년 간의 변화와 현재의 처지, 근대 이후 중일양국인민들의 친선관계의 발전, 그리고 정도적 차이는 있지만 대다수 일본전범의 수감기간 범죄에 대한 뉘우침을 감안하여 관대정책에 의해 차별하여 처벌할 것이다. 범죄의 정

자는 1950년까지 계속하여 시베리아 구치소에 수감되어 있었다. 1949년 12월 25일 소련정부는 하바롭스크재판에서 세균실험에 참여한 12명의 일본관동군 중범에 대해 2년에서 25년의 유기징역 판결을 내리고 소련중부의 이완뉘버 수용소에 수감시켰다. 1956년 소련은 일본과 전범귀환협의를 통하여 12월 26일까지 1명이 병사하고 1명이 자살한 외 나머지 10명을 모두 석방하여 일본에 귀환시켰다. 신중국이 건립된 후 모택동은 소련을 방문하여 중소우호동맹호조조약을 맺고 소련에 수감되어 있던 중국침략 일본전범과 위만주국 전범을 중국에 인도하여 중국의 법률에 근거하여 처리하게끔 합의하였다.

도가 경하고 범죄에 대한 뉘우침이 양호한 자에 대해서는 불기소 처분하고, 중대범죄자에 대해서는 그들의 죄행과 수감기간의 표현에 따라 차별하여 처벌한다. 일본이 투항 후 중국영토 내에서 계속하여 범행을 저지른 일본전범에 대해서는 전쟁 시 범행에 전후의 범행을 가중하여 처벌한다."[61)

이 규정은 향후 신중국정부의 일본전범 재판을 위한 정치적 기초를 닦아 놓았다. 중화인민공화국의 특별군사법정은 1956년 6월 9일부터 7월 20일까지 요녕성 선양시에서 무순전범관리소의 천명에 가까운 일본전범 중 스즈키 히로히사鈴木啓久, 타케베 로쿠조우武部六藏, 후루미 타다유키古海忠之, 후지타 시게루藤田茂, 미타쿠 히데오三宅秀也, 사카키바라 히데오榊原秀夫 등 36명의 주요 일본전범에 대한 공개 재판을 두 차례 진행하였다. 중앙정부의 관대정책에 따라 36명의 전범에 12년에서 20년의 유기징역 판결을 내리고 복형 기간을 1945년 8월 소련군에 포로 된 시기부터 합산하였다. 그외 933명의 일반 전범에 대해서는 최고인민검찰원의 허락을 받아 불기소 결정을 내렸다.[62)

그리고 1956년 6월 10~20일까지 산시성 타이왠시 특별군사법정에서 토미나가 준타로富永順太郎, 죠노 히로시城野宏 등 9명의 일본전범과 반혁명 범죄자에 대한 공개 심판을 두 차례 진행하였다. 이 재판에서는 전국인민대표대회상무위원회의 "관대처리" 결정에 근거하여 9명의 일본전범에 대해 8년에서 20년의 유기징역 판결을 내렸다. 유죄 판결을 받은 모든 전범들이 법정의 판결이 관대하고 공정하다고 인식했으며 진심으로 반성하고 사죄하였다.[63)

신중국정부의 재판을 받은 일본전범들은 모두 일본군국주의 집단이 중국에 대한 침략전쟁과 점령지역에 대한 식민 통치를 적극 지지하고 집행

---

61) 王戰平 編, 『最高人民法院特別軍事法庭審判日本戰犯紀實』, 「關于處理在押日本侵略中國戰爭中戰爭罪犯分子的決定」, 北京, 人民法院出版社·法律出版社, 2005, 2.
62) 王戰平 編, 『正義的審判』, 1991, 15-364; 365-514.
63) 王戰平 編, 『正義的審判』, 1991, 515-682; 683-736.

한 자들이며, 어떤 전범은 일본이 투항 후 장제스와 앤시싼閻錫山의 국민당 군에 가입하여 계속하여 중국인민을 적대시하면서 중대한 범죄를 저질렀던 자들이었다. 하지만 중국정부는 그들에 대해 관대정책을 실시한 결과 사형이나 무기징역 판결을 받은 자는 1명도 없었다. 또한 복역 기간 표현이 양호한 자에 대해 감형 또는 만기 전에 석방시켰다. 그리고 죄행이 경하고 범죄에 대한 뉘우침이 양호한 1,017명의 일본전범에 대해서는 불기소 처분하여 1956년 6~8월 기간에 세 차례로 나누어 석방 송환시켰다.[64]

상술한 선양과 타이완의 법정에서 판결을 받은 45명의 일본전범은 무순전범관리소에 이송되어 복역하다가 1964년 3월 6일 최후의 3명까지 모두 석방되었다. 당시 판결 받은 전범들은 복역 기간에 개조와 교육을 거쳐 전쟁인식을 개변시켰고 석방되어 귀국 후 중일 친선활동에 적극 참여한 자들도 적지 않았다.

신중국정부의 일본전범에 대한 재판은 극동국제군사법정 일본전범 재판의 연속으로서 진정한 의미에서 2차 세계대전 반파쇼전쟁의 역사에 마침표를 찍었다. 신중국의 일본전범에 대한 재판의 뚜렷한 특징은 인도주의와 평화주의에서 출발한 중일 양국의 관계 개선을 추진시키기 위한 관대재판이었다. 전범들로 하여금 사상교육과 노동 개조를 통하여 전쟁인식을 개변시킨 기초 위에 법정의 심사 재판 석방의 과정을 거쳐 과거의 전쟁 "악마惡魔"에서 "인성人性"에로의 "회귀"를 이루어 냄으로써 침략전쟁 가해자의 인죄 반성 사죄를 받아낸 국제전범재판사에서 유례를 찾아볼 수 없는 성공적인 재판이었다는 평가를 받고 있다.

---

64) 高建, 「新中國審判日本戰犯研究」, 44.

## 4. 맺음말

근대 이후 특히 1931년 9.18사변부터 1945년 8월 일본의 투항까지 14년에 걸쳐 일제는 중국의 영토와 주권을 제멋대로 침략하고 무고한 평민에 대한 무차별 학살을 함부로 감행하면서 반평화 반인도적인 전쟁범죄를 저질렀다. 그러나 일본이 패전한 후 국민정부나 신중국정부를 막론하고 당시의 국내외 정세 변화와 각자의 정치적 목적에 따라 일본전범에 대한 재판에서 "관대"정책을 실시하였다. 전후 2차 세계대전 가장 큰 피해국인 중국의 두 정부 법정에 의해 유죄 판결을 받은 일본전범의 수는 국민정부 504명, 신중국정부 45명, 총 549명으로서 이는 반파쇼동맹국 법정에 의해 유죄 판결을 받은 일본전범의 전체 수 4,226명[65]에 비해 너무 어울리지 않는 수치다.

국민정부와 신중국정부 두 정권의 성격이 다르고 일본전범에 대한 재판에 있어서 모순과 투쟁이 있었지만 양자 모두 중국이 주권국가로서 외래침략자에 대해 진행한 정의로운 재판이었으며, 국제전범재판조례와 중국전범재판조례를 결합하여 진행한 합법적인 재판이었다는 점에서 공통적 성격을 가지고 있다.

국민정부의 재판의 특징은 전후 국공 내전 중에서 급급히 추진된 점령구의 일본투항군전범에 대한 재판이었고, 냉전체제하에 미국의 대일정책에 호흡을 맞추면서 진행한 정치적 재판으로서, 일본군이 공산당근거지에서 저지른 범죄에 대한 조사와 증거 수집이 결여되었고 아울러 재판 대상에서도 제외되었다. 장제스는 일본투항군을 이용하여 반공 내전을 진행하기 위한 목적에서 출발하여 일본전범에 대해 가볍고 관대하게 처벌하도록

---

65) 통계에 의하면 반파쇼동맹국에 의해 재판을 받은 일본전범의 전체 수는 5,423명이고, 그중 4,226명이 형을 받았다. 그중 사형을 받은 전범은 941명이었다. 高建, 「新中國審判日本戰犯研究」, 2014, 42.

압력을 가하고 심지어 히토히로 천황과 오카무라 야스지 등 많은 중요한 전범 혐의자에 대해 불기소 또는 무죄로 석방하였다. 특히 앤시싼은 국공 내전을 위해 대량의 일본투항군관병을 자기의 부대에 끌어들임으로써 타이완의 일본전범 재판이 형식적으로 진행될 수밖에 없었다. 국민정부 법정의 일본전범 재판은 기본상 현지 일본투항군 중의 전범에 대한 재판이었고, 일본군이 14년이란 긴 세월 동안 중국침략전쟁에서 저지른 전쟁범죄에 대한 본질적인 추궁은 실제적으로 이루어지지 못하였다.

신중국정부 재판의 특징은 국민당이 타이완으로 퇴출하고 한국전쟁을 거치면서 중국의 국내 정치가 안정되고 국제적 위상이 상승된 여건에서 이미 푸순과 타이완의 전범관리소에 수감되어 6년간 인도주의 평화주의 교육과 개조를 거쳐 전쟁인식을 변화시킨 전범에 대한 재판이었다. 특히 구소련에서 이송된 일본전범은 시베리아의 전범수용소에서 6년간의 노동 개조를 받았지만 여전히 자신들의 범죄사실을 인정하지 않았던 "완고분자"들이었다. 하지만 이들은 신중국의 전범관리소에서 인도주의 대우와 평화주의 관대정책을 통해 자신의 전쟁범죄를 인정하고 반성과 사죄의 과정을 거쳐 용서를 받고 석방되었다.

국민정부와 신중국정부의 일본전범에 대한 심판은 모두 관대주의 심판이었지만 그러나 결과적으로 볼 때 두 정부의 재판이 중일관계의 개선 나아가 동아시아의 역사화해에 대한 영향에 있어서는 차이가 있다. 전자의 경우 일본전범의 인죄를 받아내지 못했고 반성과 사죄의 사례는 더더욱 없었으며 도리어 재판의 공정성에 대한 항의와 반발을 받았다. 이는 국민정부의 재판을 받았던 일본전범의 수기와 현재 일본사회의 침략전쟁역사에 대한 왜곡된 인식을 통하여 알 수 있다. 국민정부의 일본전범에 대한 재판에서 정치적 목적으로 인한 지나친 관대와 방임은 전후 일본의 전쟁책임에 대한 인식에 부정적인 영향을 끼쳤으며, 심지어 전쟁을 미화하는 잘못된 인식을 초래하게 되었다. 이는 중일 양국의 동아시아의 영구적인 평화 체제 구축을 위한 노력에 위배되며, "이덕보원" "관대주의" 대일정책의 목표와도 어긋난 것이다.

반면에 신중국정부의 일본전범에 대한 재판은 인도주의 대우 및 관대와 엄징을 병용한 교육과 개조를 거쳐 전쟁인식이 변화된 전범에 대한 재판이었기에 모든 전범들이 자신의 전쟁범죄를 인정하고 반성하고 사죄에 이르렀으며, 석방되어 귀국한 후 후시타 시게루藤田茂를 위수로 "중국귀환자연락회"를 조직하여 2002년까지 일본사회의 여러 가지 어려운 환경 속에서 반전평화운동을 견지하면서 중일 친선을 위해 노력하였다. 일본의 많은 학자들은 신중국정부의 일본전범에 대한 재판은 세계전범재판사상 유례를 찾아보기 어려운, 가해자로 하여금 전쟁범죄를 인정하고 반성하고 사죄하여 반전평화주의 길을 걷게 한 인도주의 재판이었다고 긍정적으로 평가한다. 하지만 당시 신중국정부의 일본전범에 대한 판결이 중국사회의 광범위한 환영을 받았는지, 그리고 향후 중일 친선에 대한 실질적인 기여도에 대해서는 앞으로 더 심도 깊은 연구가 필요하다고 생각한다.

전후 국민정부와 신중국정부의 일본전범 재판에 관한 연구를 통하여 다음과 같은 두 가지 교훈을 얻을 수 있을 것이다. 첫째, 국제정의의 실현은 완전한 국제보장 메커니즘과 해결 방안도 필요하겠지만, 더욱 중요한 것은 자주적이고 독립적인 능력을 갖춘 현대적 정부의 수립이다. 둘째, 가해자 일본의 침략전쟁범죄에 대한 책임 있는 반성과 사과가 결여된 피해자 중국의 일방적인 관용과 용서는 양국 간의 진정한 역사화해를 실현할 수 없다.

전후 중국정부의 일본전범 재판에 관한 연구는 동아시아의 전쟁기억과 역사인식 나아가 역사화해에 관계되는 중요한 과제이다. 과제의 중요성에 비해 주요 당사국인 중일양국학계의 관련 연구는 늦게 1990년대에 시작되었고 대부분 연구가 21세기에 이루어졌으며 질적으로나 양적으로 아직까지 만족스러운 정도에 도달하지 못했다. 특히 지금까지 중일학계의 연구는 국민정부 또는 새중국정부 재판에 대한 단독 연구에 한정되어 있고 두 정부의 재판에 대한 비교 차원의 종합 연구는 거의 보이지 않는다. 향후 두 정부 전범재판의 배경 과정 결과와 영향에 대한 비교분석을 통하여 경험과 교훈을 제시하는 작업이 필요하다고 생각한다. 특히 타이완을 포함한 중국, 일본, 미국, 러시아 등 국가와 지역의 문헌 자료와 선행연구를 충분히 활용한 기초 위에서 국가 간의 정치적 대립 또는 진보와 보수의 이념적 대결을 뛰어 넘어 학술 차원에서의 보다 전면적이고, 심도 깊고, 객관적인 연구가 필요하다.

# 참고문헌

## ● 사료 및 자료

[中國]

秦孝儀 主編,『中華民國重要史料初編—對日抗戰時期』第二編, 臺北, 中國國民黨中央委員會黨史會, 1981

林金莖,『蔣介石秘錄---日中關係八十年證言』, 臺北, 中央日報, 1981

## ● 연구서

[中國]

王戰平,『正義的審判』, 北京, 人民法院出版社, 1991

王俊彦,『日本戰犯審判秘聞』, 廣州, 中國華僑出版社, 1995

徐桂英・紀敏,『改造戰犯紀實---親歷、親見、親聞』, 北京, 中國文史出版社, 2000

叔弓,『中國改造日本戰犯始末』, 北京, 群众出版社, 2005

撫順戰犯管理所 編,『日本戰犯的再生之地』, 北京, 五洲傳媒出版社, 2005

胡菊蓉,『中外軍事法庭審判日本戰犯---關於南京大屠殺』, 天津, 南開大學出版社, 1988


[日本]

巢鴨遺書編纂會,『世紀の遺書』, 東京,巢鴨遺書編纂會刊行事務所, 1953

岡部牧夫, 荻野富士夫, 吉田裕 編,『中國侵略の證言者たち: "認罪"の記錄を讀む』, 東京, 岩波書店, 2010

田中宏巳,『BC級戰犯』, 東京, 築摩書房, 2002

• 논문

[中國]

胡菊蓉,「中國軍事法庭對日本侵華部分戰犯審判概述」, 開封,『史學月刊』4, 1984

李榮,「國民政府的侵華日軍戰犯審判略論」, 北京,『抗日戰爭研究』3, 1995

张發坤,「中國國民政府日本战犯審判的前前後後」, 武漢,『江漢大學學報』2, 1997

宋志勇,「戰後初期中國的對日政策與對日戰犯審判」, 天津,『南開學報』4, 2001

左双文,「國民政府與日戰犯懲處幾個問題的再考察」, 成都,『社會科學研究』6, 2012

嚴海建,「寬大抑或寬縱:戰後國民政府對日本戰犯處置論析」, 南京,『南京社會科學』
7, 2014

嚴海建,「被遺忘的審判?---戰後國民政府對日審判研究的回顧與檢討」, 南京,『民
國研究』秋季號, 2016

嚴海建,「國民政府與日本乙丙級戰犯審判」, 北京,『近代史研究』1, 2017

嚴海建,「國民政府對日本戰犯的審判概述(1945-1949)」, 南京,『民国档案』1, 2014

劉統,「國民政府審判日本戰犯概述(1945-1949)」, 南京,『民国档案』1, 2014

劉統,「國民法庭如何審判日本戰犯」, 廣州,『同舟共济』3, 2014

劉統,「國民政府對日本重要戰犯的審判」, 上海,『軍事歷史研究』6, 2015

汪朝光,「喜悅與糾結:由蔣介石日記觀戰後對日處置兩面性」, 合肥,『江淮文史』5,
2014

徐志民,「抗戰勝利後國民政府對日本戰犯的審判研究」, 杭州,『杭州師範大學學報』
5, 2015

顧亞欣,「北平軍事法庭日本战犯審判始末」, 北京,『北京檔案』3, 2019

徐家俊,「抗戰勝利後日本戰犯在上海的關押審判與執行」, 北京,『犯罪與改造研究』
10, 2015

林晓光 等,「新中國政府對侵华日本戰犯審判與改造」, 北京,『百年潮』7, 2005

趙朗,「沈陽審判與紐倫堡東京南京審判比較研究」, 審陽,『遼寧大學學報』6, 2009

高建,「新中國審判日本戰犯研究」, 南京,『日本侵華史研究』3, 2014

劉建平,「中日'人民外交'挫折: 過程研究與結構分析」, 廣州,『开放时代』2, 2009

金源,「再生之路: 改造日本战犯回忆」, 北京,『人民公安』8, 2000

王和利 等,「特別軍事法庭在沈陽審判日本戰犯始末」, 合肥,『江淮文史』1, 2001

王天平,「沈陽審判日本戰犯始末」, 北京,『中國黨案報』, 2001. 9. 14.

孔繁芝,「山西太原對日本戰犯的兩次審判」上, 太原,『山西檔案』6, 2007

孔繁芝,「山西太原對日本戰犯的兩次審判」下, 太原,『山西檔案』1, 2008


[日本]

和田英穂,「戦犯と漢奸のはざまで:中国国民政府による対日戦犯裁判で裁かれた台湾人」, 東京,『アジア研究』49(4) / アジア政経学会 [編], 2003

和田英穂,「国民政府の対日戦後処理方針の実際:戦犯問題と賠償問題」, 名古屋市,『若手研究者研究成果報告論集』No.1, 爱知大学國際中国学研究中心(ICCS) [編], 2006

和田英穂,「裁かれた憲兵:中国国民政府の戦犯裁判を中心に」, 熊本市,『尚絅大学研究紀要』A(46), 人文·社会科学編/尚絅大学研究紀要編集委員会 [編], 2014

宇田川幸大,「戦争犯罪裁判と被告人: 戦犯と中国の戦争被害」1(吉見義明教授古稀記念論文集), 東京,『商学論纂』58(5·6), 中央大学商学研究会[編], 2017

城山英巳,「国民政府·対日戦犯リストと蒋介石の意向:天皇の訴追回避と米国の影響に関する研究」, 東京,『Waseda review of sosio-science』20, 2014

丰田雅幸,「中国の対日戦犯処理政策--厳罰主義から'寛大政策'へ」, 東京,『史苑』69(181) (合併), 立教大学史学会[編], 2009

张宏波, 石田隆至,「加害の語りと日中戦後和解: 被害者が受け入れる反省とは何か」, 東京,『プライム』30, PRIME / 明治学院大学国際平和研究所 [編], 2009

石田隆至,「中国の戦犯処遇方針にみる"寛大さ"と"厳格さ":初期の戦犯教育を中心に」, 東京,『プライム』32, PRIME / 明治学院大学国際平和研究所 [編], 2010

坪田典子,「戦争加害者と被害者の関係構築をめぐる一考察－中国の日本人戦犯政策を事例として－」, 東京,『理論と動態』8, 社会理論·動態研究所[編], 2015

陈肇斌,「中国の対日外交と世論: 日本人戦犯の釈放·日本商品展覧会の開催をめ

ぐって, 東京, 『法学会雑誌』53, 首都大学法学会 [編], 2012

● 신문 잡지

『人民日報』, 2014. 9. 3.

『光明日報』, 1945. 9. 14.

『申報』, 1949. 1. 27.

『解放日報』, 1945. 9. 14., 1945. 12. 15.

# 아시아재단과 홍콩의 냉전(1952-1961)*

## : 냉전시기 미국의 문화정책

**오병수**
동북아역사재단 연구위원

## 1. 서언

전후 미국의 세계적 패권이 단순한 경제력과 군사력 때문만이 아니라는 것은 잘 알려진 사실이다. 역사상의 '제국帝國'이 그러했듯이, 그것은 오히려 고도의 외교적 목표하에 지속적이고 체계적으로 수행한 문화, 이념적 지배권 구축 작업의 결과였다. 여기에는 20세기 초 미국의 부상과 함께 등장한 각종 'Foundation(이하 재단)'의 대외 문화원조가 큰 역할을 했다. 2차 대전 이후, 미국이 각종 기금과 '프로젝트'를 포함한 이른바 마샬 플랜Marshall plan을 통해 유럽의 기초 과학 및 지식인에 대한 지배력을 확립한 것은 그 대표적인 예이다.[1] 중남미, 동남아, 아프리카 지역의 이른바 저개발국가에 대한 다양한 의료 및 농업 원조 역시 같은 맥락에서 이해할 수 있다.[2]

---

\* 이 글은 필자의 「아시아재단과 홍콩의 냉전(1952~1961): 냉전시기 미국의 문화정책」(『동북아역사논총』 48, 2015)을 본서 기획 취지에 맞추어 일부 수정한 것이다.

1) John Krig, *American Hegemony and the Postwar Reconstruction of Science in Europe*, MIT Pr., 2006.
2) Marcos Cueto, *Missionaries of Science ; The Rockefeller Foundation and Latin*

이 때문에 포드, 록펠러, 카네기 등 대형 재단의 해외 사업과 그것이 수행한 '문화제국주의'적 기능은 일찍부터 주목을 받았다.[3] 재단의 해외 사업은 애초부터 미국 외교 정책에 부응하여, 미국의 가치관과 규범, 이데올로기의 확산을 목표로 기획된 것이고, 실제 다양한 프로그램을 통해 제3세계의 엘리트 및 민중들을 미국과 연결하고, 그들이 미국과 동일한 가치관을 공유하도록 추동했다는 것이다.

20세기 초반부터 이루어진 중국에 대한 교육 문화원조 역시 예외는 아니었다. 물론 의화단 운동 배상금으로 기금(庚子賠款)을 조성한 이래 미국의 교육 문화원조가 중국의 근대화에 대단한 영향을 미쳤음은 잘 알려진 사실이다. 특히 중국이 자연과학, 사회과학, 인문학 등 근대국가에 조응하는 학문 발전을 추동하고, 나아가 항전과 같은 극한 상황에서도 국가 유지에 필요한 최소한의 학문 활동을 지원하고, 전쟁 수행에 필요한 국민 의식 및 정체성 형성을 모색할 수 있었던 것도 이러한 미국의 교육 문화원조의 힘이 컸다.[4] 그러나 이러한 과정 역시 중국에서는 미국식 이념과 학술 방

---

America, Indiana UP, 1994.

3) '재단' 또는 '基金(會)'으로 번역되는 Foundation은 공적업무를 수행하는 민간기구(NGO)로서, 국가권력 및 기업과는 구별되는 보다 보편적인 공적 사업을 수행하는 것을 본령으로 한다. '자선'과 '구제' 등 재단의 통상 활동은 현대 국가 사회의 기능을 보완하는 필수적인 기능으로 인정되고 있다. 그렇지만 이러한 재단은 애초부터 미국 자본주의의 지속적 성장을 위한 국내외 환경 조성을 목적으로 탄생했다는 기원적인 한계 때문에 그 실제 기능과 관련하여서는 늘 논란이 있었다. 그것은 국내적으로 자본과 사회 엘리트, 즉 '파워엘리트'의 결합을 통해 사회적 불평등을 조장하며, 대외적으로는 미국의 지구적 패권 형성에 기여하는 이른바 문화제국주의적 기능을 수행한다는 비판으로 요약된다. [Robert F. Arnove, *Philanthropy and Cultural Imperialism : the Foundations at Home and Abroad*, Indiana UP, 1982; Edward H. Berman, *The Influence of the Carnegie, Ford, and Rockefeller Foundations on American Foreign Policy : The Ideology of Philanthropy*, State University of New York Pr., 1983]

4) Peter Buck, *American Science and Modern China, 1876-36*, Cambridge UP, 1980; Chiang Yung Chen, *Social Engineering and the Social Sciences in China,*

법의 이식, 그리고 친미 엘리트의 영향력 확대를 수반했고, 또 역으로 미국의 중국학 역시 이를 통해 성장했음을 고려하면 이 또한 미국의 글로벌 패권 구축 과정의 일부였다고 할 수 있을 것이다.5)

그런데 문제는 정치, 사회, 문화 환경의 변화가 극심했던 냉전시대, 이러한 재단의 역할 문제다. 미국의 문화원조는 원래부터 자국의 외교적 목표에 조응하여 이루어진 것이었지만, 2차 대전을 거치면서 직접 현지 대중을 상대로 한 심리전, 사상전, 정보전 활동과 구분이 모호해졌고, 극단적인 정치·군사·이념 경쟁을 위해 모든 자원을 동원해야 했던 냉전시대에는 그러한 경향이 더욱 심화되었기 때문이다. 실제 미국은 2차 대전 당시인 1940년대부터 적극적으로 정보, 심리전을 전개하는 한편, 전후 중국에 대한 영향력 확보와 친미 지식 엘리트 형성을 겨냥하여 각종 중국 기금을 통합하는 등 재단의 역할 조정을 계획했고,6) 또 국공 내전을 거치면서 반공을 위한 문화 교육 원조도 강화하였다.7) 이러한 배경에서 미국의 재단들이 냉전 상황에 어떻게 조응하여 운영되었는지를 이해하는 것은 냉전의 실상을 밝히는 중요한 작업이라 할 수 있다. 특히 이를 미국의 지역정책의 맥락에서 이해한다면, 냉전을 매개로 연동되어 있는 동아시아를

---

*1919-1949*, Cambridge UP, 2001; Fan Shuhua, *The Harvard-Yenching Institute and Cultural Engineering: Remaking the Humanities in China, 1924-1951*, Lexington Books, 2014.

5) Wilma Fairbank, *America's Cultural Experiment in China*, Washington, D.C. Government Printing Office, 1976; Frank Ninkovich, "The Rockefeller Foundation, China, and Cultural Change," *The Journal of American History* 70-4, 1984; Frank Ninkovich, "Cultural Relations and American China Policy, 1942~45," *The Pacific Historical Review* 49-3, 1980; Chiang Yung Chen, *Social Engineering and the Social Sciences in China, 1919-1949*, Cambridge UP, 2001.

6) Fan Shuhua, *The Harvard-Yenching Institute and Cultural Engineering: Remaking the Humanities in China, 1924-1951*, Lexington Books, 2014, 86-87.

7) Grace Ai-Ling Chou, *Confucianism, Colonialism, and the Cold War : Chinese Cultural Education at Hong Kong's New Asia College, 1949-76*. Boston : Brill, 2011, 60-61.

구조적으로 파악하는 데 유용한 시사점을 얻을 수 있을 것이다.

이 글에서는 우선 동아시아 지역에 대한 미국의 냉전정책이 형성되는 1950년대, 홍콩에서 전개된 아시아재단Asia Foundation의 설립 배경과 조직 활동에 대한 분석을 통해 문제에 접근하고자 한다. 홍콩 자체가 동아시아 냉전의 중심이자 최전선이었고, 또 아시아재단 역시 이러한 상황에 대처하기 위해 설립·운영되었다는 점에 착안한 것이다.

냉전시기 홍콩과 관련하여서는, 이미 접근 방법과 시각을 달리하며 많은 연구가 진행되었다. 홍콩의 '귀속 및 처리'와 관련한 영·미 간의 협력과 갈등,8) 홍콩 내 미국의 정보, 군사 활동9), 그리고 소위 제3세력이라 할 수 있는 자유주의 지식인 운동과10) 중공의 지원을 받은 공산주의 운동11), 미국의 원조하에 이루어진 문학, 영화 등 이른바 문화사에 대한 연구와 함께 재단 등 NGO의 역할에 주목하면서, 냉전시기 홍콩에서 전개된 '문화냉전' 양상을 종합적으로 해부하려는 연구도 지속적으로 시도되고 있다.12)

---

8) Chi-kwan Mark, *Hong Kong and the Cold War: Anglo-American Relations 1949-1957*, Oxford UP, 2004; James T. H. Tang, "From Empire Defence to Imperial Retreat; Britain's Postwar China Policy and the Decolonization of Hong Kong", *Modern Asian Studies* 28-2, 1994; Ya Feng Xia, "The Study of Cold War International History in China", *Journal of Cold War Studies*, 10-1, 2008.

9) Nicholas J. Cull, *The Cold War and the United States Information Agency : American Propaganda and Public Diplomacy, 1945-1989*, Cambridge UP, 2008; Johannes R. Lambardo, "A Mission of Espionage, Intelligence and Psychological Operations: The American Consulate in Hong Kong, 1949-64, *Intelligence and National Security*, 14-4, 1999.

10) 萬麗鵑, 「1950年代的中國第三勢力運動」, 國立政治大學博士學位論文, 2001; Roger B. Jeans, *The CIA and Third Force Movements in China during the Early Cold War: The Great American Dream*, Lexington Books, 2017; 黃克武, 『顧孟餘的清高 : 中國近代史的另一種可能』, 香港: 中文大學出版社, 2020.

11) 陸恭惠, 『地下陣線:中共在香港的歷史』, 香港大學出版社, 2011; 黃震宇, 「第三條戰線: "六七暴動"中的"經濟戰"」, 『二十一世紀』 161期, 2017.

이 같은 다양한 연구 경향은 냉전시기 홍콩이라는 공간 자체가 세계 Global, 지역Region, 그리고 국가Nation/Local적 맥락과 중첩·연동되어 있고, 따라서 다층적인 접근을 통해서만 이해될 수 있다는 점을 시사한다. 실제 냉전시기 홍콩의 정치 지형은, 국공내전을 기점으로 냉전이 가시화되는 동아시아 지역 질서 변동과 그에 대응하는 미·소의 정치·경제·군사·문화 차원의 지역 전략의 사정射程 속에서 진행된 것이었다.13)

그럼에도 불구하고 정작 홍콩의 냉전을 동아시아의 지역사적인 맥락에서 살피거나 또는 당시 지역 전략 차원에서 이루어진 미국의 문화정책을 분석하는 작업은 아직도 미진한 실정이다. 최근 영미가 함께 구사한 글로벌 차원의 냉전정책과 연관된 지역정책 차원에서 홍콩의 냉전을 재해석하려는 연구가 없는 것은 아니지만, 이를 구체적으로 실행했던 재단의 프로그램 운용 체제 및 실상에 대해서는 아직 밝혀지지 않은 부분이 많다. 물론 이 때문에 홍콩에서 전개된 냉전을 동아시아라는 지역 차원에서 조망하는 작업은 그다지 진척되지 않고 있다.

따라서 이 글은 이러한 문제에 접근하기 위한 첫걸음으로 1954년 설립

---

12) Priscilla Roberts and John M. Carroll, *Hong Kong in the Cold War*, Hong Kong UP, 2016; 趙綺娜, 「冷戰與難民協助:美國"援助中國知識人士協會", 1952-9」, 『歐美研究』 27-2, 1997; 傅葆石, 「文化冷戰在香港 :《中國學生週報》與亞洲基金會, 1950~1970」(上), (下), 『二十一世紀』 173, 174, 2019; 王梅香, 「冷戰時期非政府組織的中介與介入 : 自由亞洲協會、亞洲基金會的東南亞文化宣傳(1951-1959)」, 『人文及社會科學集刊』 32-1, 2020; 王梅香, 「當圖書成為冷戰武器 : 美新處譯書計畫與馬來亞文化宣傳(1951-1961)」, 『台灣社會研究季刊』 117, 2020.

13) 예컨대 1957년의 좌우 충돌 사건만 하더라도, 전후 홍콩의 급격한 인구 팽창 및 그에 상응하는 교육, 주거, 의료, 복지 등이 수반되지 않는 식민도시로서의 지역성(Locality)과 미·소 및 중·소 간의 갈등을 배경으로 홍콩이 미국의 핵우산에 편입되는 지구 차원의 냉전 맥락이 함께 작동하여 나타난 것이었다. Chi-Kwan Mark, Defence or Decolonisation? Britain, the United States, and the Hong Kong Question in 1957, *The Journal of Imperial Commonwealth History* 33-1, 2005.

된 아시아재단 홍콩 지부의 활동을 분석해보고자 한다. 우선 아시아재단의 자체 문서[14]를 통해 재단의 설립 배경과 구체적인 사업 내용을 계기적으로 분석하고, 이를 동아시아 냉전의 맥락에서 검토하려는 것이다. 이를 통해 일차적으로 홍콩의 냉전 양상을 지역적인 맥락에서 이해하고, 더 나아가 냉전을 매개로 지역질서가 구축되는 과정을 통해 동아시아사의 새로운 구성을 전망할 수 있는 단서를 모색할 수 있을 것이다.

## 2. 아시아재단의 설립 배경

아시아재단은 1954년 정식 창립된 미국의 대표적인 아시아 관련 재단이다. 당초에는 "아시아에 관심이 있는 미국 사회의 시민 지도자들이 발기하고 캘리포니아 주의 법률에 따라 성립된 비영리 민간 조직"으로서 "미국의 민간자원으로 아시아의 교육, 문화, 시민 활동을 촉진할 것"을 표방했다. "평화와 독립의 유지, 개인 자유의 신장, 그리고 사회의 번영을 도모하는 아시아의 개인과 단체를 지원하며, 또 이러한 이상을 공유하는 아시아인, 미국인 그리고 국제적인 민간 조직 간의 협조를 도모"하는 것이 목적이었다. 특히 재단의 기금은 개인과 단체의 자발적 기부금으로 조성된 것이고, 이사진은 모두 미국의 대표적인 학자와 기업가, 정치가로 구성했다고 홍보했다. 또 재단의 모든 활동은 아시아인에 의해 발기되고, 지휘·추진된다는 등 순수한 민간 자율 조직임을 강조했다. 특히 총재인 블룸Robert Blum은 아시아재단의 설립 취지를 아시아의 저개발국가들에 대한 원조로 규정하고, 단

---

14) 아시아재단 문서는 샌프란시스코의 재단 본부와 스탠퍼드대학교 후버연구소에 소장되어 있고, 기타 공문서 및 초대 총재였던 블룸(Robert M. Blum) 자료 등은 미국 국립문서보관서(NARA)와 예일대학교 등에 보관되어 있다. 이 글은 후버연구소 소장 자료에 크게 의존했다.

순한 경제적, 물질적인 차원이 아니라, 현지 지도자들이 스스로 진보의 가치를 실현할 수 있도록, 사상과 가치, 공적 도덕심을 함양할 수 있도록 현지에 맞는 적절한 조직과 체계적인 프로그램을 운영을 강조했다.15) 그렇지만 1966년, 아시아재단은 CIA의 주도하에 탄생되었고, 그 기금으로 운영되는 '위장 문화 단체'임이 폭로되었으며, 'CIAsia(Foundation)'라는 별칭처럼 미국의 냉전정책을 본보기로 수행한 조직임이 드러났다.16)

따라서 이러한 아시아재단의 설립 배경과 운영 실상을 밝히는 일은 그 자체가 냉전시기 미국의 아시아 정책을 이해할 수 있는 열쇠라고 할 수 있겠다. 사실 아시아재단의 기원은 1949년 중국 공산화 당시, 캘리포니아주의 반공 의원들과 사업가들이 미국 의회에서 대책을 논의하면서, 조직한 자유 아시아 위원회The Committee for Free Asia(CFA, 이하 '위원회')였다. 표면적으로는 (공산) 중국의 인민과의 교류를 위한 민간조직을 표방했지만, 실제로는 오스트리아에 본부를 둔 자유유럽위원회The National Committee for Free Europe를 본떠 만든 것으로, 국가안전위원회National Security Council의 승인하에 CIA의 자금 지원을 받아 심리전을 수행하는 일종의 반공 조직이었다.17) 미국 정부가 냉전이라는 특별한 상황에 대처

15) Robert Blum, 1956, "The Work of Asia Foundation", *Pacific Affairs*, Vol. 29, No. 1 ; The Asia Foundation in Hong Kong, 1966, *Purpose and Activities, Hong Kong* Office(Asia Foundation). Robert Blum, "The Work of Asia Foundation", *Pacific Affairs*, Vol. 29, No. 1, 1956; *The Asia Foundation in Hong Kong; Purpose and Activities*, Hong Kong Office(*Asia Foundation*), 1966.
16) 베트남전을 배경으로 불거진 이 사건은 해외 CIA활동 전반에 대한 점검 속에서, 정부 기금 출연 재단에 대한 비판적 여론을 야기했고, 아시아재단 역시 순수 민간 재단으로 개조되었다. 개조 이후 아시아재단의 활동에 대해서는 동 기관 본부 및 한국 지부 홈페이지에 잘 소개되어 있다. "Memorandum From the Central Intelligence Agency to the 303 Committee," [http://www.state.gov/r/pa/ho/frus/johnsonlb/x/9062.htm;http://www.allgov.com/departments/department-of-state/asia-foundation?agencyid=7199.]
17) Andrew Defty, *Britain, America and Anti-Communist Propaganda 1945-53: The Information Research Department*, London: Frank Cass Publishers, 2004, 208.

하기 위해 만든 특별한 조직이었던 셈이다.

위원회는 샌프란시스코에 본부를 두고, 뉴욕의 카네기 빌딩에 별도의 대표부를 두었으며, 인도를 제외하고, 아프카니스탄에서 일본에 이르는 아시아 전역의 13개 국가에 지부를 설치했다. 블룸Robert Blum[18]이 총재였고, 스튜어트James L. Stewart[19]가 프로그램 운영 책임자였다. 모두 2차 대전 당시 OSS 등에서 정보 업무에 종사했고, 특히 후자는 전후에도 USIS 한국 지국장을 지낼 만큼 정보전, 심리전 경험이 풍부한 인물들이었다. 샌프란시스코 역시 2차 대전 당시 중국 및 동아시아에 대한 선전 및 심리전의 본부였던 점을 고려하면 아시아재단의 설립 배경과 실제 활동 방향을 어느 정도 짐작할 수 있을 것이다.[20] 사실상 전후 미국이 영국과 협력 속

18) 블룸은 예일대학교 졸업 후 같은 대학에서 강의를 하다가 종군했다(1942~1946). 캄보디아, 라오스 등지에서 OSS 대원으로 활약했으며, 전후는 베트남에서 근무했다. 아시아재단의 총재(1953~1962)를 지낸 뒤에는 주로 카네기재단, 유네스코 등지에서 아시아 관련 업무에 관여했고, 국가안전위원회 자문위원을 지냈다.

19) 스튜어트는 일본 고베[神戶]에서 태어나, 히로시마[廣島]에서 자란 일본통으로, 듀크대학 졸업 후, 1937년 미국의 대표적인 방송사인 CBS의 충칭[重慶] 통신원을 거쳐 중국 방면의 정보 장교 및 심리전 책임자로 복무했다. 전후에는 주한 유엔대사관 공보처장, USIS 한국 지국장을 지냈다. 1951년부터 위원회 프로그램 책임자를 시작으로 이후 오랫동안 아시아재단 총부의 실무를 총괄했다. 만년에는 재단 일본 지부 대표를 지냈다. [http://www.sfgate.com/bayarea/article/James-L-Stewart-l]

20) 잘 알려진 대로 미국은 2차 대전 당시 OSS 외에도 미국전쟁정보국(The US Office of War Information: OWI) 산하의 해외사무국 및 중국분국, 태평양 분국 등을 통해 일본 및 중국의 대중들을 대상으로 라디오, 영화, 도서 및 전단 등 각종 매체를 활용한 정보전과 심리전을 전개했다. 총 책임자는 전구사령관이지만, 대사관은 물론 United Press 등 언론 기구 등이 조직적으로 동원되었다. 대부분의 프로그램은 샌프란시스코의 본부에서 제작하여 충칭, 청두[成都], 쿤밍[昆明] 등 중국 거점으로 전송하는 방식이었다.(Matthewd D. Johnson, "Propaganda and Sovereigntry in Wartime China: Morale Oppration and Psychological Warfare under the Office of War Information", *Modern Asian Studies 45-2*, 2011)

에 글로벌 차원에서 구사하던 냉전정책의 일환이었다. 트루먼과 처칠 집권 이후, 더욱 강화된 영미의 냉전정책은 유럽에서 베를린장벽의 설치, 국공내전과 한국전쟁의 발발 등을 계기로 세계 냉전의 심화에 대응하여 기왕의 해외 정보 업무를 "심리전"으로 통합하는 한편 중요 지역에 지역본부를 세워 본격적으로 문화정책을 강화하였다.21) 특히 러셀이나, 조지오웰 등 고급 지식인을 동원한 유럽에서와 달리 철저하게 현지인과 현지화 프로그램을 구사한 것도 이러한 대응의 중요한 특색이었다.

실제 위원회는 중공의 팽창을 저지하기 위해 필리핀, 타이완, 베트남, 라오스, 태국 등을 중심으로 반공 블록을 형성하고, 역내 각국의 자유주의 세력을 강화하는 것을 목표로 삼았다. 이를 위해 샌프란시스코와 필리핀에 자유아시아Free Asia방송을 설립하여 선무 방송을 시작하는 한편, 타이완과 미국의 학자 간 교류와 학생 방문 연수, 그리고 각국의 자유주의 운동 지도자의 훈련, 각종 청소년 운동 지원 등 다양한 프로그램을 기획하고 실행했다. 종전의 심리전 프로그램과 문화 활동을 접합한 것이었다.

그런데 보다 주목할 부분은 역시 냉전의 중심이라 할 수 있는 홍콩에서의 활동이었다. 홍콩은 '대륙에 부속된 영국의 식민지'이자 '복합 네트

---

21) 영·미간의 정보 협력은 1948년부터 영미의 냉전정책의 구체화에 수반하여 지속적으로 추진되었으며, 특히 처칠의 재집권 이후, 더욱 구체화 되었다. 영국은 특히 1950년 (구 식민지역이었던) 홍콩 및 동남아 지역에 대해 적극적인 냉전정책을 구사하기 위해 싱가폴에 현지조직을 구축하였고, 미국 역시 그를 따라 USIS 등 지역 정보 조직을 구축하고, 홍콩 및 동남아 지역에 대한 접근을 시도하였다. 이후 홍콩과 싱가폴을 중심으로 이루어진 영미간의 정보 협력은 애초 영국의 북경 공작과 홍콩의 USIS와 협력을 축으로, 정기적인 정보 교류 및 업무분담(현지 신문읽기, 팜프렛 번역 및 배포)등 일상적인 차원에서 이루어졌다. 특히 홍콩과 동남아에 대한 영국의 적극적인 정보생산이 미국의 활동에 크게 도움이 되었다. 물론 이러한 양상은 한국전쟁을 계기로 크게 변화하였다. 미국이 정보활동 중심을 한국으로 옮기면서 영미간의 정보 협력의 중심도 변화하였지만 그에 상응하여 홍콩 및 동남아에서 선전등 업무분담도 가중되었다. Andrew Defty, 2004, pp.153-9

워크 공간'22)이라는 지정학적 조건 때문에 처음부터 정보전, 심리전 등 냉전 수행의 핵심 공간으로 등장했다. 영국과 미국은 물론이고 타이완의 국민 정부와 중공 역시 홍콩을 통해 필요한 정보를 수집하고, 심리전을 전개했다. 홍콩의 이러한 기능은 이후 대륙의 정치 요소와 함께 한국전쟁(1950~1953), 금문도金門島 사건(1954~1955, 1958) 등 국제적인 냉전과 연동되면서 더욱 두드러졌다.

미국은 1949년 베이징 소개疏開 이후 모든 외교관원을 홍콩으로 철수시키면서 홍콩을 대륙 정책의 전초 기지로 활용했다. 전후 베이징, 상하이에서 수행하던 영사업무는 물론 정보 업무도 홍콩으로 이전되었다. 특히 미국은 단교斷交 이후에도 중국에 대한 후속 정보가 필요했기 때문에 정보 수집은 매우 중요한 과제였다. 홍콩의 미국 대사관은 업무를 정치, 경제 등 민간 영역, 군사 영역, 그리고 CIA 등 정보 영역으로 나누어 운영하면서, 대사관이 수용할 수 없는 600여 명의 정보 요원은 별도로 타이완에 상주시킬 만큼 정보 및 심리전에 몰두했다.23) 당장 공산 중국과의 외교 관계 개설 가능성, 또 중공의 한국전 개입 여부 등 미국의 냉전정책에 수

22) "대륙에 부속된 영국의 식민지"는 전후 인도, 미얀마, 말레이시아 등 동남아의 영국의 구식민지 국가들의 탈식민 과정과 다른 홍콩의 정치 상황을 상징하는 언어이고, '복합 네트워크' 공간이라는 개념은 원래 화교 교역 및 정보 네트워크의 중심으로서 홍콩의 지정학적 위상을 표현한 말이다. 전후 홍콩의 이러한 성격은 냉전을 배경으로 재해석되었다.(하마시타 다케시, 『홍콩』, 신서원, 1997)

23) 당시 정보업무에 종사했던 메카시(Richard M. Mccarthy)에 따르면, 그는 중공의 베이징 해방 이후에도 7명의 대사관 직원과 함께 베이징에서 활동했다. 1950년 4월 베이징을 떠나 한국을 거쳐 귀국했다가 한국전쟁 발발과 함께 홍콩에 부임하여 1958년 까지 6년 동안 정보 및 심리전 활동을 전개했다. 대학 영어강사로 위장한 메카시의 임무는 학생들에 대한 관찰과 중국 관련 각종 정보를 수집하여 영문으로 세계 각국에 알리는 일이고, 둘째는 『今日中國』 등 중국어 잡지, 서적 및 반공 영화를 중국, 타이완 및 동남아 지역에 배포하는 일이었다.(The Association for Diplomatic Studies and Training Foreign Affairs Oral History Project, Information Series 중 Richard M. Mccarthy의 회고)

립에 필요한 기초적인 정보가 모두 수집 대상이었다. 당시 홍콩은 정치 난민이 넘쳐났기 때문에 그들을 통해 중공 및 대륙 사정에 대한 구체적인 정보를 수집하는 것은 어려운 일이 아니었다.[24] 미국은 영국 식민정부의 묵인과 협조하에 난민을 직접 인터뷰하거나 국민당 정보 요원을 통해 필요한 정보를 수집했다. 또 미국은 주룽九龍에 설치한 청취대를 통해 대륙의 방송을 수신하거나 중공이 간행하는 각종 인쇄 매체를 수집·분석했다. 이러한 정보는 1차적으로 미국 대사관에 수집·정리되어, 영국이 북경에서 수집한 정보와 공유하는 한편 워싱턴 및 주요 기관에 보고됨으로써 미국의 지역 정책 수립의 기초이자, 각종 선전 및 심리전 자료로 활용되었다.

다른 한편으로 미국은 USIS(해외정보국)의 주도 아래 국민당의 정보 원 및 다수의 지식 난민을 활용하여[25] 직접 대륙과 홍콩의 공산주의 조직 활동을 와해시키고, 대륙 내의 반공 민주운동을 지원하는 등 심리전 활동 을 전개했다. 2차 대전 시기처럼 대륙의 대중과 동남아 화교를 대상으로 한 각종 팸플릿, 정기 간행물, 라디오 방송, 영화, 도서관 등 각종 미디어 를 활용한 선무 활동이 중심이었다.

---

24) 홍콩 인구는 일제 시기 60만 정도였으나 내전 전후 대륙에서 인구 유입에 따라 1946년 160만, 1950년 236만, 1956년 250만, 그리고 1967년에는 380만으로 폭증했다. 미국 등의 구제에도 불구하고 난민문제는 홍콩 사회의 큰 부담이었고, 1957년부터 정치 문제로 폭발하기 시작했다.(Chi Kwan Mark, "The 'Problem of People': British Colonials, Cold War Powers, and the Chinese Refugees in Hong Kong, 1949-62", *Modern Asian Studies*, Vol. 41, No. 6, 2007) ; Nicholas J. Cull, *The Cold War and the United States Information Agency : American Propaganda and Public Diplomacy, 1945-1989*, Cambridge UP, 2008.

25) 미국은 1949년부터 홍콩의 난민 중에는 최소한 5만 이상의 과학자, 의사, 공정사, 교사 등 고등 직업 인사가 포함되어 있다고 추산하고 그 활용 가치에 주목했다. 1952년 난민법(Escspe Program) 및 중국 학술인 원로 계획에 따라 43만 달러 이상을 원조했고, 그 외 록펠러, 카네기 재단의 지원으로 별도의 민간조직인 '원로중국지식인사협회'를 조직하고, 이들을 심리전 등 반공 활동에 투입했다.(趙綺娜, 「冷戰與難民協助:美國"援助中國知識人士協會")

물론 심리전의 전개 과정에서는 홍콩 내 자유주의 세력을 육성하는 것도 중요한 과제였다. 이미 2차 대전 당시부터 좌파 세력이 강했던 홍콩에서는 1949년 이후 건국절마다 홍기紅旗 게양 문제 등을 둘러싸고 크고 작은 충돌이 일어나는 등 중공의 영향을 받은 대중들의 정치적 진출이 확대되고 있었다.26) 미국은 우선 반공반장反共反蔣을 표방한 정치 난민을 적극 지원하는 한편 좌파가 주도하고 있던 홍콩의 문화, 여론 영역을 주목했다. "홍콩의 도서 시장은 공산주의 서적으로 넘쳐나고 있다. (…) 홍콩의 80%의 출판업자가 공산주의자였고, 5%만 반공적이었다"고 할 만큼 홍콩의 사회, 문화 환경은 친공적이기 때문이었다. 교사, 출판, 문화 영역의 중요성을 충분히 인식하고 있던 미국으로서는 매우 심각한 상황이었다.27)

26) 1940년부터 이미 홍콩에 지하당을 운영하고 있던 중공은 1946년부터 중앙에서 직접 조직을 정비하고, 체계적인 활동을 전개했다. 1947년 6월에는 광동, 광서, 복건, 호남, 운남, 귀주 등 6성의 업무를 관할하는 중공홍콩분국[中共香港分局]을 정식 조직하고, 도시공작위원회[港粤城市工作委員會] 등 체계적인 기구를 두어, 도시(都市)활동과 교무(僑務), 통전(統戰), 문화(文化), 금융(金融), 경제(經濟) 등의 활동을 관리했다. 홍콩 분국의 일차적인 업무는 내전 수행에 필요한 당 간부를 훈련·배출하고, 국내외적으로 반장반미(反蔣反美)의 통일전선을 선전·조직하는 일이었다. 여기에는 복간한 『正報』, 『華商報』나 『經濟導報』 등 신문, 잡지, 출판, 인쇄 매체와, 학교 및 청년 조직이 동원되었다. 국민당 지역의 일반 대중 및 장제스[蔣介石]에 반대하는 민주인사, 그리고 서구 열강과 동남아 화교가 그 대상이었다. 중공은 특히 '남양 화교'를 중시하여 전시부터 동남아 각지의 화교 대중을 조직화했다. 또 국민당 내외의 민주인사와 접촉하여 국민당혁명위원회나 민주당파가 주도한 민주동맹 홍콩위원회의 조직 활동을 추동하는 한편, 영화, 언론 문예 활동을 통해 대중을 조직화하였다. 전후 중공은 이미 약 3만 명의 노동자를 옹유한 항구공회연합회(港九工會聯合會)와 40, 50여 소의 부속 학교 그리고 연청가영단(聯靑歌詠團) 등 대중문화단체를 거느린 막강한 대중적 기초를 확보하고 있었다. 홍콩 당국은 『49年社團條例』, 『反罷工法』, 『出境條例』 등을 통해 대중의 정치활동을 통제하였다.(周奕, 『香港左派鬪爭史』香港:利迅出版社, 香港: 利迅出版社, 2009, 11·30·41; 葉漢明·蔡寶瓊, 「植民地與文化覇權: 香港四十年代後期的中國共産主義運動」, 『中國文化研究所學報』 41, 2001; 陸恭惠, 『地下陣線:中共在香港的歷史』, 79-83)

27) 당시 서점에는 친공 서적이 압도적으로 많았다. 대중적일 뿐 아니라 내전 승리

이에 따라 미국은 홍콩 주민을 경제 활동가, 상인, 학생과 교사, 주요 산업 노동자 등 영역별로 나누어 접근할 수 있는 프로그램을 개발했다. 여기에는 USIS가 직접 편집한 『今日世界』[28]외에도 『中國之聲』 등 중국어 잡지나 서적, 방송(Voice of America)이 활용되었다. 또 민간재단을 통한 지역 학자와 교육자의 지원, 초중등학교에서는 시청각 프로그램이나 잡지 등을 통한 접근이 이루어졌다.

물론 미국의 이러한 활동은 상당한 성과를 거두었다. 1951~1952년간 에 이미 반공 출판물이 우후죽순으로 등장했으며, 충분치는 않지만 문화 영역에서 어느 정도 독립적인 영역을 확보하기 시작했다. 상대적으로 좌파의 영향력은 축소되는 추세였다. 중공의 한국전쟁 개입에 따라 지원이 줄어든 탓도 있지만 근본적으로는 '문화활동가'에 대한 미국의 공세적인

---

에 따른 중공에 대한 관심 때문이었다. 『毛澤東全集』만 100만 부가 팔릴 정도 였다. 그중에는 중공의 관점에서 시사 및 역사 문제를 해설한 것이 많았다. 한 국전쟁에서 미군이 세균전을 사용했다든가, 미국 내 흑인문제, 노동자에 대한 착취 문제가 심각하다는 등의 반미의식을 고취하는 것도 많았기 때문에 미국 은 이에 적극적으로 대처했다. 중미편역사(Free Chinese Literary Inst.)를 세워 미국의 고전을 번역·보급한 것은 그러한 사례 가운데 하나였다.(趙綺娜, 「冷戰 與難民協助:美國"援助中國知識人士協會", 1952-9」)

28) 원래 1949년 12월 미국 영사관 신문처에서는 미국 대사관의 선전물로서 『今日 美國』을 발행하여 일반 신문판매처, 가판에서 무료로 배급했다. 별로 선전 효 과가 없다고 판단하고, 1952년부터 격주간으로 『今日世界』를 발행하기 시작했 다. 1973년 5월부터 월간으로 바꾸어 1980년 12월까지 총 596기가 간행되었 다. 또 동시에 미국의 고전을 번역한 『今日世界叢書』를 간행했다. 전자는 미국 대사관 신문처 출판조, 후자는 문화조에서 작업했다.
『今日世界』는 인쇄 질량에 비해 값은 매우 싼 편이어서 대중의 관심을 받았다. 1965년 최고 17만 5,000부까지 간행되어 당시 미국에서 가장 많이 팔리는 *Life, Looks* 등과 쌍벽을 이룰 정도였다. 물론 배포범위는 매우 광범위해서 1956년의 경우 총 13만 1,500부를 간행하여 홍콩(1만 3,525부), 타이완(4만 2,000부), 쿠알라룸푸르(4,500부), 사이공(3만 부), 랑군(4,000부), 마닐라(6,000 부) 등지에 보급했다. 陳大敦, 「《今日世界》與我」(2014. 12. 22.) [http://www. freewebs.com/chentatun/works/career/todaysworld.html].

원조와 지원의 효과였다. 위원회 홍콩지부는 USIS 등이 주도하는 이러한 활동에 보조적으로 개입했다. 난민 학생을 수용하기 위해 학교 시설을 지원하고, 반공 문학과 영화를 보급했다.[29] 또 『祖國週刊』, 『人生』 등 잡지와 함께 학생 활동을 지원하는 것이 주요 업무였다. 또 심리전에 필요한 기본 정보를 파악하는 등 고급 지식인을 상대로 한 문화 작업도 수행했다. 1952년부터 홍콩 및 해외 고급 지식인의 정치적 배경과 동향을 조사 분석하고,[30] 다양한 세력을 제3세력으로 결집하는 한편, 중미편역사中美編譯社[31]를 인수하면서 정밀한 화교 접근 프로그램 개발들을 추진한 것이 그 예였다.

물론 이러한 업무와 자원은 이후 아시아재단의 활동에 그대로 계승되었다. 다만 이러한 업무는 예컨대 유사시 대륙에 대한 직접적인 침투 작전을 염두에 두고 오키나와에 군사 훈련학교를 설치한 것처럼, 중공의 붕괴 등을 가정한 즉자적인 대응 수준이고, 그것도 심리전의 보조 작업의 일환이었을 뿐이었다. 보다 장기적인 전망을 위해서는 활동을 계획적이고 체계화할 필요가 있었다.[32]

---

29) Hong Kong Project Special Account-Expenditures(1953. 3.) Asia Foundation Records.

30) HK-482, "Letter to Mr. Robert Blum," 1953. 12. 8.; HK-313, "Letter to the President of CFA," 1953. 6. 13.; HK-418, "Letter to the President of CFA," 1953. 10. 30., AFR 등.

31) 중미편역사는 친공 서적에 대항하기 위해, 미국의 지원하에 반공 서적을 번역 출판할 것을 목표로 결성된 것이었다. 丁文淵, 左舜生, 易君佐, 王聿修 등이 주도했다.(Memorandum Agreement, Free Chinese Literature Campaign of ARCI, Aug. 14, 1953, ARCI Papers, Box 170, Folder: ARCI Meeting Minutes and Agenda, 1952-3; Ting Wen-yuan to Judd, Sept. 10, 1953, ARCI Papers, Box 166, Folder: 166.4, ARCI Correspondence/General, 1953 July. December)

32) 1952~1953년 위원회의 활동 상황을 알 수 있는 예산서를 보면 교육(맹자재단 등), 학생(우련연구소), 문학, 소설, 영화 등으로 프로그램에 매월 3만~7만 달러를 지출했다.

실제 1952년 새로 집권한 아이젠하워(1952년 12월) 정권은 이러한 심리전 프로그램을 대폭 확대했다. 스탈린의 사망 이후 소련의 평화 공세 한국전쟁 종결 및 제네바회의, 반둥회의 등 국제적인 정치 환경의 변화에 따라 중공과 공존을 전제로 한 장기 전략을 모색할 필요가 있었기 때문이다. 물론 미국은 대만의 장개석 정권의 반공(反攻)정책에 호응하여 대륙에 대한 고공 정찰 및 소규모의 도발 등 군사 정책을 계속 수행하였지만, 사실상 무력 해결이 무망無望해지면서, 선전과 문화를 매개로 한 심리전, 선전전의 역할은 더욱 중요해질 수밖에 없었다. 미국은 이미 1만 5,000명 이상의 지식 난민들을 동남아에 배치하여 심리전에 투입하기 시작했지만[33] 중공의 문화 공세에 대응하기 위해서는 보다 장기적이고 체계적으로 심리전을 전개할 필요가 있었다.

　　이러한 맥락에서 위원회 홍콩 지부 역시 매년 선전의 목표와 방법을 계획하고, 워싱턴에서 승인받아 전략을 수립하는 등 업무를 체계화했다. 장기적으로 홍콩과 동남아에서 중공의 영향력을 축소하고 반공운동을 격려하며, 특히 동남아 화교들이 미국과 자유세계를 지지할 수 있도록 유도한다는 방침에 따라 대륙, 화교, 홍콩인 등 대상에 따른 특화된 지역 계획을 수립했다. 위원회의 조직 형식 역시 아시아재단으로 개조되었다. 홍콩 지부장으로는 새로 브라운Delmer M. Brown[34])을 임명하면서, 재단은 기왕의 위원회의 활동을 바탕으로, 보다 전문적이고 다양한 프로그램을 개발하기 시작했다. 냉전의 현지화 과정이라 할 수 있을 것이다.

---

33) 趙綺娜, 「冷戰與難民協助:美國"援助中國知識人士協會", 1952-9」
34) 브라운(1925~2011)은 스탠퍼드대학교를 졸업했고, 일본에서 유학(1932~1938)했다. 2차 대전 당시 해군(하와이)에서 정보장교를 근무했다. 1946년 스탠퍼드대학교에서 박사학위(일본사)를 받고 버클리대학에서 일본사를 강의했다. 2011년 사망하기까지, Cambridge History of Japan 시리즈 총편집자로 활동했다. 1953~1955년 아시아재단 홍콩, 도쿄 대표를 지냈다. 저서는 *Nationalism in Japan*(1955) 등이 있다.

## 3. 프로그램 내용과 추이

### 1) 초기 현실인식과 프로그램

아시아재단은 냉전의 진전에 대응하여 반공정책 강화를 목적으로 탄생했다. 특히 1954년과 1955년 제네바회담, 반둥회의를 계기로, 중공의 국제적 위상이 제고되고, 동남아 지역에 대한 정치적 영향력 확대되고 있다는 현실 인식을 전제로 한 것이었다.

> 중국은 수년간의 내외적 위기와 한국전쟁 및 그에 따른 대중對中 금수禁輸조치에도 불구하고, 미국은 중국의 저항을 억지하는 데 실패했다. 국민 정부의 교란이 있었지만, 베이징 정부에 대항하는 어떤 지하운동의 확산에도 실패했다. 다시 말해서, 오늘 공산 중국은 제네바회담을 주도하고, 아프로–아시안 (Afro-Asian)회의(1955년 반둥회의)[35] 에서 두드러진 지위로 상징되듯이 세계의 주요 역량으로 우뚝 섰다는 것이다.

> (…) (그 결과는) 첫째, 중공은 과거 일제의 '대동아공영권' 구호를 대신하여 외국인 혐오증을 부추기면서 조직적으로 반서구투쟁을 전개할 것이다. 둘째, 중공은 반식민·반봉건사회론 따위를 들어 세계혁명사에서 소련과 함께 베이징(정권)이 인도네시아, 말레이시아, 미얀마, 태국 등에 대한 지도자임을 선전할 가능성이 있다. 셋째, 화교사회에 대한 장악이 가시화될 것이다.[36]

---

35) 반둥회의는 1955년 봄에 21개국이 참여해 조직한 회의로, 제3세계 국가들이 미국의 반중 냉전조치를 포함하여 동맹국인 서유럽의 식민주의를 비판하고, 중국의 지역적 영향력을 확산했다는 점에서 중국 외교의 승리였다. 미국은 이른바 중국에 대한 포위정책의 실패에 따른 국가안전 사안으로 간주하고, 국내외 정보 관련 업무를 통합 조정하기 위해 실무 협력국(OCB)을 구성하는 등 해외 선전을 대폭 강화하는 계기로 삼았다.

36) "Provisional Budget Estimate 1956/57," (HK-1084, 3. 14, 1955) Adminstration, P-55. AFR

이러한 인식에 따라 아시아재단은 홍콩을 중심으로 반공 선전 역량을 강화하고, 홍콩 및 동남아 지역에 대한 중공의 영향력을 저지하기 위한 사업을 설계했다. 이를 위해 먼저 두 가지 사전 조사를 실시했다. 첫째는 홍콩의 학생과 대중의 독서 성향, 주요 문화인의 정치 성향, 잡지 및 신문, 그리고 각 서점 및 인쇄, 출판, 도서 공급 체계와 정치 성향, 좌파 및 국민 정부의 활동 동향을 조사했다. 간략하지만 기왕의 80여 종의 잡지 성향과 편집자, 발행 부수 등에 대한 조사를 전제로, 좌우 역량을 비교한 사례는 작업의 성격을 잘 보여 준다.

〈표 1〉 친공(親共)·비공(非共) 잡지 비교(1956. 11.)

| 영역 / 성향 | 친공 | 비공(Non Communist) | |
| --- | --- | --- | --- |
| | | 반공 | 상업성 |
| 화보 | 新中華畫報(中華書局, 3,000), 幸福畫報(10,000), 世界畫報 | 亞洲畫報(20,000 / HK 3,000), 良友(15,000), 小畫報(12,000 / HK 3,500), 中外畫報(14,000) | 東風畫報, 新畫報(7,000) |
| 아동 | 小朋友(中華書局, 4,000), 世界兒童(世界出版社, 4,000) | 兒童樂園(38,000/HK 12,000) | 兒童報 |
| 청소년 | 世界少年(6,000/HK 500), 青年樂園(6,000) | 少年週刊, 中國學生週報(25,000 / HK 8,700),青年文友(5,000), 學友, 文學生活, 新青年 | |
| 영화 | 長城畫報(長城影業, 20,000), 新電影(10,000), 中聯畫報, 電影圈(10,000 / HK 1,000) | 國際電影(22,000), 亞洲畫報 | 大觀畫報, 影風(10,000 / HK 1,000) |
| 경제 | 經濟導報 | 工商觀察 | |
| 교육 | 教師月刊(1,000) | | |
| 뉴스 | 週末報(25,000 / HK 2,000) | 新聞天地(2,500~3,000 / HK 500) | |
| 일반 | 海光(10,000), 知識(25,000) | | |
| 가정 | 家(2,000) | 家庭良友(4,000 / HK 1000), 家庭生活(2,000), 家庭週刊(2,500), 新家庭(5,000), 好家庭 | |
| 기타 일반 | | 人生(2,500 / HK 500), 今日世界, 天文臺(6,000), 星島週報(7,000), 小說報(98,300 / HK 6000 / TW 18,000/ 사이공 15,000 / 싱가포르 4,000부 등) | |

| 기타<br>정론지 | 勞工報,37) 再生(200), 自由陣線,38)<br>自由人(8000/HK 1,400 / TW<br>4,000), 民主評論(1,000 / HK 500) |
|---|---|

\* 조사 내용을 간략하게 정리한 것임.

\* 국민당 직영지는 제외함.

\* ( )는 발행 부수, HK는 총 발행 부수 중 홍콩에서의 유통량, TW는 타이완에서의 유통량

위 〈표 1〉에서 알 수 있듯이, 아시아재단은 홍콩에서 간행되고 있던 영역별 유력 잡지들의 정치 성향을 친공과 비공(반공)으로 나누어 영향력을 비교했다. 특히『小說報』,『勞工報』,『再生』,『自由陣線』,『自由人』등은 각각 국민당, 민사당民社黨, 중국청년당계 등의 정치 배경과 발행 부수, 유포 지역에 대해서도 꼼꼼하게 조사했다. 중공의 문화선전에 대응하기 위한 기초 작업이었다. 조사 결과『兒童樂園』,『中國學生週報』,『青年文友』등 아시아재단이 지원하는 몇 가지 잡지를 제외하면, 친공계 잡지의 우세가 두드러졌다. 교사 대상 잡지는 친공계인『教師月刊』이 독주할 정도였다. 또 최근 13개월 동안 간행물 존폐 상황에 대한 조사 결과는 더욱 그러했다. 친공 간행물은 폐간 또는 정간된 경우가 없지만 반공 잡지는 수종이 폐간되었다. 아시아재단은 이러한 상황을 중공의 조직적 개입의 결과로 해석했다.39) 따라서 아직 충분한 기초를 갖지 못한 비공 잡지를 지원, 부식하기 위한 계획이 필요했다.40)

---

37) 국민당계 잡지로, 총 2,500부를 간행하여 홍콩(500부)과 타이완(2,000부)에 보급했다.

38) 자유출판사(自由出版社), 발행인은 謝澄平, 편집인은 柳惠, 羅明이다. 1,500부를 간행하지만 홍콩에 유통되는 양은 500이다. 주로 일본과 동남아에 유통되고 있다. 중국청년당 기관지로 당이 운영하는 남하철공창(南華鐵工廠), 서남중학(西南中學)의 후원을 받고 있다. 기타 평안서점(平安書店), 전풍인쇄창(田風印刷廠)도 당 기관이다.

39) "Memorandom: L.Z.'s Comments on "United Front" Activites"(SX -HK-198, 1956. 6. 28, AFR).

40) 물론 이 점은 아시아재단만의 독자적인 판단은 아니었다. 예컨대 신아서원을 후원한 미국 NGO(Yale-China Association, Havard-Yenching Institute, Ford

둘째는 동남아 화교사회에 대한 분석이었다. 아시아재단은 동남아의 화교 사회가 중공의 직접적 영향하에 있으며, 그 핵심 매개는 곧 화교학교라고 파악했다. 또 전후 싱가포르, 말레이시아 등지에서 전개된 화교들의 대중 운동 역시 중공의 조직적 영향에 따른 것으로 보았다. 예컨대 1954년 말레이시아에서 수천의 화교 학생들이 정부의 화교정책에 항의하여, 조직적으로 공산주의의 구호와 노래를 부르며 대륙으로 귀환한 사건이나, 1954년 5월 13일 싱가포르당국의 의무복무제 시행에 중국 학생과 버스 노동자들이 격렬하게 항의한 사건 등은 모두 중공이 배후 조종한 결과라는 것이었다. 물론 그 핵심인 화교학교는 교사의 70% 이상이 친공 성향이며, 대부분이 대륙판 교과서를 사용하고 있는 상황이었다.[41] 그리고 이 역시 화교학교와 대륙의 전통적인 유대 탓도 있지만 중공의 적극적인 개입 결과로 해석했다.

이러한 인식에서는 화교학교 교사 및 학생에 대한 새로운 접근, 즉 그들을 대륙과 연계를 차단하고 자유주의로 포섭화하기 위한 전략이 필요했다. 후술할 아시아재단의 모든 프로그램은 이처럼 지역 차원의 반공정책 차원에서 마련된 것이었다.

1958년까지 아시아재단 홍콩 지부의 사업 내역을 정리하면 다음 〈표 2〉와 같다.

---

Foundation)의 공통적인 생각이었다.(Grace Ai-Ling Chou, *Confucianism, Colonialism, and the Cold War : Chinese Cultural Education at Hong Kong's New Asia College, 59-60*)

41) "Quartely Activity Report," 7~9월, 1956, Budget, P55, AFR.

〈표 2〉 아시아 재단 홍콩 지부(AF HongKong) 사업별 예산

| 구분 | | | 사업명 | 지원 액수($) | | | | 비고 |
|---|---|---|---|---|---|---|---|---|
| | | | | 1954-55 | 55-6 | 56-7 | 57-8 | |
| 청소년 | 학생 | 101 | 맹자 장학금[42] | 17,200 | 17,200 | 27,300 | 16,700 | A |
| | | 102 | 맹자 학생 숙소[43] | 6,200 | 6,700 | 7,800 | 7,800 | A |
| | | 107 | 『中國學生週報』[44] | 20,000 | 90,000 | 90,000 | 70,000 | B |
| | | | 편집위원회 | 5,600 | | | | A |
| | | | 『大學生活』[45] | 15,500 | | | | B |
| | | 108 | 『兒童樂園』[46] | 16,600 | 16,000 | 5,000 | | B |
| | | 109 | 『青年文友』[47] | | 15,500 | 7,750 | 5,000 | |
| | | 110 | 『少年週刊』 | 15,000 | 12,000 | 15,000 | 5,000 | |
| | | | 『兒童週刊』 | | | 9,000[48] | | |
| | | | 蕉風社 | | | 5,000 | | |
| | | | 화교 장학금 등 | 15,000 | 12,000 | 15,000 | 15,000 | |
| | | | 청소년 훈련 등 | 12,800 | 12,800 | 8,500 | 11,000 | |
| | | 소계 | | 112,100 | 170,200 | 175,350 | 130,500 | |
| | 교육자 | 201 | 맹자 교수 지원 | 15,500 | 25,500 | 29,500 | | A |
| | | 202 | 맹자 연합도서관[49] | 13,300 | 10,000 | 10,000 | 10,000 | A |
| | | 203 | 교재 출판 기획[50] | 2,700 | 15,000 | 5,000 | | A |
| | | 205 | 신아서원[51] | 21,500 | 15,000 | 20,000 | 20,000 | A |
| | | | 맹자교육재단[52] | 3,200 | 7,000 | 8,700 | 8,700 | A |
| | | | 맹자 대학교재총서 | | 25,800 | 10,000 | 15,000 | A |
| | | 212 | 교사훈련, 협회운영[53] | 12,800 | | | 12,000 | |
| | | 209 | 국제학교 등 | | | 9,000 | | |
| | | 소계 | | 65,800 | 98,300 | 92,200 | 65,700 | A |
| | | | 연합대학 | | | 350,000 | 30,000 | |
| | | 소계 | | | | 350,000 | 30,000 | |
| 사회경제계 | 경제계 | 401 | 『工商觀察』 | | 2,100 | 1,750 | 5,000 | |
| | | 402 | 노동자 교육 | | 4,500 | | 8,000 | |
| | | | 『공상계』 | 3,000 | | | | |
| | | 소계 | | 3,000 | 6,600 | 1,750 | 13,000 | |
| | 시민사회 | 501 | 청년회의소 | 3,400 | 3,000 | | 2,500 | |
| | | 502 | 유엔 프로그램 | 900 | 1,800 | | | |
| | | 소계 | | 4,300 | 4,800 | | 2,500 | |
| | 문화계 | 603 | 友聯研究所[54] | 31,900 | 25,000 | 35,000 | 40,500 | B |
| | | 604 | 『祖國週刊』[55] | 15,900 | 15,000 | 18,500 | 12,000 | B |

| | | 번호 | 명칭 | 54-5 | 55-6 | 56-7 | 57-8 | 비고 |
|---|---|---|---|---|---|---|---|---|
| | | 605 | 『人生』 | 4,200 | 4,200 | 4,000 | 4,000 | |
| | | 609 | 경제연구소(홍콩) 등 | | | 10,000 | 7,000 | |
| | | 607 | 우련 지역조직센터 | | 52,000 | 82,500 | 10,000 | B |
| | | 608 | 지역간 교환56) | | 12,000 | 8,000⁵⁷⁾ | 3,000 | (b) |
| | | | 문예 전시회 등 | 500 | 3,500 | | | |
| | | 소계 | | 52,500 | 111,700 | 155,900 | 76,500 | |
| 커뮤니케이션그룹 | 작가출판도서유통업자 | 703 | 亞洲出版社58) | 99,000 | 80,000 | 61,200⁵⁹⁾ | 92,250 | C |
| | | | 자유작가연맹, Pan-Asia Proj. 등 | 114,200⁶⁰⁾ | 2,100 | 6,300 | 14,000 | |
| | | 704 | Aisa book com. 등 | 3,200 | | 9,000 | 10,000 | C |
| | | 704 | 교육출판기획 | | 10,000 | 10,000 | | |
| | | 706 | 지역 간행물 배급 | 19,000 | 25,000 | 10,000 | | B |
| | | 707 | 『中國問題』 | | 15,000 | 12,000⁶¹⁾ | | B |
| | | 710 | China News Letter | | 8,000 | 5,000⁶²⁾ | | B |
| | | 711 | PANA | | 22,000 | 8,000 | 28,500 | B |
| | | 714 | 중국 펜쎈터 | | | | 6,450 | |
| | | 715 | 『自由人』 | | | 2,100 | 2,000 | |
| | | 716 | 중화출판협회/홍콩 출판 및 공급협회 | | 15,000 | 15,000 | 65,000 | |
| | | | 중화출판사 | | 20,000 | 15,000⁶³⁾ | | |
| | | | Chin. Newspaper for S/M | | | 160,000 | | |
| | | | Asia News Agency | | | 8,250 | | |
| | | 소계 | | 235,400 | 197,100 | 332,200 | 218,200 | |
| | 영화 | 801 | 亞洲影業有限公社 | 69,000 | 68,300 | 18,000 | 45,000 | C |
| | | | 배급, 저널, 제작 | | | 63,000 | 22,000 | C |
| | | 소계 | | 69,000 | 68,300 | 82,000 | 67,000 | |
| 프로그램개발 | | | PD-1 | | 21,000 | 5,600 | 40,000 | |
| | | 소계 | | | 21,000 | 5,600 | 174,000 | |
| 총계 | | | | 529,300 | 678,000 | 1,195,000 | 534,400 | |

\* 비고의 A는 연합대학(이후 중문대학), B는 우련연구소, C는 아주출판사

출처: 동 지부의 각 년도(54-5, 55-6, 56-7, 57-8) 예산

42) 지도력과 학술적 자질을 갖춘 학생들에게 대학 생활에 필요한 장학금을 제공하는 프로그램이다. 홍콩 내의 고등교육에 대한 잠재적 수요와 함께 아시아재단의 지역 프로그램과 연계하여 보다 많은 화교 학생들에게 좋은 교육 기회를 제공하려는 것이 목표였다. 특히 1954년부터는 홍콩의 난민보다는 화교 학생들에게 지원을 집중했다. 화교 학생들에게 대륙에 대한 대안적 기회를 제공하고자 한 것이다. 장학금의 운용은 9개 학원 교수로 구성되는 맹자재단에 의해

우선 아시아재단의 사업 프로그램은 '반공'이라는 이념적 목표를 달성

운영되었으며, 자체 기준에 따라 매년 200명 내외의 학생들을 선발하여 차등적으로 지급했다.

43) 대학생 다수가 난민임을 감안하여, 염가로 좋은 숙소를 제공하기 위한 프로젝트였다. 1955년에는 6층 건물을 구입하여 수용 인원을 늘렸다. 특히 숙소에는 별도의 지도력 훈련 프로그램 및 맹자도서관을 함께 제공함으로써 학생들의 활동 중심을 형성하고자 했다.

44) 매기 13,000부를 간행하여 3분의 2를 동남아 등 해외에서 소비했다.

45) 7,000부를 간행하지만, 40,000명의 독자를 가진 것으로 추산하였다.

46) "아동의 마음에 공산주의 사상이 들어오지 못하도록 하려는 것"을 목적으로 하는 초등학생용 잡지였다. 중국의 전통문화 가치와 인간 자유의 원칙에 따라 내용을 편성했다. 발행량은 1만 6,000부에서 시작하여 2만 5,000부, 3만 1,000부로 증가하는 추세였다. 1957년 이후 흑자를 낼 만큼 독점적인 점유율을 과시했다.

47) 격주간, 중학생용 잡지로서 홍콩 예수회사가 매기 1,000부씩 발행했다.

48) 초등 고학년과 중학교용으로 태국, 캄보디아, 베트남에 제공했다.

49) 근대 교육 이론에 따른 최신 교과서를 구비함으로써 교육의 수준을 높이기 위한 프로그램이었다. 교과서는 좋은 교육의 기본 전제인데, 당시 교재 부족은 심각한 상황이었다. 저명한 학자들로 교재 개발 위원회를 구성하여 저술을 기획하거나 외국의 중요 교재와 참고서를 번역하였다. 그리고 저술과 번역을 결합하여 당장의 수요에 맞춘 교재를 개발하였다.

50) 화교 학교용 교재 개발 프로그램이다. 많은 화교학교에서는 좌파 조직이 생산 배급한 교재를 쓰고 있고, 또 교육 자료 및 보조 자료가 대륙의 노선에 따라 생산되고 있기 때문에 자유주의 원칙과 전통적인 중국인의 생활(물론 현지화된 형태이긴 하지만)을 반영한 교재를 생산하여 화교 사회에 공급하려는 것이었다. 이를 위해 20명의 교사들에게 의뢰해 44종의 교과서를 편찬하여, 태국과 인도네시아에 공급하였다. 화교 지역의 지역 사회의 특성을 반영한 적합한 교재 개발이 목표였다.

51) 신아 인문총서 지원비

52) 1952년 처음 조직, 중국고등교육의 수준과 질량을 제고하고, 학자와 학생들에게 필요한 서비스 제공, 홍콩의 중국인 대학에서 활동과 교육 프로그램 조정. 12명의 저명학자로 구성 위원회에서 프로그램과 활동을 결정

53) 해외 학교의 교사 부족 해소를 위한 교사 훈련 프로그램과 미국인 교사를 대학에 초청하여 영어교육(매월 400$+여비)을 촉진하려는 것이었다. 영어교육은 중국 젊은이가 미국의 지식인과 교류, 토론하는 과정에서 공산주의의 약점을

하기 위해 일련의 문화 사업을 기획한 것이었다. '구호를 외치고 투쟁하는 방식이 아니라, 주민들이 스스로 (자유주의 체제의 우월성을) 확신하도록 설득하는' 것이었다. 화교 대상 사업 역시, 중공의 영향력 차단이 1차적인

---

간파하고 자유주의 원칙 타당성을 강화하는 작용을 할 것이라는 것이 프로그램의 취지였다.

54) 우런 연구소는 (1) 중국의 내부 정보 수집을 추구하는 가장 중요한 민간 사실 발견 그룹(non official fact finding group), 동시에 중국 외부에서 가장 완벽하게 중국의 신문 잡지를 수집, 가장 훌륭한 방법으로 자료를 색인화하고 있음. (2) 작년에 40권의 책을 낼 만큼, 홍콩에서 가장 왕성하게 비공산 讀物을 생산하는 중심, 중공에 대한 전문 기사를 싣는, 『조국』과 같은 비공산 잡지의 모든 논문을 생산. 매월 1권 꼴로 영문 중국 연구서를 내는 기관(당대중국 연구시리즈) (3) 홍콩의 난민 학생들을 통합할 수 있는 출판과 조직 활동의 중심으로 정리하였다.

55) 2,000부 정도 발행하였으나, 매우 영향력이 커서 다수 기사들은 미국 영사관의 Press Digest나 Hong Kong Standard에 번역하여 게재될 정도였다.

56) 홍콩의 시민사회의 지도자에게 보다 다양한 경험의 기회를 제공하여 홍콩 사회를 잘 이해할 수 있도록 하기 위한 프로그램이었다.

57) 홍콩 지역의 지도자를 해외 지역과 교환하는 프로그램.

58) 미국이 통제하는 '자유 중국 지역'에서 새로운 작가들을 지원하여, 중국인민들을 위해 자유문학을 창작하고, 그를 통해 자유세계의 삶을 개발 강화하려는 것이 목표였다. 아주출판사에는 저작 보험 체계를 구축하여 당시 이미 987명이 원고를 제출하여, 200명이 출판키로 하였고, 160종 이상이 출판 배급 중이었다. 아시아에서 비공산 출판물로서는 가장 수준이 높다는 평가를 받았다. 또 매년 문학작품대회를 지원하고, 별도로 Asia News Agency 및 서점을 운영하는 등 공산주의자에 대항할 수 있는 체계를 갖추었다.

59) 4만 달러는 배급망 개선 비용이다.

60) 장국도 회고록을 작성 비용이다. 자유의 소리 Robert Burton에게는 매월 별도의 보조비를 주었다.

61) 홍콩에서 정보를 수집하여 해외 독자에 전달하였다.

62) 미국식 기준에 맞는 뉴스 제공 잡지이다.

63) 출판협회와 협조하여, 신문, 책 잡지로 나누어 저널리즘학, 인쇄기술, 출판기획 및 경영으로 나누어 출판 사업을 키울 수 있는 교육 프로그램이다. 이를 통해 출판계에 대한 영향력을 강화하고 자유주의 세계의 출판업을 강화하고자 했다.

목표였지만, 화교들을 프로그램 주체로 편입하고, 나아가 해당 국가의 다수 사람들과 화해시킴으로써 자유진영의 통합을 강화하려는 데 궁극적인 목표를 두었다.

사업은 청소년, 사회경제계, 그리고 사회 소통 영역 등 접근 대상에 따라 설계되었다. 특히 학교와 학생, 문화계, 작가 그리고 영화계 등에 집중되었다.[64] 그렇지만 거의 모든 사업은 연합대학(중문대학의 전신), 우련연구소 및 출판사, 아주출판사 등 세 기관을 통해 이루어졌다.

첫째, 연합대학 관련 프로그램은 홍콩에 수준 높은 고등교육기관을 구축하여, 홍콩의 난민뿐 아니라, 고등교육을 받기 위해 대륙으로 귀환하는 동남아 화교 학생들을 흡입하려는 것이 취지였다. 이를 위해 우선 홍콩의 9개 고등교육기관을 통폐합하여 종합대학으로 재편하고자 했다. 먼저 숭기서원崇基書院, 신아서원新亞書院, 연합서원聯合書院의 대표들로 주비위를 구성하고 학사 운영, 교육과정 등의 표준화 등 통합 논의를 진행하도록 운영비와 대학 시설, 교수 충원 비용 등을 지원했다. 또 학교의 질을 높이고, 난민 및 해외 화교 학생들을 적극 유치하기 위해 장학금, 숙소, 교원 연수, 교재 개발을 추진하고 도서관을 확충했다. 물론 이러한 과정에서 자연스럽게 미국식 대학 체제와 교육과정, 교재의 이식이 수반되었다. 또 아시아재단은 연합대학의 교수들로 별도의 교재개발위원회를 구성하고, 중국의 전통과 지역성을 고려한 화교학교용 교재를 편찬하여 보급했다. 그 외 인문학 중심의 신아연구소, 신아서원에 대해서는 문화강좌를 통한 지식사회의 조직화를 꾀하는 한편, 홍콩 및 화교학교 교사 양성 프로그램[65]을 진행했다.

---

64) 상대적으로 공상계, 노동계 등 조직화된 대중 세력에 대한 접근은 미흡했다. 이는 애초의 의도라기보다는 해당 영역에서는 좌파가 압도적이었기 때문이었다. 아시아재단은 홍콩 당국의 엄호하에 교사나 노동자, 그리고 공상계에 대한 영향력 확대를 도모했으나 여의치 못했다. 다만 유일한 독서층이었던 학생층에 대한 접근만 쉽게 성공한 셈이었다.(何振亞 등, 『香港文化衆聲道』, 香港 : 三聯書店, 2014, 24-25)

둘째, 1951년부터 위원회의 지원을 받아 창립된 우련출판사는 공산중국의 실상을 정확하게 정리하여 보급함으로써 자유세계의 반공 의식을 강화하려는 프로그램을 진행했다. 우련은 아시아재단의 지원을 받아 활동한 문화단체로서[66] 대륙 관련 정보를 수집·정리하고, 다양한 잡지를 간행하여 홍콩 및 화교사회에 보급했다.[67] 활동 방향은 크게 두 가지였다. 하나

---

65) 新亞書院, 『新亞書院發展計劃』, 1956.
66) 우련출판사는 1951년 후위예[胡越], 천쭈어성[陳濯生], 쉬동빈[徐東濱] 등이 창설했다. 표면상 문화출판기구이지만 실질적으로는 정치기구로서, '중국청년민주동맹'이라는 비밀 정치조직이 그 실체였다. 주석은 후위예, 비서장은 쉬동빈이었다. 내부에 상무위원회를 두고 조직, 선전, 문교, 재정부 등을 설치했다. 매월 정례회의를 갖고 활동 방향을 논의했다. 주목할 점은 조직원의 대부분을 신아서원의 학생으로 충원했다는 점이다. 산하의 우련연구소는 이후 포드재단의 지원을 받았지만 거의 전적으로 아시아재단의 지원에 의존하여 운영되었다. 이는 신아서원이 상대적으로 Yale-China Association, Havard-Yenching Institute, 그리고 포드재단과 장제스의 지원 등 다양한 재원의 지원을 받았던 것과 대조된다.(司法行政調查統計局第六條, 『中國黨派資料輯要』(臺北: 불상), 中冊, 266, 273; 區志堅·候勵英, 「香港浸會大學圖書館友聯資料介紹」, 『近代中國研究通訊』 32, 2001)
67) 아시아 재단의 출판 지원에 의한 간행물

| 잡지명 | 출판사 | 발행량 |
|---|---|---|
| 祖國週刊 | 友聯出版社 | 5,000 |
| 兒童樂園 | 友聯出版社 | 35,000 |
| 中國學生週報 | 友聯出版社 | 30,000 |
| 蕉風(격주간) | 友聯出版社 | 미상 |
| 大學生活(월간) | 友聯出版社 | 1,500 |
| 中共叢書 | 友聯研究所 | - |
| 自由兒童 | 高原出版社 | 5,000 |
| 少年週刊 | 高原出版社 | 미상 |
| 工商觀察 | 工商觀察社 | 3,000 |
| 自由人 | 自由人社 | 3,000 |
| 亞洲畫報 | 亞洲出版社 | 25,000 |
| 青年文友 | 青年文友社 | 4,000 |
| 孟子圖書館季刊 | - | - |
| 新亞季刊 | 新亞研究所 | - |
| China News A. | Father LaDarney | - |

는 우련연구소와『祖國』잡지를 중심으로, 대륙 및 동남아, 타이완, 홍콩에 대한 정보를 수집, 정리, 분석하고, 보도하는 일이었다. 특히 대륙 사정을 정확히 파악하고, 중공의 위해성을 사실적으로 설명함으로써 반공 구국의 결심을 갖게 하는 것이 목표였다. 특히 대륙의 각종 신문과 방송에서 절발切拔한 자료 및 그에 기초한 분석 기사로 구성된『祖國』잡지는 중공에 관한 정보로서는 독보적인 가치를 인정받았다. 이 때문에 미국 각 대학 도서관은 물론 서방사회에 대륙에 대한 보도의 주요 뉴스원으로 인용될 정도였다. 두 번째는『中國學生週報』를 통한 학생의 조직화였다.『주보』는 애초 학생 문예물로 출발한 것이지만, 중학생들에게 독보적인 영향력을 확보했다. 그것은『주보』가 단순한 독서물을 제공하는 데 그친 것이 아니라, 학교별 지역별 통신원 제도, 연극, 문예대회 등 학생 문화 활동을 통해 학생들의 조직 사업을 겸했기 때문이었다.68) 우련은 이러한 과정에서 다양한 청년 지도자를 육성하고, 화교지역까지 조직적 영향력을 확대했다. 싱가포르, 말레이시아, 그리고 샌프란시스코에까지 분사分社를 두고 도서 보급 및 청소년 조직센터를 운용했으며, 화교사회를 겨냥한 지도자 교환 프로그램을 운영했다. 물론 미래 세대의 지도자 자격을 갖춘 활동가들은 다시 총부인 샌프란시스코에 소집해 지도자 훈련 프로그램을 운영했다.69)

| Free China Fortnightly | - | 5,000 |
| 觀察 | 말레이지아 | - |

68) 중국학생주보사(中國學生週報社)에 대한 지원은 1955년부터 대폭 증대되었는데, 여기에는 단순한 잡지 간행만이 아니라 홍콩 및 화교사회의 학생조직 활동이 포함된 것이었다. 중국학생주보사는 에세이 테스트, 연극, 크리스마스 파티, 우표수집대회, 사진 전시, 학생-작가 토론회, 농구대항전, 또 우표 수집회, 연극회, 사진클럽, 학생대출도서관 등 각종 활동과 각 학교에 통신원을 두는 방식으로 조직을 확대했다. 또 같은 방식으로 해외 화교 학생의 활동 조직에도 핵심적인 작용을 했다. 잡지는 홍콩·마카오, 인도네시아, 말레이시아, 마얀마판 등 4종을 출판했다.

69) 씨회의장[燹會暲]의 회고처럼 여름에 말레이시아에서 1개월 정도씩 생활영(生活營)을 마련하고 지도자 훈련과정을 운영했다. 또 그 대표들은 다시 미국 국

또 1955년에는 아시아재단 도쿄지부의 요청으로, 일본 지식계의 친중공 분위기 쇄신을 위해 대표 3인을 파견했다. 지식계와의 교류는 큰 성과를 보지는 못했지만, 신아서원과 일본의 아세아대학을 연결하는 학술문화 프로그램을 개발·운영했다.[70] 홍콩에서의 문화운동과 동남아의 화교 및 일본을 긴밀하게 결합했으니 아시아재단의 프로그램 중 가장 성과가 두드러진 것이었다.

셋째, 아주출판사에 대한 지원이었다. 아주출판사는 작문, 출판, 공급, 서적 소매, 제한된 뉴스 서비스와 정기 간행물 발간 등을 수행하는 문화복합체였다. 본래는 자유출판사에서 시작하여, 1952년 장궈씽張國興이 역시 미국의 포드 기금의 지원을 받아 독립한 출판사였다. 아주출판사에 대한 지원사업은 기본적으로 동남아를 포함한 중화권의 대중들에게 반공 자유주의 독서물을 제공하는 데 있었다. 초기 미국 고전을 번역하는 수준을 넘어 장아이링張愛玲 등 월남한 인기 작가나 다양한 작가를 발굴하여 창작, 번역 활동 및 출판을 지원했다. 독자적으로 『문학세계』를 출판하고 문학상도 제정했다. 지원 대상은 순수한 문학작품 형식도 있지만 재단과 공동 제작하거나 미국 대사관 신문처의 의뢰를 받아 출판하는 경우도 있었다.[71]

무부의 초청으로 미국을 방문하여 아시아 각국의 청년 활동가로 구성되는 3개월 정도의 국제청년리더회의에 참가하는 방식이었다. 회의는 활동 경험을 서로 교환하는 것이 중점이었지만 부대 일정으로 미국의 각지를 시찰하고, 부통령 닉슨 등 요인을 면담했다. 홍콩으로 돌아올 때는 미국총영사 매카시(Richard M. McCarthy)까지 공항에 나와 영접했고, 활동 전문가로 대우했다. (何振亞 등, 『香港文化衆聲道』, 57-59)

70) 일본 아세아대학은 전전의 아시아주의자들이 세운 흥아전문학교를 계승한 대학이란 점에서 홍콩 신아서원과의 교류는 냉전시기 미국의 문화원조정책의 성격의 일단을 보여준다.(Pui Tak Lee, "The Re-adoption of Asianism in Postwar Hong Kong and Japan, 1945-57: A Comparison between Ch'ien Mu and Ōta Kōzō", *Journal of Northeast Asian History* 13-1, 2016)

71) 王梅香, 「不爲認知的張愛玲:美國新聞處譯書計畫下的『秧歌』與『赤地之戀』」, 『歐美研究季刊』 45-1, 2005.

그렇지만 당시 좌파가 우세한 문학계 상황에서, 높은 원고료를 동원한 아시아재단의 지원은 그 자체로 문학계를 재편할 만큼 큰 영향을 미쳤다.

그 외 아주촬영유한공사亞洲攝影業有限公社를 통한 영화의 제작 및 보급 역시 아시아재단의 중요한 문화 프로그램이었다. 영화 매체의 문화적 영향력은 새삼 논할 필요가 없겠지만, 아시아재단은 미국 대사관의 신문처와 함께 독자적인 스튜디오와 영상기를 보급하고, 보통화로 된 반공영화와 순수 문예영화를 제작함으로써 역시 좌파가 지배적인 영화계의 판도를 변화시켰다. 또 이를 바탕으로 아시아재단은 한국, 일본, 타이완, 홍콩, 인도네시아, 필리핀, 말레이시아, 싱가포르, 태국, 베트남 등 아시아 9개국이 참가하는 아시아 영화제(제1회는 도쿄, 2회는 홍콩)의 창설과 개최를 지원했다. 이후 홍콩이 아시아의 영화 중심지로 부상한 것도 이 때문이었다.

아시아재단은 이상의 사업을 위해 매년 50만 달러 이상의 거액을 투입했다. 냉전시기 지역전략의 또 다른 중심이었던 일본 지부에 대한 지원액과 맞먹는 액수로 한국이나 타이완 지부의 연평균 지원액이 20만 달러 내외였고, 또 타이완의 지원 대상 역시 중앙연구원 등 연구기관에 집중했던 경우와는 여러 가지 점에서 대조되는 측면이 있다.[72) 그것은 먼저 반공의 주체로서 국민 정부와 같은 정치조직이 존재하지 않는 홍콩의 사정을 함께 고려해야 할 것이다. 그렇지만 분명한 것은 홍콩에 대한 각종 지원 프로그램이 시종 홍콩만이 아니라 미국이 지역전략으로 구상한 동남아 지역

---

72) 불완전한 통계지만, 1957년 아시아재단 홍콩 지부가 작성한 메모는 그해 사업비로 홍콩 59만 달러, 일본 63만 4,000달러, 한국 24만 5,000달러, 류큐 20만 달러, 타이완 20만 달러 수준이었다. 물론 미국의 원조 총액을 파악하기 위해서는 일단 NGO의 지원 총액과 경제, 군사원조의 총액을 함께 비교해야 할 것이다[James Ivy, "Proposed Contry Budget" attached in "The Letter to Asia Fourtation Representative"(SX-HK-77, P55, AFR, 1957. 3. 15.); 官有垣, 『半世紀耕耘: 美國亞洲基金會與臺灣社會發展』, 臺灣亞洲基金會, 32~33쪽, 41쪽; 王世榕, 1997, 『第三部門: 美國亞洲基金會與臺灣』, 高雄 : 亞太綜合研究院, 2004, 62-63]

과의 연계 속에서 진행되었다는 점은 기억할 필요가 있다.

## 2) 프로그램의 전환

1960년부터 아시아재단 홍콩 지부는 상당한 정도의 프로그램 전환을 시도했다. 중소분쟁 등 냉전 국면의 전환, 1957년 홍콩 내의 좌우 충돌 이후 홍콩 군사적 방어에 대한 미국의 주도권 확보, 그리고 홍콩의 경제적 성장과 그에 따른 사회적 안정 등이 배경이었을 것이다. 특히 대약진 실패 이후 대량의 난민이 발생하는 중공의 현실은 이러한 판단을 강화했다. 이러한 맥락에서 아시아재단은 홍콩에서 시민들의 정체성이 강화되고 중공 및 좌파의 위협이 줄어들고 있다고 판단했다.

> 자유도시로서 홍콩의 최근 활발한 경제 동향과 산업 발전은 영국 정부 뿐 아니라, 주변 공산주의 국가를 당황하게 하고 있다. 이를 통해 홍콩은 기초적인 상업공간을 통해 화교들의 상상력을 사로잡기 시작했다. 홍콩의 점증하는 중화 공동체로서의 자각과 함께, 이 빠르고 인상적인 경제 성장은 새로운 다른 최근의 발전을 수반했다.[73]

아시아재단은 또한 '한두 명의 비공산 그룹과 대표성 없는 개인' 영국의 식민 통치에 대해서 자치를 요구하는 수준에 불과하고, 중공 역시 경제 위기 속에서 공연, 예술 등 문화 수출을 통한 문화공세에 치중하는 정도여서, 홍콩에서 좌파의 위협은 현저히 감소했다고 진단했다. 또 상대적으로 대륙과 구별되는 자유주의 체제로서 홍콩의 시민의식도 뿌리를 내리고 있기 때문에 화교사회 보다는 직접적으로 홍콩을 대상으로 하는 프로그램을 강화하고, 특히 사업 방식 역시 연구 기능 및 공동체 의식을 심화시키기 위한 프로그램을 증강하여야 한다는 것이었다. 또한 이러한 배경에는 홍

---

73) "Hong Kong Program Budget 1961," 1962, AFR.

콩과 화교사회의 관계 변화도 직접 작용했다. 그것은 1950년대 말부터 동남아 국가들의 국민주의가 강화되면서 사업을 매개로 한 홍콩과 화교권과의 연계가 어려워졌기 때문이다. 싱가포르, 인도네시아는 물론 베트남 역시 타이완과 외교 갈등을 불사하면서까지 화교에 대한 통제를 강화했고, 특히 화교학교를 국민교육체제로 편입하고 적극적인 국민화 정책을 실행했다. 같은 맥락에서 홍콩 아시아재단의 화교 업무를 조정해야 한다는 논의가 이미 총부에서 제기된 바 있었다. 화교교육 등을 매개로 홍콩과 동남아를 연계하는 것은 현실적으로 불편한 상황이 되었던 셈이다.

이에 따라 홍콩은 더 이상 동남아에 대한 반공 활동의 중심이 아니라, 자본주의의 우위를 상징하는 전시적 공간으로 재인식되었다. 홍콩은 자유주의 진영의 발전을 상징하는 역할로 제한되었다. 또 이처럼 동남아와 연계성보다는 홍콩의 독립성이 강조되면서 홍콩 시민을 형성하기 위한 프로그램이 마련되었다. 아시아재단이 정리한 사업의 취지를 요약하면 아래와 같다.

1. 베이징의 그것을 대체할 수 있는 홍콩의 교육, 시민, 경제기구 건설을 통해 안정과 번영에 기여한다.
2. 홍콩의 난민들에게 건설적인 대안을 제시한다.
3. 건설적인 청년과 학생 지도력을 창출하고, 청년과 학생을 포함한 사회 문제를 충족할 수 있는 지역조직과 기구를 지원한다.
4. 아시아, 국제적인 문화, 학술, 전문적인 활동을 도와서 홍콩이 식민지와 해외에서 홍콩의 기여가 인식될 수 있도록 추동한다.
5. 홍콩 밖의 화교들에 대해서는 아시아재단은 조직과 학교, 정간물을 통해, 자유사회의 전통과 실제를 강화하여, 중공의 영향력에 저항할 수 있도록 지원하고, 해외 화교는 현지의 조건 변화에 적응하여 국가에 발전할 수 있도록 지원한다.

이 같은 방침에 따라 변화된 프로그램을 간단하게 정리하면 〈표 3〉 같다.74)

<표 3> 아시아 재단의 사업 계획(1960~1961)

| 구분 | 기관 | 지원액($) | 내용 |
|---|---|---|---|
| 교육<br>(161,000$) | 맹자재단 | 94,000 | 학자 및 학생교류, 기숙사, 도서관, 교육 프로그램 및 교과서 개발 등 |
| | 홍콩대학 | 3,000 | 소년 노동자를 위한 저가 영어교실 운영75) |
| | 中文大學 籌備處76) 등 | 35,500 | |
| | 『人生』 | 4,000 | 2,700부 |
| | 『民主評論』 | 4,000 | 문화사상과 교육이론, 학술 논평 및 시사 평론을 통해 교사들의 자질 향상에 기여한다는 목적에 따라 3,600부씩 간행 |
| | 홍콩 교육 연구 위원회 | 6,500 | 북경의 대안으로서 홍콩의 교육 수준 제고 방안 연구 |
| | 홍콩교사협회77) 등 | 14,000 | |
| 경제<br>(40,0000$) | 홍콩 경영자협회78) | 4,000 | 기관운영비 및 홍콩 소산업경영자를 위한 선진 경영 프로그램 교육. |
| | 홍콩대학 | 6,000 | 경영자 프로그램 운영(미국교수 초빙비용 포함) |
| | 홍콩경제연합회 | 4,000 | 경제 간행물 발간 |
| | 홍콩산업연맹 | 20,000 | |
| | 기타 예비비 | 6,000 | |
| 연구<br>(5,4000$) | 友聯研究所 | 30,000 | 재단의 주문연구 수행 |
| | 맹자연구 서비스센터 | 5,000 | 연구 및 방문학자 프로그램운영비 |
| | 근대중국연구소 | 13,000 | 당대중국에 대한 연구 및 총서간행 |
| | 예비비 | 6,000 | |
| 시민사회<br>(141,000$) | 崇基學院 | 4,500 | 사회운동자 육성(해외 방문 등) |
| | 중국학생사 | 63,000 | 홍콩과 구룡지역 학생의 활동 |
| | 기독학생센터 | 6,000 | 중등학교 졸업생들의 진로지도 |
| | 보이스카웃 등 | 10,000 | |
| | 학생주간 | 48,000 | 청년잡지의 영업 확장 촉구 |
| | 『靑年文友』 | 4,000 | 출판비 |
| | 중국펜센터 | 3,000 | 『도서세계』 출판비 |
| | 홍콩 문예협회 | 4,000 | |
| | | 3,000 | 시민사회 및 학생운동 지도자의 연수등 여비 |
| | 『祖國週刊』 | 5,000 | 월 6,000부 |

---

74) "Hong Kong Program Budget 1961," 1962, AFR.

| | 亞洲出版社 | 20,000 | 반공 서적 출판비 |
|---|---|---|---|
| | 예비비 | 6,000 | |
| 과학<br>(34,000$) | 홍콩과학발전연구소 | 17,000 | 홍콩의 과학 발전 활동 및 과학 영화, 세미나, 팜플렛, 도서출판, 과학대회, 과학저널, 과학교육 등 과학 대중화 프로그램 |
| | 홍콩전문학원 | 8,000 | 연구와 교육을 위한 장비구입 |
| | 여비 | 3,000 | 과학자의 해외 연구 |
| | 예비비 | 6,000 | |
| 총액 | 430,000 | | |

이를 통해 알 수 있듯이 전체적인 지원액은 다소 줄었지만 큰 변화가 없다. 그렇지만 프로그램의 틀을 교육, 연구, 경제, 과학, 시민사회 등 프로그램의 내용 중심으로 재편했다. 화교사회에 대한 사업을 없애고, 대신 홍콩을 대상으로 하는 프로그램을 강화했다. 입안된 사업 내역을 간단히 살펴보면 다음과 같다.

첫째는 교육 영역이다. 크게 두 가지 사업으로 구성되어 있다. 중문대학 주비처 및 맹자재단 지원을 통한 고등교육에 대한 지원이고, 다른 하나는 장기적인 관점에서 홍콩 교육의 지속적인 발전 방안에 대한 연구 프로

---

75) 부두 노동자, 여행 가이드, 백화점, 판매원 등 영어 지식이 없어서 자신의 생활을 개선할 수 없는 많은 노동자들에게 염가로 영어교육을 제공하기 위한 프로그램이었다. 홍콩의 젊은 중국인들에게 높은 수준의 훈련 기회를 제공함으로써 안정적인 고용을 촉진하고, 결과적으로 홍콩 사회의 안정에 기여하려는 것이었다.

76) 주비처 대표 3인이 홍콩 정부의 승인을 받는 연합대학 건설을 합의한 데 따른 지원이었다. 연합 학원은 상과대학을 중점 육성할 계획에 따라 미국에서 활동하는 중국인 교수의 초빙 비용을 지원하고, 신아서원에 대해서는 연구 활동을 통한 교사의 질 향상 프로그램과 마이크로필름 등 장비 구입. 미국 대학과 교류비 지원을 내용으로 하였다.

77) 교사 협회 성원은 5,671명으로 홍콩의 모든 교사의 3분의 1에 해당하는 규모였다. 의료장비 구입 및 교사들의 국제회의 참가비를 지원하였다.

78) 1960년 하버드 경영자 프로그램을 이어서, 스탠퍼드 경영 프로그램을 교육하였다.

그램이다. 중문대학은 홍콩이 전시적 성격을 감안하더라도 필요한 일이었다. 주비처 운영비와 교수 초빙 비용을 지원하고, 맹자재단을 통해 학자 및 학생 교류, 기숙사, 도서관, 교육 프로그램 및 교과서 개발 등을 추진한 것은 당연한 일이었다. 그 외 교수와 교사의 자질 향상을 위한 활동, 시민 양성을 위한 영어교육을 지원했다. 『人生』, 『民主評論』 등 신아서원의 교수 중심의 잡지 간행을 장려하고, '베이징'의 대안이 될 수 있도록 홍콩의 교육 수준을 제고하고자 했다.

둘째는 경제 영역이었다. 이는 홍콩 경제 자체를 개발하기보다는 홍콩 경제가 공산주의자의 위협 등 여러 원인으로 인해 불황에 빠지지 않도록 하는 것이 목표였다. 이를 위해 자유기업체제의 강화 및 확장, 선진적인 경영기법을 소개하고 홍콩 경제의 약점 등을 연구했다. 특히 하버드, 스탠퍼드 등의 경영자 프로그램을 직수입한 것은 홍콩의 자본가 및 공상업자를 미국식 자유기업체제로 통합하기 위한 프로그램이라 할 수 있다.

셋째는 연구 기능의 강화 프로그램이다. 냉전이 본격화될수록 중공에 대한 연구는 더욱 필요했다. 아시아재단은 기왕의 우련연구소를 통한 중공 연구를 크게 변경했다. 우련연구소는 전문적인 자료 제공 역할로 한정하고, 새로 홍콩대학에 근대중국연구소를 개설하여 당대 중국을 전문적으로 연구하고 연구총서를 출판하게 했다. 우련연구소는 아시아재단의 지원 하에 계속해서 대륙 출판의 신문잡지의 색인화 및 마이크로필름화 작업을 진행했다.[79] 그러나 우련연구소의 입장에서는 해외사업이 축소되고, 특히 중국학생주보 역시 홍콩으로 활동 영역이 제한되면서 기구 축소가 불가피했다. 기타 시민사회와 과학 영역은 미래 세대 홍콩의 시민 형성과 홍콩의 지속적 성장을 위한 과학의 대중화 프로그램이었다. 특히 과학프로그램은

---

79) 이는 미국의 지원하에 세계적인 중국학 연구 및 훈련기관으로 재편된 타이완 중앙연구원 근대사연구소의 사례와 비교할 수 있는 부분이었다. 미국 학술 패권 구축의 맥락에서 이해할 수 있는 문제일 것이다.

별도의 연구소를 세워 "교류 등을 통해 대륙의 학술 간행물과 문서들을 습득하여, 홍콩에서 가능한 한 연구자들이 활용할 수 있도록 할 뿐 아니라 영어로 번역하여 제공할 것, 또 이 연구기구는 학술지 간행과 청소년들에 대한 프로그램을 통해 과학 활동을 제고하고, 대중화하는 활동을 할" 계획이었다.

이상을 종합하면, 1960년대 아시아재단 홍콩 지부의 사업 목표는 자유주의 진영의 상징적인 도시로서 성장을 꾀했고, 그를 위한 지속적인 성장과 미래 사회의 주체로서 시민의 형성을 위한 프로그램이 기획되었다. 미국의 지역 인식 역시 반중국의 블록이 아니라 개별 국가 단위로서의 동아시아가 모색될 필요가 있었던 것이다.


## 4. 전망: 아시아에서 홍콩의 위치

아시아재단이 이러한 목적과 프로그램을 통해 도달하고자 하는 동아시아 세계는 어떤 것이었을까? 그리고 그 속에서 홍콩은 어떤 위상을 차지할 수 있을까? 이를 해명하기 위해서는 프로그램이 작동하는 방식, 특히 아시아재단과 대행체인 우련 또는 아주출판사와의 관계를 먼저 해명할 필요가 있겠다. 우선 가장 많은 사업을 대행한 우련과의 관계를 살펴볼 필요가 있다.

알다시피 아시아재단의 모든 프로그램은 원칙적으로 홍콩 지부에서 연간 사업 및 예산 계획을 세워 샌프란시스코 총부의 승인을 얻어야 운용될 수 있는 구조였다. 당연히 홍콩 지부는 샌프란시스코 본부의 지휘와 감독을 받았다. 홍콩 지부는 예산계획 외에도 주요 사업의 진행 상황을 수시로 본부에 보고하고 승인을 얻어야 했다.[80] 특히 지원한 결과물은 출판 즉시

---

80) 「Memoradum: Effect of Communist "United Front" Activites on Free World

본부에 보내 평가를 받아야 했다.[81] 당연히 양자가 의견을 달리하는 경우도 있었지만, 지부에 대한 본부의 지휘와 감독권은 절대적이었다.

한편 지부의 프로그램은 우련연구소 등 대행 기관의 건의와 계약에 따라 이루어졌다.[82] 특히 우련연구소 역시 연초 사업 및 예산 계획을 세워 지부의 승인을 얻어야 했다. 진행 과정에서는 후자의 감독과 지휘가 수반되었다. 후자의 운영이 전적으로 아시아재단의 후원에 의존하는 한 당연한 일이었다. 우련 대표와 아시아재단 대표 간의 사업 계약서는 이러한 관계를 잘 상징하고 있다.

대개 계약의 내용은 우련출판사의 활동에 대해 아시아재단이 재정 지원을 약정하는 것이지만, 이 경우 재단은 소정의 경비 지급 의무 대신, 사업의 목적이나 예상한 성적에 부합하지 않을 경우 지원을 중단할 수 있는 권리를 갖는 반면 우련 측은 사업 이행과 함께, 예컨대 간행물의 내용과 질, 연구소의 건전한 운용 및 매월 정기적인 사업 경과의 보고 등 5종 이상의 의무가 부가되었다.[83]

그나마 1955년부터는 월별 계약에서 분기별 계약으로 바뀌었으나, 우

---

Publication」(HK540, 1956. 11. 28.); 「Memorandom: L.Z.'s Comments on "United Front" Activites」(SX-HK-198, 1956. 6. 28.).

81) "To The President The Asia Foundation"(HK896, 1954. 11. 30.).

82) 何振亞 등, 『香港文化衆聲道』, 66-67.

83) "Agerrment"(1957. 10. 14.) 『조국』 주간 대표 胡永祥, 아시아재단 홍콩 대표 아이비(James T. Ivy) 간의 계약, 陳思明(『조국』 주간사 대표)와 아이비간의 계약서도 같은 내용이다. 전자를 요약하면 다음과 같다. B(재단)는 매월 보조금을 지불하고 A(『조국』 주간)는 매월 집행에 따른 영수증과 함께 사업 경과와 결과를 보고해야 한다. B는 언제라도 보조금 지급 취지에 어긋나거나 『조국』 주간 잡지가 목표 달성에 미흡하다고 생각하면, 보조금 지급을 중단할 권리가 있다. 대신 A는 『조국』 주간이 화교, 지식인 사회에 자유와 정의의 원칙을 강화하고 확장하는데 기여할 수 있는 사실, 사고, 이론, 결론들의 확산, 소통에 더욱 노력하고, 특히 멀지 않은 장래에 재정적 자립을 이룰 수 있을 만큼 독자를 늘려야 하며, A는 잡지의 효율과 질을 제고하기 위해 B와 긴밀한 관계를 유지하여야 한다는 것이었다.

련의 재정 및 운영에 대한 아시아재단의 절대적 감독권은 전혀 영향을 받지 않았다. 실제 아시아재단은 우련의 재정 상황 및 조직 운영에 대해서 정확하게 파악했으며, 그에 따라 지원액을 가감하거나 투명한 조직 운영을 요구하고 있었다.[84]

당연하지만 이러한 체계 속에서 우련 등의 활동은 일체 미국의 외교정책의 범위를 벗어날 수 없었다. 특히 우련은 독자적인 정치조직을 지향했고, 주도 인물 자체가 타이완 민주화 운동의 상징인 뇌이쳰雷震과 관계가 깊었지만, 중미관계는 물론 장제스의 독재 등 현안에 대한 비판은 문제가 되었다.[85] 예컨대 1957년 5월, 무고한 타이완인을 살해한 미국 상사 레이놀즈Robert G. Reynolds에 대한 타이완 시민들의 항의 문제와 관련한 상황들은 이를 잘 대변한다.[86] 『祖國』 주간은 이에 대해 "중국인의 항의는 정당하지만 법률적인 테두리 내에서 해야 한다"는 논지를 전제로 "레이놀즈에 대한 미국 법원의 무죄 판결은 잘못된 것으로, 최소한 미필적 고의에 의한 살인죄를 적용해야" 하며, 재판을 다시 할 것을 요구했다.

> "미국은 타이완에서 면책특권을 누리면서, 우방을 존중하지만 살인범을 비호할 권한은 없다. 중국인의 목숨을 초개처럼 경시하는 일은 참을 수 없다. 중국 인민이 분노하는 것은 당연하다. … 미국은 법치국가이며 인권을 존중하고 정의를 수호한다. 미국 정부의 맹방에 대한 태도나 미국 인민의 기타 국가 인민

---

84) 예컨대 1957년 8월의 경우 우련의 수입은 정기간행물 등의 판매와 뉴스 제공에 따른 자체 수입 총 36만 3,000홍콩 달러로 재단의 지원금 10만 6,000홍콩 달러를 초과하는 액수였다.["L. Z. Yuan to the Representative of HK"(1957. 8. 22.); "To The President, The AF" UP Leadership, 1957. 8. 3, HK-326, File: MIDEA Publisher/UP, Hong Kong, Program, Box 57].

85) "The Record," 1957. 2. 27., HK-326, File: MIDEA Publisher/UP, Hong Kong, Program, Box 57.

86) 이 사건의 시말 및 외교적 파장에 대해서는 Stephen G. Craft, *American Justice in Taiwan: The 1957 Riots and Cold War Foreign Policy*, UP of Kentucky, 2016)를 참고할 수 있다.

에 대한 우호적인 태도는 칭찬할 만하다. 그런데 왕왕 해외에 주둔하는 인원들이 교만하고, 야만스러워서 소수 우매자가 미국의 위신을 깎아내리는 경우가 있다. 이는 자유진영의 단결을 저해하고, 법치 입국 정신에 위배된다"[87]

그러나 샌프란시스코의 총부는 홍콩 USIS와 CIA의 정보를 근거로 『조국』주간의 기사가 나오기도 전에 지부에 확인을 지시했다. 특히 기사가 나온 당일 『조국』주간 대표 쉬동빈에 대한 해명과 '『조국』의 기사는 홍콩인 대다수의 감정을 매우 정확하게 표현한 것으로, 타이완의 폭력시위 양상을 개탄하면서도 객관적 입장을 견지했고, 이미 총영사와 정보국에 통지하여 문제없이 해결되었다'는 아이비T. Ivy의 석명釋明에도 불구하고[88] 총부는 이를 지속적으로 문제 삼았다. 총부는 장제스에 대한 우련의 비판이 우방 간의 우의를 해치고 따라서 반공 역량의 단결에 위해한다고 판단한 것이다. 물론 이에 대한 총부의 조치는 우련의 운영 실태에 대한 수차례의 감사[89]와 『조국』주간에 대한 경비 삭감이었다.[90]

또 이러한 과정을 통해 우련연구소의 기능 역시 제한되었다. 『祖國』은 이후에도 장제스의 연임 문제나 싱가포르, 인도네시아 등의 선거 문제 등을 비판적으로 다루었으나, 1960년부터는 타이완, 말레이시아, 인도네시

---

87) 「一個嚴重的考驗」, 『祖國週刊』 18-9, 1957. 5. 27.

88) "To The President, The Asia Foundation: China Weekly Editorial Comment on the Anti-American Riots in Taipei," 1957. 6. 3., HK-217, File: Media Publication China Weekly, Program, Hong-Kong Bos 604.

89) "The Letter to AF : Repot on the Union Research Institute by S. Y. Kong", 1959. 3. 18., HK-127; "The Letter to AF : Patric Judge", 1959. 3. 4., HK-101; 전자의 내용은 우련에서는 17종의 신문과 195종의 잡지, 색인 작업을 했지만 자료의 중복이 심하고, 분류가 너무 파편적이어서 문제가 많다는 것 등이었고, 후자는 "이들이 잘 알지도 못하면서, 타이완에 대한 비판에 너무 많은 시간을 소비하고, 또 그 비판은 적에게 이용당할 뿐 아니라 우리 정책 시행에 장애가 되는 것"이라는 것이었다.

90) 「Jack E. James, "To Ivy"」, 1957. 3. 5., SX-HK-61, AFR. 실제 1959년 이후 우련에 대한 경비는 대폭 삭감되었다.

아 등의 현실정치를 비판할 수 없다는 것을 계약 조건으로 제시했다. 또 우련의 기능 역시 재단 자체의 필요에 따른 연구보다는 미국에서 활용할 수 있는 자료와 정보의 제공 업무로 제한했다. 우련은 대륙에서 출판된 신문, 잡지를 수집하고 방송을 청취하여 정리하는 작업만 수행하고, 분석과 해석은 미국 학계가 담당할 몫이라는 것이었다.[91] 재단이 미국의 대학교수 크로퍼드Bob Crawford, 워커Richard L. Walker[92] 등에게 의뢰하여 우련 연구소에 대한 종합적인 평가를 반영한 결과였다. 이들은 우련이 연구 능력 및 영어 구사 능력에서 한계가 많기 때문에 저술보다는 뉴스와 자료 생산으로 한정하고, 미국 외교부 및 국무부와 학계가 이용하기에 편리한 방식으로 자료를 생산할 수 있도록 제한하여야 한다는 것이었다.[93] 이처럼 정보제공 업무만을 인정한 것은 사실 미국이 포드재단을 통해 타이완의 중앙연구원을 지원하는 대가로 국민당 시기 획득한 중국 공산주의자에 대한 정보를 제공받거나 한국의 주요 기관에 소련 및 북한에 대한 연구를 전담시킨 것과 같은 맥락이었다.[94] 결국 홍콩은 미국에 의해 자본주의 진영의 번영을 상징하는 전시 공간이자 미국의 냉전정책 수립에 필요한 기

---

91) Robert B. Crawford, 1957. 7. 9., "To Mr. James T. Ivy," atteched in "To The President, The AF": Report on UP, 1957, 7. 27., HK-308, File: MIDEA Publisher/UP, Hong Kong, Program, Box 57.

92) 워커(1922~2003)는 레이건 정부 시절 주한미국대사를 지냈던 인물이다. 2차 대전(1943~1946)에 종군했고, 맥아더 사령부의 중국어 통역으로서 한국전에도 참전했다. 이후 홍콩을 거쳐, 타이완대학에서 연구 활동을 했다. 1957년까지 예일대학교에서 교편을 잡고, 여러 대학에서 국제관계학을 가르쳤다.

93) Richard L. Walker, dated 9, Jan, 1955, "The Letter to the Union Research Institute" atteched in "To The President, The AF": Reatteched in "To The President, The AF": Report on UP, 1957. 7. 27., HK-308, File: MIDEA Publisher/UP, Hong Kong, Program, Box 57.

94) 張朋園, 『郭廷以·費正淸·韋慕庭 : 臺灣與美國學術交流個案初探』, 中央研究院 近代史硏究所, 1997; 정문상, 「포드재단(Ford Foundation)과 동아시아 '냉전지식': 한국과 중화민국의 중국근현대사연구 사례를 중심으로」, 『아시아문화연구』 36, 2014.

초 자료와 정보 수집처로 위치 지어진 것이다.

그러나 보다 주목해야 할 것은 아시아재단이 문화 사업을 통해서 매번 실현하고자 했던 '자유주의 세계가 공유해야 할 원칙'의 문제였다. 앞의 사례에서 알 수 있듯이 미국은 다양한 문화 프로그램을 미국적 외교정책의 틀 내에서 조율했다. 따라서 홍콩은 반공의 맥락에서 시종 국민 정부와 일정한 공생 및 협조 관계를 유지했다. 아시아재단이 추진한 교과서 개발 프로젝트는 그 대표적인 사례일 것이다. 재단은 화교사회를 장악하기 위해 화교학교의 좌파 성향의 교사 교체와 대안 교과서 개발을 서둘렀다. 전자는 대륙 지식 난민과 신아연구소 출신의 교사를 파견하는 것으로 대체했다. 동시에 후자와 관련하여서는 현지 사정을 반영한 중등학교 교과서를 개발하고자 했다. 부분적으로는 홍콩에서 사용하고 동남아 각국의 화교학교에서 사용하기 위한 것이었다. 이러한 시도는 1952년 태국에서 사용되면서 큰 성공을 거두었지만, 여기에는 두 가지 문제가 있었다. 가장 큰 문제는 역시 같은 목적으로 추진하고 있던 타이완 정부와의 문제였다. 이에 따라 아시아재단은 직접 타이완에 대표를 파견하여 문제를 협의한 뒤 일단 주도권을 타이완 정부에 넘겼다.

특히 1953년 동남아를 방문한 미국 부총통 닉슨은 이 지역의 화교사회가 대륙과 문화전쟁의 전초기지라는 것을 잘 이해하고, 타이완 당국이 동남아에 세력을 확장하고, 또 그를 통해 자유 민주 사상을 전파하고, 공산주의의 팽창을 저지할 수 있도록 대량의 자금을 원조하기로 결정했다.[95] 당장 1954~1965년간 미국 정부는 타이완 당국에 3억 1,811만 8,638(NTD)와 1백 5만 7,444달러의 미원교무경비美援僑務經費를 지원하여 동남아 중문교육을 부식하는 데 노력했다.[96] 특히 타이완 당국은 1953년『남양화교학교교과서(南洋華僑學校敎科書)』를 시발로 국문, 역사, 화학 등 18책의 교

95) 姜興山, 「臺灣當局對菲律賓華文教育的影響」, 『臺灣研究集刊』 2011-1, 2011.
96) 陸恭惠, 『地下陣線:中共在香港的歷史』, 香港大學出版社, 2011, 473.

과서를 편찬했고, 『해외문고(海外文庫)』11권 158종을 편집 출간했다. 그 후 타이완의 교위회에서는 각지 화교의 서로 다른 조건을 고려하여 중소학 교과서 및 참고서를 제작하여 공급했다.

문제는 이러한 타이완 주도의 교과서는 국민 정부의 교무정책僑務政策97)에 따라 중화민국적 정체성을 강조하는 만큼 싱가포르, 말레이시아 등 탈중화를 전제로 한 국민교육의 체계와 충돌할 수밖에 없다는 것이었다.98) 아시아재단은 수차례에 걸쳐, 타이완 당국에 해외 사용 교과서의 현지화를 요청하고 협의했으나, 실제로는 수정되지 않았다. 결국 재단은 독자적으로 교과서를 제작 공급했다. 그것은 중국의 문화를 내용으로 하되 가능한 한 중국적·중화민국적 정체성을 탈각하고, 현지화된 내용을 추가하는 방식이었다. 예컨대 홍콩 역사 교과서가 황제신화를 배제하고 현대사를 소거하면서 문화사를 강조한 것처럼, 중국적 정체성을 약화시키려는 것이었다. 여기에는 자체 제작한 교과서가 해당 국가의 정규 승인을 얻을 뿐 아니라, 화교사회 외에 정규학교에서 사용되도록 하여야 한다는 현실적인 필요도 작용했다. 따라서 재단의 교육 프로그램은 화교사회의 지도자를 키우는 것이었지만, 그것은 역사적 정체성보다는 전통 가치를 바탕으로 한 세계시민을 양성하는 것이었다. 그리고 이는 보이스카우트 운동 등 다양한 방식의 청소년 지도자 훈련과정, 조직과정 등을 통해 체계적으로 진행되었다. 결국 미국 주도의 '자유'시민 육성을 전후 신생국가인 싱가포르, 말레이시아, 필리핀과 같은 독립국가의 국민화 과정 속에서 실현하려는 것이 실제 원조의 목적이었다고 할 수 있다. 홍콩은 이러한 자유시민사회의 상징이 되어야 했던 것이다.

---

97) 손준식, 「냉전시기(1950~71) 중화민국 僑務政策의 성격과 한계: 동남아 화교교육을 중심으로」, 『동북아역사논총』 43, 2014.
98) 黃庭康, 「國家權力形構與華文學校課程改革:戰後新加坡及香港的個案研究」, 『教育與社會研究』 4, 2002.

## 5. 맺음말

　냉전시기 미국은 정치·경제·군사적인 차원의 세계 패권을 위해 각종 문화 원조를 통한 이념적 헤게모니 구축 작업을 진행했다. 그것은 2차 세계 대전 당시 미국이 수행했던 심리권의 연장이기도 했지만, 영미가 합작으로 구사한 글로벌 냉전정책의 일환이기도 하였다. 특히 동아시아에서 이러한 문화원조는, 미국의 지역정책과 연동되면서 철저한 현지 중심의 프로그램으로 구체화 되었다. 이글에서는 1950년대 홍콩에서 전개된 아시아재단의 문화원조를 중심으로 그 실상을 파악하고자 하였다.

　홍콩은 지정학적 위치상 일찍부터 정보전과 심리전의 핵심 공간이었고, 반공 블록의 전초기지로서 주목을 받았다. 미국은 홍콩의 이러한 정치 문화 환경을 충분히 활용하여, 영국의 글로벌 냉전 정책과 협력하면서 적극적으로 냉전정책을 전개했다. 특히 자유아시아 위원회를 조직하여, USIA·USIS가 주도하는 심리전의 보조기관으로 삼고, 일련의 문화 프로그램을 운영했다. 친공 성향이 강한 홍콩의 정치 문화 환경 속에서, 중공에 대한 정보를 수집하고, 정치 난민의 성향과 동향을 조사하며 대중들이 읽을 수 있는 반공 독물讀物을 생산하는 것 등이 주요한 임무였다.

　1954년 심리전을 확대하려는 미국 정부의 입장에 따라 위원회는 아시아재단으로 개조되면서 업무가 더욱 체계화되었다. 한국전쟁의 종전과 제네바협정 및 반둥회의 등을 거치면서 중공의 국제적 지위가 상승하고, 장기적인 측면에서 화평 공존을 모색할 필요성이 제기되었기 때문이었다. 아시아재단은 홍콩과 동남아 화교사회에 대한 체계적인 접근을 통해 다양한 문화 프로그램을 실시했다. 특히 연합대학(중문대학), 우련연구소, 아주출판사를 통해 대행된 프로그램은 궁극적으로 중공에 대한 정확한 정보를 파악하고 홍콩과 동남아 반공 역량을 유기적으로 결합하는 데 초점을 맞추고 있었다. 특히 수준 높은 교육기관의 건립을 통해, 베이징에 대한 선택적 대안을 제시하려는 측면도 있었다.

그러나 1957년 이후 홍콩의 경제적 성장, 좌파 위협의 감소, 홍콩 방어에 대한 미국의 주도권 확보 및 동남아 각국의 독립과 국민주의 확산 등을 배경으로 아시아재단의 홍콩 정책 역시 변화했다. 동남아 화교권과의 연계가 아니라 공동체로서 홍콩의 독립성을 강조하려는 것이었다. 특히 홍콩의 지속적 성장을 위한 미국의 선진적인 경영기법이 도입되었고, 영어교육 등을 통한 자유 시민의 육성이 적극적으로 모색되었다. 이에 따라 홍콩은 동아시아 반공정책의 핵심에서 자본주의의 번영을 상징하는 전시적 공간으로 변모했다.

이러한 변화는 미국이 주도한 지역질서로서 동아시아의 형성과 그 속에서 홍콩의 정립을 의미했다. 특히 홍콩은 타이완 국민 정부 및 인도네시아, 말레이시아 등 반공국가의 정치 현실에 대한 비판보다는 탈정치적인 정보와 자료 제공으로 역할이 제약되었다. 공산권에 대한 주체적인 연구나 해석은 물론 현실정치에 대한 비판도 극도로 제한되었다. 세계시민 형성을 목표로 한 화교교육 프로그램 역시 같은 맥락이었다. 미국이 구상한 동아시아 지역질서와 외교정책의 틀 속에서 형식과 내용이 규정되었던 것이다. 물론 미국이 주도한 이러한 냉전정책은 당시 홍콩의 지식인들이 어떻게 수용했는지는 추후 밝혀야 할 문제다.

# 참고문헌

*Asia Foundation Records* in Hoover Institution Library and Archives

*The Asia Foundation in Hong Kong; Purpose and Activities*, Hong Kong
   Office(Asia Foundation), 1966

新亞書院, 『新亞書院發展計劃』, 1956


Andrew Defty, *Britain, America and Anti-Communist Propaganda 1945-53:*
   *The Information Research Department*, London: Frank Cass Publishers,
   2004

Chiang Yung Chen, *Social Engineering and the Social Sciences in China,*
   *1919-1949*, Cambridge UP, 2001

Chi-kwan Mark, *Hong Kong and the Cold War: Anglo-American Relations*
   *1949-1957*, Oxford UP, 2004

Edward H. Berman, *The Influence of the Carnegie, Ford, and Rockefeller*
   *Foundations on American Foreign Policy: The Ideology of Philanthropy*,
   State University of New York Pr., 1983

Fan Shuhua, *The Harvard-Yenching Institute and Cultural Engineering:*
   *Remaking the Humanities in China, 1924-1951*, Lexington Books,
   2014

Grace Ai-Ling Chou, *Confucianism, Colonialism, and the Cold War: Chinese*
   *Cultural Education at Hong Kong's New Asia College, 1949-76*,
   Boston: Brill, 2011

John Krig, *American Hegemony and the Postwar Reconstruction of Science*
   *in Europe*, MIT Pr., 2006

Marcos Cueto, *Missionaries of Science: The Rockefeller Foundation and*
   *Latin America*, Indiana UP, 1994

Nicholas J. Cull, *The Cold War and the United States Information Agency:*

*American Propaganda and Public Diplomacy, 1945-1989*, Cambridge UP, 2008

Peter Buck, *American Science and Modern China, 1876-36*, Cambridge UP, 1980

Priscilla Roberts and John M. Carroll, *Hong Kong in the Cold War*, Hong Kong UP, 2016

Robert F. Arnove, *Philanthropy and Cultural Imperialism: the Foundations at Home and Abroad*, Indiana UP, 1982

Roger B. Jeans, *The CIA and Third Force Movements in China during the Early Cold War: The Great American Dream*, Lexington Books, 2017

Wilma Fairbank, *America's Cultural Experiment in China*, Washington, D.C. Government Printing Office, 1976


官有垣, 『半世紀耕耘: 美國亞洲基金會與臺灣社會發展』, 臺灣亞洲基金會, 2004

王世榕, 『第三部門: 美國亞洲基金會與臺灣』, 高雄: 亞太綜合研究院, 1997

陸恭惠, 『地下陣線: 中共在香港的歷史』, 香港大學出版社, 2011

周奕, 『香港左派鬪爭史』, 香港: 利迅出版社, 2009

何振亞 等, 『香港文化衆聲道』, 香港: 三聯書店, 2014

黄克武, 『顧孟餘的清高: 中國近代史的另一種可能』, 香港: 中文大學出版社, 2020


Chi Kwan Mark, "The 'Problem of People': British Colonials, Cold War Powers, and the Chinese Refugees in Hong Kong, 1949-62", *Modern Asian Studies*, Vol. 41, No. 6, 2007

Chi-Kwan Mark, "Defence or Decolonisation? Britain, the United States, and the Hong Kong Question in 1957", *The Journal of Imperial Commonwealth History*, 33-1, 2005

James T. H. Tang, "From Empire Defence to Imperial Retreat; Britain's Postwar China Policy and the Decolonization of Hong Kong", *Modern Asian Studies* 28-2, 1994

Johannes R. Lambardo, "A Mission of Espionage, Intelligence and Psychological Operations: The American Consulate in Hong Kong, 1949-64, *Intelligence and National Security*, 14-4, 1999

Matthewd D. Johnson, "Propaganda and Sovereigntry in Wartime China : Morale Oppration and Psychological Warfare under the Office of War Information", *Modern Asian Studies 45-2*, 2011

Pui Tak Lee, "The Re-adoption of Asianism in Postwar Hong Kong and Japan, 1945-57: A Comparison between Ch'ien Mu and Ōta Kōzō", *Journal of Northeast Asian History*, VOL 13-1, 2016

Robert Blum, "The Work of Asia Foundation", *Pacific Affairs* 29-1, 1956


姜興山,「臺灣當局對菲律賓華文敎育的影響」,『臺灣硏究集刊』2011-1, 2011

區志堅, 候勵英,「香港浸會大學圖書館友聯資料介紹」,『近代中國硏究通訊』32, 2001

傅葆石,「文化冷戰在香港:《中國學生週報》與亞洲基金會, 1950~1970」(上), (下),『二十一世紀』173, 174, 2019

葉漢明·蔡寶瓊,「植民地與文化覇權:香港四十年代後期的中國共産主義運動」,『中國文化硏究所學報』41, 2001

王梅香,「當圖書成爲冷戰武器: 美新處譯書計畫與馬來亞文化宣傳(1951-1961)」,『台灣社會硏究季刊』117, 2020

王梅香,「冷戰時期非政府組織的中介與介入: 自由亞洲協會、亞洲基金會的東南亞文化宣傳(1951-1959)」,『人文及社會科學集刊』32-1, 2020

王梅香,「不爲認知的張愛玲:美國新聞處譯書計畫下的『秧歌』與『赤地之戀』」,『歐美硏究季刊』45-1, 2005

趙綺娜,「冷戰與難民協助:美國"援助中國知識人士協會", 1952-9」,『歐美硏究』27-2, 1997

黃庭康,「國家權力形構與華文學校課程改革:戰後新加坡及香港的個案硏究」,『敎育與社會硏究』4, 2002

黃震宇,「第三條戰線: "六七暴動"中的"經濟戰"」,『二十一世紀』161, 2017

# 냉전시기 8·15에 대한 남북한 기억담론 연구*

: 최고지도자의 연설문에 나타난 해방과 분단,
국가정체성의 교차를 중심으로

**곽송연**
서강대학교 현대정치연구소 책임연구원

## 1. 머리말

북한의 인민은 한국의 국민과 하나의 민족인가? 고전적 정의에 따르면, 단일한 민족공동체란 공통의 제도, 역사, 습속, 인식, 문화, 언어, 생활양식으로 결정되며, 또한 그러한 요소들이 일상생활에서의 실천과 전승을 통해 재구성되어 온 것을 의미한다. 그러나 지난 70여 년간 남북한은 앞서 열거한 많은 준거들에 있어서 그 차이가 강화되는 경로를 보여줬다. 더불어 최근 몇 년간 남북한 주민들의 통일인식에 대한 조사 결과는 당위로서 하나의 민족에 대한 신념이 점차 옅어지고 있음을 나타낸다.[1] 그렇다면 과연 남북한은 분단 이후 국가 차원에서 하나의 민족으로서의 사회

---

* 이 글은 곽송연, 「냉전시기 8·15에 대한 남북한 기억담론 비교 연구 – 최고지도자의 연설문에 나타난 해방과 분단, 국가정체성의 교차를 중심으로」, 『다문화콘텐츠 연구』 32, 중앙대학교 문화콘텐츠기술연구원, 2020에 수록된 논문을 수정, 보완한 것임.

1) 정은미, 「남북한 주민들의 통일 의식 변화 : 2011~2013년 설문조사 분석을 중심으로」, 『통일과 평화』 5/2, 서울대학교 통일평화연구원, 2013, 74-104; 김학재 외, 『2019 통일의식조사』, 서울대학교 통일평화연구원, 2019, 35-43.

적 기억을 공식화하지 않았는가?

　기억의 정치의 이론적 가정에 따르면, 과거는 '현재와의 연관 속에서 재구성'되며, 복수의 기억들로 '진화하는 연속적 과정'이라 할 수 있다.[2] 이는 흔히 과거에 대한 실증적 해석과 사실의 발견으로 환원되는 역사가 실은 '현재의 필요에 의해 재구성되는 과거에 대한 기억의 산물이자 경과'로 규정될 수 있다는 관점을 제시한다. 민족주의를 '단절에 대한 인식과 옛 의식에 대한 망각의 요구가 결합된 담론'으로 파악한 앤더슨Anderson의 분석은 그 같은 문제의식을 반영한 대표적인 연구라 할 수 있다.[3] 슈워츠 Schwartz 역시 "링컨에 대한 연구에서 그의 전쟁영웅 이미지가 제2차 대전 당시 전쟁참여의 정당화를 위해 만들어진 것이며, 이 같은 상징 조작은 국가적 필요에 따라 재생되기도 하고 그렇지 않기도 했으며, 그 효과도 달랐다"는 점을 밝혔다.[4] 즉 '사회적 기억의 구조화를 목표로 보다 큰 사회적 힘에 의해 주조되는 이데올로기 작업의 결과 권위를 부여받은 담론들의 대표적인 예가 공식기억,[5] 혹은 역사'라 명명될 수 있는 것이다.[6]

---

2) Maurice Halbwachs, *The Collective Memory.* tr. Francis J. Ditter Jr. & Vida Yazdi Ditter. New York: Harper, 1980, 40; Nora, Pierre, "Between Memory and History, Les Lieux de Mémoire." *Representations*, Vol.26, No.1, 1989, 8.

3) 베네딕트 앤더슨, 『상상의 공동체 - 민족주의의 기원과 전파에 대한 성찰』, 윤형숙 옮김, 나남, 2004.

4) Schwartz, Barry, "Memory as a Cultural System: Abraham Lincoln in World War Ⅱ", *American Social Review*, 61/5, 1996, 908-927.

5) 이 글은 공식기억을 '공권력의 영역에서 국가기관이 주조한 기억'으로, 사회적 기억을 '좁은 의미의 사회적 기억과 집합기억으로 포괄하는 한편 기억의 투쟁 과정을 거쳐 지배적 기억(dominant memory)에 가깝게 된 기억'의 개념으로 사용한다. 공식기억의 경우 사적 영역에서 주로 생산되는 자전적 기억이나 공공영역의 장으로 편입되지 못한 집단기억과 구분되는 의미도 함께 지니고 있음을 밝힌다. 자세한 내용은 곽송연, 「1980년대 이후 한국 대통령 연설문에 나타난 민주주의 담론 변화 연구 - 권위주의 시기, 민주화 이행기, 민주화 이후 시기의 비교를 중심으로」, 『OUGHTOPIA』, 33/2, 경희대학교 인류사회재건연구원, 2018, 38 참조.

이처럼 근대국가는 국민 혹은 민족이라는 고유의 정체성을 발명해 유지, 통합하는 기능을 수행해 왔다. 때문에 세계 여러 나라들이 시공간의 제약 속에서 국가적 혹은 민족적 사건을 국가기념일로 기억하는 것은 이러한 근대국가의 기능을 만족시키는 주된 통로라 할 수 있다. 특히 남북한의 경우, 근대 이전 서구와 달리 오랜 기간 동일한 혈통과 역사, 문화를 이어온 단일공동체라는 역사적 신화를 공유하고 있다. 따라서 8·15는 남북한 모두 단일한 민족과 국가로서의 역사적 기억을 환기하는 주요 자원이자 근대국가의 자기정체성을 유지하고 통합하는 데 있어 필수적인 정당화 기제라 볼 수 있다. 더구나 8·15는 이민족의 지배로부터의 해방이라는 의미와 미소의 분할점령으로 인해 분단의 단초가 된 날이라는 상반된 의미가 결합된 기념일이라는 점에서 더욱 그 중요성이 부각된다. 이처럼 이 글은 이른바 '만들어진 전통'이라 명명된 근대국가의 현재적 필요에 의해 만들어진 과거로써 해방, 분단, 독립투쟁, 식민지 과거사와 같은 역사적 시점, 그리고 기념의 공적 서사에 주의를 기울이고자 한다.7)

이를 위해 이 글이 채택한 주요 방법론인 비판적 분석방법은 "담론이 단지 언어적 의미 표현의 산물이 아니라 담론 내부와 담론 배후의 권력을 강제하고 구성하는 사회적 실천의 한 형태"라는 전제에서 출발한다. 때문에 소위 지배엘리트들의 권력을 유지하고 강화하는 이데올로기적 기제로서의 담론의 역할에 주목한다.8) 이 같은 관점에 입각해 오스트리아의 국가정체성을 파악한 실라Cilla 등은 "국민과 국가정체성의 담론은 항상 차이/구별 그리고 보편성의 구축으로 작동"되며, 이렇게 형성된 정체성은 "영속적, 고정적, 불변적이기보다는 역동적이고 허약하고 취약하고 일관

---

6) 곽송연, 「민주화 이전 국가의 이데올로기적 담론정치 연구 – 전두환 연설문에 나타난 5·18과 지역주의 맥락모형을 중심으로」, 『아세아연구』 160, 고려대학교 아세아문제연구소. 2015, 110-112.

7) 에릭 홉스봄, 『만들어진 전쟁』, 박지향 옮김, 휴머니스트, 2004.

8) Norman Fairclough, *Language and power*. Harlow: Longman, 2001, 36-52.

성이 없는 것으로 이해돼야 한다."고 밝힌다.9) 그런 의미에서 이 연구가 분석대상으로 삼는 남북한 지도자들의 연설문은 국가가 근대국가로서의 정체성을 발명하고, 좌절된 민족국가로서의 통합을 유지, 정당화하는 이데올로기적 담론의 대표적 통로라 할 수 있다. 따라서 이 글은 분석 자료로 남한의 경우 이승만 정부 이후 전두환 대통령 시기까지 8·15 기념사를, 북한의 경우 김일성 저작선집과 노동신문을 활용한다. 즉 이 연구는 국가가 집합적으로 기억하고자 하는 사회적 기억의 중요한 매개인 국가기념일에 대한 의미 규정의 분석을 통해 남북한의 공적 역사인식의 내용과 변화를 측정하고, 양자의 간극과 공통점이 지닌 정치적 함의를 추출한다. 구체적으로 8·15가 남북한 지도자의 연설문에서 각각 근대국가의 자기정체성을 드러내는 양상을 맥락contents/주제topics의 범주를 중심으로 파악하며, 이 결과를 토대로 양자의 차이와 공통점이 지니는 의미를 밝힌다. 다만 이 글의 분석대상과 주제의 특수성을 감안, 실라 등이 오스트리아의 국가정체성을 파악하기 위해 도입한 거시적 맥락과 주제를 변형해 1) 민족과 외부인에 대한 관념, 2) 8·15에 대한 서사를 중심으로 냉전시기 남북한 각각의 8·15에 대한 기억 담론의 양상을 파악한다.

---

9) 실라 등에 따르면, 국가정체성은 "1) 개인들을 상호주관적으로 특정 집단으로 나누는 감정적 태도와 연관되며, 2) 동시에 유사한 행위 성향의, 3) '국가적' 사회화를 통해 내면된 모든 보편적 관념들, 개념들이나 인식구조의 집합체"를 뜻하는 것으로 정의한다. 따라서 국가정체성은 '다른 국가들과 그들의 문화, 역사, 기타 등등의 정형화된stereotypical 관념을 통해서 구별'되며, '구축된 집합 외부의 다른 사람들을 기꺼이 배제하고 비하할debase 태세를 갖춤과 동시에 국가적(민족적) 집단에 대해 연대하는 행위 성향을 내포'한다. Rudolf De Cilla, Martin Reisigl & Ruth Wodak, Op. cit., 154; 곽송연, 「8·15 기념사에 나타난 국가정체성 변화 연구 : 오스트리아 사례에 비춰 본 국가의 민주주의 담론 전략을 중심으로」, 『유럽연구』 37/3, 한국유럽학회, 2019, 84-85 참조.

## 2. 남한의 8·15에 대한 국가 공식 기억담론과 변화

### 1) 민족과 외부인에 대한 관념

이승만 정부에서 민족과 외부인에 대한 관념은 혈연을 중심으로 한 종족적 민족주의와 이데올로기적인 구분선이 동시에 작용하는 것으로 나타난다.

> **우리가 4천여 년 동안 한족속 한단체로** 지내기를 세계에 가장 단결된 모든 민족 중에 하나로 인증된 나라임에도 불구하고 공산당들이 갈러 놓아 피를 흘리지 않고는 우리가 다시 **형제자매끼리** 단결되기 어렵게 만들어 놓은 것입니다. 우리가 오늘 다시 서약하는 바는 우리 **한족韓族의 피** 한 점이라도 우리가 고의로 흘리지 않고 통일하도록 힘쓸 것이나 **오직 38경계선을 침범하거나 어리석은 동포가 공산당 선전에 빠져서 우리 정부를 전복하자는 등 난동분자들은 누구나 이를 저지하기에 어데까지던지 퇴보치 않을 것입니다.**
>
> 이승만, 〈정부수립 1주년 기념사〉, 1949. 8. 15, 강조 인용자.[10]

위 연설문에 따르면 이승만 정부의 민족관은 '한 족속, 한족'의 용어에서 드러나듯 혈통을 매개로 한 종족상징주의ethno-symbolism에 입각해 정의되며, 민족의 범주는 "우리 전 민족 인구의 삼분지이에서 우리의 고유한 국권을 회복시킨 것", "우리 반도의 반"이라는 표현으로 함축된다. 즉 이승만 정부에서 민족은 한반도라는 지리적 구분선 내에서 부여된 역사적 혈연공동체의 구성원이다. 더 나아가 이 정부의 민족 개념은 "오직 38경계선을 침범하거나 어리석은 동포가 공산당 선전에 빠져서 우리 정부를 전복하자는 등 난동분자들은 누구나 이를 저지하기에 어데까지던지 퇴보치 않을 것"이라는 선언에 응축된 바와 같이 이데올로기적 기준선이 중층

---

10) 이하 인용되는 대통령연설문은 대통령기록관 http://www.pa.go.kr/online_contents/index_record.html (검색일 2016.6.29-2016.7.9. 2017.2.10-2017.3)에 따른다.

적으로 작동한다. 다시 말해 이승만 정부는 한반도를 기준에 둔 역사적 영토적 경계를 중심으로 민족과 외부인을 구분하고 있으나 그 범주 내에서도 "공산주의", "공산당", "공산군", '공산당의 선전에 빠진 난동분자' 등을 외부인으로 재규정하는 배제의 정치를 실행하고 있다(이승만, 〈정부 수립 1주년 기념사〉, 1949. 8. 15; 〈8·15 해방 독립기념일에 제하여〉, 1952. 8. 15; 〈제9주년 광복절 기념사〉, 1954. 8. 15; 〈제10회 광복절 기념사〉, 1955. 8. 15).

> 우리 모두가 **이념보다도 조국을 먼저 생각하고, 체제보다도 민족을 먼저 사랑하였더라면**, 우리의 역사는 수난의 그것이기보다는 민족의 긍지와 영광으로 찬연히 빛나게 되었을 것입니다. … 또한, 나는 북한 동포들에게 호소합니다. 우리는 비록 남북으로 갈라져 있다 해도 **같은 말, 같은 역사, 그리고 하나의 피로 이어져 온 운명공동체입니다. 이데올로기는 변해도 민족은 영원합니다.** 하루 속히 **한민족으로서의 자아**를 회복하고 북녘 땅에 **민족의 양심**이 소생되는 역사적 전기를 마련하는 데 과감합시다. … **북한 동포 여러분들도 바로 이 위대한 한민족의 일원**입니다. 여러분의 용기 있는 노력은 우리 민족의 위대성과 뜨거운 동포애가 강력하게 뒷받침할 것입니다.
> 박정희, 〈광복절 제27주년 경축사〉, 1972. 8. 15, 강조 인용자.

이어서 박정희 정부의 민족 관념은 앞선 이승만 정부와 같이 근본적으로 종족상징주의에 입각한 역사적 혈연공동체의 일원을 지칭하며, 동시에 이데올로기적 구분선을 기준으로 외부를 구획 짓는 담론 정치 역시 동일한 양상으로 나타난다. 그러나 그 내용 면에서는 일정한 변화를 보이는데, 정권 초기부터 민족을 범주화하는 대표적인 지칭이 '국내외동포'로 확장된 것이 대표적인 예다(박정희, 〈광복절 제20주년 경축사〉, 1965. 8. 15; 〈광복절 제21주년 경축사〉, 1966. 8. 15; 〈광복절 제22주년 경축사〉, 1967. 8. 15; 〈광복절 제23주년 경축사〉, 1968. 8. 15). 또한 1972년 유신을 전후로 한 시점부터는 "북한 동포들"을 명시적으로 호명, "비록 남북으로 갈라져 있다 해도 같은 말, 같은 역사, 그리고 하나의 피로 이어져 온 운명공동체"임을 강조하는 감정적 "호소"를 동원하는 방식의 역사적 기억이 활용되고 있다. 즉 박정희 정부는 "이데올로기는 변해도 민족은 영원"하다는 상징을 통해 민족과 외부의 경계를 확정 짓는 동시에 북한 정권을 "전통적인 가족 제도마저 파괴함으로써 남북간의 민족적 이질화를 심화"시키고, "조상 전래의 미풍양속"과 "유구한 우리 민족 문화의 전통"을 말살하는 반민족집단이자 타자로 호명하는 이데올로기적 담론 정치를 실행하고 있다(박정희, 〈광복절 제31주년 경축사〉, 1976. 8. 15; 〈광복절 제32주년 경축사〉, 1977. 8. 15).

> 무수한 외침과 전화 속에서도 **수천년을 단일민족으로 살아온 우리의 생명력은 우리 민족이 아니면 도저히 가꿀 수 없는 기적의 힘인 것입니다.** … 새로운 **광복의 바탕은 흔들림없는 민족사관의 정립이라는 신념**에 따라 우리 국민 모두는 독립기념관 건립운동에 나선지 1년만에 오늘 그 튼튼한 기초를 닦는 역사를 착수하게 되었습니다. … 본인은 뜻깊은 이날을 계기로 **민족과 민족사를 지키려는 우리 모두의 의지가 불퇴전의 것임을 다시 한번 확인**하면서, 이 독립기념관을 길이 후손에게 물려줄 위대한 유산으로 가꿀 것을 온 겨레와 함께 다짐하는 바입니다.
> 
> 전두환, 〈광복절 제38주년 경축사〉, 1983. 8. 15. 강조 인용자.

한편 전두환 정부에서 민족의 정의 역시 앞선 두 정부와 마찬가지로 "국토의 반 저면에 있는 우리의 형제들"로 대표되듯 종족상징주의에 기반을 둔 내부 구획과 반공주의적 경계를 기준으로 구성된다. 다만 "민족"과 "민족사"를 등치시키면서 "민족사관의 정립"까지 나아가는 민족 개념의 구체화는 공통의 역사적 기억을 동원해 정체성을 주조하는 담론 정치의 보다 적극적인 활용 예시로 볼 수 있다"(전두환, 〈광복절 제37주년 경축사〉, 1982. 8. 15; 〈광복절 제38주년 경축사〉, 1983. 8. 15). 특히 "수천년을 단일민족으로 살아온 우리"와 같은 신화적 집단 기억, "유관순 열사의 만세소리", "윤봉길 의사의 애국 충절", "충무공 이순신장군의 애국혼"이라는 상징을 동원해 "민족화합", "민족자존", "민족정신"을 강조하는 논법은 '공유된 기억과 집단의 운명'에 대한 환기를 통해 문화적 단위로서의 역사적 실체를 증명하는 종족상징주의의 전형적 특징이라 할 수 있다.[11] 지금까지 논의한 냉전 시기 한국 정부의 민족에 대한 관념을 간명하게 정리하면 〈표 1〉과 같다.

〈표 1〉 냉전시기 한국 역대 정권의 민족과 외부인에 대한 관념

| 역대 정권 | 민족의 의미(용어) | 외부인(타자)에 대한 관념 |
|---|---|---|
| 이승만 | 종족-상징주의(한 족속, 한 단체, 한족) | 반공주의(난동분자, 괴뢰) |
| 박정희 | 종족-상징주의(동포, 한민족, 운명공동체) | 반공주의(민족문화, 전통을 파괴하는 이단) |
| 전두환 | 종족-상징주의(단일민족, 형제들) | 반공주의(외래의 이단사상, 반민족적 자세) |

출처: 곽송연, 2020: 189.

## 2) 8·15에 대한 서사

이승만 정부의 8·15에 대한 서사는 해방과 '독립된 공화정의 회복'을 동시에 기념하는 날로 완성된다.

> 8월 15일 오늘 거행하는 이 식은 우리의 **해방을 기념하는 동시에 우리 민국이 새로 탄생한 것을 겸하여 경축**하는 것입니다. 이날에 동양의 한 고대국인 **대한민국 정부가 회복**되어서 40여 년을 두고 바라며 꿈꾸며 희생적으로 투쟁하여 온 결실이 표현되는 것입니다.
> 이승만, 〈대한민국 정부수립과 우리의 각오〉, 1948. 8. 15, 강조 인용자.

---

11) Anthony, D. Smith, *Nations and Nationalism in a Global Era*, Cambridge, UK: Polity, 1995, 57-77; 정일준, 「남북한 민족주의 역사 비교연구: 민족형성의 정치를 중심으로」, 『공공사회연구』 6, 한국공공사회학회, 2016, 13.

위 인용문에 나타나듯 이승만 정부에 있어 8·15의 첫 번째 의의는 해방이다. 이 같은 시각은 이듬해 1949년 연설문, "민국 건설 제1회 기념일인 오늘을 우리는 제4회 해방일과 같이 경축하게 된 것"이라는 구절에서 보다 선명하게 드러난다. 한 가지 눈여겨 볼 지점은 이승만은 해방과 독립을 동일한 의미로 사용하지 않고 있다는 것이다. 이어지는 같은 연설문에서 등장하는 "오늘 우리 독립의 첫 기념임을 또 다시 웨치나니 이것은 우리의 오랜 역사에 우리가 자유민임을 다시 기록하는 것"이라는 언술에서 알 수 있듯 통상 광복절의 해로 기록되는 1945년이 아닌 1948년을 독립을 맞이한 첫해로 규정하고 있다. 즉 이승만 정부의 기념사에서 독립은 일제로부터 해방을 뜻하는 것이 아닌 "압제적 지위를 건설"해 "세계대중을 복종"시키려는 공산당과는 구별되는 "자유민"으로서의 독립을 일컫는다(이승만, 〈정부수립 1주년 기념사〉, 1949. 8. 15, 강조 인용자).

> 대한민국이 탄생된 것은 우리 전 민족 인구의 삼분지이에서 **우리의 고유한 국권을 회복시킨 것이며**, 우리의 장구한 **역사상 처음으로 우리 민중에게 공화적 자결주의를 회복한 것**이오, 또한 **우리 전 민족이 자유와 민주정체로 장차 전 국통일을 실현할 굿건한 토대를 세운 것**입니다.
> 이승만, 〈8·15 해방 독립기념일에 하여〉, 1952. 8. 15, 강조 인용자.

때문에 이승만 정부가 8·15를 기념하는 두 번째 서사인 정부수립의 의의 역시 '공화정과 민주주의 제도의 도입으로서 독립'의 의미를 무엇보다 강조하는 한편, "1919년(기미년)에 우리 13도를 대표한 33인이 우리나라 운명 개조하기 위하여 …우리 한국을 독립민주국으로 공포한 것"이며, "이 민주정부가 서울서 건설되어 임시로 중국에 가있다가 3년 전 오늘에 우리 반도남방에서 실현된 것"이라는 의의를 재차 공표하고 있다(이승만, 〈기념사, 제3회 광복절을 맞이하여〉, 1951. 8. 15, 강조 인용자).

> 일제의 무도한 지배로부터 우리 민족이 해방된지도 어언 오늘로서 20년을

맞이하게 되었습니다. **빼앗겼던 조국, 짓밟혔던 주권**을 되찾고 우리 모든 동포
가 터뜨렸던 그날의 그 기쁨과 환호는 정녕 잊을 수 없는 우리의 감격이었습니
다. 그것은 우리에게 모든 희망과 무한한 가능성을 약속해 주는 **민족사의 새로
운 서장**이었던 것입니다. **식민지 학정을 종결지었던 『민족해방』**이었으며, **자주
한국으로 새출발했던 『민주해방』**이었던 것입니다.

박정희, 〈광복절 제20주년 경축사〉, 1965. 8. 15, 강조 인용자.

반면 박정희 정부의 8·15 서사는 해방에 방점을 둔 종족상징주의적
민족주의를 한층 적극적으로 활용하고 있다. "민족사의 새로운 서장", "민
족적 축제의 날", "민족중흥의 새로운 출발점" 등의 규정이 대표적이다(박
정희, 〈광복절 제20주년 경축사〉, 1965. 8. 15; 〈광복절 제22주년 경축사〉,
1967. 8. 15). 이를 좀더 구체적으로 살펴보면 위 인용문에서 지목되듯
"민족중흥의 출발점"이 좌초된 원인을 외적으로는 '북한을 비롯한 국제공
산주의의 위협', 내적으로는 '가식의 민주주의'에 둠으로서 5·16 이전 시
기의 정치사와 민주주의 제도 혹은 민주주의에 대한 요구를 "허명과 형식
만을 좇았던 모방정치"라 폄하한다. 때문에 일제 식민지배에서 배태된
"경각과 분발을 촉구하는 역사의 교훈"은 "자립 경제를 달성"하는 "조국
근대화"이며, 이것이 "8·15 해방의 감격을 국가 건설에 생산적으로 승화
시키는 우리 세대의 책무이자 보람"이라 전제한 뒤 "국가의 안보와 국기
의 안정을 얻지 않으면" "민족의 자유"를 뜻하는 "해방의 의미조차 하루
아침에 무너지고 말 것"이라 선언된다(박정희, 〈광복절 제19주년 경축사〉,
1964. 8. 15; 〈제22주년 광복절 경축사〉, 1967. 8. 15; 〈제24주년 광복절
경축사〉, 1969. 8. 15; 〈제26주년 광복절 경축사〉, 1971. 8. 15; 〈제32주년
광복절 경축사〉, 1977. 8. 15). 즉 박정희 정부가 8·15를 '민족사의 새로운
서장', '해방'의 의미로 상징화한 이면에는 쿠데타와 집권의 정당성을 보증
하는 이념적 지표였던 안정, 안보, 발전이데올로기, 그중에서도 특히 발전
에 방점을 둔 담론 정치의 기획'이 자리했다고 볼 수 있다.[12]

돌이켜 보건데 근반세기하는 짧지 않는 그동안, 우리가 걸어온 **민족의 역정**
은 험난한 것이었습니다. 그것은 해방을 전후한 우리의 역사는 **자의의 그것이**
**었다기보다는 타의에 의한 강요된 역사**였기 때문인 것입니다. … 또한 내적으
로는 **민주주의의 본질과 진수를 체득치 못하고 한갖 그 허명과 형식만을 좇았**
**던 모방정치의 탓으로** 종래 두 차례의 혁명이라는 홍역을 치르지 않을 수 없었
던 것입니다. … **지난 20년동안,** 우리는 국제공산주의가 얼마나 무서운 우리의
외적 적이며, **또 본질과 진수를 살리지 못한 가식의 민주주의**가 얼마나 무서운
**내적 암이었던가를 뼈저리게 체험**했던 것입니다.

박정희, 〈광복절 제20주년 경축사〉, 1965. 8. 15. 강조 인용자.

한편 전두환 정부의 8·15 서사는 해방과 정부수립의 의미가 동시에 조
명된다. 지난 박정희 정부에서 유신 이후에 이르러서야 언급되기 시작한
정부 수립의 의의는 이 정부에 들어서서 매 기념사마다 첫 머리에 등장할
정도로 주요한 위치를 차지하게 된다. 그러나 이 정부에서 8·15를 정부수
립을 기념하는 날로 재규정하는 의미는 이승만 정부에서 호명된 내용과는
미묘한 차이가 있다. 즉 이승만 정부가 1919년 기미년의 독립선언에 정통
성을 부여해 상해임시정부의 법통을 계승한 정부임을 강조한 것과는 달리
이 정부는 1948년 단독정부의 수립과 정치체제로서의 민주주의 국가 수
립이라는 지점에 더 큰 의미를 두고 있다. 이 같은 시각은 "1945년 해방된
이래 1948년 나라를 세우는 등", "우리 역사상 처음으로 국민이 국정의
주인이 되는 민주주의 정부를 출범시킨지 서른 네돌이 되는 날", "국권회
복과 민주출범의 신기원을 연 8,15", "민족의 역사상 처음으로 국민이 나
라의 주인이 되는 민주주의 국가로서 탄생한 우리 대한민국" 등의 명명에
단적으로 드러난다(전두환, 〈광복절 제37주년 경축사〉, 1981. 8. 15; 〈광
복절 제38주년 경축사〉, 1982. 8. 15; 〈광복절 제39주년 경축사〉, 1983.
8. 15; 〈광복절 제41주년 경축사〉, 1986. 8. 15).

---

12) 곽송연, 「8·15 기념사에 나타난 국가정체성 변화 연구 : 오스트리아 사례에 비
   쳐 본 국가의 민주주의 담론 전략을 중심으로」, 92.

본인은 8월 15일이 갖는 역사적 의미를 다음과 같은 **두 가지의 해방**에서 찾아야 한다고 생각하고 있습니다. 즉 그 첫째는 **이민족의 압제로부터의 해방**이며, 둘째는 **세습왕조정치로부터의 해방**인 것입니다. 1945년 이날 일제가 이 땅에서 물러감으로써 우리는 첫째의 해방을 달성했고, 또한 1948년 이날 세습왕조정부 아닌 **민주주의정부를 수립함으로써 우리는 둘째의 해방을 달성했습니다.** … 과거가 분하고 억울하면 그럴수록 우리의 의지를 더욱더 국력신장에로 모아 나가야만 한다는 것을 광복절은 우리에게 분명히 가르쳐 주고 있습니다. **이러한 국력신장을 위해서는 참다운 국민화합을 이룩하는 일이 무엇보다도 중요한 것임은 두말할 필요가 없을 것입니다. 분열과 갈등, 파쟁과 극한대립, 사심과 당리당략은 국민적 저력의 결집을 불가능하게 하고 국력을 잠식하는 독소인 것입니다.**

전두환, 〈광복절 제37주년 경축사〉, 1982. 8. 15, 강조 인용자.

또한 이 정부의 해방 서사는 안정, 안보, 발전 이데올로기를 정당화했던 박정희 정부의 담론 정치를 계승하고 있다. 다만 위 인용문에 나타나듯이 정부는 그중에서도 발전이데올로기를 제1의 가치로 표방했던 이전 정권과 달리 민주주의 제도의 복원을 요구하는 일체의 반대를 "분열과 갈등, 파쟁과 극한대립, 사심과 당리당략"으로 비난하는 전략을 동원하는 방식으로 안정 담론에 무게중심을 두는 차이가 있다. 뒤따르는 〈표 2〉는 각 정권에서 서사화된 8·15의 의미를 축약한 것이다.

〈표 2〉 냉전시기 한국 역대 정권의 8·15에 대한 의미 규정

| 역대 정권 | 8·15의 의미(용어) | 8·15의 의미구성(정당화의 내용) |
|---|---|---|
| 이승만 | 해방, 정부의 회복 | 1948년 독립, 한국의 유일한 법리적 정부의 회복 (단독정부 수립, 민주주의 교두보로서의 국제전) |
| 박정희 | 해방(광복) | 일제의 무도한 지배로부터 해방, 민족의 자유 (안보, 안정, **발전**) |
| 전두환 | 해방(광복), 정부수립 | 국권회복과 민주주의 정부 수립의 신기원을 연 8·15 (안보, **안정**, 발전, '평화적 정권교체'의 천명으로 민주화 실현할 정부) |

출처: 곽송연, 2020: 193.

## 3. 북한의 8·15에 대한 국가 공식 담론과 변화

### 1) 민족과 외부인에 대한 관념

냉전시기 북한의 민족에 대한 관념은 크게 세 시기의 변화과정을 거친다. 그것은 해방이후부터 1960년대 중반의 제1시기, 중소분쟁, 갑산파의 숙청 등 기타 대내외적 변화에 조응하는 자주 노선의 표방, 주체사상의 제도화가 진행되기 시작한 1960년대 후반부터 1970년대의 제2시기, 후계자 구도가 전면화된 1980년대 이후인 제3시기 등이다.[13] 우선 제1시기 해방이후부터 1960년대 중반까지의 북한의 민족관념은 사회주의 민족관의 고전격이라 할 수 있는 스탈린의 민족에 대한 정의를 일정 부분 반영하고 있다. 스탈린은 1914년 발표된 「맑스주의와 민족문제」라는 논문에서 민족은 "언어, 영토, 경제생활, (문화적 공통성에 의해 표현되는) 심리적 상태의 공통성에 기초해 오랜 역사를 거쳐 형성된 사람들의 견고한 집단"이라 개념화했다. 이 같은 사회주의적 민족관에서 가장 중요한 요소는 물론 '경제적 요소'다.

> 조선인민은 앞으로도 우리 당의 령도 밑에 **맑스-레닌주의와 프로레타리아국제주의 기치를 높이 들고 사회주의 진영국가 인민들과 굳게 단결하여 평화와 사회주의 공동위업**을 위하여 견결히 투쟁할 것입니다.
> 김일성, 〈8·15 해방 17돐 기념 경축 연회에서 한 연설〉, 1962. 8. 15. 강조 인용자.[14]

---

13) 박호성, 『남북한 민족주의 비교연구』, 당대, 1997, 107-108; 정일준, 「남북한 민족주의 역사 비교연구: 민족형성의 정치를 중심으로」, 36; 정영철, 「북한 민족주의의 이중구조 연구: 발생론적 민족론과 발전론적 민족관」, 『통일문제연구』 3, 2010, 9-!2.
14) 김일성, 「8·15 해방 17돐 기념 경축 연회에서 한 연설」, 『김일성 저작집』 16, 조선로동당출판사, 1981, 291.

이에 따라 제1시기 북한의 민족관 역시 사회주의적 세계관에 입각한 범주를 설정하고 있다.[15] 즉 고유한 문화와 전통, 역사를 공유하는 집합적 단위로서 "조선사람들", "조선민족", "조선인민"을 민족의 범주로 확인하면서 경제적 공동체로서의 수탈과 약탈의 대상화를 최우선으로 강조하는 한편, 마르크스레닌주의와 프롤레타리아 국제주의의 이념적 지향을 공표하고 있다. 다만 '하나의 전통을 계승한 역사적 문화적 공동체로서의 민족'이라는 범주 설정만큼은 같은 시기 남한의 박정희 정부의 민족관념과 매우 유사한 특징을 보이고 있음을 알 수 있다.

> **조선민족**은 과거 36년동안 일본제국주의의 악독한 **정치적 압박과 경제적 착취와 문화적 유린** 속에서 신음하여왔습니다. … 일본제국주의자들은 조선을 강점한 후 우리나라의 모든 자원을 독차지하고 … **조선의 부원을 무제한으로 략탈**하며 … 조선 인민을 **경제적 파멸과 기아와 빈궁에서 신음**하게 하였으며 조선의 값싼 노동력을 착취하여 얻은 막대한 리윤을 일본으로 가져갔습니다. … 이와 함께 일본제국주의자들은 일찌기 세계력사에서 보지 못한 극악한 **중세기적 공포정치를 실시**하였습니다. … 그들은 자기의 식민지적 통치를 유지하기 이하여 전조선에 2,500여개소의 경찰 및 헌병 기관을 배치하였고 3개사단의 병력을 상시적으로 주둔시켰으며 무력적 폭압과 학살을 일삼아왔습니다. … 일본제국주의는 문화분야에서도 악독한 정책을 시시하였습니다. … **조선인민의 민족적 전통, 민족어, 민족적 자각과 긍지를 말살**하려 하였던 것입니다. … **조선민족의 고귀한 문화유산**을 매장해버리며 **반만년의 유구한 문화전통을 가진 조선사람들**을 무지하고 미개한 민족으로 만들려고 하였습니다.
> 김일성, 〈8.15 해방 1주년 평양시경축대회에서 한 보고〉, 1946. 8. 15, 강조
> 인용자)[16]

----

15) 이 시기 북한의 민족관념에 대해 정영철은 1947년 김일성의 연설, "자기 나라와 민족의 리익을 생각하지 않는 공산주의자가 있다면 그는 진정한 공산주의자라고 말할 수 없습니다."라는 구절을 근거로 "이론적으로는 맑스-레닌-스탈린의 고전적 정의에 바탕하고 있지만, 실천적으로는 적어도 김일성 그룹에 있어서 민족을 중심에 놓는 '민족 공산주의'적 사고의 형성, 발전"이 있었다고 주장한다. 정영철, 「북한 민족주의의 이중구조 연구: 발생론적 민족론과 발전론적 민족관」, 9-10.

그러나 이 시기 북한의 민족관을 관통하는 주요 경계를 파악하는 데 있어 이러한 사회주의적 민족관보다 더 주목해야 할 지점은 북의 민족 관념이 근본적으로 제국주의에 항거하는 제3세계 식민지 피압박민족의 '저항적 방어적 민족주의'의 성격에서 유래한 측면이 크다는 것이다. 특히 남한의 사회성격을 여전히 식민지 혹은 반식민지로 파악해 여전히 끝나지 않은 반제국주의 투쟁, 민족해방투쟁을 독려하는 대목은 이 같은 저항적 방어적 민족주의의 특성을 보다 극명하게 드러내는 근거가 된다.

> 우리나라의 남녘땅을 강점한 미군은 상륙하자마자 남조선에서 군정을 실시하고 인민의 주권기관인 인민위원회를 모조리 해산시켰으며 장성하는 인민들의 민주역량을 잔인하게 탄압하기 시작하였습니다. **미군정의 이러한 태도는** 민주주의적 독립국가를 건설하려는 조선인민의 지향을 유린하고 **조선을 다시금 식민지화하여 조선인민을 노예화하려는 제국주의적 야욕의 표현**입니다. … 오늘 **남조선의 주인은** 인민이 아니라 **미군정**입니다.
> 김일성, 〈8.15 해방 1주년 평양시경축대회에서 한 보고〉, 1946. 8. 15. 강조 인용자.17)

이로 인해 북한의 입장에서 이 시기뿐만 아니라 식민지 시기부터 한반도에 있어 민족과 애족을 실천한 가장 중요한 집단은 사회주의, 혹은 공산주의 세력이 되며, 공산주의를 탄압하는 행위는 제국주의에 복무하는 매족 세력, 즉 "민족반역자", "친일분자", "외래제국주의의 앞잡이"라는 등식이 성립된다. '조국이 없는 프롤레타리아트'의 국제주의가 제국주의 시대에 이르러 이른바 사회주의와 민족주의의 필연적 결합으로 현실화되는 논리적 정당화인 셈이다.

---

16) 김일성, 「8.15 해방 1주년 평양시경축대회에서 한 보고」, 『김일성 저작집』 3, 조선로동당출판사, 1979, 348-350.
17) 김일성, 『김일성 저작집』 3, 360-361.

진정으로 인민을 위하여 싸우며 **민족의 리익을 옹호하려는 사람들**이라면 결코 공산주의자들을 두려워할수 없으며 「용공」을 반대할수 없을것입니다. 왜냐하면 **공산주의자들은 시종일관 인민을 위하여 복무하며 민족적 리익의 가장 철저한 옹호자이며 가장 철저한 애국자**이기 때문입니다. … 원쑤들의 감옥과 교수대도 두려워하지 않고 끝까지 혁명과 민족의 지조를 지키면서 일제를 반대하여 용감하게 싸운 사람들이 과연 조선공산주의자들이 아니고 누구였습니까! … 오직 **민족의 리익과 팔아먹는 외래제국주의의 앞잡이들**만이 공산주의자들을 두려워할수 있습니다.

　　　　　　김일성, 〈조선인민의 민족적명절 8.15 해방 15돐경축대회에서 한 보고〉,
　　　　　　　　　　　　　　　　　　　1960. 8. 14. 강조 인용자).[18]

이어서 1960년대 후반부터 1970년대의 제2시기 북한의 민족관념은 이전 시기 공식적으로 개념화됐던 스탈린식 민족 개념에 혈통이 추가되는 변화를 보인다. 1973년 발간된 『정치사전』에서 민족을 "언어, 지역, 경제생활, 혈통과 문화, 심리 등에서 공통성을 가진 역사적으로 형성된 공고한 집단"으로 정의하면서 '민족을 특징짓는 특성 가운데 가장 중요한 것 중의 하나로 공통의 언어가 확정된 것'이다.[19] 즉 혈통과 언어를 민족의 특질을 구분하는 제1요소로 개념화한 것이다. 또한 이 시기에 이르러 주체, 자력갱생, '우리 식' 등이 보다 선명하게 강조되는 특징을 보인다. 중소분쟁, 갑산파의 숙청, 남한 사회의 정치적 변동 등 대내외적 변화에 대처하는 과정에서 강화된 자주 노선, 유일사상으로서 주체사상이 공식화되기 시작한 흐름이 반영된 결과라 볼 수 있다.

**김일성 동지**는 일제의 파쑈적 폭압이 절정에 달하고 **민족의 운명이 위기에 처하였던** 시기에 맑스–레닌주의적 혁명군대인 항일유격대를 창건하여 강력한 항일무장투쟁을 조직 전개함으로써 … **조선혁명에 대한 주체적 입장과 자력갱생의 원칙**에 확고히 서서 명확한 혁명 로선과 전략전술을 제시하고 투쟁의 앞

18) 김일성, 「조선인민의 민족적명절 8.15 해방 15돐경축대회에서 한 보고」, 『김일성 저작집』 14, 조선로동당출판사, 1981, 242, 244.
19) 박호성, 『남북한 민족주의 비교연구』, 107-108.

길을 가로막는 모든 난국을 몸소 타개하면서 항일무장투쟁을 중심으로 하는 조선인민의 전반적 반일해방투쟁을 빛나는 승리에로 이끄시었다.[20]

한편 북한의 민족 관념은 후계자 구도가 공식적으로 전면화 된 제 3시기 1980년대 이후에 이르러 완전히 변형되는 양상을 나타낸다. 1985년 출판된 『철학사전』에서 사회주의 민족관의 핵심인 '공통의 경제생활이 사라지고, 대신 핏줄을 부각'시키면서 해방 이후 줄곧 견지되었던 스탈린주의적 민족관의 기본 구도를 벗어난 북한식 사회주의 민족 관념을 정립한 것이다. 북한의 이 같은 민족 개념의 재정의는 '객관적 경제적 관계를 위주로 한 맑스주의 철학의 방법론은 특수한 구라파의 민족형성의 력사적 로정을 일반화한 것'이라는 진단으로부터 기인한다. 이는 마르크스레닌주의에서 스탈린주의에 이르는 사회주의 사상의 민족관은 그들의 특수한 역사적 산물일 뿐이라는 시각, 즉 우리식 사회주의를 구체화한 것이라 주장되는 주체사상의 철학이 반영된 관점이라 할 수 있다. 결과적으로 이 시기에 발현된 북한의 민족관은 종족상징주의에 입각한 민족관념을 주창해왔던 남한 최고지도자들의 민족관과 오히려 흡사한 측면이 있음을 알 수 있다. 뒤따르는 〈표 3〉은 지금까지 논의한 냉전시기 북한의 민족관념을 축약한 것이다.

〈표 3〉 냉전시기 북한의 민족과 외부인에 대한 관념

| 시기 구분 | 민족의 의미 | 외부인(타자)에 대한 관념 |
|---|---|---|
| 제1기<br>(1945년-1960년대 중반) | 스탈린식 사회주의 민족관념, 제3세계 방어적 저항적 민족주의에서 파생된 민족관념 | 제국주의자, 민족반역자, 외래 제국주의의 앞잡이, 괴뢰 |
| 제2기<br>(1960년대 후반-1970년대) | 스탈린식 사회주의 민족 관념의 기조 속에서 혈통과 언어 강조, 제3세계 방어적 저 | 제국주의자, 민족반역자, 외래 제국주의의 앞잡이, 괴뢰 |

20) 「투쟁과 승리의 스물두해」, 《노동신문》, 1967. 8. 15.

| | 항적 민족주의에서 파생된 민족관념 | |
|---|---|---|
| 제3기 (1980년대 이후) | 주체사상에서 기인한 민족관념(주체적 민족), 제3세계 방어적 저항적 민족주의에서 파생된 민족관념 | 제국주의자, 민족반역자, 외래 제국주의의 앞잡이, 괴뢰 |

출처: 곽송연, 2020: 198.

## 2) 8·15에 대한 서사

냉전시기 북한의 8·15에 대한 서사는 조선 민족의 제국주의로부터의 '해방'이라는 의미화로 상징되며, 이러한 규정은 큰 틀에서 별다른 변모 양상을 보이지 않는다. 그러나 북한의 민족 관념이 대내외 정치적 변동에 조응해 변화를 보였던 것과 같이 8·15에 대한 서사 역시 유일사상 체제의 성립 과정과 맞물려 시기 별로 그 대상과 강조점에 있어 내용상 차이를 보이고 있다. 따라서 이 절에서의 시기 구분 역시 앞 3-1)절과 마찬가지의 규준이 적용된다. 제1기는 1945년에서 1960년대 중반까지의 시기로 '소련군과 함께 동등한 지위에서 자력으로 해방을 이뤘음'을 피력하는 서사를 보여주며, 전쟁 이후에는 중국의 항미원조운동과 지원군의 파견을 치하하는 언술이 등장한다.[21] 동시에 제3세계 민족해방운동의 발흥을 1917년 러시아혁명의 영향으로 전제하면서 일제식민지 하에서의 저항이 공산주의자들과 무산대중의 주도로 지속되었음을 부각하는 한편, 3·1 운동이후 민족주의 우파지도자들의 변절을 비난하는 담론 장치를 통해 이데올로기적

---

21) 김일성, 「8.15 해방 3주년 평양시경축대회에서 한 보고」, 『김일성 저작집』 4, 조선로동당출판사, 1979, 406-407; 김일성, 「8·15해방 10돐경축대회에서 한 보고」, 『김일성 저작집』 9, 조선로동당출판사, 1980, 387-392; 김일성, 「8·15 해방 스무돐기념경축연회에서 한 연설」, 『김일성 저작집』 19, 조선로동당출판사, 1982, 417.

인 정당성을 전취하는 맥락이 나타난다. 특히 1962년에는 '항일유격대 창
건 30돐'이 기념되는 등 사회주의 계열의 독립운동 중에서도 김일성 계열
의 항일무장투쟁이 집중 조명되는 행태를 보인다.

> 1910년 망국당시를 전후하여 근 10년 동안이나 계속된 반일의병운동은 일
> 본강도들에게 커다란 타격을 주었습니다. … 위대한 사회주의 10월 혁명의 승
> 리는 동방피압민족들의 새로운 각성의 시대, 혁명적 파도의 양양의 시대를 열
> 어놓았습니다. 조선에서도 삼천리강산을 뒤흔든 전 민족적 반일봉기인 3.1운동
> 이 일어났으며 … 3.1운동 이후 자산계급출신인 민족운동지도자들은 그들의 정
> 치적 동요와 일제의 매수정책으로 하여, 특히는 근로대중의 혁명적 진출에 겁
> 을 먹은 나머지 대부분 원쑤들에게 투항변절하고 말았습니다. 그들은 「애국지
> 사」로부터 조선민족을 통치하는 원쑤들의 충실한 압잡이로 되었습니다. 3.1운
> 동이후 조선인민의 민족해방투쟁은 주로 로동계급을 비롯한 근로대중의 아들딸
> 들에 의하여 계승되었습니다. 1926년의 6.10 만세운동, 1920년대말 1930년대
> 초에 계속적으로 일어난 함경도 각지의 농민폭동, 1929년의 원산로동자들의 총
> 파업, 같은 해 광주학생사건등을 계기로 하여 일어난 전 조선학생들의 반일투
> 쟁 등 허다한 영웅적인 반일항쟁이 계속되였습니다. … 특히 조선의 공산주의
> 자들과 애국자들은 만주 일대와 국내에서 직접 무기를 잡고 일본제국주의를 반
> 대하는 유격투쟁을 계속하여왔습니다.
> 김일성, 〈8.15 해방 1주년 평양시경축대회에서 한 보고〉, 1946. 8. 15, 강조
> 인용자.[22]

반면 미국은 해방 후 민족의 과업으로 제시된 "통일적 민주주의 독립
국가의 건설"을 가로막은 제국주의 침략자로 규정되며, 1948년 단독 정부
수립이후 이어진 남한의 정권들은 "친미친일파", "민족반역자"로 구성된
괴뢰정부로 묘사된다.[23] 이처럼 소위 '민주기지'로서 북반부의 우월성과

---

22) 김일성, 「8.15 해방 1주년 평양시경축대회에서 한 보고」, 『김일성 저작집』 3,
조선로동당출판사, 1979, 347-348.
23) 김일성, 「모든 것을 전선에로, 8.15 해방 5돐기념 평양시경축대회에서 한 보고」,
『김일성 저작집』 6, 조선로동당출판사, 1979, 57-63; 김일성, 「8·15 해방 스무
돐기념경축연회에서 한 연설」, 『김일성 저작집』 19, 조선로동당출판사, 1982,

여전히 해방을 달성하지 못한 미수복지구 남한을 대조하는 기법을 통해 민족적 정통성이 자신들에게 있음을 강변하는 담론 전략은 이 시대 남한의 담론정치와 거울이미지처럼 닮아있다.

> 우리는 나라의 북반부에서 사회주의를 건설하고있으나 아직도 **민족해방혁명을 전국적으로 완성하지 못하였습니다.** **남조선인민들은** 의연히 미제와 그 앞잡이들의 **식민지억압과 파쇼통치** 밑에서 **신음**하고 있으며 자유와 해방과 나라의 통일을 위해 투쟁하고 있습니다. 미제와 그 앞잡이들은 남조선을 미국의 원자밑 로케트 기지로 전변시키고 우리 공화국을 반대하는 도발행위를 끊임없이 감행하고 있으며 **일본군국주의세력까지** 남조선에 **끌어드려** 새로운 침략음모를 꾸미고 있습니다.
>
> 김일성, 〈8·15 해방 스무돐기념경축연회에서 한 연설〉, 1965. 8. 15, 강조 인용자).[24]

이어서 김일성의 권력이 절대화되고, 주체사상이 이 사회를 지배하는 원리로 등장하기 시작한 1960년대 후반에서 1970대에 이르는 제2기 북한의 8·15 서사는 일제식민지 시기 반일운동의 중심이 공산주의세력, 항일유격대에서 김일성 개인과 그 일가들로 이동하게 되는 모습을 보인다. '1967년 항일유격대 창건 35돐', '1967년 보천보 전투승리 30돐', '1972년 김일성 생일 기념 및 그 가족의 탄생과 서거일 기념', '1975년 타도제국주의동맹 결성 49돐', '1978년 조선인민군창건일 변경' 등의 사례가 대표적이다. 실제로 이 시기를 기점으로 매해 8·15 마다 행해졌던 김일성의 연설이 자취를 감추는 등 '조선인민의 민족적 명절'로 기념되었던 8·15 보다 1972년 사회주의 헌법의 반포 이후 대거 지정된 '혁명전통기념일'이 중시되기 시작했다. 특히 '1972년 김일성의 탄생 예순돐 기념식 이후 김

---

417.

24) 김일성, 「8·15 해방 스무돐기념경축연회에서 한 연설」, 『김일성 저작집』 19, 조선로동당출판사, 1982, 417.

일성 일가 대부분의 탄생일과 서거일이 기념'되었으며, 1975년을 전후한 시점부터는 당과 군 등의 국가기념일이 혁명전통의 역사로 새롭게 쓰이는 전환'이 이뤄진다.

> **김일성 동지는** 일제의 파쑈적 폭압이 절정에 달하고 민족의 운명이 위기에 처하였던 시기에 맑스-레닌주의적 혁명군대인 **항일유격대를 창건하여 강력한 항일무장투쟁을 조직 전개함으로써 우리나라 민족해방투쟁과 공산주의운동 발전에서 획기적 전환을 가져온 위대한 혁명적 새 시기를 열어놓았다.** 항일무장투쟁의 전 행정을 통하여 김일성 동지는 맑스-레닌주의를 조선혁명 실현과 결합시키고 공산주의운동을 민족적 및 사회적 해방을 위한 조선인민의 혁명투쟁과 결합시켰으며 조선혁명에 대한 주체적 입장과 자력갱생의 원칙에 확고히 서서 명확한 혁명 로선과 전략전술을 제시하고 투쟁의 앞길을 가로막는 **모든 난국을 몸소 타개하면서 항일무장투쟁을 중심으로 하는 조선인민의 전반적 반일해방투쟁을 빛나는 승리에로 이끄시었다.**[25]

이 같은 변화는 김정일의 후계자 계승이 명확히 공식화된 제3기에 이르러 더욱 가속화된다. '1976년부터 기념되기 시작한 김정일의 생일이 1982년부터는 정식 공휴일'이 되었으며, '1986년부터는 김일성의 생일과 대등하게 이틀 동안 휴무로 지정됨으로서 북한의 가장 큰 명절 중 하나가 되었다.[26] 이상 냉전시기 북한의 8·15에 대한 서사의 변화 과정을 간략히 정리하면 〈표 4〉와 같다.

---

25) 「투쟁과 승리의 스물두해」, 《노동신문》, 1967. 8. 15.
26) 북한의 기념일은 김일성 생일(4.15), 김정일 생일(2.16), 국제노동자절(5.1), 해방기념일(8.15), 정권창건일(9.9), 당창건일(10.10), 헌법절(12.24) 등 '사회주의 7대 명절'로 지정되었으며, 이중 가장 중시되는 국경일은 김일성과 김정일의 생일이다. 조은희, 「북한의 국가기념일을 통한 정권의 정당성 강화: 혁명전통 기념일을 중심으로」, 『북한연구학회보』 11/2, 북한연구학회, 2007, 246-25.

〈표 4〉 냉전시기 북한의 8·15에 대한 의미 규정

| 시기 구분 | 8·15의 의미 | 8·15의 의미구성 |
|---|---|---|
| 제1기 (1945-1960년대 중반) | 해방 | 조선인민혁명군이 소련군과 함께 동등한 지위에서 자력으로 해방 쟁취, 민주기지론 |
| 제2기 (1960년대 후반- 1970년대) | 해방 | 항일유격대 중심 식민지저항운동 서사가 김일성 개인과 가족의 영웅적 투쟁으로 변모, 8·15보다 '혁명전통기념일'을 중시 |
| 제3기 (1980년대 이후) | 해방 | 8·15보다 '혁명전통기념일'을 중시, 후계자 김정일의 생일을 김일성과 대등한 위치로 기념 |

출처: 곽송연, 2020: 202.

## 4. 맺음말

이 글은 냉전시기 남한의 대통령 연설문, 북한의 김일성 저작집, 노동신문 등 남북한 최고지도자의 기념사를 중심으로 나타난 8·15에 대한 의미규정과 그 변화를 추적해 해방과 분단, 민족에 대한 남북한 국가의 이데올로기적 담론을 비교분석하고자 했다.

분석 결과, 다음과 같은 결론을 도출할 수 있었다. 첫째, 냉전 시기 남한의 민족에 대한 공식 담론은 종족·상징주의에 입각한 민족주의적 시각과 반공주의를 주요 내용으로 하는 이데올로기적 구분선이 동시에 작동하는 것으로 나타났다. 반면 북한의 공식 민족 관념은 해방 직후부터 정권 초기까지 스탈린에 의해 개념화된 사회주의적 민족관에 의지하다가 주체사상이 사회를 지배하는 원리로 전면 선포되고, 이에 따른 후계자의 계승이 공식화되는 1980년대에 이르러 공통의 언어와 혈통을 강조하는 종족상징주의적 민족관이 대두된 것으로 파악됐다. 그러나 북한의 민족관념을 관통하는 가장 중요한 요소는 스스로를 제국주의에 항거하는 제3세계 식민지 피압박민족으로 규정하는 '저항적 방어적 민족주의'의 성격에서 기인함을 알 수 있었다. 즉 남북한의 민족관은 양자 모두 시기별 미시적 차이에도 불구하고 민족주의적 시각과 이데올로기적인 기준선을 중심으로 정의되는 공통점을 나타냈다. 특히 주목할 만한 지점은 양자가 공유하는 종족 상징주의에 입각한 민족주의적 시각이 국가의 존립 근거인 정통성을 주창하는 근거이자 반대로 서로를 반민족적 집단으로 비난하는 정당성의 근원으로 작동되는 양상을 보였다는 것이다. 둘째, 남한의 8·15에 대한 공식 서사는 이승만 정부의 경우 해방과 기미년 독립선언에 기초한 공화정의 회복을 강조하고 있으며, 박정희 정부와 전두환 정부는 안정과 발전이데올로기에 방점을 둔 광복의 의미를 부각하는 것으로 분석됐다. 한편 북한의 8·15에 대한 의미화는 큰 틀에서 제국주의로부터 자력에 의한 해방을 성취했음을 상징하는 것으로 나타났으나 유일사상체계가 확립되면서부터 김일성 개인과 그 가족을 중심으로 한 반일투쟁의 역사로 재정립되는 등 8·15보다 사회주의 혁명기념일을 더 중시하는 변화를 보였다. 결론적으로 남북한 모두 8·15라는 공적 기념의 서사를 현재의 정치적 필요에 따라 재구성하는 정당화의 재원으로 활용했음을 보여준다. 특히 북한의 경우 정권 변화의 거대한 분기점인 유일사상체제의 성립과 함께 8·15의 의미가 대폭 축소된 것은 공통의 역사적 기억이 어떻게 분단이라는 구조의 영향에 조응하는지를 보여준 단적인 예라 할 것이다.

이 같은 결과는 향후 통일을 예비하는 과정, 혹은 통일 이후의 국가정체성의 정립에 대한 중요한 시사점을 지닌다. 즉 냉전 시기 남북한이 각각의 정통성을 정당화하는 논리로 이용했던 민족의 구획은 오히려 분단과 대결의 냉전적 인식을 체화한 것이라 볼 수 있다. 바꿔 말해 현 시점에서 적어도 통일을 염두에 둔 규준으로 종족 - 상징주의적 민족정체성은 더 이상 현실적이지 않을 뿐더러 당위적 설득력마저도 상실했음을 뜻한다. 특히 서두에서 밝혔듯이 최근 수년간 진행된 각종 여론조사 지표에 의하면 우리 국민의 인식은 탈냉전 이후 지속적인 민주화 과정을 거치며, 국가와 민족에 대한 관념이 전통적인 틀에서 벗어나 민주주의의 가치 지향을 중심으로 한 실용주의적 태도로 바뀌는 뚜렷한 변화를 나타낸다. 따라서 통일 이후와 통일을 준비하는 단계에서 새로운 국가정체성의 발명은 오히려 이 같은 차이의 인정으로부터 출발해야할 것으로 보인다. 무엇보다 우리는 독일의 통일 과정에서 과거 독일인들의 게르만 민족주의가 금기와 반성의 대상이었으며, 그들이 내세운 가장 중요한 통일의 당위와 명분은 민주주의 가치의 확산과 전쟁에 반대하는 평화 체제의 수립이라는 화두였음을 상기할 필요가 있다. 이에 따라 우리 역시 냉전 시기 서로를 비난하기 위한 장치로 이용되었던 혈연, 핏줄에 입각한 부정적 의미의 '민족'이 아닌 대결과 혐오, 전쟁의 결과로 주어진 분단을 실질적으로 극복하는 사고의 전환이 필요하다. 그리하여 새로이 발명되고 만들어질 '민족'은 화해와 평화, 서로의 다름을 인정하는 다양성의 재발견으로부터 출발해야만 비로소 관념의 분단을 극복하는 해법을 마련할 수 있을 것이다.

# 참고문헌

● 한글문헌

[원전자료]

김일성, 「8.15 해방 1주년 평양시 경축대회에서 한 보고」, 『김일성 저작집』
　　3, 조선로동당출판사, 1979.

_____, 「8.15 해방 3주년 평양시 경축대회에서 한 보고」, 『김일성 저작집』
　　4, 조선로동당출판사, 1979.

_____, 「모든 것을 전선에로, 8.15 해방 5돐 기념 평양시 경축대회에서 한
　　보고」, 『김일성 저작집』 6, 조선로동당출판사, 1979.

_____, 「8·15해방 10돐 경축대회에서 한 보고」, 『김일성 저작집』 9, 조선로
　　동당출판사, 1980.

_____, 「조선인민의 민족적 명절 8.15 해방 15돐 경축대회에서 한 보고」, 『김
　　일성 저작집』 14, 조선로동당출판사, 1981.

_____, 「8·15 해방 17돐 기념 경축 연회에서 한 연설」, 『김일성 저작집』 16,
　　조선로동당출판사, 1981.

_____, 「8·15 해방 스무돐 기념 경축연회에서 한 연설」, 『김일성 저작집』
　　19, 조선로동당출판사, 1982.

[연구논저]

김순석, 「새로운 역사 인식을 위한 기초조사 방법론: 남북한 3·1운동 연구 성
　　과 비교를 중심으로」, 『국학연구』 10, 한국국학진흥, 2007.

김학재·강채연·김범수·김병로·김희정·이성우·최규빈·임경훈·조용신, 『2019 통
　　일의식조사』, 서울대학교 통일평화연구원, 2019.

곽송연, 「민주화 이전 국가의 이데올로기적 담론정치 연구 – 전두환 연설문에
　　나타난 5·18과 지역주의 맥락모형을 중심으로」, 『아세아연구』 160,

고려대학교 아세아문제연구소, 2015.

_____, 「1980년대 이후 한국 대통령 연설문에 나타난 민주주의 담론 변화 연구－권위주의 시기, 민주화 이행기, 민주화 이후 시기의 비교를 중심으로」, 『OUGHTOPIA』 33/2, 경희대학교 인류사회재건연구원, 2018.

_____, 「8·15 기념사에 나타난 국가정체성 변화 연구: 오스트리아 사례에 비춰 본 국가의 민주주의 담론 전략을 중심으로」, 『유럽연구』 37권 제3호, 한국유럽학회, 2019.

_____, 「냉전시기 8·15에 대한 남북한 기억담론 비교 연구－최고지도자의 연설문에 나타난 해방과 분단, 국가정체성의 교차를 중심으로」, 『다문화콘텐츠 연구』 32, 중앙대학교 문화콘텐츠기술연구원, 2020.

박호성, 『남북한 민족주의 비교연구』, 당대, 1997.

방영춘, 「연변에서 본 남북한의 역사인식 비교"」, 『역사교육』 54, 역사교육연구회, 1993.

베네딕트 앤더슨, 『상상의 공동체－민족주의의 기원과 전파에 대한 성찰』, 윤형숙 옮김, 나남, 2004.

이연복·문동석, 「남북한 초등 역사교과서 비교 연구」, 『사회와 교육』 41/2, 한국사회과교육연구학회, 2002.

이준태, 「남북한 역사교육 분석을 통한 역사의식 통합 방안 모색」, 『아태연구』 16/2, 2009.

에릭 홉스봄, 『만들어진 전통』, 박지향 옮김, 휴머니스트, 2004.

정영순, 「남북한 역사인식 비교 연구: 역사교과서를 중심으로」, 『사회와 교육』 45/1, 한국사회과교육연구학회, 2006.

정영철, 「북한 민족주의의 이중구조 연구: 발생론적 민족론과 발전론적 민족관」, 『통일문제연구』 53, 2010.

정은미, 「남북한 주민들의 통일 의식 변화: 2011~2013년 설문조사 분석을 중심으로」, 『통일과 평화』 5/2, 서울대학교 통일평화연구원, 2013.

정일준, 「남북한 민족주의 역사 비교연구: 민족형성의 정치를 중심으로」, 『공공사회연구』 6권, 한국공공사회학회, 2016.

조은희, 「북한의 국가기념일을 통한 정권의 정당성 강화: 혁명전통 기념일을 중심으로」, 『북한연구학회보』 11/2, 북한연구학회, 2007.

● 영문문헌

Anthony D. Smith, Nations and Nationalism in a Global Era, Cambridge, UK: Polity, 1995.

Barry Schwartz, "Memory as a Cultural System: Abraham Lincoln in World War Ⅱ", American Social Review, Vol.61, No.5, 1996.

Halbwachs, Maurice, The Collective Memory. tr. Francis J. Ditter Jr. & Vida Yazdi Ditter. New York: Harper, 1980.

Norman Fairclough, Language and power. Harlow, Longman, 2001.

Pierre Nora, "Between Memory and History, Les Lieux de Mémoire." Representations, 26/1, 1989.

Rudolf De Cilla, Martin Reisigl & Ruth Wodak, "The Discursive Construction of National Identities", Discourse & Society, 10/2, 1999.

● 정기간행물 및 인터넷 자료

「투쟁과 승리의 스물두해」, 《노동신문》, 1967. 8. 15.

대통령기록관 http://www.pa.go.kr/online_contents/index_record.html
(검색일 2016. 6. 29-2016. 7. 9. 2017. 2. 10-2017. 3. 2.)

2부       동북아 냉전 경험의
문화적 재현

# 한국 전후 시에 나타난 죽음 의식의 세 층위*
## :「구름의 파수병」과「원정」을 중심으로

**김정배**
원광대학교 교양교육원 부교수

## 1. 서론

이 글은 한국 전후시에 나타난 죽음의식의 층위를 살펴봄으로써 죽음에 관한 미적 확장 가능성을 타진해 보려는 목적을 지닌다. 한국에서의 전후문학은 전쟁과 밀접한 관련을 맺는다. 통상적으로 전후문학은 실제 전쟁의 발발 시기와 전쟁 후의 시기를 포함한다. 이 시기는 1950년대가 주축이 되는 동시에 그 잔상의 여파를 수용하고 있는 1960년대까지를 모두 전후문학의 범위[1] 안에 둔다. 1950년대가 전쟁의 직접적인 시기였다면, 1960년대는 전쟁의 폐허에서 탈피하고자 했던 각고의 시기이기 때문이다.

한국 현대 시문학사에서 죽음에 대한 관심을 가장 많이 불러일으킨 시기는 1950년대이다. 이 시대는 6·25라는 전쟁의 상황과 근대라는 가치체계가 혼합된 시기로 특징된다. 이 시기를 죽음의식의 관점에서 일별하면, 우선 미적 근대[2]와 함께 등장한 '개인주의'에 초점을 맞출 필요가 있다.

---

\* 이 글은 김정배,「한국 전후시에 나타난 죽음의식의 세 층위 -『구름의 파수병』과『원정』을 중심으로」,『현대문학이론연구』 59, 현대문학이론학회, 2014에 수록된 논문을 수정·보완한 것임.
1) 김재홍,「6·25와 한국문학」,『시와 진실』, 이우출판사, 1987, 35쪽.

개인주의의 등장은 현존하는 모든 것을 부정하고 새로움을 추구하고자 했던 모더니즘의 정신에 입각하여 죽음에 대한 인식조차 새롭게 하는 구도를 형성한다. 인간은 만물의 척도라는 명제에 이르면서, 개인은 인식주체로서의 역할까지도 자처한다. 이러한 파급력은 1930년대와 40년대 한국 시단의 흐름 중 하나였던 종교적 사유의 탈피를 의미함과 동시에 개인적 죽음에 대한 새로운 단초를 마련하는 계기로 작용한다.

이제 전후시인들에게 죽음은 더 이상 유토피아 같은 세계로 인식되지 않는다. 천국이나 해탈에 이르기 위한 통과제의로서의 죽음이 아니라 철저히 개인의 실존문제로 집중된다. '메멘토 모리'라는 선언적 명제를 통해서만 인간은 유한성과 존재에 대한 본질적 물음을 제기한다. 전후시인들에게 있어 죽음은 오로지 자신의 삶을 어떻게 수용하고 살아갈 것인가에 대한 '실존'의 문제로만 귀결되는 것이다. 릴케의 언급대로, 그들은 단지 죽음을 '고유한 죽음'과 '낯선 죽음'3)으로 밖에 구분할 수 없게 된 것이다. 이러한 현상을 두고 하이데거는 '죽음을 향하고 있는 본래적인 존재야말로 현존재가 지니고 있는 하나의 실존적인 가능성'4)으로 인식해 낸다.

전후시인들에게 이런 분위기는 하나의 사상적 흐름으로 감지된다. 그들은 자신의 처지에 맞는 실존주의를 수용하고 전쟁의 상흔을 죽음이라는 사유 안에서 해결하고자 노력한다. 큰 흐름으로만 놓고 본다면 6·25전쟁이라는 형상아래에서 시문학의 전반적인 흐름5)이 정리된 셈이지만, 면밀하게 본다면 근대의 미적 사유의 토대 안에서 죽음의 시적 세계관의 부재

---

2) 미적 근대는 역사·철학적인 의미로 환원되지 않는 문학·예술의 근대성을 의미한다. 이러한 문제의식의 기저에는 리얼리즘을 포괄하는 넓은 의미에서의 모더니즘의 개념이 전제되어 나타난다. (M. 버만, 윤호병 역, 『현대성의 경험』, 현대미학사, 2004.)

3) 이영일, 『죽음의 미학』, 전예원, 1988, 14쪽.

4) 정동호 외, 『죽음의 철학』, 청람, 1986, 174쪽.

5) 1950년대 시문학의 전반적인 흐름은 이남호의 글 「1950년대와 전후세대 시인들의 성격」 참조 (송하춘·이남호 편, 『1950년대의 시인들』, 나남, 1994, 11~27쪽.)

를 드러낸 셈이기도 하다. 물론, 6·25전쟁의 폐허와 충격은 누구에게나 감당하기 어려운 사건임에 틀림없다. 특히 전후시인들에게 전쟁은 충격과 공포6) 그 자체였을 것이다. 전쟁이 죽음을 전제한다는 점에서 삶은 죽음의 집결지이며, 죽음은 인간의 선택이 아닌 보편적 실존현상으로만 이해되었을 것이다.

그러나 문학 텍스트 안에서의 죽음은 미적 선택의 가치를 동반한다. 시인은 시라는 형식을 통해 죽음을 사유하고, 미적 감성의 성취를 돋우어 낸다. 특히 죽음이라는 테마는 시인의 시의식 뿐 아니라 시의 텍스트에도 상당한 영향력을 미친다는 점에서 주의를 요한다. 독자와 작가, 텍스트와 문학, 그리고 그 시대적 배경에 이르기까지 접히고 펼쳐지면서 형성하는 입체적인 효과 때문이다. 물론 전후시에 내재한 모더니즘 자체를 '미적 기술의 세련이나 실험성'만으로 이해할 때의 위험성은 마땅히 고려되어야 한다. 예술의 심미성이 현실에 대한 인식을 놓치거나 회피한다면, 그것은 당대의 가치관이나 세계관에 대한 반발과 변혁을 추구하는 모더니즘의 본질까지 놓치는 결과를 초래7)하기 때문이다.

위에서 언급한 내용을 기본 전제로 이 글은 한국 전후시에 나타난 죽음의식의 층위를 살펴보려고 한다. 한국 전후시의 본질에는 죽음의식에 대한 미적탐색과 이미지, 그리고 예술가로서의 욕망이 강하게 내재되어 있을 것으로 예상한다. 이 글은 이 점을 숙고하면서 우선 죽음의식의 이론

---

6) 고석규의 글은 한국 전쟁 중에 문인들이 온몸으로 체감해야 했던 절망감과 심적 절규를 잘 대변해 준다. "나는 전장에서 공포를 제압하던 침묵의 기간을 지금 생각할 수가 있습니다. 그것은 생사직전에 있었던 우리를 굴복시키던 위대한 강요였습니다. 그것은 평온한 대기기간에도 우리들의 피로와 권태를 사정없이 박탈한 것이었습니다. 나는 전쟁보다 이 여백의 지배를 사실 불가피하였던 것입니다. 진실로 진실로 하늘에 대한 우리들의 전망이란 무엇이겠습니까. 남과 같이 피살되지 않은 경우가 어찌하여 나에겐 그다지 신랄한 것이었던지. 죽음보다 더 어려운 모습의 체험이란…… (고석규, 『여백의 존재성』, 지평, 1990, 38쪽.)
7) 강연호, 「김수영 시 연구」, 『한국 현대시의 미적 구조』, 신아출판사, 2004, 54쪽.

적 배경이 되는 '한국 전후시의 흐름'을 짚어보고, 시적 대상으로서의 죽음의식의 미학적 층위를 총 세 가지의 관점에서 고찰하려고 한다. 죽음의식의 미학적 층위 구조 안에서 시작품을 분석해보면, 한국 전후시에 나타난 죽음의식의 층위가 좀 더 입체적으로 드러날 것이라 기대한다.

## 2. 한국 전후시와 시적 대상으로서의 죽음

세상의 모든 전쟁은 죽음을 동반한다. 죽음은 당연히 '인간의 존재 자체를 부정'[8]시키는 막강한 힘을 발휘한다. 한국 전후문학의 키워드가 전쟁이나 이데올로기, 불안, 자유, 실존, 죽음 등의 단어로 집약되는 것도 이 때문이다. 특히 전쟁의 비극적 체험을 직접적으로 경험한 1950년대 한국 시문학의 핵심 키워드는 단연 '죽음'이라고 할 수 있다. 전쟁이 가져다주는 비극과 죽음은 실존주의 문학에 자연스럽게 편승하면서, 죽음에 대한 사상적 기틀[9]을 마련하기에 이른다.

---

8) 프로이트에 따르면 '전쟁은 죽음에 대한 관습적 태도를 일소해 버린다. 죽음은 더 이상 부인되지 않으며, 우리는 죽음의 존재를 믿을 수밖에 없게 된다. 사람들이 정말로 죽게 됨으로써 죽음은 더 이상 우연이 아니라는 것을 현실 속에 증명해 놓는다. 사람들은 이제 자신도 죽을 수 있다는 사실을 인정하면서도, 죽음에서 소멸의 의미를 배제하려고 노력한다. 그 과정 속에서 전쟁은 사랑하는 사람의 죽음까지도 무시하라고 가르치게 된다.' (지그문트 프로이트, 김석희 역, 『문명속의 불만』, 열린책들, 1997, 60~64쪽.)
9) 조남현에 따르면, 우리나라에 실존주의가 소개된 것은 1930년대 중반이다. 신남철의 「나치스의 철학자 하이덱겔」(『신동아』, 1934. 11)을 시작으로 꾸준히 한국 문단에 실존주의가 소개되었음 밝힌다. 그 후 실존주의가 본격화된 것은 1950년대이다. 이 시기의 실존주의 문예사조는 1950년대의 정신사를 이끌었으며, 니체, 키에르 케고르, 하이데거, 야스퍼스, 사르트르, 카뮈 등의 저작들은 1960년대 문학의 중심축이 되었음을 언급한다. (구인환·조남현·최동호 좌담, 「한국문학과 실존사상」, 『현대문학』, 1990. 5, 40쪽.)

서구 실존주의 철학 혹은 문학작품과의 조우를 경험한 전후시인들에게 전쟁에서 파생되는 죽음에 대한 사유는 시를 창작하는 방법과 시적 인식에도 커다란 영향을 미치게 된다. 전쟁이라는 특수한 상황이 오히려 시의 본질에 접근할 수 있는 기회를 제공해준 셈이다. 하이데거나 릴케의 실존적 사유와 시가 맺는 영향관계10) 속에서 1950년대의 한국 전쟁이나 4·19 의거로 시작된 1960년대는 그 자체로 실존과 죽음의 파노라마다. 실존과 죽음을 통한 문인들의 시적 자각은 전후시기의 정서적 불안, 문학적 혼돈 그리고 모더니즘의 수용과 그대로 맞물리면서 '내면상실'11)이라는 확연한 특질을 부각해낸다.

물론, 한국 전후시에 나타난 죽음은 1920년대나 1930·40년대의 근대성이 지향했던 성취 면에서는 어느 정도 공통분모를 보이고 있으나, 죽음의 문제만큼은 사뭇 다른 경향을 지향한 것으로 판단된다. 한국 시문학의 출발을 1920년대로 가정하여 볼 때, 이 시기는 문학작품을 생산하는 창작 욕구로서 죽음에 대한 의식이 대체로 낭만주의적 탐미성과 허무주의를 바탕으로 한 죽음묘사가 두드러지는 것을 알 수 있다. 1920년대는 말 그대로 죽음이 운명이었으며, 동시에 삶의 유한성을 초월하는 수단으로 여겨졌다. 다시 말해 죽음은 '참 삶이 존재하는 곳이며 생명이 꽃피우는 곳으로만 인식'12)한다는 의식이 팽배했다. 이러한 사유는 1930·40년대의 종교적인 죽음의식에 그대로 전도되어 나타나지만, 한국 전쟁을 맞이하면서 죽음에 대한 사유는 새로운 국면을 맞게 된다.

1950년대는 필연적으로 6·25전쟁과 상보되어야 하지만, 그 속에는 근대적 죽음의 방식이 선점되어 있다는 것을 반드시 상기할 필요가 있다.

---

10) 이어령의 「논쟁의 초점」(『경향신문』, 1959. 2. 2)과 김춘수의 「릴케적 실존」(『문예』, 1952. 1) 참조.
11) R. N. 마이어, 장남준 역, 『세계상실의 문학』, 홍성사, 1981, 96쪽.
12) 김동윤, 「1920년대 시에 나타난 죽음의식 연구」, 대구대학교 석사학위논문, 1985, 48~55쪽.

1950년대의 죽음은 전시대와 같은 유토피아적·초월적 죽음의 세계를 지향하지 않는다. 1950년대의 한국의 현실은 전쟁으로 인한 불안과 공포를 원하든 원치 않든 간에 의무적으로 감내해야만 했던 시기이기 때문이다. 그 지점에서 인간의 실존은 죽음으로 무장되며, 전후시의 작품들은 전쟁의 상흔이 가져다주는 불안과 공포의 이미지로 가득 차게 된다. 이제 전후시인들은 현실의 상황을 극복하기 위해 저마다의 자기갱신을 시도한다. '나다움'의 핵심은 '나'에게 있는 것이 아니라 '죽음'에 있음을 자각한 것이다. 그 과정에서 '죽음'보다 강력한 것은 '죽어간다는 것'을 전후시인들은 깨닫는다.

그런 점에서 전후시인들에게 실존주의 사상은 여타 서구사회에서 보여주었던 죽음이나 존재의 철학적 논리보다는 불안과 위기를 극복해주는 처방으로 구성된다. 기본적으로 실존주의가 휴머니즘을 양산한다면, 많은 전후시인의 휴머니즘은 '나다움'13)으로 의미화된다. 이들은 '나다움'의 핵심을 찾기 위한 문학적 행보의 일환으로, 전쟁 종결 후《현대문학》을 창간하고,《문학예술》을 복간시킨다. 문예지들의 발간은 새로운 전후세대 문인들의 등용문14)의 역할뿐만 아니라, 근대적 주체로서의 역할을 할 수 있는 기반을 마련했다는 점에서 의미가 있다. 문제는 근대적 주체로서의 역

---

13) '나다움'은 자기 인식 안에서 길러진 자아와 그 자아를 마주보는 시선 사이에서 전통적이고 인습적인 이전의 인간형과는 다른 '내면을 가진 주체'로 이해될 수 있다. (이미경, 「한국 근대 시문학에서의 낭만주의 문학 담론의 미적 근대성 연구」,『한국문화』31집, 서울대 규장각 한국학연구원, 2003, 117쪽.)

14) 전봉건, 김춘수, 신동집, 김수영, 송욱, 김규동, 이봉래, 조병화, 구상, 박인환, 이형기, 김구용, 이동주, 박재삼, 김종길 등을 언급할 수 있다. 이들은 전전 세대들과 자신들과의 단절성을 강조하면서 기성의 문학·질서·권위 등에 대한 철저한 부정을 주장한다. 20세기 후반기의 문학은 전후세대들에 의하여 완전히 새롭게 전개되어야 한다는 것이었다. 이러한 문단 분위기는 '새로운'이라는 관형어 속에 담긴 기성 문학에 대한 단절과 부정으로 이해된다. (이남호, 「1950년대와 戰後世代 詩人들의 性格」, 송하춘·이남호 편, 앞의 책, 11~15쪽.)

할 규범과 정신적 위상의 규준이 마땅하지 않았다는 점이다. 이들에게 근대적 주체로서의 '나'는 마치 '화전민 지역'의 화전민의 모습으로 형상될 정도로 불가역적인 것이었다. 하지만, 전후세대들은 오히려 이 화전민 지역에서 일종의 '창조의 혼'을 발견한다.

> 엉겅퀴와 가시나무 그리고 돌무더기가 있는 황요荒蓼한 지평 위에 우리는 섰다. 이 거센 지역을 찾아 우리는 참으로 많은 바람과 많은 어둠 속을 유랑해 왔다. 저주받은 생애일랑 차라리 풍장해 버리자던 뼈저린 절망을 기억한다. 손 마디마디와 발가락에 흐르던 응혈의 피. 사지의 감각마저 통하지 않던 수난의 성장成長을 기억한다. 그러나 우리가 이대로 패배하기엔 너무나 많은 내일이 남아 있다. 천지와 같은 침묵을 깨치고 퇴색한 옥의獄衣를 벗어 던지지 않고는 견딜 수 없는 유혹이 있다. 그것은 이 황야 위에 불을 지르고 기름지게 밭과 밭을 갈아야 하는 야생의 작업이다. 한 손으로 불어오는 바람을 막고, 또 한 손으로 모래의 사태를 멎게 하는 눈물의 투쟁이다. 그리하여 우리는 화전민이다. 우리들의 어린 곡물의 싹을 위하여 잡초와 불순물을 제거하는 그러한 불의 작업으로써 출발하는 화전민이다. 새 세대 문학인이 항거해야 할 정신이 바로 여기에 있다. 항거는 불의 작업이며 불의 작업은 미개지를 개간하는 창조의 혼이다. 저 잡초의 더미를 도리어 풍요한 땅의 자양으로 바꾸는 마술이, 성실한 반역과 힘과 땀의 노동이 새로운 인간들의 운명적인 출발점이다. 불로 태우고 곡괭이로 길을 들인 이 지역, 벌써 그것은 황원이 아니라 우리가 씨를 뿌리고 그 결실을 거두는 비옥한 영토일 것이다.15)

위에서 인용한 이어령의 언급은 한국 전후세대들의 정신적 위상을 적절히 함축해준다. 화전민으로 은유화 되는 전후세대들은 '전쟁으로 모든 게 파괴된 이 땅에서 모든 것을 새롭게 창조해야 한다는 의식'을 잉태한다. 잡초의 더미가 땅의 자양이 되고 성실한 반역의 힘이 창조의 운명적인 출발점이 됨을 강조하고 나선 것이다. 전쟁으로 폐허가 된 화전민 지역이 비옥한 영토가 될 수 있다는 가능성을 열어둠으로써 전후세대들의 자존감과 문학적 자장의 폭을 넓힐 기회를 제공한 셈이다.

---

15) 이어령, 「火田民地域」, 『저항의 문학』, 예문관, 1965, 15쪽.

죽음의 관념 또한 모더니스트 시인들의 등장과 그들의 새로운 인식에 맞물려 다시금 편재될 수 있는 사유의 틀을 확보한다. 특히, 일군의 모더니스트 시인들은 한국 전쟁이 끝난 후, 적극적으로 모더니즘의 속성[16]에 주목하면서, '개인주의'[17]의 속성과 의도적으로 담합한다. 또한, 내면을 가진 또 다른 주체의 '예술적 모더니티'[18]를 적극 수용함으로써 전후시가 갖는 죽음의식에 새로운 전기를 가동시킨다. 기본적으로 모더니즘이라는 거대한 틀이 한국 시단의 풍속도를 바꿔놓을 만큼 엄청난 기류로 이해되었다면, 이런 분위기에 편승한 전후시기의 죽음 사유는 실존과 예술에 대

---

16) 모더니즘의 특징을 ①미학적 자의식 또는 자기 반영성, ②동시성, 병치 또는 몽타주, ③패러독스, 모호성, 불확실성, ④'비인간화'와 통합적인 개인 주체 또는 개성의 붕괴로 정리한 유진 런의 주장은 여전히 모더니즘 이해의 좋은 규준이 된다. (유진 런, 김병익 역,『마르크시즘과 모더니즘』, 문학과지성사, 1991, 46~50쪽.)

17) 근대에 이르러 개인주의의 등장은 죽음에 대한 새로운 인식을 초래한다. 인간은 만물의 척도(anthr ponpant n einei meron)라는 피타고라스로부터 데카르트의 명제에 이르기까지 인식주체로서 개인의 등장은 신의 영역인 죽음에 까지 간섭하게 된다. 인간 즉 개인은 인식주체일 뿐 만 아니라 판단주체가 된다. 코기토(cogito)를 통해 세계를 해석하고 운영하게 된 인간에게 신은 더 이상 필요치 않게 된다. 따라서 근대적 죽음은 유토피아와 같은 초월적 세계(내세)를 지향하지 않는다. 죽음이란 더 이상 천국이나 해탈에 이르기 위한 통과제의가 아니다. 철저히 개인의 실존적 문제로 귀결된다. (서동수,『전쟁과 죽음의식의 미학적 탐구』, 새문사, 2005, 7~8쪽.)

18) 예술의 모더니티는 근대적 주체가 자기 인식 안에서 자아를 길러낼 수 있는 양수와 같은 역할을 한다. 자기 인식 안에서 길러진 자아와 그 자아를 마주보는 시선 사이에서 전통적이고 인습적인 이전의 인간형과는 다른 '내면을 가진 주체'(이미경, 앞의 논문, 117쪽.)가 형성된다. 자기를 관찰 대상으로 놓는 것, 그것은 근대문학의 시작이 아닐 수 없다(조영복,「근대 초기 시의 미적 개념 인식과 근대 장르의 체계화 과정 연구」,『우리말글』29, 우리말글학회, 2003, 514쪽.)는 논의는 타당하다. 근대성은 근대적 주체를 정립하고 그를 통해 세계에 대응하는 부정성의 미학을 작동한다.(유성호,「한국근대시의 근대성과 모더니즘」,『현대문학의 연구』16, 한국문학연구학회, 2001, 153쪽.) 모더니즘의 미학 주체는 근대적 주체와 내면에서 생성된 주체의 시선 사이에서 형성된다.

한 새로운 문제의식으로 다시금 부각되면서 죽음에 대한 다양한 매커니즘을 형성해낸 것이다.

기실 전후세대 시인들은 시대의 기류와 모더니티 혹은 미적 근대성의 흐름에 편승해 자신들의 작품 속에 죽음을 다각적으로 양각해 놓는다. 다시 주지하지만, 전후시로 통칭되는 1950년대와 60년대는 죽음을 단순히 초월적 세계로 묘사하지 않는다. 1920·30년대의 죽음이 '공동체적인 것'을 통해 죽음의 기억을 공유하는 방식이었다면, 전후시기의 죽음은 개인의 내면화 과정을 거쳐 발현되는 개별적·미적사건의 기억이면서, 미적 근대의 흐름을 통한 '나다움'을 확보하는 하나의 수단이 된다.

지금까지 위에서 언급한 한국 전후시의 형성 배경은 '시적 대상으로서의 죽음'이라는 주제에 대한 해석의 방식을 다르게 접근할 수 있는 미적 가능성을 열어준다. 그 가능성의 이론적 범위는 다음과 같다.

첫째, 시인은 죽음을 어떻게 받아들여야 하는가. 죽음은 종교적 차원을 넘어선 것으로 이해되어야 한다. 종교적인 죽음은 시인에게 단순히 죽음에 대한 두려움과 신에 대한 갈망으로 단순하게 귀결되기 때문이다. 시적 인식으로서의 죽음은 앎의 문제가 아니라 의미의 문제로 봐야 한다. 시인은 죽음이 무엇인지 모르지만, 죽음을 시작품 속에서 하나의 텍스트로 구성하는 능력을 지닌다. 따라서 죽음을 종교의 관점이 아닌 미학적 인식과 연계해서 사유해야 할 필요성이 있다.

둘째, 시인은 죽음을 어떻게 그려내야 하는가. 기본적으로 시인은 지금껏 말하지 않은 것, 낯선 것들을 말한다. 시인은 '친숙한 것의 모습에서 낯선 것의 통찰을 포함하는 것으로서 상-상(Ein-bildung)하는 자'[19]이다. 또한, 유일한 시는 말해질 수 없는 것 가운데 머물게 되고, 시는 이미지를 통해 모호성에 대한 해명(Erläuterung)을 수행하고 동시에 죽음에 대한 순수 이미지를 회복한다. 이 과정을 통해 시인은 죽음의 이미지를 사유하고

---

19) 김동규, 『하이데거의 사이-예술론』, 그린비, 2009, 196쪽.

시작詩作에 동참하게 된다. 따라서 시인은 시적 교감을 통해 얻어낸 이미지의 현상학20)을 통해 경험되지 않은 죽음에 대해 끊임없이 사유해낸다. 그러면서 이미 있는 것 가운데 있지 않은 것을 말한다. 이때의 죽음 이미지는 하나의 장소가 되면서 현실의 삶을 재고하는 모태로 작용한다.

셋째, 시인은 죽음을 어떻게 사용할 수 있는가. 글을 쓴다는 것은 죽음을 수행하는 행위이다. 글쓰기의 재능은 죽음의 재능, 더 정확히 말해 죽어감의 수동성을 나타낸다. 블랑쇼가 예술가를 일컬어 '죽음을 자기의 작품으로 만들고자 하는 자'라고 했을 때, 예술가는 죽음을 '낯선' 것이 아닌 '고유한' 것으로 받아들이는 동시에 죽음을 통해 삶을 사는 자로서의 질적 전환21)을 이룬 존재가 된다. 따라서 시인은 미리 앞당겨진 죽음과의 관계로부터 글을 쓸 수 있는 능력을 부여받은 자로 거듭난다. 시인은 작품을 통해서만이 죽음을 활용할 수 있고 또한 접근할 수 있다. 이에 바타이유는 죽음과 재생을 함께 논의하면서, 생의 환히는 비극적으로 바라볼 수

---

20) 이미지의 현상학이란 아주 쉽게 말하자면 독자의 의식의 체험을 강조하는 것으로서, 시적 교감의 주관적인 느낌을, 즉 우리들 자신이 시적 이미지의 아름다움, 감동을 가장 직접적으로 느낀 것을, 잘 묘사함에 있을 따름이다. 이를테면 독자는 소박하다면, 〈스스로 현상학자가 무엇인지 모르는 현상학자〉인 것이다. 이미지의 현상학은 깊은 정신의 효과, 달리 말해 우리들의 독서 체험의 영혼적인 깊이를 드러낸 데에 있다. 이때의 감동을 바슐라르는 울림이라고 하는데, 울림은 말하자면 〈존재의 전환을 이룩한다〉는 의미를 지니거나 의식의 각성정도로 해석될 수 있다. 이리하여 이미지는 우리들 자신의 언어의 새로운 존재가 되고, 우리들을 그것이 표현하는 것으로 만듦으로써 우리들 자신을 표현하는 것이다. 그것은 표현의 생성인 동시에 존재의 생성이기도 하다. 표현이 존재를 창조하는 것을 의미한다. (가스통 바슐라르, 곽광수 역, 『공간의 시학』, 동문선, 2003, 16~19쪽 참조.)

21) 모리스 블랑쇼는 예술가란 예술이라는 형식을 통해 죽음을 사유함으로써 예술적 감성의 드높은 성취를 이룬 자로 묘사한다. 그러나 죽음에 대한 예술가의 태도는 전향적이다. 왜냐하면, 예술가는 이미 예술적 형식을 통해 '중화'된 죽음을 만나고 있기 때문이다. 죽음 그 자체가 아니라, 예술 속에 감금된 죽음을 향유하고 있는 것이다. (모리스 블랑쇼, 박혜영 역, 『문학의 공간』, 책세상, 1988.)

없지만 죽음은 또 하나의 생명으로 연속성을 확보한다고 주장한다. 죽음을 '하나의 예술을 향한 희생제의'[22]로 보는 것이다. 이 과정을 통해 시인은 '익명성'을 확보해내고, 시인의 내면의 공간에서 형성되는 문학 공동체의 주체[23]가 된다.

지금까지 논의한 한국 전후시의 죽음 형성 배경과 그 이론적 가능성을 기반으로, 이 글에서는 김수영의 「구름의 파수병」과 김종삼의 「원정」을 중심축[24]으로 시작품을 분석할 예정이다. 죽음의식의 형성배경을 단순히 전쟁의 결과로만 이해하지 않는다면 논의의 구체성은 확보되리라 예상한다.


## 3. 죽음의식의 세 층위

김수영과 김종삼은 전후문학의 특징을 나름대로 간파하고 죽음의식의 층위를 누구보다 입체적으로 확대한 시인이다. 이들은 전후시기의 굴곡을 온몸으로 감내하면서도 시작품 속의 미학적 성찰의 폭을 확장한 시인으로도 평가받는다. 이들은 근대 세계의 이색적인 풍물이나 정서를 감각적인 이미지로 표출하는 즉자적 차원에서 벗어나 한 사람의 근대적 주체로서 주위의 변화하는 현실과 조우하며 일어나는 내면의 파문을 섬세하게 포착하는 대자적 차원으로 나아갔다는 평가[25]도 받고 있다.

---

22) 조르주 바타이유, 조한경 역,『에로티즘』, 민음사, 1993.
23) 모리스 블랑쇼, 박준상 옮김,『밝힐 수 없는 공동체』, 문학과지성사, 2005.
24) 본고에서 인용할 작품은 (김수명 편,『김수영 전집』 Ⅰ·Ⅱ, 민음사, 1981.)과 (권명옥 엮음,『김종삼 전집』, 나남출판, 2005.) 이후 표기 생략.
25) 남진우는 이 두 시인을 1950년대의 대표적 모더니스트로 꼽는다. 이 두시인은 자신의 구체적 일상과 내면에서 전장(戰場)을 발견한다. 전후시기의 모더니즘 문학이 '표피적' 단계에서 벗어나 보다 '내면화'된 모습을 보여주어야 한다는 시대적 요구를 나름대로 감당한 시인들로 평가한다. (남진우,『미적 근대성과 순간의 시학』, 소명출판, 2001, 14쪽 참조.)

만약에 나라는 사람을 유심히 들여다본다고 하자
그러면 나는 내가 詩와는 反逆된 생활을 하고 있다는 것을 알 것이다

먼 山頂에 서있는 마음으로
나의 자식과 나의 아내와
그 주위에 놓인 잡스러운 물건들을 본다

그리고
나는 이미 정하여진 물체만을 보기로 결심하고 있는데
만약에 또 어느 나의 친구가 와서 나의 꿈을 깨워주고
나의 그릇됨을 꾸짖어주어도 좋다

함부로 흘리는 피가 싫어서
이다지 낡아빠진 생활을 하는 것은 아니리라
먼지 낀 잡초 우에
잠자는 구름이여
고생도 마음대로 할 수 없는 세상에서는
철늦은 거미같이 존재 없이 살기도 어려운 일

방 두간과 마루 한간과 말쑥한 부엌과 애처로운 妻를 거느리고
외양만이라도 남과 같이 살아간다는 것이 이다지도 쑥스러울 수가 있을까

詩를 배반하고 사는 마음이여
자기의 裸體를 더듬어보고 살펴볼 수 없는 詩人처럼 비참한 사람이 또 어디
있을까
거리에 나와서 집을 보고
집에 앉아서 거리를 그리던 어리석음도 이제는 모두 사라졌나보다
날아간 제비와 같이

날아간 제비와 같이 자죽도 꿈도 없이
어디로인지 알 수 없으나
어디로이든 가야 할 反逆의 정신

나는 지금 山頂에 있다―
시를 반역한 죄로

이 메마른 산정에서 오랫동안
꿈도 없이 바라보아야 할 구름
그리고 그 구름의 파수병인 나.

—김수영, 「구름의 파수병」 전문

苹果 나무 소독이 있어
모기 새끼가 드물다는 몇 날 후인
어느 날이 되었다.

며칠 만에 한 번만이라도 어진
말씀씨였던 그인데
오늘은 몇 번째나 나에게 없어서는
안 된다는 길을 기어이 가리켜 주고야 마는 것이다.

아직 이쪽에는 열리지 않는 果樹밭
사이인
수무나무 가시 울타리
길줄기를 벗어 나
그이가 말한 대로 얼만가를 더 갔다.

구름 덩어리 앝은 언저리
植物이 풍기어 오는
유리 溫室이 있는
언덕쪽을 향하여 갔다.

안쪽과 周圍라면 아무런
기척이 없고 無邊하였다.
안쪽 흙 바닥에는
떡갈나무 잎사귀들의 언저리와 뿌롱드 빛깔의 果實들이 평단하게 가득 차 있
었다.

몇 개째를 집어 보아도 놓였던 자리가
썩어 있지 않으면 벌레가 먹고 있었다.
그렇지 않은 것도 집기만 하면 썩어 갔다.

거기를 지킨다는 사람이 들어와
내가 하려던 말을 빼앗듯이 말했다.

당신 아닌 사람이 집으면 그럴 리가 없다고―.

―김종삼, 「園丁」 전문

　이 글에서 인용하고 있는 김수영의 시 「구름의 파수병」과 김종삼의 시 「원정」은 이 두 시인의 죽음의식의 향방을 가늠하는 데 중요한 초석이 될 뿐만 아니라, 한국 전후시에 나타난 죽음의식의 미적 층위를 가늠하는 데 매우 중요한 시작점이 될 것으로 판단한다. 주지하지만, 전후시기의 모더니스트에게 죽음이란 '시간이 흐르면 맞이하게 되는 자연사가 아닌 인간 세계에서 가장 궁극적이며 형이상학적인 기반으로서의 한계경험'[26]으로 인식되기 때문이다. 이때의 죽음은 기존의 죽음 기표[27]와는 다른 양상으로 전개될 수 있다. 기존의 죽음이 대체로 전쟁의 상황의식과 타자의 죽음, 실존의식을 통한 구원의식에 자리했다면, 한국 전후시인들의 죽음은 '살아 있음'을 발언하는 구조 속에서 새롭게 갱신하는 형태로 나타난다. '나는 죽을 자로 존재한다'라는 것은 '나는 존재를 사유한다'라는 형이상학적인 미학 개념으로 전환되어 나타나는 것이다. '자신을 가능하게 하는

---

26) 모리스 블랑쇼, 박혜영 역, 앞의 책 참조.
27) 장자(莊子)는 삶과 죽음을 자연의 순환 과정으로 보아 일체시하고 초연하게 여기는 무생사(無生死)라고 말한다. 열자(列子)는 삶은 길을 가는 것이며 죽음은 집에 돌아오는 것이라고 주장한다. 공자(孔子) 또한 무덤을 가리켜 휴식할 곳이라고 명명한다. 이들에 의하면 죽음은 두렵고 거부되어야 할 대상이 아니라 자연의 순환과 같이 당연히 받아들여야 할 현상이다. 나아가 죽음은 평안·안식·휴식이라는 면에서 바라볼 때는 근성(根性)이 있고, 자연의 변화에서 새로운 존재를 탄생시키는 계기가 되는 점에서 유동성이 있다. 또한 불교에서는 죽음을 내세로 나아가는 계기로 보고 있으며, 기독교에서는 부활을 내세워 새로운 낙원을 지향하는 역동적인 계기로 삼는다. 특히 설화에서는 죽음이 가지고 있는 원형적 이미지나 의미를 내재하고 있는 경우가 많다. (이인복 외, 『한국 문학에 나타난 죽음』, 예림기획, 2002, 24~49쪽 참조.)

현전과 이념성 속에서 자기를 감추는 운동'28)으로 그 개성적 특질을 부여받는다. 그 사이에서 발생하는 죽음의 미학적 층위의 시작을 두 시인의 대표작 중 하나인 「구름의 파수병」과 「원정」을 기반으로 살펴보자.

## 1) 시적 자의식의 층위

시적 주체의 소외와 전통적 가치의 붕괴 속에서 "고립된 인간이 할 수 있는 일이라고는 자신의 내부를 들여다보는 일 뿐"이며 "문학도 내면세계로 관심을 돌리는" 것은 모더니즘의 중요한 특성이다.29) 근대라는 조건 속에서 시인의 위치와 역할이 보다 근원적인 영역에 머무르는 것은 이 때문이다. 시인으로 산다는 것은 인간 존재의 생물학적 삶을 넘어 '내면화된 삶'의 양태로 변환된다. 이 지점에서 전후시인에게 죽음은 시적 자의식의 상실을 엿볼 기회가 마련된다.

먼저, 「구름의 파수병」에서 시적 주체의 '들여다봄(보다)'의 의미는 자의식의 탐구를 의미한다. 이 들여다봄의 주체는 자기반영성을 통해 자연스럽게 두 자아를 형성30)한다. 시적 자의식의 탐구과정에서 발현되는 현상적인 '나'와 그것을 밖에서 객관적으로 보는 본질적인 '나'가 설정되는 것이다. 시적 주체가 설정해 놓은 이 두 자아는 자신과 관계된 '나'와 '가족'과 '물건' 그리고 '물체'로 포섭되는 주변의 대상들을 모두 자신의 삶과 연결시킨다. 그 관계 속에서 부정되는 시적 주체의 삶은 죽어있는 자신의 의식을 누군가가 깨우쳐주기를 소망한다. "나의 꿈을 깨워주고/나의 그릇됨을 꾸짖어주어도 좋다"는 의식을 통해 한곳에 정체되어 있는 시적 자의식에 경종을 달아준다.

---

28) 자끄 데리다, 김상록 역, 『목소리와 현상』, 인간사랑, 2006, 84~85쪽.
29) 김명렬, 「모더니즘의 양면성」, 『세계의 문학』, 1982. 가을호, 31쪽.
30) 강연호, 앞의 책, 82쪽.

그런 시적 주체에게 현실의 삶은 언제든 부정되고 상실되는 죽음의 사유와 연동된다. "고생도 마음대로 할 수 없는 세상에서는/철늦은 거미같이 존재없이 살기도 어려운 일"이란 구절을 통해 전후세대들이 겪어야 했을 현실적 상황도 이해되기는 하지만, 그보다도 시인은 "먼지 낀 잡초 우에/잠자는 구름"에 대한 두려움이 더 크게 체감된다. 인과적으로만 놓고 본다면, 시적 주체가 '낡아빠진 생활'을 하는 것은 모두 '세상 탓'이라고도 할 수 있을 것이다. 하지만 시인은 죽어있는 자신을 끝내 고쳐내지 못하는 시적 자의식에 더 큰 실망을 느낀다.

'구름의 파수병'으로 은유화되는 시인의 본질적 자아는 '산정'이라는 근원적 공간 속에서 삶의 방향성에 대해 고민하게 된다. 그 고민의 토대를 이루는 것은 "어디로인지 알 수 없으나/어디로이든 가야 할 반역의 정신"이다. 이때의 '반역의 정신'은 이중적 의미를 지니게 되는데, '시를 반역한 죄'와 자기의 나체를 더듬어보고 살펴볼 수 있는 살아있는 '시적 자의식'의 대립이다. 김수영은 시적 자의식의 정체는 죽어있는 증표나 다름없다. 시적 자의식의 정체는 '남과같이 살아간다는 것의 쑥스러움'과 크게 다르지 않다.

확장해보자면, 「달나라의 장난」에서 "생각하면 서러운 것인데/너도 나도 스스로 도는 힘을 위하여/공통된 그 무엇을 위하여 울어서는 아니 된다는 듯이/서서 돌고 있는 것인가"라는 구절은 시적 주체로서의 자의식의 깨어있음을 통해 인간이 살아있다라는 것이 어떤 가치를 지니게 되는지를 증명한다. 「공자의 생활난」에서도 "동무여 이제 나는 바로 보마/事物과 事物의 生理와/事物의 數量과 限度와/事物의 愚昧와 事物의 明哲性을//그리고 나는 죽을 것이다"라는 고백은 결론적으로 삶과 죽음의 대조적인 인식에서 탈피하고자 하는 욕망으로 읽힌다. 또한, 시적 주체의 '들여다봄(보다)'을 통해 자신의 자의식 속에 숨은 죽음의 관념을 뚜렷하게 각인하는 행위로 해석된다. 이러한 시적 자의식의 단초를 통해 시인은 미적 죽음에 대한 접근을 끊임없이 시도한다.

김종삼의 「원정」에서는 정원사로 대변되는 '원정'의 발언을 통해 '세계와의 불화를 객관적으로 판정'[31]한다. 시적 주체는 원초적 체험의 변주를 통해 시적 자의식의 상태를 드러내는데, 이때의 시적 주체는 "오늘은 몇 번째나 나에게 없어서는/안된다는 길을 기어이 가리켜 주고야 마는" 어떤 절대성의 섭리에 대립하는 모습으로 구체화된다. 시적 주체의 행위를 통해 구분되는 공간은 자의식의 죽음을 경계 짓는 장소이기도 하다. "아직 이쪽에는 열리지 않는 과수밭"과 유리 온실 속의 '평과'는 시적 자아가 구분되는 상징이면서, 시적 자의식의 죽음을 초래하는 시초로도 해석된다.

시적 주체가 유리 온실에서 체감하는 평과의 상태는 자의식에 따라 변화하는 양태를 보인다. 그래서 시적 주체가 집는 과일들은 "몇 개째를 집어 보아도 놓였던 자리가/썩어 있지 않으면 벌레가 먹고 있었다"는 현상을 발현시킨다. 이 행위의 주된 원인으로 작용하는 것은, 시적 주체가 자신의 자유의지가 아닌 타인의 절대적 권유에 의한 선택이다. 3연에서 "그이가 말한 대로 얼만가를 더 갔다."는 시적 주체의 행위는 이미 시적 주체의 자의식이 타자에게 귀속됨으로써 살아도 죽은 것과 같다는 의식을 역설적으로 그려낸다. 자신의 의지를 강압하는 자에게서 자의식을 회복하지 못한 시적 주체는 자신의 시적 자의식을 결국 상실하고 만다. 거기를 지킨다는 사람은 시적 주체의 또 다른 자아로 대변되는 죽음의 영역으로 인지되기 때문이다.

유리 온실 속에서 스스로의 판단력을 상실한 자의식은 자신조차 원초적으로 구원할 수 없다는 불안감을 체감한다. 그래서 "당신 아닌 사람이 집으면 그럴 리가 없다고" 말하는 절대적 존재에게 자신의 자의식을 포섭당한다. 시적 자의식의 근본적인 배경으로 설명되는 「원정」은 김종삼의

---

31) 김현, 「김종삼을 찾아서」, 장석주 역, 『김종삼 전집』, 청하, 1990, 238쪽.

시 전반에 걸친 죽음의식의 일차적 원형이 된다. 이 시적 주체의 원형은 무엇 하나 스스로 판단하지 못하는 죽음의 또 다른 자화상으로 의미화된다.

　이러한 연장선상에서 보면, 김종삼의 대표작 중 하나라 할 수 있는 「민간인」인 또한 전쟁과 관련한 시적 자의식의 상실을 잘 보여주는 작품이다. 이 작품에서 시인은 '1947년 봄의 황해도 해주의 바다'를 시인의 내면적 공간으로 제시한다. 의미상으로 보면 '이남과 이북의 경계선인 용당포'는 「원정」에서 보이는 온실과 그 바깥의 이미지와 크게 다르지 않다. 이 대립적 공간에서 시인은 '조심 조심 노를 저어가는 사공'을 통해 자신이 선택하지 못하는 결정의지를 전쟁이라는 바깥의 상황에 연계한다. 그 용당포는 "울음을 터트린 한 嬰兒를 삼킨 곳."으로 규정되어 짐으로써 시적 자의식의 어쩔 수 없는 상실감을 끝없이 극대화해낸다.

　따라서 「민간인」의 "스무 몇 해나 지나서도 누구나 그 水深을 모른다."는 구절의 여운은 「원정」에서의 '당신 아닌 사람이 집으면 그럴 리가 없다'는 시적 자의식의 반영이면서, 죽음으로 부재해가는 자의식의 특징을 여실히 드러낸다. 이때의 내면적 무의식의 측면에서 발현되는 시적 자의식은 김종삼에게는 의미 그대로 죽음 그 자체이다. 「라산스카」에서 "나 지은 죄 많아/죽어서도/영혼이/없으리"라는 고백에서 김종삼의 시 전편에서 발생하는 죽음의 소실점이 발생하는 것도, 결국 「원정」에서 보여지는 시적 자의식의 상실에서 비롯된 결과라 할 수 있다.

## 2) 시적 이미지의 층위

　독자와 작품이 문학적 언표의 장내에서 굴절을 통해 하나로 통합되는 과정, 다시 말해 시적 이미지가 느끼게 하는 아름다움과 감동을 설명하기 위해서는 이미지의 현상학적 접근이 필요하다. 이미지 현상학의 중요한 주제는 상상 가운데서 그것이 창조적으로 변화해 가는 모습 그 자체이다.

기실 이미지의 현상학은 이미지의 존재론에서 필연적으로 요구되는 방법론이라 할 수 있다. 따라서 시적 이미지의 연구 방법에서도 상상 속에서 이미지의 현상에 선행하는 일체의 것을 밀쳐 버리고, 오직 그 현상 자체만을 추적해야 하는 것은 당연하다.

시어에서 나타나는 이미지는 말할 수 없는 것을 말하게 한다. 바슐라르가 죽음은 무엇보다 이미지이고 또 이미지로 머문다고 할 때 시에서 묘사되는 죽음 이미지는 말할 수 없는 죽음의 이미지를 이중으로 전달하게 하는 효과를 지닌다. 여기에서 주의해야 할 점은 보편적인 시적 이미지를 인간이 사고하는 죽음 이미지의 언어로 혼동하면 안된다는 점이다. 이미지는 기호의 일정한 조합과는 다른 방식으로 이루어지기 때문이다.

옥타비오 파스는 이미지라는 말이 가리키는 것은 모든 언어적인 형태, 즉 시인이 말하는 구와 이것들이 모여서 시를 구성하는 구들의 총체라고 지적한다. 또한 변증법의 입장에서 볼 때 이미지는 물의를 일으키는 도전이며, 사유의 법칙을 침해하는 것이라고 말한다. 변증법은 현실의 모순적인 성격을 소화시키기 어려운 논리적 원리들, 특히 모순의 법칙(이것은 이것이지 저것이 될 수 없다) 같은 것을 해결하려는 시도로 이해되기 때문이다.[32]

전후시인의 의식 또한 이미지를 통해 독자와 만나며 변화과정을 거쳐 존재론적 관점으로 승화되는 것은 당연하다. 죽음 이미지는 작품 내에서 인간의 상상력과 만나면서 경험을 재구성해 주는 동시에 끊임없이 새로운 죽음의 사유를 만들어낸다. 이때의 이미지의 생산과정은 죽음의 교차지대를 만들어내고 또 다른 삶이 형태를 안착하며, 시인의 체험 속에 의식적으로 녹아내려 다른 이미지로 탈바꿈하는 변형과정을 반복적으로 거치게 된다. 주목해야 할 것은 그것이 동일한 이미지군에서 형성되는 것이 아니라 이질적인 이미지의 결합을 통해 의도적인 의미를 형성해 낸다는 것이다.

---

32) 옥타비오 파스, 『활과 리라』, 솔, 2005, 129~149쪽 참조.

김수영의 「구름의 파수병」에서는 '산정', '물건', '꿈', '먼지 낀 잡초', '잠자는 구름', '철늦은 거미', '방 두간', '마루 한간', '말쑥한 부엌', '나체', '거리', '날아간 제비' 등이 하나의 이미지군을 형성한다. 이 작품에서 추출된 이미지는 모두 정체되어 있는 이미지의 현상들이다. 앞에서도 언급했듯, 시인에게 정체되어 있음은 죽어있음을 의미한다. 이러한 기저에 시적 자아가 의식적으로 교차하며 만들어 내는 죽음의 이미지는 '시를 반역한다'라는 명제 속에서 일상의 무의미한 삶에 귀결되는 다른 방식의 죽음을 복귀해낸다.

그러나 그 이미지군이 형성하는 죽음은 그 자체로 결말이 아니라 또 다른 죽음이 채택하는 유기체적 이미지라는 사실에 주목할 필요가 있다. 이는 김수영의 시가 삶에서 죽음으로 이어지는 일회성의 이미지가 아니라 죽음으로 거듭 환생하는 이미지이기 때문이다. 가령, 「구라중화」에서 시인은 "사실은 벌써 滅하였을 너의 꽃잎 우에/이중의 봉오리를 맺고 날개를 펴고/죽음 우에 죽음 우에 죽음을 거듭하리"라는 다짐을 개입시킨다. 시인에게 모든 탄생은 죽음의 순간인 동시에 '과거와 미래의 소통'(「꽃2」)이라는 의식이 팽팽하게 작용하고 있는 것이다.

김종삼의 「원정」에서도 '평과나무', '모기새끼', '과수밭', '수무나무 가시 울타리', '구름 덩어리', '식물', '유리 온실', '언덕', '뿌롱드 빛깔의 평과', '벌레' 등이 이미지군을 형성한다. 이러한 이미지는 시인의 자의식이 속한 대립공간을 구분해주는 공간 이미지로 해석된다. 과수원과 온실이라는 대립적인 공간 속에서 시적 주체는 그 어느 곳에 위치해 있어도 죽음이라는 상황과 마주한다. 다만, 그 죽음의 발화지점이 수동적인 것인지 능동적인 것인지는 작품 속에서 교차되는 이미지를 통해 강화되거나 약화된다.

죽음의 이미지를 더욱 강화시키는 것은 '유리 온실'과 '뿌롱드 빛깔의 평과', '벌레' 등이라 할 수 있다. 유리 온실의 이미지는 '포근함'과 '따뜻

함'을 내재하면서 계절이라는 시간을 인과적으로 무화시킨다. '뿌롱드 빛 깔의 평과' 또한 순수한 자연에서 얻어진 산물이 아니라는 점에서 죽음은 삶으로 가장한다. 흥미로운 것은 그 과일을 썩게 만드는 요인이 '벌레'와 '시적 주체'라는 점이다. "썩어 있지 않으면 벌레가 먹고 있었다"는 진술 에서 어느 정도의 문제는 해결되지만, 근본적으로 시적 주체가 지닌 문제 는 해결되지 않는다. 벌레가 먹고 있는 과일은 탐스럽게 잘 익은 과일을 상징하며, 썩은 과일은 시적 주체의 행위에서 발현된다는 점에서 죽음은 공통적으로 과일로 형상된다. 이는 시인이 제시하고 있는 이미지에 따라 죽음의 의미와 의도 그리고 그 방향성이 언제든 재편될 수 있는 여지를 남긴다.

이처럼 시작품에서의 이미지의 구현은 의미의 교차지점에 따라 죽음의 의미를 강화시키거나 약화시키는 형태로 나타난다. 전후시인들에게 있어 죽음 이미지의 선택은 통상적으로 전쟁과 관련되기 마련이다. 하지만 죽 음이 갖는 미학적 측면을 고려해 볼 때, 이는 그리 생산적이지 못한 방법 이 될 것이다. 김수영이나 김종삼처럼 오히려 낯선 이미지의 교차를 통해 죽음을 더욱 모호하게 함으로써, 미적 사유 안에서의 죽음을 가시화시키 고 구체화시키는 방법이 오히려 더 효과적인 것으로 판단된다.

## 3) 글쓰기의 욕망과 비변증법적 층위

한국 전후시에 나타난 죽음은 1920년대의 특징인 '예술가의 죽음'을 미학화하는 과정의 연장선상에서 이해된다. 물론, 문학작품보다 '문학적 실천'에서, 다시 말해 '삶을 위한 예술, 예술을 위한 삶'을 '일상의 심미화' 에서 찾으려고 했던 1920년대 시인과 1950년대로 대변되는 전후시를 비 교하는 것은 어느 정도 고려의 대상이다. 1920년대는 문학적 실천의 장 안에서 '예술'은 작품의 내적 원리뿐만 아니라 일상적 삶의 한 패턴으로 자신의 아비투스를 확장해 나갔다면, 1950년대는 '글쓰기'라는 새로운 욕망과 마주서고 있는 양상을 보인다.

명백한 것은 전후시기의 문학작품에서 죽음을 둘러싼 문제의식은 어차피 초월적이고 관념화된 양상을 쉽게 탈피하기는 어렵다는 점이다. 김수영 역시 어느 정도 이러한 한계를 자각하고 있었으리라 짐작된다. 다음 인용문에서 이 문제와 관련된 김수영의 내적고민을 읽을 수 있다.

> 진정한 시인은 죽은 후에 나온다? 그것도 그럴싸한 말이다. 그러나 나에게는 그만한 인내가 없다. 나는 시작詩作의 출발부터 시인을 포기했다. 나에게서 시인이 없어졌을 때 나는 시를 쓰기 시작했다. 그러니까 나는 출발부터가 매우 순수하지 않다.[33]

"시인이 없어졌을 때 비로소 시를 쓰기 시작했다"는 이 말은 역설적이게도 시인으로서 마땅히 지향하여야 할 죽음에의 욕망을 마음속에서 완전히 지우지 못했다는 의미를 갖는다. 죽음에의 욕망 없이 무작정 시를 쓸수는 없지만, 또한 그것에만 맹목적으로 집착해서는 결코 시가 쓰이지 않는다는 사실을 그는 인지했던 것이다. 따라서 김수영은 죽음에 지나치게 집착해서는 단 한 줄의 시도 쓸 수가 없음을 상기한다. 작가에게 완성된 작품이란 언제나 미래의 시간 속에 있음을 깨달은 것이다. 더불어 시인에게 글쓰기는 끝이 아니며, 영원한 시작이라는 점에서 그 의미는 배가 된다. 블랑쇼는 이 점에 대해 '글을 쓴다는 것은 지금 끝나지 않은, 끊임없는 그 무엇'이라고 강조한다. 이런 사유의 선상에서 김수영은 죽음을 향한 팽팽한 긴장의 끈을 놓지 않되, 시를 쓰기 위해서는 그 자신도 죽음에 대한 욕망을 당분간 유예할 필요성을 절감한다.

글쓰기를 통해 둘러싸인 김수영의 죽음의식은 4·19와 5·16이라는 근

---

33) 김수영, 「시인(詩人)의 정신(精神)은 미지(未知)」, 『김수영 전집』 II, 앞의 책, 188쪽.

대사의 격변기를 거치는 동안 좀 더 정교하고 구체화된 형태로 자리 잡는다. 이 사건들을 계기로 현실에 대한 응전력을 확보하지 않고서는 시작을 통한 죽음에의 열정이란 처음부터 추상화된 관념에 지나지 않는다는 것을 깨닫는다. 가령 김수영은 '내가 참말로 꾀하고 있는 것은 침묵이다. 이 침묵을 지키기 위해서라면 어떤 희생을 치루어도 좋다.'[34]라고 말했을 때 이 말은 시의 본질을 겨냥한 그 자신의 죽음에 대한 욕망을 직설적으로 표출한 대목으로 읽힌다.

「구름의 파수병」에서 김수영은 "내가 시와는 반역된 생활을 하고 있다는 것"을 자각한다. 시를 배반하고 사는 시적 주체에게 단순히 삶을 유지하는 것은 "자기의 나체를 더듬어보고 살펴볼 수 없는 시인처럼 비참"한 것으로 인식된다. 그러나 시적 주체가 "어디로이든 가야 할 반역의 정신"을 죽음의 욕망에서 찾음으로써 죽음은 최우선의 가치개념이 되고, 위대한 삶의 지향점으로 변모한다. 다시 말해 시적 주체는 죽음의 순간을 유예시킴으로써 삶의 가치를 극대화하고 있는 것이다. 삶과 죽음은 서로 비대칭적인 관계를 유지하면서 비변증법적으로 각자의 지향점을 향해 나아간다.

이 지향점의 가치를 유지하기 위해서 김수영은 우선 삶과 죽음의 기존 공식의 변증법적 시선에서 탈피한다. 그의 작품 「풀」을 예로 들면, 작품 속 '풀'과 '바람'은 각각 자신만의 공간 속에 위치해 있다. 그 속에서 이 둘은 마치 서로를 통해 마주하는 것이 아니라 '비껴보면서' 특별한 '죽음'을 경험한다. 이 죽음(사라짐)은 '비약'을 통해 발생하게 되는데, 이 비약은 위쪽으로의 뛰어오름이 아니라 아래쪽, 즉 바깥으로의 사라짐을 통해 비변증법적 죽음의 순간을 형상화해낸다. 바람에게서 바람이 지워지고 풀에서 풀이 지워지는 죽음이 완성되는 순간이다.[35]

---

34) 김수영, 「시작노우트」, 위의 책, 301쪽.
35) 전동진, 「감성시학과 변증법들」, 『한국문학이론과 비평』 제53집, 한국문학이론과 비평학회, 2011. 12, 134쪽 참조.

이 점에 비추어볼 때 죽음을 통한 글쓰기의 욕망만으로 시가 쓰일 수 없다는 김수영의 말은 역설이 된다. 이 역설 속에는 일시적으로나마 죽음에의 욕망을 억제할 때만이 속악한 시대현실 속에서 시가 성립될 수 있음을 피력함에 다름 아니다. 현실에서 불가능하다고 생각되는 시의 본질을 향해 절대적 열망을 얼마간 유보하는 대신, 가능한 범위 내에서의 작가적 성실성을 죽음의 자리에 대체하고 있는 또 다른 죽음의 방식인 셈이다.

기존의 논의들을 통해 익히 알려졌다시피 김종삼의 죽음 또한 그 자체로 명백한 삶의 한계상황으로 주지된다. 어떻게 보면 김종삼에게 글쓰기의 행위는 삶의 한계 상황과 원죄의식 같은 비극적 절망감을 극복하는 수단과 인간애의 몸부림으로 이해될 수 있다. 하지만 김종삼이 '순수 언어를 사용'[36]하여 죽음의 한계를 벗어나고, 현실에서는 불가능한 총체성의 세계를 전유해 보기 위해 애를 쓴다는 점에서 그의 죽음의식 또한 특별한 글쓰기의 열망에 귀착된다. 그러나 이와 같은 인식의 순간에도 마지막으로 대면케 되는 것은 삶의 종말로써의 죽음일 것이다. 이 경우 김종삼에게 죽음은 종말이 아닌 존재 구원의 의미를 기본적으로 내포한다. 그런 이유로 김종삼은 미래의 어느 순간에 혹시 도래할지 모를 그 구원의 지점을 향하여, 끊임없는 미적·예술적 행보를 이어간다.

작품 「원정」의 2연을 통해 김종삼은 죽음으로써 완성되는 운명적인 삶의 방향성을 제시한다. "며칠만에 한 번만이라도 어진/말씀씨였던 그인데/오늘은 몇 번째나 나에게 없어서는 안된다는 길을 기어이 가리켜 주고야 마는 것이다." 이 구절에서 '나에게 없어서는 안된다는 길'은 무엇일까. 그것은 한 예술가로서 시인 자신이 종국적으로 도달하고자 했던 글쓰기의 형상이다. 그 글쓰기의 형상과정을 통해 김종삼은 시적 주체가 가진 모든 시적 순간을 죽음의식 속으로 함몰시킨다. 이를 통해 김종삼은 죽음에 대한 다양한 내적 체험과 여러 예술가들의 예술세계에 대한 열망을 '익명성'

---

36) 김종삼, 「의미의 백서」, 장석주 역, 앞의 책, 229쪽 참조.

이라는 공간 속으로 자리하게 함으로써, 자신조차 예술가의 한 사람으로서 미적 영원성을 보장받는다. 이때의 미적 영원성은 변증법적으로 구성되는 종교의 영원성과는 다르게 이해된다. 그가 말한 문학에서의 익명성은 '순수 이미지를 향해서 주체가 스스로 사라질 때 확보'[37]되는 예술가의 결연함을 함축하고 있기 때문이다. 이 익명성의 결과로 구성되는 공동체는 결국 죽음이 가득한 시인의 내면 공간에 자리하게 됨으로써 '문학 공동체'로서의 그 가치를 확보해낸다.

이러한 점을 종합적으로 비춰볼 때 시인의 죽음은 '죽음을 기억하는 방식'과 맞물려 '예술적인 죽음' 혹은 '삶'을 규정하는 강력한 아비투스를 재생산한다. 한국문학사에서 일찍이 요절한 김소월, 이장희의 죽음에는 '예술=죽음'이라는 필연적 도식이 내장되어 있다.[38] 김수영과 김종삼의 경우에도, 예술은 이미 죽음이고 죽음은 예술을 통해 완성된다. 전후시인들에게 있어서의 죽음 사유 또한 자신을 끊임없이 죽음으로 갱신함으로써 미학적 삶을 완성하고, 그 뒤 죽음은 삶의 최고의 미학으로 자리하게 된다.


## 4. 결론

이 글은 한국 전후시에 나타난 죽음의식의 층위를 살펴봄으로써 죽음에 관한 미적 확장 가능성을 타진해 보려는 목적을 가지고, 그와 관련한 논의를 진행하였다. 이 논의의 배경이라 할 수 있는 2장에서는 1950년대의 죽음이 이전 시기와의 죽음 양상과는 사뭇 다른 양상을 보이고 있음을 확인시켰다. 기본적으로 전후시인들에게 죽음이란 개인의 실존적 문제이

---

37) 전동진, 앞의 논문, 124쪽.
38) 김춘식, 「'예술가의 죽음'과 '죽음'에 대한 문학적 기억의 방식」, 『한국문학연구』 33권, 동국대 한국문학연구소, 2007, 290~291쪽.

면서, 인간 실존에 관한 미적 형상화가 복합적으로 작용하고 있음을 알게 하였다. 1950년대 전후 시인들은 인간 실존에 대해 더욱 강화된 인식을 하면서도, 저마다의 미학적 특질을 확보하는 양상을 보이기도 했다. 그 과정에서 파생되는 자신만의 미학적 갱신은 '나다움'의 핵심으로 자리하면서, 한국 전후시의 죽음의 배경에는 '미적 근대' 혹은 '모더니티'의 의식이 혼재되어 있음을 재확인했다. 전후시인들에게 '죽음'보다 강력한 것은 '죽어간다는 사실'이고, '죽어감'이라는 현상은 모더니즘의 특징적 요소인 시적 자의식의 탐구를 자각시키면서, 죽음의 시적 이미지와 글쓰기의 욕망에도 유기적으로 작용하고 있음이 밝혀졌다.

이를 전제로 3장에서는 시적 대상으로서의 죽음 층위를 총 세 가지로 분류하여 검토해 보았다. 논의의 구체성을 더하기 위해 김수영의 「구름의 파수병」과 김종삼의 「원정」을 중심축으로 하여, 죽음에 관한 시적 가능성의 폭을 넓혔다. 그 시적 가능성의 층위는 '시적 자의식의 층위', '시적 이미지의 층위', '글쓰기의 욕망과 비변증법적 층위'로 구분하였다.

먼저 시적 자의식의 층위에서는 죽음이 '내면화된 삶'의 양태로 변환됨을 추적했다. 그 과정에서 「구름의 파수병」은 현상적인 '나'와 본질적인 '나'의 대립 속에서 시적 자의식이 죽음이라는 사유와 조우하게 됨을 알게 됐다. 「원정」에서는 절대적 타자와 자유의지를 상실한 시적 주체가 전쟁이라는 현실 상황보다 앞서 죽음의 미적 의미를 형성해 내고 있음을 확인시켰다.

다음으로 시적 이미지의 층위에서는 시의 현상학적 이미지의 차원을 시인이 활용하고 있는 이미지의 교차를 통해 설명했다. 「구름의 파수병」에서는 정체되어 있는 이미지군을 통해 시인 자신이 정체된 삶과 연계되고, 이를 통해 무의미한 삶에 귀결되는 다른 방식의 죽음이 복귀함을 알 수 있었다. 「원정」에서는 공간의 대립적인 이미지군을 통해 시적 주체의 행위에서 발화되는 죽음의 근원적인 양태를 살펴보았다. 이 과정에서 시인은 이미지에 따라 죽음의 의미와 의도 그리고 방향성이 언제든 재편될 수 있음을 상기시켰다.

마지막으로 글쓰기의 욕망과 비변증법적 층위에서는 문학텍스트를 둘러싼 예술가의 죽음에 대해 다뤄보았다. 전후시기 대표적 모더니스트인 김수영과 김종삼은 각자의 방식대로 죽음의 도정에 임하고 있지만, 결국 시의 본질과 예술의 본질을 영위하기 위한 시인의 미학적 발로로 죽음을 활용하고 있음을 드러냈다. 특히, 김수영의 경우 현실의 삶에서 벗어나야 한다는 의식을 '비변증법적 사유'를 통해 가시화해냄으로써, 죽음이 갖는 시적 가능성을 확장해 놓았다. 김종삼은 '익명성'으로 보장되는 내면의 공간에서 '문학의 공동체'를 형성하는 것이 죽음이란 의미에 어떤 가치를 부여하는지를 각인시켰다.

# 참고문헌

- **기본자료**

『김수영 전집』Ⅰ·Ⅱ, 김수명 편, 민음사, 1981.
『김종삼 전집』, 권명옥 엮음, 나남출판, 2005.
『김종삼 전집』, 장석주 역, 청하, 1990.

- **단행본 및 논문**

강연호, 『한국 현대시의 미적 구조』, 신아출판사, 2004.
고석규, 『여백의 존재성』, 지평, 1990.
구인환·조남현·최동호 좌담, 「한국문학과 실존사상」, 『현대문학』, 1990. 5.
김동규, 『하이데거의 사이-예술론』, 그린비, 2009.
김동윤, 「1920년대 시에 나타난 죽음의식 연구」, 대구대 석사논문, 1985.
김명렬, 「모더니즘의 양면성」, 『세계의 문학』, 1982. 가을호.
김재홍, 『시와 진실』, 이우출판사, 1987.
김춘식, 「'예술가의 죽음'과 '죽음'에 대한 문학적 기억의 방식」, 『한국문학연구』 33권, 동국대 한국문학연구소, 2007.
남진우, 『미적 근대성과 순간의 시학』, 소명출판, 2001.
서동수, 『전쟁과 죽음의식의 미학적 탐구』, 새문사, 2005.
송하춘·이남호 편, 『1950년대의 시인들』, 나남, 1994.
유성호, 「한국근대시의 근대성과 모더니즘」, 『현대문학의 연구』 16, 한국문학연구학회, 2001.
유진 런, 김병익 역, 『마르크시즘과 모더니즘』, 문학과지성사, 1991.
이미경, 「한국 근대 시문학에서의 낭만주의 문학 담론의 미적 근대성 연구」, 『한국문화』 31집, 서울대 규장각 한국학연구원, 2003.

이어령, 「火田民地域」, 『저항의 문학』, 예문관, 1965.

이영일, 『죽음의 미학』, 전예원, 1988.

이인복 외, 『한국문학에 나타난 죽음』, 예림기획, 2002.

전동진, 「감성시학과 변증법들」, 『한국문학이론과 비평』 제53집, 한국문학이론과 비평학회, 2011. 12.

정동호 외, 『죽음의 철학』, 청람, 1986, 174.

조영복, 「근대 초기 시의 미적 개념 인식과 근대 장르의 체계화 과정 연구」, 『우리말글』 29, 우리말글학회, 2003.

가스통 바슐라르, 곽광수 역, 『공간의 시학』, 동문선, 2003.

모리스 블랑쇼, 박혜영 역, 『문학의 공간』, 책세상, 1988.

──────, 박준상 옮김, 『밝힐 수 없는 공동체』, 문학과지성사, 2005.

옥타비오 파스, 『활과 리라』, 솔, 2005.

자끄 데리다, 김상록 역, 『목소리와 현상』, 인간사랑, 2006.

조르주 바타이유, 조한경 역, 『에로티즘』, 민음사, 1993.

지그문트 프로이트, 김석희 역, 『문명속의 불만』, 열린책들, 1997.

M. 버만, 윤호병 역, 『현대성의 경험』, 현대미학사, 2004.

R. N. 마이어, 장남준 역, 『세계상실의 문학』, 홍성사, 1981.

# 아시아재단의 영화프로젝트와 1950년대 아시아의 문화냉전*

**이상준**
홍콩 링난대학교 비쥬얼스터디즈학과 부교수

## 1. 서언

이 연구는 1954년에 아시아재단The Asia Foundation(TAF)으로 개명된 자유아시아위원회The Committee for a Free Asia(CFA)의 1950년대 영화 프로젝트의 기원을 역사적으로 조망하고자 한다.[1] 미국 캘리포니아주 샌프

---

* 이상준은 홍콩 링난대학교 (Lingnan University) 비쥬얼 스터디즈 (Visual Studies) 학과의 학과장이자 부교수이다. 2011년에 뉴욕대학교 영화학과 (Cinema Studies) 에서 박사학위를 받은 후 미시간 대학교와 난양공과대학에서 교수생활을 했다. Cinema and the Cultural Cold War: US Diplomacy and the Origins of the Asian Cinema Network (Cornell University Press, 2020)의 저자이며 편집한 책으로는 Rediscovering Korean Cinema (2019)와 Hallyu 2.0: Korean Wave in the Age of Social Media (2015)가 있다.
  아시아재단과 1950년대 한국 영화산업과의 관계는 이순진의 두 논문 「아시아재단의 한국에서의 문화사업-1954년~1959년 예산서류를 중심으로」, 『한국학연구』 40, 2016. 2와 「1950년대 한국 영화산업과 미국의 원조 아시아재단의 정릉촬영소 조성을 중심으로」, 『한국학연구』 43, 2016. 11를 통하여 조망해 볼 수 있다.
1) 이 챕터는 2018년에 『한국학연구』 제48집에 실린 같은 제목의 논문을 일부 보충하고 수정한 것이다. 또한 이 챕터의 내용은 2020년 겨울에 출판된 저자의 저서인 Cinema and the Cultural Cold War: US Diplomacy and the Origins of the Asian Cinema Network (Cornell University Press)에 확장된 형태로 실려 있음을 밝힌다.

란시스코에 본부를 두고 민간의 인도주의적philanthropic 지원을 목적으로 결성한 단체로 알려진 아시아재단은, 실제로는 미국의 아시아 외교 정책의 이익을 확대하고 공산 진영과의 심리전Psychological War에서 승리하기 위하여 미중앙 정보국Central Intelligence Agency(CIA)이 조직하고 운영하는 기관이었다. 아시아재단은 미국 정부의 냉전 문화 정책의 방향을 따라 1951년에 설립됐는데, 록펠러재단, 포드재단 등 재벌 가문에 의해 조직되고 아시아, 유럽, 남미, 아프리카의 문화적 격전지에서 전방위적으로 활동한 다른 인도주의적 비정부 기관과는 달리 아시아 국가들, 특히 인도네시아, 말레이시아, 일본, 버마, 태국, 베트남, 대만, 한국, 홍콩, 필리핀 등이 주 활동 무대였으며 주로 학문적 연구와 컨퍼런스 및 토론회를 후원하고, 학술, 교육, 스포츠 및 예술 교류 프로그램을 운영했다. 빅터 마르세티Victor Marchetti와 존 마크스John D. Marks의 연구에 따르면 1950년대에 아시아재단에 투여된 CIA의 운영 보조금은 연간 미화 8,800만 달러에 달했다.[2]

흥미롭게도 영화는 아시아재단의 초기 역사에서 가장 중요한 사업 분야 중 하나였다. 1952년에 제작이 개시되어 1953년에 완성된 버마어 영화 〈국민은 승리한다〉(The People Win Through)와 미완성으로 종료된 〈붓다의 삶〉(Life of Buddha)에 이어 아시아재단은 1954년경부터 본격적으로 한국, 홍콩, 일본에서 친미-반공 영화인들의 네트워크를 결성하고 이를 재정적, 행정적으로 후원하기 위한 사업을 다각도에서 펼쳤다. 이 연구는 자유아시아위원회에서 아시아재단으로 정체성이 변화하는 동안 아시아 각국의 지부, 그리고 각 지부의 현장 요원들이 아시아에서 친미 성향의 반공영화 제작자 동맹을 구성하기 위하여 은밀하게 수행한 프로젝트의 방법과 범위를 면밀하게 분석하고, 1950년대 미국 주도의 냉전 문화 정책이 아시

---

2) Victor Marchetti and John D. Marks, *The CIA and the Cult of Intelligence*, (New York: Knops, 1974), p.172.

아 각국의 영화 산업과 문화에 끼친 영향을 추적한다. 또한 아시아재단의 영화 프로젝트가 활발하게 펼쳐진 1950년대 초반부터 중반에 이르는 기간, 재단의 현장 요원들이 아시아 현지의 영화 제작자들의 다양한 요구에 어떻게 대응하였는지, 그리고 해당 지역의 정치적·사회적·문화적 환경의 끊임없는 변화에 따라 정책 역시 다변화하는 방식을 분석한다.

필자는 미국 스탠포드 대학교Stanford University 후버 연구소Hoover Institute에 소장되어 연구자들에게 개방된 아시아재단 페이퍼Asia Foundation Papers와 예일대학교Yale University의 로버트 블럼 페이퍼Robert M. Blum Papers 그리고 이 재단과 연관된 1950년대 학계 인사들의 개인 자료들을 종합하여 현재까지 거의 연구된 바 없는 자유아시아위원회 설립의 초기 역사와 활동, 자체 제작 등 아시아 조직과의 협력을 포함한 초기 영화 프로젝트들을 논의한다.


## 2. 자유아시아위원회에서 아시아재단으로

자유아시아위원회는 원래 미국의 아시아 외교 정책의 이익 확대를 위해 미 중앙 정보국이 주도하여 창설한 조직이었다. 미 중앙 정보국의 개입이 자유아시아위원희의 초기 활동 기간에는 외부로 노출되지 않았음은 당연하다.3) 이 위원회는 한국전쟁으로 인해 아시아 지역의 긴장이 최고조에

---

3) 아시아재단의 정부-민간 결속 관계는 1967년 퇴임한 미중앙정보국미 중앙 정보국 요원이 좌파 성향의 잡지 《『램파츠Ramparts』》(Ramparts)에 글을 기고해 그 관계가 폭로되기 전까지는 공식적으로 인정되지 않았다. 물론 인도네시아, 인도, 말레이시아 등에서는 아시아재단 사업의 초기 단계인 1950년대 초부터 아시아재단과 미국 정부 사이 관계가 일부 밝혀지기도 했고, 지역 지식인들 역시 지속적으로 의심해 왔다. 《『램파츠』》의 보도에 《『뉴욕 타임스』》가 게재한 기사 「아시아재단이 CIA 후원을 받다(Asia Foundation got CIA Funds)」(Asia Foundation got CIA Funds)는 아시아 전역은 물론 미국 내의 지식인 사회에도

달했던 1951년 가을에 미국 캘리포니아주 샌프란시스코에서 비영리 단체로 설립되었다. 아시아재단으로 개명된 후 첫 회장을 역임한 로버트 블럼Robert Blum은 미국의 비정부 기구를 통해, 공산주의에 맞서고자 하는 아시아인들을 도울 수 있다고 믿는 캘리포니아 주민들이 자유아시아위원회를 설립했다고 밝히고 있다.[4] 설립 당시 자유아시아위원회의 이사회Board of Trustees를 구성한 회원 22명은 주로 샌프란시스코를 근거지로 영향력 있는 기업인과 교육자로서 오랜 경력을 지닌 이들이었다. 농산물 유통 기업인 윌버-엘리스Wilbur-Ellis의 창업주 브라이턴 윌버Bryton Wilbur는 자유아시아위원회의 첫 의장으로 임명되었다. Blyth and Co.의 회장인 찰스 블라이스Charles R. Blyth 그리고 캐나다와 캘리포니아주 제지 공장 회장인 젤러바흐J. D. Zellerbach도 윌버 다음으로 의장 자리에 앉았다. 다른 유명한 이사회 멤버로는 샌프란시스코 일대의 지역 경영인인 베첼그룹 회장 베첼 S. D. Bechtel, 스탠다드 오일 컴퍼니의 피터슨T. S. Petersen 회장, 리바이스 Levi Strauss의 월터 하스Walter A. Hass 회장, 그리고 스탠포드 대학의 총장 월러스 스털링Wallace Sterling 등을 대표적으로 거론할 수 있다.[5] 자유아시

---

큰 충격을 불러왔다. 민간이 인도주의적 지원을 목적으로 결성한 단체로 알려졌던 아시아재단을 처음부터 CIA가 조직하고 운영했음이 밝혀진 것이다. 즉, 미국 정부의 냉전 문화 정책의 방향을 철저히 따라 설립되었다는 것이다. 록펠러 Rockefeller와 포드Ford 재단과 같이 재벌 가문에 의해 조직되고 아시아와 유럽, 남미, 아프리카의 문화적 격전지에서 전방위적으로 활동한 다른 비정부 기관들과는 다르게 아세아재단은 오직 아시아 국가들 특히 인도네시아, 말레이시아, 일본, 버마, 태국, 베트남, 대만, 한국, 홍콩, 필리핀이 주 활동 무대였으며 주로 학문적 연구들, 컨퍼런스와 토론회를 후원하고, 학술 및 예술 교류 프로그램을 운영하였다. Wallace Turner, "Asia Foundation got CIA Funds", *The New York Times*, March 22, 1967, 1; See Also Sol Stern, "A Short Account of International Student Politics and the Cold War with Particular Reference to the NSA, CIA, etc", *Ramparts*, Vol. 5, No. 9 (March 1967), pp.29-39.

4) Robert Blum, "The Work of The Asia Foundation", *Public Affairs* 29, no. 1, (1956), 47. 인용된 번역은 이순진, 「아시아재단의 한국에서의 문화사업」, 10쪽.

5) Background Memorandum, Committee for a Free Asia Newsletter, September

아위원회가 그 출발부터 미 중앙 정보국과의 관계를 철저히 은폐했고 인도주의적 민간 기관의 외피를 둘렀음을 감안한다면, 위원회의 구성원 중 어느 누구도 워싱턴의 정치 권력과 관련이 없다는 것은 별로 놀라운 일이 아니다.6)

서두에도 명시하였고, 이미 미국의 냉전 문화 정책을 연구해 온 역사학자 오병수가 미국의 냉전 정책을 수행하는 미 중앙 정보국의 위장 문화 단체라고 규정하였듯,7) 자유아시아위원회는 당시 미 중앙 정보국 국장이었던 앨런 덜레스Allan Dulles와 부국장 프랭크 위즈너Frank Wisner의 지휘하에 탄생한 기관이었다. 자유아시아위원회는 첫 2년간의 집행 예산 역시 미 중앙 정보국이 2차 대전 전쟁 영웅인 루시어스 클레이Lucius Clay 장군을 내세워 비밀리에 후원한 조직인 '자유의 십자군The Crusade for Freedom'을 통해 기부 형식으로 조달했다. 자유아시아위원회 이사진의 최우선 목표는 동아시아와 동남아시아 내에 거주하고 있는 중국인 단체와 미국의 화교들, 그리고 아시아에서 세력을 급속히 확장하고 있던 중국이었다. 1950년 11월에 발표된 자유아시아위원회의 초기 목표와 목적은 다음과 같다.

> 첫째, 위원회는 아시아 각국의 국민들에게 라디오, 신문, 팸플릿 등의 매체를 적극적으로 제공하여 어떠한 미국의 정부 기관과도 직접적인 연관이 없는 정보와 사상Information and ideas을 보급할 것이다.
> 둘째, 위원회는 아시아에서 활동하는 반공 단체들을 돕고, 그들의 방향을 설

---

28, 1951, Committee for a Free Asia folder Box 37, Alfred Kohlberg Collection, Hoover Institution Archive, Palo Alto, CA.

6) 1954년에 아시아재단으로 개명된 후 이사회의 구성원이 더욱 다양해 지는데, 예를 들어 UCLA 총장인 레이몬드 앨런, 소설가 제임스 미치너, 포드 재단의 이사장인 폴 호프만, 미디어 경영자인 배리 빙엄과 미국영화제작자협회 (MPPA) 회장인 에릭 존스턴까지 포함되었다.

7) 오병수, 「아시아재단과 홍콩의 냉전 (1952-1961) 냉전 시기 미국의 문화 정책」, 『동북아역사논총』 48, 2015.6.

정하며, 그들이 정보와 사상을 간접적으로 보급하는 수단을 제공할 것이다.

셋째, 위원회는 이런 독자적인 활동, 혹은 이미 활동 중인 그룹들과의 협력을 통하여 아시아 전역에 반공주의의 강렬한 인상을 남길 것이다. 이는 반공 사상 표현을 주저하는 아시아 각지의 동지들에게 용기를 주고 '편승 효과'를 통해 그 정서를 확대할 것이다.

넷째, 위원회는 직접적으로, 그리고 OPC(Office of Policy Coordination; 정책조정실, CIA 내에 비밀공작을 전담하는 기구)의 비밀 임무와 협력을 통해 공산주의에 맞서 싸우는 새로운 그룹을 창설하는 역할을 수행할 것이다.

다섯째, 위원회는 다양한 소그룹의 개별적인 관심사를 초월한 '단결감'을 제공할 것이며, 동시에 단합을 통해 성공의 큰 약속을 하게 될 것이다.

여섯째, 위원회는 OPC가 해당 지역의 기존 또는 잠재적인 반공 단체와 더욱 손쉽게 접촉할 수 있도록 도울 것이다.

일곱째, 위원회는 목적과 활동이 위원회의 방향과 일치하지 않을 수 있는 그룹도 선택적으로 지원할 것이다.[8]

자유아시아위원회의 주요 전략 지역은 중국이었다.[9] 따라서 초기 단계에는 주요 아시아 도시 지역 대표부 설립을 고려했지만 적극적으로 논의하지는 않았다. 그러나 자유아시아위원회 설립에는 예상치 못한 장애물이 있었다. 이 조직을 이끌 '적합한' 수장을 찾는 일이 생각보다 쉽지 않았던

---

8) 필자는 'DTPILLAR'라는 작전명이 부여되었던 CIA의 기밀 해제 문서를 면밀히 분석하여 자유아시아위원회의 CIA 네트워크를 파악해 냈다. "Project DTPILLAR," Unknown author, November 9, 1950. 이 자료를 공유한 보스턴 칼리지Boston College의 크리스티나 클라인Christina Klein 교수에게 감사를 표한다. [https://www.cia.gov/library/readingroom/docs/DTPILLAR%20%20%20VOL.%202_0052.pdf.]

9) Committee for Free Asia, Programs and Planning, September 26, 1951. [https://archive.org/details/DTPILLARVOL.10040]

것이다. 자유아시아위원회의 회장 후보가 되려면, 심리전에 대한 이해와 조직의 수장으로서의 노련한 행정 경험, 그리고 그 자리에 합당한 명성이 있어야 했다. 더욱이 이런 조직을 이끌 인물이라면 아시아 문제에 대한 배경지식이 당연히 필요했는데, 1950년대 초 미국에는 그런 능력을 두루 갖춘 인재가 극히 드물었다. 미 중앙 정보국의 인력 풀은 유럽의 전장을 겨냥했기에, 이들 대부분은 아시아에 대한 이해가 부족했고, 자유아시아위원회에 이상적이지 않았다. 자유아시아위원회의 프로그램 디렉터인 조지 그린 주니어George Greene Jr.는 이사회 의장 월버에게 이렇게 설명했다.

> 이 임원 선발은 대상이 극히 제한적입니다. 심리전은 미국에서 비교적 새로운 연구 대상입니다. 미국 내 심리전 연구는 주로 유럽을 겨냥했습니다. 아마도 유럽 심리전에 자격을 갖춘 사람은 시간이 충분하다면 아시아 환경에 적응할 수 있겠지만 극동 모든 국가의 공산주의 침투 전진 속도를 감안한다면 우리에게 시간은 매우 중요합니다.[10]

흥미롭게도, 그린 자신은 그의 통찰력 있는 전망으로 인해 1951년 8월에 '임시' 회장으로 임명되었다.[11] 1929년에서 1949년까지 20년간 상하이에 위치한 뉴욕은행National City Bank of New York에서 일했던 그린은, 전쟁 중 OSS(Office of Strategic Services; 전략사무국) 요원으로 활동했다. 그린은 중국어에 능통한 중국통이었다. 그린의 지휘 아래 자유아시아위원회는 공격적인 직원 채용을 시작했고, 총 160명으로 예정된 충원 계획하에 1951년 말까지 약 70명을 고용했다. 물론 자유아시아위원회와 미 중앙정보국의 네트워크는 철저하게 비밀로 유지되어야 했다.[12]

---

10) "A Personal Statement on Your Memorandum of July 12th, Concerning Appointment of a Resident for Committee for a Free Asia", July 20, 1951.
11) "Programs and Planning", September 26, 1951.
12) "Recommended Financial Plan for OPC Proprietary Project DTPILLAR", March 1, 1951.

그린의 지휘 아래 자유아시아위원회는 〈자유 아시아 라디오〉(Radio Free Asia, RFA)를 방송하고 아시아 각국의 언론인, 작가, 오피니언 리더를 지원하여 자국 내 공산주의 세력과 싸울 것을 독려하기 시작했다.[13] 은퇴한 샌프란시스코의 라디오 방송 경영인이었던 존 엘우드John W. Elwood가 RFA의 첫 책임자로 임명되었다.[14] 1951년 9월 4일부터 1953년 4월 15일까지 전파를 탄 라디오 생방송인 RFA는 자유아시아위원회가 가장 야심차게 출범시킨 주요 선전 활동이었다. RFA는 미국의 입장을 일방적으로 전달하는 대신 아시아의 견해를 전달함으로써 기존의 선전 Propaganda 라디오 방송인 〈미국의 소리〉(Voice of America)와 스스로를 구별지었다. 미국의 냉전기 선전 방송을 연구해 온 리차드 커밍스Richard Cummings에 따르면, RFA의 기본 목적은 '자유 아시아'의 지식인들이 서로 이해할 수 있는 방향으로, 자국 국민에게 '자유'의 사상과 정보를 직접 전달할 만한 플랫폼을 제공하는 것이었다.[15] RFA의 초기 편성은 하루에 4시간, 한 주에 6일 동안 북경어, 광동어, 민난어, 그리고 영어 방송이었다. 중국이 주 대상이었기에 아시아인들이 라디오를 가장 많이 듣는 저녁 7시 45분부터 11시 45분까지가(중국 시간) 방송 시간이었다.[16] 자유아시아위원회 의장인 윌버는 언론과의 인터뷰에서 "결국 RFA는 아시아인을 돕고 용기를 북돋우며 공산주의에 직접 저항할 수 있도록 농업, 보건 및

---

[https://www.cia.gov/library/readingroom/docs/DTPILLAR%20%20%20VOL.%201_0097.pdf]

13) Richard H. Cummings, *Radio Free Europe's Crusade for Freedom: Rallying Americans Behind Cold War Broadcasting, 1950-1960*, (Jefferson, NC: McFarland and Company, 2010), 52.

14) "Elwood made director of Radio Free Asia", *Palo Alto Times*, July 20, 1951.

15) Cummings, *Radio Free Europe's "Crusade for Freedom"*, 52.

16) News From Radio Free Asia, September 2, 1951, Committee for a Free Asia folder, Box 37, Alfred Kohlberg Collection, Hoover Institution Archive, Palo Alto, CA.

기타 주제에 관한 프로그램을 확장해 나갈 것"이라고 말했다.[17]

그러나 RFA는 결과적으로 성공하지 못했다. 아시아의 정치 및 사회 상황은 그린이 애초 생각한 것보다 훨씬 더 복잡했기 때문이다. RFA는 방송이 시작된 지 채 2년이 되지 않아 아시아 각국은 물론이고 미국 내에 서조차도 끊이지 않는 비판에 직면했다. 1949년에 창간되어 격주로 발간되던 보수 성향의 잡지 《더 리포터》(*The Reporter*)의 편집장인 필립 호튼 Philip Horton은 덜레스에게 보낸 편지에서 RFA에 대한 그린의 생각이 매우 순진하다고 비판했다. 호튼은 우리[미국]가 얼마나 훌륭한지에 대한 이야기에 대부분의 아시아인이 질려 한다고 강조했다.[18] 첫 2년의 방송을 마친 후, 1955년 5월에 CIA는 RFA 운영 전반을 면밀하게 검토했다. '자유의 십자군' 헤롤드 밀러Harold Miller 회장은 다음과 같이 지적했다. "자유아시아위원회는 지금까지 우리가 하던 것과는 다른 종류의 작전입니다. 자유아시아위원회는 아시아 각국 단체와 자유 국가의 개인과 함께 일하고 그들을 위해 일합니다. 아시아계 단체 및 개인과 서방의 섬세한 관계 때문에, 특히 최근에야 독립한 국가들에서 자유아시아위원회의 작전은 덜 호전적인 반공주의로 접근해야 합니다."[19] 호튼과 밀러의 부정적인 평가가 미 중앙 정보국의 최종 판단에 의미 있는 영향을 미쳤는지의 여부는 확실하지 않다. 하지만 미 중앙 정보국 부국장 프랭크 위즈너는 이로부터 얼마 지나지 않아 RFA를 중단하기로 결정했다. 위즈너는 다음과 같이 그 이유를 설명했다.

자유아시아위원회는 청소년 및 학생, 교육자, 작가 및 지식인, 시민, 종교와

---

17) Cummings, *Radio Free Europe's "Crusade for Freedom"*, 52.

18) A Letter from Philip Horton to Allen Dulles, June 6, 1951. [https://archive.org/stream/DTPILLAR/DTPILLAR%20%20%20VOL.%201_006 9#page/n0/mode/2up]

19) Cummings, *Radio Free Europe's "Crusade for Freedom"*, 98.

여성 단체 간에 가장 효과적으로 업무를 수행할 수 있음을 증명했습니다. 위원
회의 이러한 협력 능력이, 지난 1953년 4월에 RFA를 해지함으로써 더욱 강화
되었다는 점은 주목해야 합니다. 그 방송으로 인해 자유아시아위원회가 아시아
인에게, 자신들을 겨냥한 선전 집단으로 느껴졌습니다.[20]

　　1952년 1월 1일 자유아시아위원회는, 1935년부터 1950년까지 로체스
터 대학교University of Rochester 총장을 역임한 앨런 체스터 발렌타인Alan
Chester Valentine을 첫 번째 회장으로 임명했다.[21] 올림픽 럭비 금메달리스
트 선수 출신인 발렌타인은 마샬 플랜Marshall Plan의 일환으로 1948년부터
1949년까지 네덜란드에서 경제협력기구Economic Cooperation Agency(ECA)
그리고 이어서 트루먼 행정부의 경제안정화기구Economic Stabilization
Agency(ESA, 1950~1951)을 이끌었다.[22] 그러나 학계에서 정부 기관으로
의 전환은 그에게 그다지 맞는 옷이 아니었던 듯하다. 로체스터대학교로
가기 전 스워스모어 칼리지Swarthmore College와 예일대학교에서 영문학과
영국사를 가르쳤던 발렌타인은 1948년 이전까지는 학계 밖 경험이 전무
했다. 자유아시아위원회 임원들은 발렌타인을 미지근하게 환영했다. 가장
분노한 사람은 '임시' 회장이었던 그린이었다. 그는 발렌타인의 임명이 부
적절하며 대단히 불만족스럽다고 공개적으로 밝혔으며 발렌타인의 첫 출
근 날 사표를 제출했다.[23] 사실 발렌타인은 경직되고 내향적인 관리 스타

20) "CFA Budget for FY 1955", June 25, 1954.
　　[https://www.cia.gov/library/readingroom/docs/DTPILLAR%20%20%20VOL.%
　　202_0034.pdf]
21) 발렌타인은 1952년 1월 2일 날짜로 자유아시아위원회의 회장으로 임명된다.
　　[https://archive.org/stream/DTPILLAR/DTPILLAR%20%20%20VOL.%201_001
　　7#page/n0/mode/2up]
22) Paul G. Pierpaoli, Jr., *Truman and Korea: The Political Culture of the Early
　　Cold War*, (Columbia and London: University of Missouri Press, 1999), 60.
23) 브라이턴 윌버는 자유아시아위원회의 설립 초기부터 그린을 조직의 리더로 생
　　각하지는 않았던 듯 보인다. 1951년 6월 13일에 CIA 본부 측으로 보낸 편지
　　에서 보면 그린이 자유아시아위원회의 업무에는 대단히 적합한 인물이지만 프

일 때문에 ESA를 이끌면서 나쁜 평판을 얻은 바 있었다.[24] 그린의 평가만으로 발렌타인의 능력을 판단하는 것은 공정하지 않지만, 한 가지는 확실했다. 발렌타인은 아시아에 대한 지식이나 관련 경험이 전혀 없었으며, 아시아의 지리, 언어 및 문화에 대한 이해력은 대단히 제한적이었다.[25]

발렌타인이 회장직을 맡을 무렵 자유아시아위원회는 이미 여러 프로젝트를 진행하고 있었다. 대부분 그린이 임시 회장으로 취임한 후에 시작된 프로젝트인데, 대표적인 사업으로는 주요 독자층이 영어를 사용하는 미국 내 젊은 화교인 영차이나데일리뉴스Young China Daily News, 아시아계 미국인 학생의 일본 YMCA 투어, 량 신부Father Liang의 미국 대학 견학, 보이스카우트 메뉴얼 번역, 반공 문학의 출판과 유통을 목적으로 하는 홍콩 서점 프로젝트Hong Kong Bookstore Project의 기초 연구, 그리고 RFA가 있었다. 하지만 발렌타인이 위원회에 기여한 점 역시 분명하다. 발렌타인은 짧은 재임 기간 중 아시아의 주요 도시 지부 설립을 강력히 추진했다. 물론 이것이 그가 처음 낸 아이디어는 아니었지만 발렌타인은 매우 적극적으로 이 사업을 추진했다. 자유아시아위원회는 샌프란시스코 본부와 뉴욕 사무소 외에 1954년 6월까지 도쿄, 타이페이, 홍콩, 마닐라, 쿠알라룸푸르, 랑군, 콜롬보, 다카, 카라치에서 9개의 지부를 운영했다. 그리고 1955년에는 서울, 방콕, 카불에도 지부를 개설했다. 하지만 인도와 인도네시아는 예외였다. 두 국가는 자유아시아위원회를 믿을 수 없는 미국의 냉전 조직으로 보았기 때문이다.[26] 각 지부 대표는 대부분 아시아 연구를 하는 대

레스 컨퍼런스는 물론이고 신문, 라디오, 텔레비전 앞에 나서기에는 적합하지 않다고 평가하고 있다.
[https://archive.org/stream/DTPILLAR/DTPILLAR%20%20%20VOL.%201_0053#page/n0/mode/2up]

24) George Greene, "Dear Dick", November 29, 1951.
[https://www.cia.gov/library/readingroom/docs/DTPILLAR%20%20%20VOL.%201_0029.pdf]

25) Pierpaoli, *Truman and Korea*, 73.

학 교수, 언론인, 전직 고위 공무원 출신이었다. 저명한 필리핀 소설가인 프란시스코 시오닐 호세Francesco Sionil Jose는 대부분의 재단 대표자가 이 지역과 각자 배정된 국가에 대한 폭넓은 지식을 가진 학자였다고 회고한다.27) 각 지역 지식인의 의혹을 피하기 위해 특정 국가의 담당자는 서점주인(랑군), 대학 교수(대만 국립 대학교 교수), 베테랑 기자(도쿄)로 다양했다.28) 발렌타인의 재임 기간 중 자유아시아위원회의 연간 예산은 1951년 미화 150,000달러에서 1953년 3,914,799달러로 크게 증가했고, 이는 주로 적극적인 지역 확장으로 인한 것이었다.

발렌타인은 RFA의 명칭을 〈보이스 오브 아시아〉(Voice of Asia)로 바꾸며 RFA를 획기적으로 개편하기로 결심했다. 전직 도쿄 지부 담당자인 로버트 고랄스키Robert Goralski의 지휘하에 〈보이스 오브 아시아〉는 테이프에 녹음된 라디오 프로그램으로 재탄생했다.29) RFA와 대조적으로, 〈보이스 오브 아시아〉의 목표는 아시아 문제에 대한 미국인의 관심을 촉구하고 아시아와 미국 간 협력을 장려하는 것이었다. 3시간에서 5시간 반에 걸친 각국 패널 토론이 녹음되었는데, 각 토론에서 아시아의 지식인과 지도자가 각 나라의 문화적·경제적·교육적 문제에 관해 영어로 논의했다. 그러나 발렌타인은 리더십 문제로 직원들과 끊임없이 불화를 일으키며 조직 내 신임을 받지 못해 불과 1년이 안 되어 사임했다. 그렇게 〈보이스 오브 아시아〉 프로그램도 종료되었다. 발렌타인이 사임하고 얼마 후, 위즈너가 미 중앙 정보국과 자유아시아위원회의 집행 위원회, CFA 직원과 임원이 가장 원하던 사람이라고 지칭한 로버트 블럼Robert Blum이 1953년 7

---

26) "CFA Budget for FY 1955", June 25, 1954.

27) F. Sionil Jos, "50 Years of the Asia Foundation", Philippines Daily Inquirer, October 20, 2003: F2.

28) "CFA Budget for FY 1955", June 25, 1954.

29) "Asia Foundation Monthly Report", October 24, 1953, Box 1, Robert Blum Papers, Manuscripts and Archives, Yale University Library, New Haven, CT.

월 CFA의 회장으로 취임했다.30) 조직 운영 경험이 많고 노련한 블럼의 취임과 함께 아시아재단은 드디어 안정적인 조직 체계를 완성하게 된다.

## 3. 로버트 블룸의 등장과 아시아재단의 변화

샌프란시스코에서 출생한 블럼은 일본에서 유년기를 보내고 1936년 캘리포니아 주립대학교 버클리 캠퍼스University of California, Berkeley에서 국제관계학으로 박사학위를 받았다. 그 후 5년 동안 예일 대학교 교수직을 유지한 블럼은31) 제2차 세계대전 중 파리, 런던, 워싱턴에서 정보 요원으로 활동하며 미국 정부 조직 내에서 좋은 평판을 쌓았다. 블럼은 1946년 정식 해산까지 전략사무국(OSS)에서 일했고, 캄보디아와 라오스를 비롯한 다수의 아시아 전장에서 정부 직책을 수행했다. 1950년과 1951년 블럼은 베트남에서 Special Technical and Economic Mission(STEM)의 책임자로 일한 후, 1953년 8월 자유아시아위원회에 합류하기까지 파리에 배치된 유럽의 미국 대표 사무소The U.S. Special Representative in Europe에서 경제 문제 담당 차관을 역임했다.32) 즉, 블럼은 초기 자유아시아위원회를 이끌었던 그린이나 발렌타인과는 차원이 다른 인물이었다.

위즈너는 상대적으로 동아시아 경험이 부족했던 블럼을 돕기 위해 제임스 스튜어트James L. Stewart를 프로그램 담당 이사로 승진시켰다. 스튜어트는 잘 알려진 동아시아 전문가였다. 일본 고베의 감리교 선교사 부모

---

30) "CFA Budget for FY 1955", June 25, 1954.
31) "Foundation Officers: Robert Blum", *The Asia Foundation Program Bulletin*, December 1958, Box 2, Robert Blum Papers, Manuscripts and Archives, Yale University Library, New Haven, CT.
32) Steve Weissman and John Shock, "CIAsia Foundation," *Pacific Research and World Empire Telegram 3*, no. 6 (SeptemberOctober 1972): 34.

사이에서 태어나 히로시마에서 자란 스튜어트는 듀크 대학에서 언론학을 공부하고, 1939년부터 1944년까지 중국 중경에서 AP 통신 특파원으로 일했으며, 진주만 공격 이후 중국-버마-인도 전장에서 CBS 방송 종군 기자로 일했다. 1947년 스튜어트는 한국의 미군 정보 담당 고문으로 새로운 직책을 얻었고, 2년 후 주한미국대사관에서 제1서기관First Secretary 및 공보 장교Public Affairs Officer를 역임했다. 1951년 스튜어트는 그의 가족과 함께 샌프란시스코에 정착하여 자유아시아위원회에서 일하기 시작했다.[33]

블럼의 주재하에 자유아시아위원회는 1954년 아시아재단The Asia Foundation으로 개명하면서 정체성의 큰 변화를 꾀했다. 위즈너는 개명 이유를 이렇게 설명한다. "자유아시아위원회(CFA)라는 이름은 그 위원회가 원하는 성격을 수립하는 데 장애가 된다는 것이 이미 입증되었다. 이는 정치적 함의가 있으며 자신들이 이미 자유롭다고 생각한 아시아인들에게는 거슬리는 이름이다."[34] 블럼은 이에 따라 조직의 목표를 크게 바꾸었다. 그는 미국의 '전문가experts'들이 서구의 지식과 기술을 '채택adapt'하도록 아시아 각국에 압력을 가하는 대신 아시아 각국이 서구의 지식과 기술에 '적응adopt'하도록 도와야 한다고 주장했다.[35] 따라서 새로운 직책을 맡은 직후 블럼은 재단의 문화 활동 방향을 새로 설정했다. 그는 아시아의 영향력 있는 '비공좌파non-communist leftists' 그룹에 집중하고 홍콩, 일본, 대만, 동남아시아에 흩어져 있는 중국 화교 커뮤니티에 전략의 초점을 맞췄다.[36] 블럼은 또한 그의 전임자와 달리 대중 매체에 깊은 관심을 보였

---

33) Charles Burress, "James L. Stewart Longtime Liaison to Asia", *San Francisco Chronicle*, January 29, 2006. Accessed at [https://www.sfgate.com/bayarea/article/James-L-Stewart-longtime-liaison-to-Asia-2523343.php]

34) "CFA Budget for FY 1955", June 25, 1954.

35) Blum, "The Work of The Asia Foundation", 46.

36) Author Unknown, "Second Revised Administrative Plan. Covert Action Staff

다. 그는 취임 2달만에 이사회에서 연설을 통해 대중 매체의 전략적 중요성을 강조했다.

> 동남아시아 전역에서 공산주의자들은, 명백한 붉은 출판물에서 비공산주의 non-communist 언론 특히 신문, 잡지, 영화로 전략을 바꾸었습니다. 화교華僑를 겨냥한 붉은 선전물들은 아시아 국가로 쏟아져 나오고 있으며, 그 많은 선전물은 권위 있는 출판물처럼 포장되어 있습니다. 아시아 화교들은 중국을 지적 문화의 중심으로 생각하기 때문에 공산주의 중국에 대한 지지를 없애거나 최소화하려면 바로 이들에 초점을 맞추어 작전에 임해야 한다고 자유아시아위원회는 믿습니다.37)

블럼의 가이드를 따라 아시아재단은 지역 내의 학술적 연구에 대한 지원, 반공 문학의 확산 촉진, 아시아 반공/비공 인사들이 아시아 지역 혹은 미국에서 개최되는 다양한 학회에 참석할 수 있는 여행 경비 보조, ‘자유세계’ 뉴스를 발표하고 전파할 수 있도록 도울 다양한 언론에 대한 지원, 그리고 무엇보다도 문맹률이 높은 아시아에서 반공 정신을 효과적으로 퍼뜨릴 영화 제작에 관심을 기울였다. 이에 따라 아시아재단의 영화 프로젝트The Motion Picture Project는 적어도 초기 몇 년 동안 아시아재단에서 가장 큰 투자 사업 중 하나가 되었다.

Proprietary DTPILLAR", August 29, 1963.
[https://archive.org/stream/DTPILLAR/DTPILLAR%20%20%20VOL.%203_0022#page/n0/mode/2up]

37) "Asia Foundation Monthly Reports", October 24, 1953, Box 1, Robert Blum Papers, Manuscripts and Archives, Yale University Library, New Haven, CT.

## 4. <국민은 승리한다>(The People Win Through)와 아시아재단의 영화 프로젝트

블럼이 임명되기 전, 자유아시아위원회는 소규모이기는 하지만 영화 프로그램을 이미 준비하고 있었다. 당시 영화 프로그램을 담당하던 존 글로버John Glover와 아시아재단의 기획 이사 리차드 콘론Richard Conlon은 각각 1952년 9월과 1953년 3월에 자유아시아위원회의 첫 번째 영화 프로그램 계획을 초안했다. 글로버의 초안을 보면 자유아시아위원회가 후원한 단편 영화 3편이 제작 단계에 있었음을 알 수 있다. 첫 번째는 동남아시아 화교 커뮤니티를 대상으로 하는 짧은 뉴스릴newsreel, 두 번째는 주로 필리핀 관객을 겨냥한 〈친절한 필리핀 사람들〉(The Friendly Philippines), 세 번째는 제2회 세계불교총회World Buddhist Congress (WBC)에 관한 다큐멘터리인 〈현존의 석가모니〉(The Living Buddha)였다. 〈현존의 석가모니〉는 버마, 실론 (스리랑카), 태국, 말레이시아에서 불교와 결합해 벌어지고 있는 반공 운동 육성이 목적이었고, 이는 친미 단체들을 위한 전략적 지원의 일환이었다.[38]

글로버는 그때그때 필요에 따라 제작하는 비계획적인 영화 제작 대신 정기적인 생산 일정, 체계적인 배급 시스템 및 잠재 관객에게 더 폭넓고 효과적인 호소력을 지닌 통합 프로그램 수립을 제안했다. 글로버는 버마와 홍콩에서 일본에 이르기까지 아시아에서 공산주의가 널리 퍼지고 있음을 인지하고 영화 분야에서 이를 저지할 새로운 전략을 고안하는 것이 필수적이라고 믿었다. 더군다나 아시아 지역의 높은 문맹률을 감안할 때 문자보다는 영상이 훨씬 효과적이라는 것은 명백해 보였다. 그는 어떠한 미디어도 영화만큼 동남아시아와 남아시아의 많은 사람들에게 단시간에 효과적으로

---

38) John Glover, "Long Range Motion Picture Project", September 18, 1952, Box 9, Asia Foundation Records, Hoover Institution Archive, Palo Alto, CA.

접근하는 동시에 제작 및 배급에 들어가는 비용이 상대적으로 저렴한 매체는 없다고 강조했다.[39] 따라서 그는 영화 사업에 쓰일 1953-1954년 예산을 위해 미화 50만 달러를 자유아시아위원회에 요청했다. 자유아시아위원회의 다른 주요 프로그램과 비교해도 상대적으로 큰 금액이었던 이 예산은 1952년 말에 승인되었고, 자유아시아위원회는 곧바로 새로운 영화 프로그램에 착수했다.[40]

그러나 콘론은 짧은 단편 선전short propaganda 영화를 제작하는 것만으로는 아시아 영화계에서 큰 주목을 받지 못하는 사업의 한계를 지적했다. 콘론은 '대중 공산주의'를 막기 위해 자유아시아위원회가 공산주의자와는 다른 새로운 접근법을 채택해야 한다고 주장했다.[41] 그는 그 접근법의 일환으로, 세 가지 핵심 영역을 정의했다. 첫 번째는 영화 산업 인력, 두 번째는 제작, 세 번째는 배급이다. 두 번째와 세 번째는 특별히 새로운 것은 아니지만, 아시아 영화 산업의 '인력'에 초점이 맞추어진 것은 주목할 만하다. 콘론은 자유아시아위원회가 비공산주의 영화 작가에게 영감을 주고 재정적으로 도와주며, 그들이 우리의 광범위한 목표에 부합하는 영화를 제작하도록 독려해야 한다고 주장했다. 그는 계속해서 아시아에서 영화를 제작하는 그룹과 미국 영화계와의 교류 프로그램을 고려해야 하며 양측의 합작 영상물 제작을 장려해야 한다고 판단했다.[42] 콘론은 미국 내 영상물 제작 회사에 의존하여 단편 영화 제작을 의뢰하고 배급하는 대신 자유아시아위원회의 자체 네트워크와 강점을 활용할 것을 제안했다. 그것은 다시 말해, 아시아의 젊은 영화인을 돕고 아시아 간의 영화 및 영상 학회

39) Ibid.
40) Ibid.
41) Richard P. Conlon, "Basic Position Paper CFA Motion Picture Program", March 24, 1953, Box 9, Asia Foundation Records, Hoover Institution Archive, Palo Alto, CA.
42) Ibid.

및 워크숍을 지원하며 미국의 교육자, 기술자 및 현장 전문가를 아시아로 파견하여 현지 인력을 '재교육'하는 등의 사업을 의미했다. 이를 위해 콘론은 아시아 경험이 풍부하고 자격이 검증된 영화계 종사자를 이 사업에 참여시킬 것을 제안했다.43)

이에 따라 영화에 투입된 경력이 있는 정보 요원으로 미군정기 한국의 영화 산업과도 밀접한 연관이 있는 찰스 태너Charles Tanner가 참여하였다.44) 태너는 1953년에 할리우드 연락 담당관Hollywood Liaison Officer과 영화 프로그램 책임자로 위원회에 합류했다. 뉴욕주 살라망카시에서 태어난 태너는 1940년 미 공군에 합류하여 1949년 제대할 때까지 중사, 소위, 중위로 재직했다. 국무부와 함께 그는 영화 담당관으로 한국에서 영화 산업 재건에 투입되고 이후 일본에서도 비슷한 역할을 수행했다. 한국전쟁 후 그는 한국의 미공보원United States Information Service(USIS)의 영화 담당관과 미디어 담당관이 되었다. 한국, 필리핀, 일본에서 비교 대상이 없을 정도의 인맥을 쌓았고 풍부한 영화 제작 경력을 지닌 태너의 능력을 블럼은 대단히 높이 평가했다. 태너는 할리우드와의 연결을 책임지는 역할 또한 담당했기 때문에 아시아 현장이 아닌 위원회의 샌프란시스코 본부에서 근무했다.45) 태너의 합류와 동시에 동경에 상주하던 특별 영화 담당관 존 밀러John Miller46)와 위원회 동경 지부 대표로 새로 임명된 노엘 부시Noel

---

43) Ibid.

44) 찰스 태너의 한국 영화 산업에 대한 찰스 태너의 개입과 기여는 이순진의 논문 「1950년대 한국 영화 산업과 미국의 원조 아시아재단의 정릉 촬영소 조성을 중심으로」, 『한국학연구』 43, 2016.11에 자세히 기술되어 있다.

45) 찰스 태너의 아세아재단아시아재단 이후 자세한 경력은 아래 웹사이트를 참조. [http://www.covenantplayers.org/detailed-background-charles-m-tanner.]

46) 존 밀러가 1950년대 한국 영화 산업을 시찰하고 작성한 보고서는 1950년대 한국 영화 산업에 대한 외부자의 시선을 읽을 수 있는 중요한 자료다. Sangjoon Lee, "On John Miller's 'The Korean Film Industry': The Asia Foundation, KMPCA, and Korean cinema, 1956", *Journal of Japanese and Korean Cinema*, Vol. 7, No. 2, (October 2015), pp.95-112.

Busch에게 영화 사업의 임무가 주어졌다. 부시는 아시아재단에 합류하기 전에 20년 이상 《타임-라이프》(Time-Life)에서 저널리스트로 근무했다. 그는 1952년 사임하던 당시 《타임-라이프》의 편집 차장이었다.[47) 태너와 부시는 새로운 조직에서, 아시아재단의 지원하에 제작된 첫 번째 장편 영화인 〈국민은 승리한다〉 프로젝트를 시작했다.

버마의 초대 수상인 우 누U Nu의 창작 희곡을 바탕으로 한 〈국민은 승리한다〉는 공산주의 혁명에 가담한 이상주의 혁명가 아웅 민Aung Min이 공산주의에 대해 점진적으로 환멸을 느끼는 과정을 담은 도덕극이다. 연극의 메시지는 공산주의자의 사악한 전체주의 방식보다 민주주의가 우월하다는 것을 말한다.[48) 이 연극은 1951년 10월 캘리포니아주 패서디나Pasadena의 패서디나 플레이하우스Pasadena Playhouse에서 미국 초연을 가졌다. 성공적인 미국 초연에 이어 바로 캘리포니아에 기반을 둔 캐스케이드 영화사Cascade Pictures of California가 영화 판권을 구입했다.[49) 샌프란시스코 출신 영화 제작자 버나드 카Bernard Carr가 설립한 소규모 독립 영화 제작사 캐스케이드 영화사는 미국에서 교육 영화, 군사 훈련 영화, 상업 광고, 단편 영화 및 '메시지' 영화를 제작했던 폭넓은 경험이 있으며 미 국무부의 홍보 영화 제작을 담당했다. 하지만 장편 영화 제작에 대한 경험은 전무했다. 역사학자 마이클 차니Michael Charney는 캐스케이드 영화사가 [어딘가에서] 영화 제작에 대한 자금을 지원받았으며, 따라서 영화를 찍는 데 드는 비용을 요구하지 않았다고 밝혔다.[50) 차니는 〈국민은 승리한다〉

---

47) Thomas W. Ennis, "Noel Busch, Author and Correspondent for Life Magazine", *The New York Times*, September 11, 1985.

48) Richard Butwell, *U Nu of Burma*, (Stanford, CA: Stanford University Press, 1963), 81.

49) Memorandum to Ray T. Maddocks from John Glover, July 30, 1952, Movie General file, Box 9, Asia Foundation Records, Hoover Institution Archive, Palo Alto, CA.

50) Michael Charney, "U Nu, China and the 'Burmese' Cold War: Propaganda in

를 영화화하는 과정에서 누가 어떤 방식을 통하여 자금을 조달했는지 구체적으로 밝히지 않았지만, 이 영화는 사실 비밀리에 아시아재단의 지원을 받았다. 공식 기록에 따르면 이 영화의 총예산은 미화 203,029달러였고, 아시아재단의 랑군 사무소가 제작비 전액을 부담했다.[51] 즉, 처음부터 〈국민은 승리한다〉는 아시아재단의 단독 프로젝트였던 것이다.[52] 아시아재단의 목표는 재단의 네트워크를 이용하여 버마, 태국, 인도, 홍콩, 일본, 대만에 영화를 배급하는 것이었다. 아시아재단은 미국 관객에게 영화를 배급하는 것 역시 진지하게 고려했다.

할리우드 시나리오 작가인 폴 강겔린Paul Gangelin이 영화의 각색을 맡기 위해 고용되었다. 강겔린은 무성영화 시대에 그의 할리우드 경력을 새겨넣기 시작했다. 그의 첫 각본은 파테 영화사(Pathe Production)의 〈더 로켓티어〉(The Rocketeer, 1929)였다. 강겔린은 이후 〈스칼렛 클라우〉(The Scarlet Claw, 1944)와 〈마이 팔 트리거〉(My Pal Trigger, 1946)와 같이 비교적 성공한 각본을 여러 편 썼지만, 캐스케이드사의 회장인 버너드 카가 1953년 1월에 그에게 각색을 의뢰했을 때, 강겔린은 몇 년 동안 하나의 대본도 영화화하지 못한 상태였다. 캐스케이드 영화사는 1953년 2월 현지 출연진을 캐스팅하여 버마어로 촬영을 시작했다. 물론 주요 기술진과 촬영 장비는 미국에서 조달했다. 버마 현지의 영문 신문은 몇 주간의 스크린 테스트와 캐스팅 과정을 거쳐 전 육군 대위인 마옹 마옹 따Maung

Burma in the 1950s", in *The Cold War in Asia: The Battle for Hearts and Minds*, ed. Zheng Yangwen, Hong Liu, and Michael Szonyi, (Leiden and Boston: Brill 2010), 50-53.

51) Richard P. Conlon, "Basic Position Paper TAF-Motion Picture Program", March 24, 1953, Japan Writer Project H-7 195354 file, Box 9, Asia Foundation Records, Hoover Institution Archive, Palo Alto, CA.

52) Robert Blum's letter to Kenneth Clark (Vice President of MPAA), January 25, 1955, Gangelin-Paul-Correspondences file, Box 9, Asia Foundation Records, Hoover Institution Archive, Palo Alto, CA.

Maung Ta가 이 영화의 주연으로 결정되었다고 보도했다. 또한 전 육군 장교인 바 코Ba Kho가 중요한 조연을 맡았다.[53]

〈국민은 승리한다〉의 촬영 종료 후, 일차 기술 시사가 샌프란시스코 아시아재단 본부 간부를 대상으로 실시되었다. 결과는 참담했다. 태너의 보고서는 경영진이 느낀 당혹감을 적나라하게 드러낸다. "태너는 우리는 영화가 실망스럽다는 데 동의한다. 영화의 수준에 비해 제작비는 턱없이 높았고, 버마 밖의 상영 가능성도 의심스럽다. 이 영화를 위해 이 단계에서 할 수 있는 것은 거의 없는 것 같다고 토로했다. 태너는 가능한 빨리 영화를 완성하여 비용을 최대한 낮추는 것이 최선이라고 제안했다."[54] 콘론 역시 영화의 완성도에 불쾌감을 느꼈다. 그는 영화의 높은 제작 비용에 의문을 제기했다.

> 높은 출연료를 받는 스타도, 비용이 많이 드는 정교한 세트도 없습니다. 막대한 지출을 창출하는 스펙터클한 장면도 없습니다. 비싼 의상도 없어요. 일반적인 미국 관객과 지적인 아시아 관객의 기준으로 이 영화는 오락용으로도 분류될 수 없습니다. 이 영화가 현재 상태로 미국에 배급된다면 영화를 상영할 극장이 거의 없을 것이 확실합니다. 캐스케이드가 어떻게 25만 달러의 지출을 정당화할지 의문입니다.[55]

캐스케이드 영화사는 재편집을 요청받았다. 영화사의 대표인 버나드 카는 오직 도우려는 마음으로 제작에 임했다고 강조하며 자신을 비난하는 아시아재단에 불편한 마음을 드러냈다. 그는 다른 영화사가 이 영화를 만

---

53) "Premiere's Play Being Filmed Hollywood Enthusiastic", Unknown English-language newspaper, March 23, 1953, Rebellion file, Box 9, Asia Foundation Records, Hoover Institution Archive, Palo Alto, CA.

54) Charles Tanner, "Screening of Cascade's *Rebellion*", July 29, 1953, Box 10, Asia Foundation Records, Hoover Institution Archive, Palo Alto, CA.

55) Richard P. Conlon, "*Rebellion or People Win Through Showing*", July 29, 1953, Box 10, Asia Foundation Records, Hoover Institution Archive, Palo Alto, CA.

들었으면 올해 내에 완성이 되지도 않았을 것이라고 항변했다.56) 재편집된 영화는 1953년 12월 26일 랑군의 뉴 엑셀시어 극장New Excelsior Cinema Hall에서 처음으로 공식 시사회를 가졌다.57) 버마의 법무 장관인 우 찬툰U Chan Htoon은 시사회에서 열정적인 환영 연설을 했다.

> 무책임한 반란자들에 의해 고문당하고 괴롭힘당하는 모습으로 동시대 버마를 생생하게 보여 주는 영화 〈국민은 승리한다〉를 통해 우리는, 민주주의가 세계의 모든 번성하는 국가에서 볼 수 있다는 것을 알 수 있습니다. 이 영화는 동시대 버마의 생생한 초상화로서 중요할 뿐만 아니라 버마 역사의 중요한 부분을 진실하게 기록하기 때문에 후손을 위해 보존해야 할 역사적인 자료가 될 것입니다. 영상은 훌륭합니다. 연기는 거의 빈틈없이 잘 되어 있습니다. 최신 기술만이 낼 수 있는 사운드를 지니고 있습니다. 따라서 〈국민은 승리한다〉는 버마의 모든 관객이 즐길 수 있으며 세계 영화 시장에서도 좋은 반응을 얻을 것입니다.58)

그러나 우 찬툰의 열정적인 반응과는 달리 아시아재단 임원들은 〈국민은 승리한다〉가 다른 아시아 국가로 배급될 가능성을 불안하게 보았다. 아시아재단 영화 사업팀은 인도 내 배급 가능성을 높이기 위해 노래와 춤을 추가하는 것도 고려했다. 하지만 영화를 위한 노래를 작곡할 수 없다는 것을 깨닫고 포기할 수밖에 없었다. 아시아재단은 예산을 추가하더라도 이 영화를 최대한 노출시킬 방법을 찾아야 했다. 〈국민은 승리한다〉에 대한 미국인들의 관심을 높이기 위해 태너는 보수 성향 일간지 《크리스천 사이언스 모니터》(Christian Science Monitor)에 협조를 구하고 로스엔젤레스에서 특별 상영

---

56) Charles Tanner's Letter to James Stewart, September 28, 1953, Rebellion: General 8/53-12 file, Box 9, Asia Foundation Records, Hoover Institution Archive, Palo Alto, CA.

57) Charney, *The Cold War in Asia*, 49.

58) "The People Win Through", *Burma Weekly Bulletin* 2, no. 39, (December 30, 1953,) 1.

을 마련했다. 하버드 대학교에서 영화 연구로 박사학위를 받은 학자이자 《크리스천 사이언스 모니터》 편집위원이었던 리처드 다이어 맥캔Richard Dyer McCann은 이 영화가 극동 지역 공산주의 선전의 영향이 갈수록 커지고 있는 것에 대한 강력한 '선전 무기'로서 가치가 있다며, 영화의 전략적 중요성에 대해 호의적인 기사를 썼다.[59) 맥캔은 1950년대 《크리스천 사이언스 모니터》의 편집위원이었다. 이후 맥캔은 1957년부터 1962년까지 남가주대학교University of Southern California 영화과에서 교수 생활을 했고 동시에 샌프란시스코 국제 영화제, 아시아 영화 제작자 연맹,[60) 아시아재단과 공동 작업을 수행했다.[61) 태너는 1954년 4월 캘리포니아주 컬버 시티에 있는 미국영화협회Motion Picture Association of America(MPAA) 건물에서 시사회를 개최했다. 〈국민은 승리한다〉의 미국 개봉을 희망하면서 태너는 파라마운트 영화사의 루이지 루라시Luigi Lurashi를 비롯해 할리우드의 거물 영화감독인 세실 B. 드밀Cecil B. DeMille 등 잘 알려진 할리우드의 냉전 전사와 영화계 전문가를 초대했다. 결과는 여전히 절망적이었다. 드밀 감독은 이 영화를

59) Richard Dyer MacCann, "To Counter Communist Propaganda", *The Christian Science Monitor*, December 24, 1953.

60) 아시아제작자연맹의 초기 역사는 Miyao Daisuke가 편집한 *Oxford Handbook of Japanese Cinema* (Oxford University Press, 2012)에 실린 Sangjoon Lee의 챕터 "The Emergence of the Asian Film Festival: Cold War Asia and Japan's Re-entrance to the Regional Film Industry in the 1950s"에 자세하게 정리되어 있다.

61) 맥캔은 1963년 미국무부 초청으로 한국 국립영화제작소(Korean National Film Production Centre) 기술 고문으로 서울에 두 달 간 머물면서 중앙대학교에서 다큐멘터리 영화를 강의하기도 했다. 당시 그는 중앙대학교에서 맥캔의 통역을 담당하던 희곡작가 이근삼의 도움으로 유현목 감독의 〈오발탄〉을 접하게 되고 이 영화가 샌프란시스코 영화제에 초청되는 데 큰 역할을 하게 된다. 이후 맥캔은 아이오와 주립대학교(University of Iowa) 영화학과에서 아시아 영화를 강의하며 교육자로서 1980년대 이후 수 많은 아시아 영화 전문가들을 배출했다. Richard Dyer MacCann, "Films and Film Training in the Republic of Korea", *Journal of the University Film Producers Association*, 16:1, (1964), 17.

재편집하고 영화 자막을 추가해도 상업적 잠재력이 여전히 부족할 것이라고
판단했다.62) 파라마운트 영화사의 검열 및 편집 국장인 앨버트 딘Albert
Deane은 두 가지 버전을 모두 본 후 새로 편집된 버전을 비판했다.

> 영화는 여전히 나쁩니다. 영화의 나쁜 점들, 예를 들면, 과하게 표현된 공산
> 주의자 캐릭터, 아웅 민 부인 역할 배우의 나쁜 캐스팅, 인물의 행동과 사건의
> 영화적 진행 대신 대화를 통한 길고 지루한 서사 등은 재편집으로 제거될 수
> 없습니다. 해당 장면들을 제거할 수 없는 이유는 영화 스토리에 필수적인 부분
> 이기 때문입니다. 〈국민은 승리한다〉가 좋은 영화가 되려면 다시 처음부터 만들
> 어야 합니다.63)

딘은 영화가 미국에 배급될 가능성이 없으며 심지어 예술극장에서도
상영될 가능성이 전혀 없다고 강조했다.64) 아시아재단 본부를 더욱 실망
시킨 것은 버마 언론이 버마에서 제작한 최고의 영화라는 여러 찬사를 보
냈음에도 불구하고, 〈국민은 승리한다〉가 버마를 제외한 아시아 어디에서
도 흥행에 성공하지 못했다는 점이다.65) 아시아재단 임원들은 〈국민은 승
리한다〉를 통해 값비싼 수업료를 치렀고 결국 이 영화의 미국 배급에 대
한 야심찬 계획을 포기하기로 결정했다. 그러나 아시아재단에겐 더 큰 영
화 프로젝트가 있었다. 이미 사전 제작 단계에 있는 〈붓다의 삶〉(Life of
Buddha)이었다.

---

62) A memorandum to Stewart, May 3, 1954, Movies General/Hollywood "for the
     record" file, Box 9, Asia Foundation Records, Hoover Institution Archive,
     Palo Alto, CA.
63) Luigi Luraschi's letter to James Stewart (March 10, 1955), Tradition/Asia
     Pictures/HK file, Box 9, Asia Foundation Records, Hoover Institution
     Archive, Palo Alto, CA.
64) Ibid.
65) A memorandum to Stewart, May 3, 1954, Movies General/Hollywood "for the
     record" file, Box 9, Asia Foundation Records, Hoover Institution Archive,
     Palo Alto, CA.

## 5. <붓다의 삶>과
## 제2세계 불교도우의회World Fellowship of Buddhists

샌프란시스코 평화 조약 발효 5개월만인 1952년 10월, 세계불교총회 World Buddhist Congress(WBC)가 동경에서 개최되었다. 첫 번째 세계불교총회는 이로부터 2년 전 실론 (스리랑카)에서 열렸다. 일본의 불교역사학자 조셉 기타가와Joseph M. Kitagawa가 지적했듯이, 세계불교총회는 불교의 역사에서 세계 전역의 모든 중요한 불교 활동을 연합하고 조율하려는 시도를 한 최초의 행사였다.[66] 1950년 실론 콜롬보에서 27개국 대표들이 참석한 가운데 창설된 세계불교도우의회World Fellowship of Buddhists(WFB) 주최로 격년으로 열리는 이 행사는 이후 버마(1954년), 네팔(1956년), 태국(1958년), 캄보디아(1961년)로 이어졌다.[67] 세계불교도우의회 첫 번째 회장은 실론 불교총회의 회장이기도 한 G.M. 말라라세케라Malalasekera가 선출되었다. 말라라세케라는 개막 연설에서 불자의 깃발이 이제 전 세계 모든 나라에서 세계불교총회의 엠블럼과 함께 펄럭인다고 선언했다.[68] 1952년에 동경에서 열린 두 번째 총회에는 18개국 180명의 불교계 대표와 450명에 달하는 일본 대표단이 한자리에 모였다. 하지만 버마, 실론, 인도 불교의 핵심 인물들이 아시아재단의 지원으로 1952년 총회에서 참석할 수 있었다는 사실은 흥미롭게도 거의 알려지지 않았다. 아시아재단은 이후 〈국민은 승리한다〉로 악연을 맺은 캐스케이드 영화사에 동경 세계불교의회에 관한 단편 다큐멘터리 영화인 〈현존의 석가모니〉(The Living Buddha) 제작을 의뢰했다. 이 단편 다큐멘터리는 비교적 좋은 반응을 얻었고, 캐스케이드 영화사는

---

66) Joseph M. Kitagawa, "Buddhism and Asian Politics", Asian Survey 2, no. 5, (July 1962): 6.

67) Joseph M. Kitagawa, *Religion in Japanese History*, (New York, NY: Columbia University Press, 1966), 295.

68) Kitagawa, "Buddhism and Asian Politics", 6.

아시아재단에 〈붓다의 삶〉(Life of Buddha)이라는 가제가 붙은 장편 영화 프로젝트를 제안했다. 아시아재단은 몇 주 동안 검토한 끝에 이 프로젝트를 승인한다. 캐스케이드 영화사는 아시아재단의 재정 지원으로 시카고 출신의 소설가이자 시나리오 작가인 로버트 하디 앤드류스Robert Hardy Andrews를 고용했다.

〈국민은 승리한다〉와 마찬가지로 〈붓다의 삶〉 역시 발렌타인 재직 기간에 시작한 프로젝트였다. 태너가 1953년 8월−블럼의 임기가 시작된 지 한 달 후−에 대본을 받았을 때 그는 이것이 어떤 프로젝트인지에 대해 아는 바가 거의 없었다.[69] 태너는 앤드류스가 쓴 대본의 우수함은 칭찬했지만, 영화의 기본 계획 자체에는 비판적이었다. 아시아에서의 영화 제작 경험이 비교적 풍부한 태너는 영화 제작을 하기 위해서 어떤 사람들이 어떤 마음을 갖고 제작에 임하고 있는가가 명확해야 한다는 믿음이 있었다. 태너에게 〈붓다의 삶〉은 비영리 목적으로 제작하는 장편 독립 영화가 아닌, 할리우드 영화사를 위해 만들어진 수백만 달러의 돈이 투여되어야 할 현실성이 없는 각본이었다. 태너는 이 영화를 반드시 만들어야 한다면 인도의 믿을 만한 영화사와 공동 제작하여 부담을 낮추는 해결책을 제시했다. 스튜어트에게 보내는 편지에서 태너는 이런 관점으로 설명했다.

> 〈붓다의 삶〉은 일반적으로 아시아 관객, 특히 불교도를 위해 만들어져야 합니다. 그러한 영화는 미국 영화 시장에도 성공 잠재력이 있지만, 할리우드의 주요 제작 회사가 과연 그러한 '가능성'만 보고 상당한 위험을 감수할까요? (…) 새로운 작가[앤드류스]는 현명하게도 등장인물의 수를 최소한으로 유지하여 예산을 낮출 수 있도록 했습니다. 만약 앤드류스가 인도의 제작자를 염두에 두고 대본을 쓴다면, 이야기의 본질은 정확히 같겠지만 생산 규모와 범위는 크게 낮아질 것으로 확신합니다. 제 권고는 할리우드에 접근할 때, 이 영화를 1급의 인

---

69) Charles Tanner's letter to Stewart, "Tathagata the Wayfarer: The Story of Gautama Buddha", August 17, 1953, Box 10, Asia Foundation Records, Hoover Institution Archive, Palo Alto, CA.

도 영화사와 협의하여 제작하기를 요청하자는 것입니다.[70]

뉴욕을 기반으로 하는 보수적 성향의 반공 영화제작사인 자유 영화사 Freedom Film Corporation의 제임스 맥펄린James W. McFarlane 회장은 〈붓다의 삶〉 대본을 읽은 후 이 프로젝트에 대해 열정적으로 반응했다. 그는 이 영화가 어떤 단체나 개인의 노력보다도, 공산주의 선전을 퇴치하고 동남아시아에 평화와 안전을 가져오는 데 큰 도움을 줄 것이라고 강조했다. 인도에서 상당한 영화 배급 경험을 쌓은 맥펄린은 이 영화의 잠재적 시장 규모를 예측했다.[71] 그는 세계의 5억 불교도 중 25%가 이 영화를 본다면, 〈붓다의 삶〉은 엄청난 이익을 창출할 것이라고 주장했다. 맥펄린은 1952년 2월에 인도 봄베이에서 열린 인도국제영화제International Film Festival of India(IFFI) 에 미국 영화 산업 대표로 참가했었다. 세실 B. 드밀, 존 웨인 John Wayne과 함께 할리우드의 '반공 전사'로 잘 알려진 프랭크 카프라 Frank Capra 감독이 함께였다. 프랭크 카프라 감독을 이념적으로 믿을 수 있다고 판단한 맥펄린은 〈붓다의 삶〉을 프랭크 카프라와 같은 감독이 연출해야 한다고 제안했다.[72] 아시아재단의 영화 부서는 이에 따라 신속하게 움직였다. 그러나 〈붓다의 삶〉 프로젝트를 시작하기 위해서는 인도, 버마, 실론에 있는 불교 단체의 지원이 절대적으로 필요했다.

아시아재단은 세계불교도의회(WFB)의 설립 초기부터 말라라세케라 박사와 긴밀한 관계를 유지했다. 세계불교도우의회는 초창기부터 친미적이고 반공산주의적인 노선을 채택한 단체였다. 말라라세케라 박사는 불교

---

70) Ibid.
71) James W. McFarlane's letter to CFA, September 23, 1953, Box 10, Asia Foundation Records, Hoover Institution Archive, Palo Alto, CA.
72) Charles Tanner, "Discussion with James McFarlane on the Buddha Script", September 28, 1953, Box 10, Asia Foundation Records, Hoover Institution Archive, Palo Alto, CA.

의 미래가 젊은 세대, 그리고 영미권의 '잠재적' 신자에게 있다고 보았다. 또한 영국의 런던 동양학 연구대학London School of Oriental Studies[73]에서 실론 문학으로 박사학위를 받은 학자 출신인 말라라세케라는 불교를 서구 세계에 보급하기를 열망했다. 그는 아시아재단의 초청으로 1953년 샌프란 시스코와 뉴욕을 방문했을 때 많은 미국인들이 부처에 대해 들어본 적도 없으며, 그 이름을 알더라도 가르침에 대해 거의 알지 못했다는 것을 발견 하고 크게 놀랐다. 이 방문을 계기로, 말라라세케라 박사는 부처의 신념, 사상, 지식을 전파하기 위해 영화와 TV가 지닌 힘에 주목했다. 그는 《불 자》(The Buddhist)에 기고한 기사에서, 영화가 오늘날 지성이 참여하는 가 장 효율적인 수단이 되었다는 것을 전혀 의심하지 않는다고 했다. 그는 또한, "제가 계속 염두에 둔 영화를 과연 누가 만들 수 있을까요? 필름, 특히 테크니컬러로 제작된 영화는 비용이 많이 들 텐데 이 돈을 어디서 구할 수 있을까요?"라고 토로했다.[74] 말라라세케라 박사는 아시아재단이 부처에 관한 영화 제작을 수행하기에 가장 적절한 미국 기관이라고 지목 했다.[75]

말라라세케라는 실론의 카투가스토타Katugastota의 트리신할라마Trisin-halarama에서 개최된 회의에서 영화 〈붓다의 삶〉이 불교 확산에 큰 가치가 있을 것이라고 전망했다.[76] 하지만 부처의 삶에 관한 교육 영화, 바라건대 비상업적 다큐멘터리 영화를 제작하려는 그의 순진한 바람은 아시아재단 의 영화 사업 방향과는 맞지 않았다. 아시아재단은 5억 명의 아시아 불교

73) SOAS (School of Oriental and African Studies), University of London(런던대 학교 동양 및 아프리카 연구대학)의 전신.

74) G. P. Malalasekera, "The Buddha Film The Truth About It", The Buddhist 24, no. 8, (December 1953): 113.

75) Ibid.

76) "Not Bought Over By American Film Co", Ceylon Daily News, September 25, 1953.

도들에게 영향을 줄 영화에 반공 테마를 더하고 싶었기 때문이다.77) 아시아재단 경영진은 이 영화를 후원할 경우, 아시아재단이 다른 종교에 비해 불교를 선호한다는 오해를 받을까봐 우려했다. 또 다른 문제는 상당히 높은 예산이었다. 태너는 할리우드 스튜디오에서 제작할 경우, 최대 4백만 달러에 가까운 예산이 필요할 것이라고 보았다. 하지만 만약 인도의 영화사와 공동으로 제작할 경우, 약 150만 달러까지 비용을 낮출 수 있을 것이라 예측했다. 처음부터 〈붓다의 삶〉 프로젝트를 비관적으로 보았던 태너는 할리우드 영화사가 영화를 단독 제작하고, 아시아재단은 컨설팅 직책을 맡는 정도로 빠질 것을 권유했다. 또한 태너는 〈붓다의 삶〉의 제작 준비 과정에서, 〈국민이 승리한다〉를 통하여 캐스케이드 영화사가 보여 준 장편 영화 제작 능력에 대한 믿음을 잃었다. 특히 할리우드 스튜디오와 일할 경우, 태너는 캐스케이드 영화사보다 훨씬 더 높은 권위와 경력이 필요하다고 강조했다.78)

아시아재단은 결국 제작을 포기한 후 〈붓다의 삶〉 대본의 권리를 원작 작가인 로버트 하디 앤드류스에게 2만 달러에 양도했다.79) MGM 영화사는 세실 B. 드밀의 도움을 받아 〈붓다의 삶〉 판권을 사들여 〈구도자〉(Wayfarer)로 제목을 바꾸고 제작 준비에 돌입했다. 말라라세케라 박사는 〈구도자〉의 첫 번째 시나리오 초안에 기술 고문으로 합류했다. 여기에 크리스토퍼 이셔우드Christopher Isherwood가 대본을 다듬기 위해 팀에 합류했다.80) 그러나 MGM의 제작이 결정된 지 일주일 만에 〈구도자〉는 버마 불

---

77) "Preliminary Discussion on Film The Life of Buddha", October 2, 1953, Box 10, Asia Foundation Records, Hoover Institution Archive, Palo Alto, CA.

78) Charles Tanner, "C-112 (Ceylon-Buddha Film)", November 3, 1953, Box 10, Asia Foundation Records, Hoover Institution Archive, Palo Alto, CA.

79) Robert Hardy Andrews' letter to Robert R. McBride of CFA, September 4, 1954, Box 10, Asia Foundation Records, Hoover Institution Archive, Palo Alto, CA.

80) Robert Hardy Andrews' letter to Robert Blum, February 21, 1955, Box 10,

교 집단으로부터 예기치 않게 격렬한 공격을 받았다.

버마의 영문 신문 《버마인》(*The Burman*)은 기독교 회사 MGM이 오락용 영화로 〈구도자〉를 제작하려 한다며 적대적인 반응을 보였다.[81] 저널리스트인 몬 소 민Mon Soe Min은 "모든 불자가 할리우드 영화 제작자의 오만한 시도에 반대하여 목소리를 높여야 한다. 부처님의 삶을 할리우드 제작자의 주머니에 더 많은 돈을 가져다줄 장난감으로 만들게 할 수는 없다"고 목소리를 높였다.[82] 《버마인》은 또한 〈구도자〉의 할리우드 제작에 대한 소식을 언론에 발표한 말라라세케라 박사와, 붓다의 신성한 가르침을 '반공 무기'로 사용하려는 아시아재단의 숨은 의도를 구체적으로 비난했다. 기자는 계속해서 말라라세케라 교수가 세계불교도우의회의 회장임에도 이 영화로 인해 발생할 수 있는 위험한 상황을 깨닫지 못했다는 사실이 놀랍다고 지적했다.[83] 궁지에 몰린 말라라세케라 박사는 〈구도자〉제작에 대한 MGM의 자문 위원을 맡았다는 사실을 부인했다. 그는 또한 자신은 이 영화의 제작을 승인하지 않았다고 주장했다.[84]

앤드류스는 버마에서 벌어지는 〈구도자〉에 대한 격렬한 반발 소식을 들은 후 아시아재단에 편지를 썼다. "나는 영화의 준비 단계에서 불에 기름을 붓지 않기 위하여 〈버마인〉은 물론 아시아 다른 지역의 보다 우호적인 언론사와도 접촉을 삼가고 있습니다."[85] 버마와 아시아 다른 지역의

Asia Foundation Records, Hoover Institution Archive, Palo Alto, CA.

81) Mon Soe Min, "A Christian Company and the Buddha Film", *The Burman*, March 3, 1955.

82) Ven. G. Anoma, "Buddhists, Awake Against Buddha Film", *The Burman*, March 1, 1955.

83) Ven. G. Anoma, *The Burman*.

84) "Controversy Over Filming of Lord Buddha", *New Times of Burma*, April 10, 1955.

85) Robert Hardy Andrews' letter to Margaret E. Pollard of The Asia Foundation, November 29, 1955, Box 10, Asia Foundation Records, Hoover Institution

적대적인 반응이 실제로 MGM의 의사 결정에 영향을 미쳤는지 여부는 분명하지 않지만, 얼마 지나지 않아 〈구도자〉의 제작은 영구적으로 중단되었다. 그리고 아시아재단은 앤드류스와의 계약을 종료했다.

## 6. 동남아시아에서 동아시아로
   : 아시아재단 영화 프로젝트의 변화와 종료

두 편의 영화 프로젝트―〈국민은 승리한다〉와 〈구도자〉―의 실패에 크게 실망한 블럼은 영화 사업 부서는 물론 전체 임원에게 편지를 썼다. 블럼은 "영화를 직접 제작하는 것은 [아시아]재단이 아주 주의해서 실행해야 하는 방법인 것 같습니다. 따라서 우리는 [직접 영화를 제작하는 대신] 영화를 제작하는 아시아의 영화 단체를 선별 지원하는 방식으로 접근해야 할 것 같습니다."[86]라고 적었다. 블럼은 또한 다음과 같이 주장했다. "공산주의자들은 보통 주요 제작, 배급, 상영 조직의 지배를 통해 영화 산업을 통제하려 합니다. 우리는 공산주의의 통제에 대항하여 아시아 영화계에 건전하고 충실한 조직을 만들고자 합니다."[87] 블럼의 가이드에 따라 아시아재단은 미국 중소 영화사에 영화 제작을 의뢰하는 대신 아시아 내에 친미/반공 영화인 조직을 형성하는, 완전히 새로운 접근 방식을 도입했다. 또한 아시아재단의 영화프로젝트팀은 기존의 중점이었던 버마, 인도, 실론 대신에 동아시아, 즉 일본, 홍콩, 한국 영화 산업을 중심으로 전환했다.

아시아재단의 영화 담당자인 부시, 태너, 밀러는 프로그램 담당자인 제

Archive, Palo Alto, CA.

86) "Asia Foundation Monthly Report", April 9, 1954, Box 1, *Robert Blum Papers*, Manuscripts and Archives, Yale University Library, New Haven, CT.
87) "Executive Committee Report", May 5, 1954, Box 1, *Robert Blum Papers*, Manuscripts and Archives, Yale University Library, New Haven, CT.

임스 스튜어트의 지도하에 심리전 승리를 목표로 다섯 가지 주요 프로젝트를 시작했다. 첫 번째는 반공 영화 제작자 네트워크 형성을 목적으로, 아시아영화제작자연맹Federation of Motion Picture Producers in Asia(FPA)과 이 조직을 이끌고 있는 일본의 영화제작자이자 다이에이大映 스튜디오 수장인 나가타 마사이치永田雅一를 재정적 및 행정적으로 지원하는 것이다. 둘째, 아시아재단은 할리우드 시나리오 작가를 일본에 파견하여 할리우드 스타일의 서사 구조, 등장인물의 성격 묘사, 현대적인 편집 기술을 일본의 영화 인력에게 전수하는 계획을 세웠다. 실제로 1954년에 할리우드의 A급 시나리오 작가 윈스턴 밀러Winston Miller가 다이에이 영화사에 한 달간 머물렀다. 셋째, 아시아재단 영화프로젝트팀은 홍콩에 본거지를 둔 기자 출신 영화제작자 장궈싱張國興을 파트너로 아주영화사亞洲影業有限公司(Asia Pictures)를 설립하고 이 영화사가 제작하는 영화의 제작비 전액을 지원했다.[88] 이는 창청영화사長城電影製片有限公司를 위시한 친중 영화사들이 주류를 차지하던 홍콩 영화 산업에 '건전한healthy' 영향력을 행사하려는 시도였다. 넷째, 한국영화문화협회Korean Motion Picture Cultural Association(KMPCA)를 지원하여 전쟁으로 황폐해진 한국의 영화 산업을 활성화하고 KMPCA를 아시아영화제작자연맹(FPA)에 가입시켜, 이 연맹의 연례 행사인 아시아 영화제에 친미/반공 자유 전사 중 하나로 참여시켰다.[89] FPA의 연례 행사이자 아시아영화제Asian Film Festival의 전신인 동남아시아 영화제Southeast Asian Film Festival는 1954년 5월 도쿄에서 그 첫 번째 행사를 개최할 예정

---

88) 아주전영공사에 대한 보다 깊은 논의는 다음을 참조. Charles Leary, "The Most Careful Arrangements for a Careful Fiction: A Short History of Asia Pictures", *Inter-Asian Cultural Studies*, Vol. 13, No. 4, (2012).

89) 1950년대 한국영화문화협회의 형성과 아시아재단의 역할에 대한 연구는 Sangjoon Lee, "Creating an Anti-Communist Motion Picture Producers' Network in Asia: The Asia Foundation, Asia Pictures, and the Korean Motion Picture Cultural Association", *Historical Journal of Film, Radio, and Television* 37, vol. 3, (2017): 517-538을 참조.

이었다.[90] 마지막으로, 1958년에 출범한 샌프란시스코 국제 영화제San Francisco International Film Festival를 통해 아시아재단 지원작과 아시아 각국

90) 나가타 마사이치는 동남아시아 각국을 순회하며 필리핀, 홍콩, 인도네시아, 말레이시아, 싱가포르의 영화제작자들을 만났는데, 이 만남을 바탕으로 1953년 11월에 아시아영화제작자연맹 (FPA) 이 공식적으로 창립되었다. 필리핀 마닐라에서 열린 회원국 대표 간의 첫 회의를 통해 FPA의 연례 행사로 국제 영화제를 개최하자는 의견이 나왔다. 모든 회원국의 동의하에 영화제의 준비가 시작되었고, 1954년 5월 8일 일본 도쿄에서 첫 동남아시아영화제(Southeast Asian Film Festival)가 열렸다. 처음부터 아시아영화제는 (최소한 첫 5년 동안은) 그 자체로 전통적인 의미의 영화제가 아니었고, 베니스, 칸, 베를린과 같은 국가 단위의 영화제들과는 달리 단일한 도시나 국가에서 열리는 것도 아니었다. 대신에 아시아영화제는 매년 개최국을 옮기고 한 국가가 2년 연속으로 영화제를 개최할 수 없도록 되어있는 순회 시스템을 채택하였다. 국제기구나 국제협력기구 등에서 주로 채택하는 시스템인데, 따라서 필자는 아시아영화제가 '자유 아시아'의 영화 제작자들 사이의 지역 연합 회담이었다고 주장한다. 아시아영화제 기간에는 각 회원 국가의 대표적인 작품들의 상영, 2-3가지 큰 주제로 이루어지는 포럼, 영화 장비 및 기술 전시회, 그리고 영화제의 하이라이트라고 불리는 각 회원국들의 '기라성 같은 스타들(Galaxy of Stars)'의 갈라 쇼가 함께 열렸다. 상영되는 영화들의 대중 공개는 처음부터 전혀 고려되지 않았으며, 설령 있다고 할지라도 일반 관객에게는 아주 제한된 수의 영화들만이 공개되었다. 이 영화제에서 스포트라이트를 독차지 한 것은 영화감독과 배우가 아니라 영화 제작자들이었다. 이 시기의 여타의 전후 영화제들과 대조적으로 아시아영화제는 실제적인 영화의 상영보다는 회원국들의 제작자들 사이의 원탁회의가 진행되는 포럼에 보다 비중을 두었다. 아시아의 영화계의 실력자들이 추구한 것은 그들의 최근 영화들을 관객들에게 보여 주는 것이 아니라 영화제를 통하여 비즈니스 계약과 협상을 이루어내고, 다른 나라들의 기술적 진전을 알아보는 것이었다. 이 영화제는 이후 1957년부터 아시아영화제(Asian Film Festival)로 명칭을 변경했다. 1982년에는 오스트레일리아와 뉴질랜드의 가입으로 명칭이 다시 한 번 바뀌어서 아시아-태평양 영화제(Asia-Pacific Film Festival)라는 이름으로 현재까지 이어지고 있다. 나가타 마사이치, FPA, 그리고 아시아영화제의 형성에 관한 자세한 역사적 배경은 2018년 3월에 출판 예정인 김소영, 하승우 편, 『한국영화, 세계와 마주치다』에 실린 필자의 챕터 「아시아영화제의 등장: 1950년대 미국의 냉전 문화정책과 일본의 아시아 영화 산업으로의 재-진입」에 자세히 기술되어 있다.

반공 영화 제작자의 작품을 미국 시장에 소개하고 배급을 돕는 계획이었다.

이처럼 아시아재단은 초기의 무모한 투자로 인한 실패를 겪은 후 1950년대 중반에서 후반까지 아시아 각지로 연결되는 방대한 지역 사무소 네트워크를 활용하여 지역의 권위 있는 영화 관련 조직을 형성하고 지원함으로써 반공 성향을 지닌 아시아 영화제작자들을 통합하려 했다. 하지만 결과적으로 아시아재단의 영화 프로젝트는 애초에 목표한 성과를 내지 못한 듯 보인다. 아시아의 영화 산업은 부시, 태너, 밀러와 스튜어트가 예상했던 것보다 훨씬 복잡했고 각국의 정치적, 종교적, 사회적 변화에 따라 급변했기 때문이다. 1960년에 접어들면서 아시아재단은 영화 사업에서 완전히 손을 떼게 된다. 이는 일본 다이에이 영화사의 재정적 곤경 및 일본 영화 시장의 침체, 한국 군부의 쿠데타로 인한 영화 산업의 통제, 철저한 상인 정신으로 무장한 채 막대한 자금력을 바탕으로 화교 영화 시장을 장악해 가는 홍콩의 쇼부라더스 영화사邵氏兄弟有限公司, 그리고 대만 정부의 강력한 영화 산업 규제가 종합적으로 작용한 결과라고 해석할 수 있다.

아시아재단의 영화 사업이 종료되며 이를 이끌던 핵심 멤버들도 하나둘씩 아시아재단을 떠났다. 찰스 태너가 가장 빨리 선택했다. 1956년에 아시아재단을 떠난 태너는 기독교 연극에 투신하여 고향인 캘리포니아의 옥스너드Oxnard에 '커버넌트 플레이어스Covenant Players'라는 기독교 연극 단체를 설립, 2006년에 사망할 때까지 무려 3,000편이 넘는 기독교 주제 희곡을 집필하고 연출했다. 부시는 1959년에 아시아재단을 떠나 리더스 다이제스트Reader's Digest에 합류, 1976년에 은퇴할 때까지 리더스 다이제스트를 떠나지 않았다. 밀러는 1958년에 재단을 떠나 본격적으로 영화 제작에 뛰어들기 위해 할리우드로 향했다. 하지만 이후 밀러의 행보는 전혀 알려져 있지 않다. 마지막으로 스튜어트는 1965년에 일본과 미국의 문화 교류에 기여한 공로로 일본 정부로부터 욱일장旭日章(Order of the Rising Sun)을 받았다. 1967년 뉴욕의 재팬 소사이어티The Japan Society로 이직한 스튜어트는 1970년에 아시아재단으로 돌아온 후 1985년에 은퇴할 때까지 일본 사무소 대표로 근무했다.

자유아시아위원회에서 시작하여 아시아재단으로 이어지는 1950년대 초반에서 후반까지 펼쳐진 이 기관의 영화 사업은, 아시아재단의 애초 목표를 기준으로 바라본다면 결과적으로는 실패에 가깝다고 볼 수 있다. 애초에 목표한 반공/친미 영화인 네트워크는 어느 정도 형성되었다고 볼 수 있으나, 거액을 투입하여 설립한 홍콩 영화사인 아주전영공사는 참혹한 실패로 끝났다. 아시아재단을 대리하여 아시아의 지역 네트워크를 이끌기를 기대했던 일본의 나가타 마사이치는 리더십 부족으로 아시아영화제작자연맹을 제대로 끌고 가지 못했다.

그럼에도 불구하고, 아시아재단의 적극적인 지원으로 형성된 네트워크는 애초의 의도와는 다르게 이후 아시아 영화 산업의 지형도를 변화시키는 결과를 가져왔다. 아시아에서 전후 최초로 형성된 영화인 네트워크였던 아시아영화제작자연맹과 이 연맹의 연례 행사였던 아시아영화제를 통하여 아시아의 영화인들이 본격적인 교류를 시작했고, 이 네트워크는 이후 1960년대에 아시아 각국의 영화산업에 큰 영향을 미쳤다. 한국은 1962년에 제9회 아시아영화제를 개최하고 신상옥 감독의 〈사랑방 손님과 어머니〉가 최우수 작품상을 받으면서 아시아영화제작자연맹의 핵심 멤버가 된다. 이는 아시아재단이 전혀 예상하지 못했던 방향이었다. 그리고 1990년대 이후 아시아 영화 산업의 중흥과 더불어 이 네트워크는 현재까지도 그 맥을 잇고 있다.

# 참고문헌

이순진, 「아시아재단의 한국에서의 문화사업-1954년~1959년 예산서류를 중심으로」, 『한국학연구』 40, 2016

이순진, 「1950년대 한국 영화산업과 미국의 원조-아시아재단의 정릉촬영소 조성을 중심으로」, 『한국학연구』 43, 2016

오병수, 「아시아재단과 홍콩의 냉전 (1952-1061)-냉전시기 미국의 문화정책」, 『동북아역사논총』 48, 2015

Anon., "Elwood made director of Radio Free Asia," *Palo Alto Times*, July 20, 1951

_____, "Not Bought Over by American Film Co," *Ceylon Daily News*, September 25, 1953

_____, "The People Win Through," *Burma Weekly Bulletin* 2, no. 39, December 30, 1953

Charles Leary, "The Most Careful Arrangements for a Careful Fiction: A Short History of Asia Pictures," *Inter-Asian Cultural Studies*, Vol. 13, No. 4, 2012

F. Sionil José, "50 Years of the Asia Foundation," *Philippines Daily Inquirer*, October 20, 2003: F2.

G. P. Malalasekera, "The Buddha Film-The Truth About It," *The Buddhist*, Vol. 24, No. 8, December 1953

Joseph M. Kitagawa, "Buddhism and Asian Politics," *Asian Survey*, Vol. 2, No. 5, July 1962

Mon Soe Min, "A Christian Company and the Buddha Film," *The Burman*, March 3, 1955

Richard Dyer MacCann, "To Counter Communist Propaganda," *The Christian*

*Science Monitor*, December 24, 1953

_____, "Films and Film Training in the Republic of Korea," *Journal of the University Film Producers Association*, Vol. 16, No. 1, 1964

Robert Blum, "The Work of The Asia Foundation," *Public Affairs*, Vol. 29, No. 1, 1956

Sangjoon Lee, "On John Miller's 'The Korean Film Industry': The Asia Foundation, KMPCA, and Korean cinema, 1956," *Journal of Japanese and Korean Cinema*, Vol. 7, No. 2, October 2015

_____, "Creating an Anti-Communist Motion Picture Producers' Network in Asia: The Asia Foundation, Asia Pictures, and the Korean Motion Picture Cultural Association," *Historical Journal of Film, Radio, and Television*, Vol. 37, No. 3 , 2017

_____, *Cinema and the Cultural Cold War: US Diplomacy and the Origins of the Asian Cinema Network*, Itacha: Cornell University Press, 2020

Sol Stern, "A Short Account of International Student Politics and the Cold War with Particular Reference to the NSA, CIA, etc," *Ramparts*, Vol. 5, No. 9, March 1967

Steve Weissman and John Shock, "CIAsia Foundation," *Pacific Research and World Empire Telegram*, Vol. 3, No. 6, September‐October 1972

Ven. G. Anoma, "Buddhists, Awake Against Buddha Film," *The Burman*, March 1, 1955

Wallace Turner, "Asia Foundation got CIA Funds," *The New York Times*, March 22, 1967

Joseph M. Kitagawa, *Religion in Japanese History*, New York, NY: Columbia University Press, 1966

Michael Charney, "U Nu, China and the 'Burmese' Cold War: Propaganda in Burma in the 1950s," in *The Cold War in Asia: The Battle for*

*Hearts and Minds*, ed. Zheng Yangwen, Hong Liu, and Michael Szonyi, Leiden and Boston: Brill, 2010

Paul G. Pierpaoli, Jr., *Truman and Korea: The Political Culture of the Early Cold War*, Columbia and London: University of Missouri Press, 1999

Richard Butwell, *U Nu of Burma*, Stanford, CA: Stanford University Press, 1963

Richard H. Cummings, *Radio Free Europe's "Crusade for Freedom": Rallying Americans Behind Cold War Broadcasting, 1950-1960*, Jefferson, NC: McFarland and Company, 2010

Victor Marchetti and John D. Marks, *The CIA and the Cult of Intelligence*, New York: Knops, 1974

Zhaojin Ji, *A History of Modern Shanghai Banking: The Rise and Decline of China's Finance Capitalism*, London and New York: Routledge, 2003

# 전후 일본의 평화주의와 냉전의 심상지리*

: 히노 아시헤이의 '반핵 평화' 담론을 중심으로

김지영

숙명여자대학교 인문학연구소 HK교수

## 1. 들어가며: 전후 일본의 평화주의와 냉전의 재심

1945년 8월, 패전과 함께 일본제국이 붕괴한 후 아시아에서는 그 자리를 대신해 부상한 또 다른 '제국' 미국의 헤게모니하에 미소 대립 중심의 냉전 구도로 지역 질서가 빠르게 재편되어 갔다. 탈식민화와 냉전 체제 구축이 동시에 진행되는 가운데, 두 '제국'이 야기한 폭력이 연이어 착종된 역사를 지닌 포스트 제국의 아시아에서 냉전의 심상지리는 어떻게 구축되어 갔으며, 이는 전후 일본의 평화주의 담론과 어떠한 상관관계를 맺고 있을까?

전후 일본의 반전평화운동을 고찰한 미치바 지카노부道場親信는 "냉전의 재심을 통한 제2차 세계대전과 식민지화/탈식민지화의 재심"의 필요성을 제기한 바 있다. 즉 냉전 체제는 '제2차 세계대전의 전후 처리 체제'이자 "냉전'이라는 전쟁 상태를 싸우기 위한 전시 체제'라는 이중의 성격을 지니는데, 이 같은 조건하에 아시아에서는 "전후 처리와 탈식민지화는 철

* 이 글은 김지영, 「히노 아시헤이의 전후 평화주의와 냉전의 심상지리: '반핵평화' 담론을 중심으로」, 『일본비평』 12/1, 서울대학교 일본연구소, 2020에 수록된 내용을 수정·보완한 것임.

저하지 못한 채 폭력을 동반하면서 불문의 냉전 체제가 구축되어 갔다"는 것이다.[1] 냉전의 고조를 배경으로 나타난 일련의 점령 정책 전환과 관대한 강화가 일본의 전쟁 책임을 면책하는 방향으로 이루어졌으며,[2] 그 위에 구축된 전후 일본이 실은 '냉전'을 치르기 위한 '기지 국가'였다는 선행 연구의 지적[3]은, '냉전'과 '평화', 전쟁 책임 면책과 평화 사상의 구축이 모순적으로 접합된 전후 일본의 구조를 드러낸다. 그런데 그러한 모순에도 불구하고 전후 일본인들이 실감으로서 '평화 국가'를 살아왔다면, 그것은 어떠한 세계 이해과 자기 인식 속에서 가능했던 것일까? 이를 이해하기 위해서는 냉전의 심상지리가 표상과 담론을 통해 국민적 감각으로 실체화되어 간 과정에 주목할 필요가 있다.

종래 일본 문학사에서 냉전은 주로 오다 마코토小田実와 가이고 겐開高健, 홋타 요시에堀田善衛 등이 관여한 베트남반전운동(베헤이렌)의 경험을 중심으로 언급되어 왔다.[4] 베트남전쟁에 주목할 때, 일본의 냉전 경험은 베트남 북폭에서 나타난 미국의 폭력을 응시하는 과정에서 과거 일본제국의 '가해 책임'을 자각한 전후 일본이 '아시아'와 조우하는 과정으로 서사화된다.[5] 이는 '열전'의 바깥에 놓여 온 일본의 냉전 서사로서 강력한 호소력을 지녀왔는데, 이러한 서사 틀에서 소거되어 온 것은 점령기부터

---

1) 道場親信, 『占領と平和──〈戦後〉という体験』, 東京: 青土社, 2005, 19.
2) 이를테면 吉田裕, 『日本人の戦争観──戦後史のなかの変容』, 東京: 岩波書店, 2007, 74-81을 참조.
3) 남기정, 『기지국가의 탄생: 일본이 치른 한국전쟁』, 서울대학교출판문화원, 2016.
4) 川村湊, 『戦後文学を問う──その体験と理念』, 東京: 岩波書店, 1995 등을 참조. 이는 마루카와 데쓰시가 지적한 '냉전 무의식'과도 무관하지 않다고 볼 수 있다. 즉, 마루카와에 따르면 전후 일본은 동아시아에서 냉전 구조를 미국과 합작으로 성립시켜 온 냉전의 '주재자'였음에도 불구하고 이 사실과 대면하지 않은 채 의식 상으로는 줄곧 '방관자'로서 냉전 시대를 살아왔"는데, 이러한 무의식은 문학 표상에 있어 냉전의 부재를 낳았고, 나아가 문학사에도 고스란히 반영되어 1950년대는 점령에서 고도 성장기로 이행하는 과도기로서만 기술되어 온 것이다.
5) 이를테면 川村湊의 『戦後文学を問う』을 참조.

1950년대에 이르는 냉전 초기의 시기이다.[6] 그 결과로 야기된 문제는, 이 시기에 군사적 '열전'의 후방에 놓이면서도 미소가 전개한 글로벌한 문화 냉전에서는 아시아의 최전방 전선이었던 일본의 특수한 냉전 경험이 충분히 인식되지 못했다는 점이다.[7] 이는 특히 탈냉전이 진행된 90년대 이후,

---

6) 이와 관련하여, 근래 1950년대에 관한 연구가 진전되면서 이 시기를 새로운 시각에서 조명하는 연구가 활발하게 이루어지는 동향은 고무적이다. 1950년대와 냉전을 문제화한 연구는 한국전쟁 등을 소재로 한 소설에 주목하여 표상분석을 통해 전후 일본이 실제로는 냉전에 연루되어 있었음을 드러내는 것과, 한국전쟁기에 반전·평화의 저항문화운동으로 퍼져 나간 문학 서클 운동이 냉전의 자장 안에 있었음을 밝힌 연구로 대별된다. 전자에 속하는 주요한 연구로는, 고바야시 코우키치, 「전쟁의 기억과 마주 보는 문학: 일본과 재일동포의 문학을 아우르며」, 『한국학논집』 41, 한양대학교 동아시아문화연구소, 2007; 나가네 다카유키, 「홋타 요시에 『광장의 고독』의 시선: 한국전쟁과 동시대의 일본문학」, 『한국어와 문화』 7, 숙명여자대학교 한국어문학연구, 2010; 서동주, 「'전후'의 기원과 내부화하는 '냉전': 홋타 요시에의 「광장의 고독」을 중심으로」, 『일본사상』 28, 일본사상사학회, 2015; 남상욱, 「전후 일본문학 속의 '한국전쟁': 한국전쟁과 전후 일본의 내셔널 아이덴티티」, 『비교한국학』 23, 국제비교한국학회, 2015 등. 후자에 속하는 연구로는 宇野田尚哉·川口隆行·坂口博·鳥羽耕史·中谷いずみ·道場親信(編), 『「サークルの時代」を読む──戦後文化運動研究への招待』, 東京: 影書房, 2016; 道場親信, 『下丸子文化集団とその時代──一九五〇年代サークル文化運動の光芒』, 東京: みすず書房, 2016 등을 참조. 또한, 최근 슈에이샤(集英社)가 창업85주년 기념기획으로 발간한 '컬렉션 전쟁과 문학 시리즈'에 포함된 『コレクション 戦争と文学 冷戦の時代』 3, 東京: 集英社, 2012는 일본 문학 속 냉전을 그린 작품을 다양하게 발굴하여 소개했다는 점에서 획기적인 기획이었다.

7) 일본의 문화 냉전에 관한 주요한 선행 연구로는, 五十嵐武士, 『戦後日米関係の形成──講和·安保と冷戦後の視点に立って』, 東京: 講談社, 1995; 松田武, 『戦後日本におけるアメリカのソフト·パワー──半永久的依存の起源』, 東京: 岩波書店, 2008; 土屋由香, 『「親米」日本の構築──アメリカの対日情報·教育政策と日本占領』, 明石書店, 2009; 貴志俊彦·土屋由香(編), 『文化冷戦の時代──アメリカとアジア』, 国際書院, 2009; 土屋由香·吉見俊哉(編), 『占領する眼·占領する声──映画とラジオ』, 東京: 東京大学出版会, 2012; 藤田文子, 『アメリカ文化外交と日本──冷戦期の文化と人の交流』, 東京大学出版会, 2015; 金志映, 『日本文学の〈戦後〉と変奏される〈アメリカ〉──占領から文化冷戦の時代へ』, 京都: ミネルヴァ書房, 2019 등을 참조.

동아시아에서 분출된 역사 인식의 대립과 그 배후에 노정된 일본과 여타 국가들 사이의 냉전 감각의 차이를 생각할 때 매우 문제적이다. 마루카와 데쓰시丸川哲史가 전후 일본 사회에서 '냉전'의 망각=무의식을 지적하면서, 일본인들에게 "냉전의 출구가 확실하지 않은 것은 그 입구—즉 냉전 구조로 휩쓸려 들어간 역사나 냉전 구조가 굳건히 세워진 역사—를 살지 않았기 때문(실제로는 살고 있었다 해도)은 아닐까?"[8]라는 물음을 통해 역설적으로 시사한 바 있듯이, 동아시아의 상호 대화를 위한 기반을 복원하기 위해서는 포스트 제국과 냉전의 역학이 교차하던 시기에 제국의 기억이 어떻게 삭제되어 갔는지를 복기하는 작업이 필요한 것은 아닐까?

이러한 문제의식에 입각하여 이 글에서는 아시아태평양전쟁 시기를 대표하는 작가로 알려진 히노 아시헤이火野葦平(1906~1960)의 1950년대 행보와 담론에 주목하여 전후 일본의 평화주의가 어떻게 냉전 감각과 표리를 이루며 구축되어 갔는지를 고찰하고자 한다. 이 글이 히노 아시헤이에 주목하는 이유는 두 가지이다. 그가 일본제국의 전장을 누빈 대표적 종군 작가였을 뿐만 아니라, 패전 후에는 냉전 시기 문화 외교의 전선을 횡단한 이력을 지니기 때문이다.

잘 알려진 것처럼 히노 아시헤이는 중일전쟁에 출정 중이던 1938년에 아쿠타가와상芥川賞 수상을 계기로 육군보도부로 전속되어 패전에 이르기까지 서주회전, 항주만상륙작전, 필리핀작전, 버마·임팔작전 등 아시아·태평양전쟁의 전선을 이동하며 종군 작가로 활약하였다. 서주 전선을 그린 『보리와 병정(麦と兵隊)』(1938)을 시작으로 『흙과 병정(土と兵隊)』, 『꽃과 병정(花と兵隊)』으로 이어지는 '병정 삼부작'이 총 300만 부가 넘는 베스트셀러를 기록하면서 명실공히 국민적 인기 작가의 입지를 다진 히노는, 1944년 남경에서 개최된 제3회 대동아문학자회의에서 일본 문학자를 대표하여 선언문을 낭독했으며, 일본문학보국회 북규슈지부 간사장을 지

---

8) 丸川哲史, 『冷戦文化論—忘れられた曖昧な戦争の現在性』, 東京: 双風舎, 2005, 8.

내기도 했다. 바로 이러한 이력 때문에 히노는 패전 직후 문학자의 전쟁 협력이 거론될 때 가장 먼저 호명된 작가이기도 하다. 그는 점령하에서 GHQ에 의한 공직 추방 처분을 받았으며, 공산당의 중앙 기관지《아카하타(赤旗)》가 발표한 '전쟁 범죄인 명부'에서 '문화 전범'으로 지명되었고, 민주주의 문학 진영으로부터도 전쟁 책임을 추궁받았다.9)

　　그런데 이러한 전시기 이력에 비추어 볼 때 그의 전후 행보는 더욱 흥미롭다. 패전 후에도 활발한 창작 활동을 이어간 히노는 1950년대에 수차례 히로시마와 나가사키를 방문하고 원수폭 금지 운동에 협력했으며, 오키나와 미군기지 문제에 비판적인 시각을 드러내는 소설/희곡『끊겨진 밧줄(ちぎられた縄)』(1956)을 발표하였다. 이와 더불어 그가 이 시기에 문화 사절로서 빈번하게 해외 각국을 방문하고 문화 교류에 참가한 사실은 눈길을 끈다. 히노는 점령이 종결된 이듬해인 1953년, 더블린에서 개최된 세계 팬클럽 대회 참가와 엘리자베스 여왕의 대관식 견학을 위해 유럽을 방문하고,10) 1955년에는 인도에서 개최된 아시아제국회의The Conference for Asian Countries에 일본 대표단의 일원으로 참석한 후 중국 및 북한 정부의 초청을 받아 양국을 시찰하였다. 또한 그는 1957년에 소련 작가 일리야 에렌부르그Ilya Ehrenburg가 일본을 방문했을 때 나가사키에 동행했으며,

---

9) 《아카하타》가 12월 12일에 발표한 '전쟁 범죄인 명부'는 쇼와천황 히로히토를 필두로 군벌, 각료, 사법, 경찰, 정치가, 재벌, 언론 등 각 분야를 망라하였으며, '문화 전범' 리스트에는 일본문학보국회 사무국장을 지낸 구메 마사오(久米正雄)를 비롯하여 기구치 간(菊地寛), 오자키 시로(尾崎士朗), 요코미쓰 리이치(横光利一), 요시야 노부코(吉屋信子) 등과 함께 히노 아시헤이를 포함한 42명의 문학자의 이름이 포함되었다. 또한 미야모토 유리코(宮本百合子)와 나카노 시게하루(中野重治) 등 프롤레탈리아문학자를 중심으로 결성된 《신일본문학》(1946. 6.) 역시 '문학에 있어서의 전쟁 책임 추궁'의 필요성을 선언하고, 히노를 포함한 25명의 문학자 리스트를 발표하였다. 渡辺考, 『戦場で書く―火野葦平と従軍作家たち』, 東京: NHK出版, 2015, 277-279를 참조.

10) 1953년 유럽 여행과 관련해 자세한 사항은 『あしへい』(2017. 12.)의 「特集・ヨーロッパ旅日記」 등을 참조.

1958년에는 미국 국무성의 초청으로 미국을 시찰하였다.[11] 이채롭게도 히노는 냉전 초기에 자유 진영, 공산 진영, 제3세계에 이르기까지 냉전 진영을 두루 여행했는데, 이는 다시 말해 그 자신이 깊이 관여했던 일본제국의 교전국, 점령지, 식민지를 차례로 찾는 여정이기도 했다. 더욱이 이 글에서도 밝히듯이, 이러한 히노의 냉전 횡단의 배경에는 양쪽의 냉전 진영이 대항적으로 발신한 문화 외교가 있었다. 그러한 의미에서 히노는 냉전과 탈식민의 교차를 살펴보는 데 있어 매우 흥미로운 시점을 제공한다.

한편, 패전을 기점으로 국민적 인기 작가에서 '문화 전범'으로 반전되었던 히노의 평가는 근래 들어 다시금 큰 변화를 보이고 있어 주목된다. 패전 이후에 히노는 전시기를 대표하는 작가로 언급될 뿐 연구에서 크게 주목받지는 못했는데, 최근 히노의 종군 일기를 비롯하여 북규슈문학관北九州文学館에 소장된 자료의 일부가 번각翻刻이 이루어지면서 관련 연구성과가 잇따라 출간되고, 2013년 8월에 일본방송협회NHK가 방영한 특집 다큐멘터리 〈종군작가들의 전쟁(従軍作家たちの戦争)〉 등 미디어의 재조명이 이어지면서, '아시헤이 현상'이라고도 불릴 만한 새로운 동향이 나타나고 있다.[12] "히노는, 그 스스로가 전쟁을 체험했기 때문에 더욱 평화를 간

---

11) 이와 같은 전후 행보에 관해 마쓰다 지카코(増田周子)는 "공직 추방 후의 히노는 자신의 눈으로 보고 들은 것 외에는 믿지 않는다는 강한 신념을 갖고 시야를 넓히기 위해 적극적으로 해외 시찰에 나서 아시아 각국, 유럽, 미국 등을 여행"했으며 "그 여행은 두 번 다시 비극적 전쟁을 일으키지 않겠다는 히노의 신념을 관통하는 평화 활동의 일환이기도 했다"고 보고, 원수폭금지운동과 오키나와 문제까지를 아울러 "세계적 평화 공헌"으로 평가하고 있다. 増田周子, 『1955年 アジア諸国会議とその周辺』, 大阪: 関西大学出版部, 2014, 2.

12) 坂口博, 「火野葦平と沖縄」, 『脈』 95, 2017. 11., 14. 일본방송협회(NHK)는 2013년 12월 7일에도 ETV特集〈戦場で書く―作家 火野葦平の戦争〉을 방영하였다. 근래 출간된 히노 관련 연구서로는 앞서 언급한 増田周子 및 渡辺考의 책 외에, 火野葦平, 『インパール作戦従軍記―葦平「従軍手帖」全文翻刻』, 東京: 集英社, 2017; 『戦争と文学スペシャル―戦争を読む』, 東京: 集英社, 2015; 五味渕典嗣, 『プロパガンダの文学―日中戦争下の表現者たち』, 東京: 共和国, 2018 등.

절히 바'랐으며,[13] "패전 후 10년 이상의 세월에 걸쳐 (…) 흔들리지 않는 비전非戰의 결의"에 도달했다[14]고 보는 근래의 연구 동향은, 작가의 전후 이력에 주목하여 '평화주의'의 관점에서 히노의 재평가를 시도한다. 이러한 흐름의 연장선상에서 2016년에는 북규슈 와카마쓰若松시에 있는 히노 아시헤이 자료관火野葦平記念館에서 히노의 전후를 조명한 「아시헤이와 오키나와·원폭·아시아전」이 개최되었다. 전시의 '인사말'은 이 전시회의 기획 취지를 아래와 같이 밝히고 있다.

    "올해는 전후 71년째가 됩니다. 작년에는 '전후 70년'이라고 해서 사회 전반에 걸쳐 여러 가지 문제들이 나왔습니다. 그 흐름은 올해에도 이어지고 있습니다. (…) 이러한 시기이기 때문에 더욱, 전후 평화 운동과 히노의 관련을 다시금 되돌아보는 기획전을 개최합니다. 이 관계는 지금까지 거의 이야기되지 않아 왔습니다.
    오키나와에 대한 아시헤이의 애착은 수많은 소설을 쓰고, 기회 있을 때마다 오키나와 문제를 여론에 호소하는 발언을 반복해온 것으로 보아 명백합니다. (…) 전전·전중·전후의 격변을 본 아시헤이이기에 남다른 감회가 있었습니다. 또한 오키나와의 미군기지 문제는 1956년의 「끊겨진 밧줄」 공연으로부터 60년이 지난 후에도 기본적으로 바뀌지 않고 있습니다.
    2011년 3.11 이후에는, 원자폭탄뿐만 아니라 원자력 발전을 포함한 '핵' 문제가 현재 진행형의 무거운 과제로 남아 있습니다. 핵병기 폐절에 대한 염원은 더욱 간절해집니다. 아시헤이는 일찍 원폭의 비인도성을 깨달았습니다. 그 후에 야마하타 요스케(山端庸介)의 원폭 사진집 간행을 돕고, 원수폭금지세계대회에도 협력합니다. '원폭의 그림(原爆の図)'의 마루키(丸木) 부부와도 교류가 있었습니다. 원폭은 「혁명전후」에서도 그려지며, 그는 피폭지를 여러 번 방문했습니다. (…)
    아시아의 평화보다도 각국의 이익에 따른 무력 충돌의 위험성 쪽이 높아지고 있습니다. 1955년 4월, 인도에서 개최된 '아시아제국회의'에 일본대표단의 일원으로 참가한 아시헤이라면 뭐라고 발언할까요? "절대로 두 번 다시 전쟁이

---

13) 増田周子, 『1955年 アジア諸国会議とその周辺』, 34. 마쓰다의 연구는 자료의 실증을 기반으로 히노의 전후 행보를 고찰한 선구적 연구이다.
14) 渡辺考, 『戦場で書く―火野葦平と従軍作家たち』, 316.

있어서는 안 된다"고, 비참한 전쟁터를 많이 보아왔기 때문에, 역시 이야기할 것입니다. 아시헤이는 인도, 중국, 북한을 돌면서 가능한 한 공평한 시점에서 현실을 보려고 했습니다. (…) 1945년부터 1960년에 서거하기까지 아시헤이가 관여한 문제는 모두 오늘날의 중요한 과제입니다. 그러한 것들을 생각하는 데에 보탬이 되었으면 좋겠습니다"

위와 같은 글을 통해, 안으로는 다카하시 데쓰야高橋哲哉가 '희생의 시스템'으로 명명한 후쿠시마와 오키나와로 상징되는 '핵'과 '기지' 문제를 안고 있고, 밖으로는 탈냉전 이후 동아시아에서 대두된 역사 인식의 대립과 지정학적 긴장 고조에 직면해 있는 현재적 갈등 상황에 대한 해법을 히노의 전후 '평화주의' 속에서 읽어 내려는 움직임을 확인할 수 있다. 그러한 의미에서 '아시헤이 현상'은 현재 일본의 평화주의 담론과도 맞닿아 있다고 볼 수 있다.

이 글의 시도는, 히노 아시헤이의 전후 '평화주의'를 냉전 체제로 편제되어 가던 1950년대 아시아의 지평에서 재고하는 것이다. 이를 위해 이 글은 크게 두 가지 측면에 천착한다. 첫째, 문화 대사로서 히노의 냉전 횡단을 추동한 냉전의 문화정치에 주목하면서, 그의 눈에 비친 냉전 아시아의 풍경을 살펴보기로 한다. 포스트 제국의 아시아에서 냉전적 역학은 어떠한 양상으로 작동했으며, 일본제국의 잔상이 선명했을 냉전 초기에 히노는 아시아와 어떻게 대면했는가? 둘째, 냉전 시기 문화 외교의 장에서 냉전의 정치와 교섭하면서 전후 일본의 평화주의가 구축되어 간 과정을 추적하는 것이다. 앞서 인용한 전시 기획 취지문에서 보듯, 히노의 전후 평화주의의 핵심을 이루는 두 기둥은 '반전 평화 - 오키나와 - 반기지 운동'과 '반핵 평화 - 히로시마·나가사키 - 원수폭 금지 운동'으로 정리되는데, 이 가운데 이 글은 후자에 초점을 맞추어 검토하기로 한다. 구체적으로는, 히노 아시헤이가 발신한 '평화주의'가 각각 아시아, 소련, 미국과의 관계에서 어떻게 냉전과 접합하여 보편주의적 평화주의로 수용되었는지를 아시아제국회의(1955년), 에렌부르그의 방일(1956년), 미국 시찰(1957

년)로 이어진 문화 외교의 장에 주목하여 살펴볼 것이다. 결론부터 이야기하자면, 히노의 평화주의적 담론은 그 성립 조건으로서 '냉전'을 내장한 것이었으며, '냉전'이라는 역사적 조건에 기대어 '제국'을 삭제한 냉전 서사였음을 밝히고자 한다.

## 2. '히로시마·나가사키'의 심상지리
### : 제국의 피폭에서 냉전 속 '반핵 평화'로

히노는 피폭을 직접 경험하지 않은 작가 가운데 예외적으로 일찍부터 원폭 문제에 관심을 보였다. 이는 전시 중의 경험에 기인한다. 1945년 8월 히로시마·나가사키 원폭 투하 당시 히노는 육군 서부군보도부西部軍報道部 소속으로 후쿠오카에 주둔하고 있었다. 8월 9일, 나가사키에 신형 폭탄이 투하되자 다음 날(10일) 같은 보도부 소속 종군 카메라맨 야마하타 요스케는 육군성의 지령으로 작가 히가시 준東潤과 화가 야마다 에이지山田栄二와 함께 조사를 위해 나가사키시에 파견되어 피해 상황을 촬영하였다. 부대로 복귀한 야마하타가 촬영한 필름에는 피폭지의 참상이 고스란히 담겨 있었다. 그 당시 정황은 히노의 유작이자 자전적 소설인 「혁명전후(革命前後)」(1959)에서 다음과 같이 묘사된다.

> 사람들을 떨게 만든 것은, 가와다(인용자주—야마다 에이지가 모델)의 그림과 야마하타의 사진이었다. (…) 이 유례없는 잔인한 병기에 대해 사람들은 두려움과 함께 격렬한 분노로 타올랐다. 그것은 이미 적이라든지 아군이라든지, 승리라든지 패배라든지, 미국이라든지 일본이라든지 하는 대립 관념을 넘어선 휴머니즘에서 나오는 순수한 분노처럼 느껴졌다.[15)]

---

15) 火野葦平, 『革命前後』 上, 東京: 社会批評社, 2014, 154.

이어지는 장면에서 히노 자신이 모델인 쓰지 쇼스케辻昌介는 야마하타에게, "미국의 비인도적 잔학 행위를 증명하는 귀중한 자료이므로 꼭 남겨두"도록 조언하는데, 실제로도 히노는 필름 보관에 조력한 것으로 알려져 있다.16) 그리하여 GHQ 점령이 종결된 직후인 1952년, 야마하타의 기록 사진집 『원폭의 나가사키(原爆の長崎)』(第一出版社)가 간행되자 히노는 발문跋文 「세계에 단 하나뿐인 기록(世界に唯一つの記録)」을 기고하여 "두 번 다시 이러한 악마의 불이 인간을 불태워 죽이는 일이 있어서는 안 된다"고 피력하고, 나가사키의 기록을 "평화 운동을 이끌 정의롭고 강력한 지침"으로 삼아 "일본인뿐 아니라 전 세계인이 전쟁을 피해 평화를 확립해야만 한다"고 역설하였다.17)

이처럼 나가사키의 실상을 원폭 투하 직후에 목도한 히노는 실제로 말년까지18) 지속적으로 평화 운동에 협력하고, 반전 평화의 목소리를 높였다. 그런데 상기 인용 장면에서 히노가 나가사키의 원폭 투하라는 '미국의 폭력'을 '휴머니즘'에 기반하여 비판하고 있는 점은 유념할 필요가 있다. 일견 정치성으로부터 자유로운 듯 보이는 보편주의적 '휴머니즘'의 수사는, '히로시마·나가사키'를 일본제국이 수행한 일련의 전쟁에서 탈맥락화한다는 점에서 명백히 정치성을 내포하기 때문이다. '휴머니즘'에 기반한 히노의 전후 평화주의 담론은 이러한 관점에서 재고될 여지가 있다. 한편, 주지하다시피 전후 일본에서 히로시마와 나가사키를 둘러싼 담론과 운동

---

16) 坂口博, 「火野葦平と沖縄」, 『脈』95, 2017. 11., 16.

17) 火野葦平, 「世界に唯一つの記録」, 『記録写真 原爆の長崎』, 東京: 第一出版社, 1952, 27. 히노는 발문에서 야마하타의 사진을 '유일한 원폭 기록 사진'이라고 소개하고 있는데, 1952년 8월 6일 자 발간 《아사히그래프(アサヒグラフ)》「원폭 피해 최초 공개」 특집호와 거의 동시에 출판된 야마하타의 사진집은 나가사키 피폭의 실상을 가장 먼저 일반인들에게 알린 매체 가운데 하나이기도 했다.

18) 히노는 1960년 1월 24일, 자살로 생을 마감하였다. 사후에 발견된 헬스 메모에는, "죽습니다. 아쿠타가와는 다르지만 막연한 불안감 때문에."라는 문구가 남겨져 있었다.

은 냉전 시기 국제 정세 및 미국의 핵전략과 밀접하게 맞물리면서 전개되었는데, 그 과정에서 점차 힘을 얻어간 것 또한 '히로시마·나가사키'를 '제국'의 피폭이 아닌 '인류'의 피폭으로 기억하는 담론이었다.

여기서 먼저, 이 논의의 배경이 되는 1950년대의 핵 상황을 확인해두자. 제2차 세계대전 중 두 발의 원자 폭탄 투하가 소련과의 '차가운 전쟁'을 염두에 둔 미국의 선제적 냉전 전략이었음은 잘 알려져 있는데, 그러한 핵의 독점 상황은 오래가지 않았다. 뒤이어 1949년 8월, 미국의 예상보다 일찍 소비에트가 핵 실험에 성공했고, 양국의 수소 폭탄 개발이 이어지면서 미소 간 핵 경쟁은 더욱 격화되었다. 핵 전쟁의 위협 앞에 고조된 세계적 반대 여론에 대응하기 위해 1953년부터 아이젠하워 정권이 추진한 '원자력의 평화 이용 캠페인Atoms for Peace'의 배후에는, '핵'의 이미지 전환을 통해 히로시마·나가사키 피폭의 기억을 망각하도록 유도하여 일본을 미국의 핵 우산 아래 안착시키고자 하는 세계 전략이 있었다는 사실이 밝혀진 바 있다[19]. 그러나 1954년 3월, 비키니환초에서 미국이 실행한 수폭 실험으로 인해 발생한 방사성 낙진으로 근방을 조업하던 어선 제5후쿠류마루第五福竜丸호의 선원이 피폭되는 사건이 발생하면서 일본 내 반핵 여론은 급속히 확산되었고, 이는 이듬해에 제1회 원수폭 금지 대회 개최로 이어졌다.

선행 연구에서 냉전 시기 일본의 핵 담론은 미소의 핵 경쟁하에 전개된 미국의 외교전과 그 수용이라는 맥락에서 논의되어 온 경향이 있다.[20] 하지만 이 글에서는 시각을 바꾸어 일본을 중심에 두고, 이러한 냉전 상황 속에서 일본의 평화주의적 담론이 문화 외교의 장에서 발신되고 추인되어 간 과정과 맥락을 구체적으로 추적해 보고자 한다. 다음 장에서는 히노가

---

19) 吉見俊哉, 『夢の原子力』, 東京: 岩波書店, 2012, 122.
20) 이를테면 吉見俊哉, 『夢の原子力』; 土屋由香·吉見俊哉(編), 『占領する眼·占領する声—映画とラジオ』, 東京: 東京大学出版会, 2012 등을 참조.

참가한 아시아제국회의에 주목하여, 전후 일본이 1950년대에 아시아와의 관계에서 어떻게 '평화주의' 담론을 구축해 갔는지를 살펴보기로 한다.

## 3. 전후 일본의 평화주의와 '아시아'
: 1955년 아시아제국회의를 시좌로

1955년 4월 6일부터 10일까지, 인도 뉴델리에서 아시아제국회의가 개최되었다. 국제 정세의 긴장 완화를 목적으로 개최된 이 민간 주도 회의에는 중국과 소련, 북한을 포함한 아시아 14개국의 총 200명에 이르는 대표가 참가하여[21] 평화를 위한 협력 방안을 모색하였다. 정치·경제·문화·사회·과학의 분야별 분과위원회로 나뉘어 나흘간에 걸쳐 이어진 논의 끝에 각국의 대표는 1954년에 네루 수상과 저우언라이 수상이 발표한 평화 5원칙 공동 선언(영토·주권 존중, 상호 불가침, 내정 불간섭, 평등과 호혜, 평화적 공존)을 추인하고, 아시아의 연대와 평화를 공동 결의하였다. 일본에서는 마쓰모토 지이치로松本治一郎(참의원·부락 해방 운동가) 단장을 필두로 각계각층의 인사로 구성된 34명의 대표가 파견되어, 제국주의적 침략의 과거를 반성하고 같은 과오를 되풀이하지 않을 것이라는 결의와 함께 '평화 5원칙'에 대한 지지를 표명하였다.[22] 히노는 전규슈평화연락협회全九州平和連絡協会의 추천으로 작가 기노시타 준지木下順二 등 8인과 함께 '문화 문제'에 관한 일본 대표에 포함되었다.

---

21) 그 외 회의 참가국은 버마, 파키스탄, 베트남민주공화국, 실론, 레바논, 요르단, 시리아, 몽고. 북한은 한설야를 단장으로 하는 대표단을 파견했다.
22) 増田周子, 『1955年 アジア諸国会議とその周辺』, 54. 히노의 일기 등의 자료를 바탕으로 아시아제국회의 참가를 실증적으로 추적한 선구적 연구로, 마쓰다는 냉전적 상황에서 언급하면서도 히노의 문화 외교를 '국제적 평화 공헌'으로 평가하고 있다.

제3세계 비동맹운동의 효시로 회자되는 반둥회의(정식 명칭: 아시아·아프리카 회의)에 비해 이보다 보름 앞서 개최된 아시아제국회의는 잘 알려져 있지 않지만, 아시아·아프리카 29개국의 정부 대표가 집결한 반둥회의에 비해 민간 주도의 아시아제국회의는 "아시아적 문제군에 기초해 세계 평화의 문제를 제기"하고 "아래로부터의 아시아 연대를 표방"했다는 점에서 그 의의를 평가받는다.23) 또한 이 회의는 점령으로부터 독립하여 국제 사회로 복귀한 일본이 아시아와 조우한 첫 대규모 민간 회의였다는 점에서도 큰 의의를 지닌다. 회의를 앞두고 일본에서는 "회의에 대한 관심을 국민들 사이에 확대하고 각계각층의 의견을 반영하기 위해 광범위한 대표를 회의에 파견할 목적"으로, 아시아제국회의 준비 위원회가 결성되었다. 그 명단에는, 쓰루미 유스케鶴見祐輔(참의원), 이시바시 단잔石橋湛山(참의원), 히라쓰카 라이초平塚雷鳥(부인단체연합회 회장), 시미즈 이쿠타로清水幾太郎(사회학자·평론가), 미나미 히로시南博(사회심리학자·교수), 마루키 이리丸木位里(화가) 등 각계를 망라한 인사가 포함되었으며, 문학계에서는 아베 도모지阿部知二(작가·영문학자), 이시카와 다쓰조石川達三(작가), 미야모토 겐지宮本顕治(정치가·평론가), 나카노 시게하루中野重治(작가·시인·정치가), 오다기리 히데오小田切秀雄(평론가), 오니시 교진大西巨人(작가·평론가) 등이 이름을 올렸다.24)

아시아제국회의 일본 준비 위원회가 발행한 『14억 명의 목소리: 아시아제국회의 및 아시아·아프리카회의 기록(十四億人の声――アジア諸国会議およびアジア·アフリカ会議記録)』(1955)을 비롯하여 회의와 관련된 일련

---

23) 백원담, 「아시아에서 1960~70년대 비동맹: 제3세계운동과 민족·민중 개념의 창신」, 성공회대동아시아연구소(편), 『냉전 아시아의 문화풍경2: 1960~1970년대』, 현실문화, 32. 반둥회의는 1955년 4월 18일에서 24일까지 인도네시아 반둥에서 개최되었다.

24) アジア諸国会議日本準備会(編), 『十四億人の声――アジア諸国会議およびアジア·アフリカ作家会議記録』, 東京: おりぞん社, 1955, 220-233.

의 기록은, 평화와 우정의 구호에 한껏 고양된 현장 분위기를 전한다. "아시아의 연대와 평화 만세Long Live Asian Solidarity and Peace"라는 슬로건이 내걸린 회의장의 단상에는 아시아 각국의 국기가 늘어서고, 각양각색의 민족 의상을 입은 각국의 대표들이 한 자리에 모여 열띤 토의를 이어갔다. 오랜 전쟁과 예속에서 해방된 신생 독립국 대표들은 조국 건설을 향한 열망에 차 있었고, 일본의 참가자는 '평화와 우정'으로 아시아와 교류하는 감격을 토로하였다.[25] 그런데 여기서, 제국에 의한 식민과 점령 지배를 겪었던 아시아 국가들과 제국주의 국가였던 일본 사이에는 부인할 수 없는 역사적 경험의 차이가 가로놓여 있었음을 상기한다면, 이토록 이른 시기에 양자가 반식민주의·반제국주의의 기치 아래 평화의 구호를 공유할 수 있었던 요인은 무엇이었을까?

이에 답하기 위해서는 먼저 회의를 둘러싼 복잡한 국제 정세에 대한 이해가 필요하다. 주지하듯 1950년대 중반을 특징짓는 세계사적 흐름 가운데 하나는 아시아 내셔널리즘의 고양과 제3세계 세력의 대두였다. 제2차 세계대전 이후 식민지에서 독립한 신생 국가들은 미국과 소련을 양대 축으로 하는 냉전 체제로의 편입을 거부하고 독자적인 세력을 형성하고자 하였다. 이 시기에 비동맹주의를 주도하면서 제3세계의 중심으로 떠오르던 인도에서 개최된 아시아제국회의 역시, 이러한 흐름 안에 위치한다. 하지만 세계의 평화 공존을 기치로 내걸고 "당파적이지 않은"[26] 회의를 표방한 아시아제국회의는, 소련과 중국이 참가하면서 공산주의적 색채를 띠는 것은 불가피했다. 이를테면 회의에 참가한 히노는 귀국 후에 《신일본문학(新日本文学)》 주최로 열린 좌담회에서, 비동맹 외교를 주도하던 네루

---

25) 이를테면 長瀬清子, 「平和と友情の旅—アジア諸国会議よりかえりて」, 『新女性』 57, 1955. 10. 1., 増田周子, 『1955年 アジア諸国会議とその周辺』, 64-68에서 재인용.

26) ラメシユワリ·ネール夫人, 「アジア諸国会議の意義と役割—四月六日開会式あいさつ」, アジア諸国会議日本準備会(編), 『十四億人の声—アジア諸国会議およびアジア·アフリカ作家会議記録』, 14.

수상이 처음에는 편향된 정치색 때문에 이 민간 회의에 난색을 표했다고 하면서 다음과 같이 경위를 설명한 바 있다.

> "아시아제국회의를 인도에서 개최하는 데에 네루 씨는 찬성하지 않았습니다. 평화 운동이 공산당이라는 오해가 있고, 지금까지 그런 말을 들어도 어쩔 수 없는 방식도 있었지요. 우리는 그렇게 생각하지 않지만, 평화 운동은 인간 전체의 문제라고 생각하지만, 네루 씨는 자기 나라에서 공산당 회의가 열리는 것을 반기지 않는 듯 보였습니다. (…) 하지만 이번 회의에는 중국에서 궈모뤄가 와 있고, 소비에트에서 치호노프가 와 있고, 게다가 평화 5원칙을 저우언라이와 함께 발표한 입장으로서 모른 척은 할 수 없게 된 것이지요."[27]

결국 네루 수상은 회의에 공식 메시지를 보내지 않는 대신 각국의 대표를 수상관저로 초청하였는데, 대표단의 일원으로 네루와 접견한 히노는 기행문 「꽃과 소와 걸인의 거리(花と牛と乞食の街)」에서, 중국과 소비에트의 대표 사이에 앉아 담소를 나누는 네루를 위태로워 보이는 모습으로 묘사함으로써, 3자가 가까스로 손잡고 있음을 우회적으로 전하기도 했다.[28] 이러한 관찰에서도 드러나는 바와 같이, 아시아제국회의는 비동맹 중립 노선의 제3세계와 공산주의 진영 국가가 연대하면서 길항하는, 첨예한 냉전 외교의 장이었다고 할 수 있다. 한편 일본 외무성 아시아국アジア局은 이 회의의 선전이 코민테른 기관지에서 적극적으로 이루어진 점 등을 들어 아시아제국회의를 '좌익계 평화 운동의 일환'으로 규정했고, 일본에서 파견된 대표단에 좌파 진영 인사가 중심을 이루었다는 사실은, 이들과 연대하고자 했던 일본 내의 세력을 보여 준다[29].

이렇듯 저마다의 기대가 교차하는 가운데 열린 아시아제국회의에서는

---

27) 火野葦平·田村茂·中島健蔵, 「インド·中国·朝鮮の印象—新日本対談(五)」, 《新日本文学》, 1955. 9., 168.

28) 火野葦平, 「花と牛と乞食の街」, 『赤い国の旅人』, 東京: 朝日新聞社, 1955, 9-11.

29) 外務省アジア局, 『アジア総覧』, 東京: 時事通信社, 1956.; 増田周子, 『1955年 アジア諸国会議とその周辺』, 57쪽에서 재인용.

아시아의 해방과 세계평화, 서양 제국諸国에 의한 식민주의 등이 주요한 의제로서 채택되었다. 이 가운데서도 무엇보다 긴박한 화두는 핵 전쟁의 위협이었다. 이제 갓 독립을 쟁취하여 새로운 국민 국가 건설의 과제와 마주하고 있던 제3세계 신생 국가들에게는 강대국 사이의 전쟁에 휘말리지 않는 것이야말로 절실한 선결 조건이었기 때문이다. 회의의 의장을 맡은 라메쉬와리 네루Rameshwari Nehre 여사가 개회식 연설에서 "서구 제국의 제국주의적 야심의 희생"에서 벗어나 자유를 획득한 아시아제국이 다시금 핵 전쟁의 위협 앞에 놓여 있는 현실을 지적하면서 원수폭을 언급한 것은 이러한 맥락에서였다. 네루 여사는 "히로시마와 나가사키에서 살아남은 소수의 생존자들은 지금도 그 영향으로 고통받고 있"으며, 그럼에도 불구하고 이제는 원폭을 능가하는 살상 능력을 갖는 수폭이 개발되어 "비키니 실험의 희생자들은 또다시 고통받고 있다"고 호소하고, "공존을 대신하는 것은 공멸뿐"이라고 인류의 존망을 건 평화 공존을 역설하였다.[30)]

이처럼 '유일 피폭국' 일본이 호명되는 가운데, 일본의 대표단 역시 회의에서 원수폭 문제를 최우선 의제로 내걸고 총력을 다한 평화주의 민간 외교를 전개하였다. 이는 출발에 앞서 발표된 성명문에서도 잘 드러난다. 준비 위원회의가 논의를 거듭한 끝에 완성한 「일본대표단 성명」은, "오늘날 전 세계적인 긴장은 아시아 지역에 있어서도 역시 급속히 고조되고 있으며, 원자 전쟁의 기획은 우리 아시아 민족들의 파멸을 볼모로 삼아 준비되고 있다"는 국제 정세 인식하에, "원수폭의 최초이자 직접적인 피해자인 일본 국민은 지금이야말로 솔선하여 아시아의 제국민들과 함께 이러한 기획을 미연에 방지하고, 세계 평화를 위한 보루가 되어야 할 사명을 짊어져야 할 것이라고 확신한다"고 선언하였다.[31)] 대표단이 출발하기 전에 열

---

30) ラメシユワリ・ネール夫人, 「アジア諸国会議の意義と役割―四月六日開会式あいさつ」, アジア諸国会議日本準備会(編), 『十四億人の声―アジア諸国会議およびアジア・アフリカ作家会議記録』, 12-21.

31) アジア諸国会議日本準備会(編), 『十四億人の声―アジア諸国会議およびアジア・ア

린 환송회에서는 반전 가요 〈원폭을 용서치 말라(原爆を許すまじ)〉의 합창
이 울려 퍼졌고, 일본을 대표하여 뉴델리의 회의장에 선 참의원 고라 도미
高良とみ는 원수폭 문제에 관해 연설하였다. 때마침 1955년 8월에 히로시마
에서 개최될 제1회 원수폭금지세계대회를 앞두고 파견된 일본 대표단은
아시아제국회의에서 세계 각국의 찬동을 얻고자 원폭 문제를 적극 어필하
였다.32)

　한편, '반식민·반제국주의' 과제와 관련하여 회의에서 채택된 결의문
은 참가국들의 세계 인식을 구체적으로 보여 준다. 아시아제국회의의 정
치 결의를 고찰한 백원담은, 회의에 참가한 아시아 민족들이 처해있던 문
제를, "미국이 주도하는 아시아 전략, 곧 냉전 아시아를 만들어가는 미국
의 분열주의적 아시아 재편 기획에 따라 아시아 사회가 겪는 어려움"으로
요약한다.33) 제3세계 국가들에게 있어 새로이 출현한 미소 간 냉전 대립
구도는 전쟁을 유발할 수 있는 위협으로 간주되었는데, 특히 아시아 지역
에서 냉전의 종주국 미국은 군사조약이나 동맹을 통해 지역을 분열시키고
타국 영토에 군사기지를 주둔시키는 방식으로 새로운 형태의 '제국주의'
적 헤게모니를 행사하는 존재에 다름 아니었다.34) 그러한 의미에서, 일본

　　フリカ作家会議記録』, 234-235. 성명은 출발에 앞서 1955년 3월 29일 자로 발
　　표되었다.
32)　增田周子, 『1955年「アジア諸国会議」とその周辺』, 117.
33)　백원담, 「아시아에서 1960~70년대 비동맹: 제3세계운동과 민족·민중 개념의
　　창신」, 34. 단 백원담은 아시아제국회의 한국어 명칭으로 '아시아 제국(諸国)
　　인민회의(약칭 아시아 인민회의)'를 사용하고 있다. 이 글에서는 본 회의가 일
　　본에서 갖는 맥락을 존중하는 의미에서 일본어 명칭의 직역으로 '아시아제국
　　회의'를 사용한다.
34)　백원담, 「아시아에서 1960~70년대 비동맹: 제3세계운동과 민족·민중 개념의
　　창신」, 35. 제3세계의 동향과 일본과의 교류에 관해서는, 곽형덕, 「아시아아프
　　리카 작가회의와 일본-제국주의와 내셔널리즘의 교차 지대」, 한국일본학회 편,
　　『일본 전후문학과 마이너리티 문학의 단층』, 서울: 보고사, 2018도 참조. 전후
　　일본이 이른 시기에 아시아와 접촉하는 창구가 되었던 아시아제국회의는,

대표단 단장 마쓰모토 지이치로가 회의 석상에서 샌프란시스코 강화조약과 미일 행정 협정을 '일본의 예속'을 목적으로 한 것이라 규정하고, 일본을 재군비화하고 그 영토 내에 외국의 군사기지를 주둔케 하는 미국을 규탄하면서, "아시아인은 아시아 영토 내에 원자력 병기 저장을 용서해서는 안 된다"고 한 발언은,[35] '신식민주의'의 위협 아래 놓인 일본의 처지를 응축하여 표현하는 것이기도 했다. 이러한 인식에 따라, 아시아제국회의가 공동으로 발표한 결의문에는 일본의 국제연합UN 가입과 '핵 기지' 오키나와의 일본 복귀를 촉구하는 문구가 포함되었다. 결의문은 일본이 타국과 군사협정을 일절 체결하지 않는다는 것을 전제 조건으로 들면서, "일본은 (아시아)제국 간의 관계에 있어 완전히 평등한 지위를 부여받아야 한다"는 입장을 명기하였는데, 백원담이 지적하듯이 이는, "일본을 (…) 아시아의 일원으로서 위치시키고 일본과 아시아 여러 국가들이 상호 수평적 관계를 형성해 나가야 한다는 의지를 다름 아닌 일본에 의해 식민지 침략을 받았던 피해 아시아가 표명"했다는 점에서 역사의 아이러니였다고 할 수 있다.[36]

그렇다면 이러한 맥락 가운데에서 '문화 대표'로 참석한 히노는 어떠한 '평화주의'를 발신했는지 살펴보자.

우선 특기할 점은, 아시아·태평양전쟁 당시 보도 반원으로서 중국 대륙을 기점으로 남으로는 인도와 필리핀까지 널리 아시아의 전장을 횡주했던 히노에게, 아시아제국회의는 패전 후에 처음으로 아시아와 직접 대면하는 자리이기도 했다는 점이다. 『붉은 나라의 여행자(赤い国の旅人)』의 「후기(後書)」에서, 히노는 1944년 임팔작전 종군 당시 버마에서 국경을

<hr>

1961년에 도쿄에서 개최되는 아시아·아프리카 작가회의(AA작가회의)로 이어지는 연속선상에서 남긴 유산을 규명하는 작업도 필요할 것이다.

35) 增田周子, 『1955年「アジア諸国会議」とその周辺』, 97.
36) 백원담, 「아시아에서 1960~70년대 비동맹: 제3세계운동과 민족·민중 개념의 창신」, 35.

넘어 인도로 진군했던 과거에 비추어 아시아제국회의 참가를 회상하면서, "이제 아시아의 평화를 지키기 위한 회의에 출석하기 위해 다시 인도를 방문하니 감개무량했다"고 감회를 적고 있다.[37] 또한 그는 2년 전의 유럽 여행과 비교해 볼 때 인도, 중국, 북한 여행은 "근본적으로 달랐"다고 하면서, "직접적으로 연결된 아시아와 아시아인의 문제가 나에게 절실한 것을 심어준 듯하다"고 그 의미를 총괄하였다. 이와 같은 발언이 내포한 구체적 함의를 파악하기 위해, 히노가 회의에 임하면서 문화 대표로서 발표한 결의문 「전 아시아를 아름다운 문학의 고리로(全アジアを美しい文学の鎖で)」[38]를 참조하고자 한다. 이 결의문은 아시아제국회의 준비 위원회가 발간한 단행본에도 수록된 만큼 회의에서 중요한 영향력을 가졌을 것으로 추정되는 글이다.

히노의 결의문은 전시 중을 회고하는 「고백(告白)」과 회의 참가국을 향한 문화 교류안을 담은 「보고와 제안(報告と提案)」의 두 부분으로 구성된다. 「고백」의 모두冒頭는 "1944년, 일본 군부대가 버마에서 국경을 넘어 인도로 침입했을 때 나는 그 일원이었다"로 시작되는데, 이는 히노에게 일본제국의 아시아제국회의 참가가 아시아를 침략했던 과거로의 반추와 불가분의 관계였음을 보여 준다. 이 글에서 히노는 아시아·태평양전쟁을 "아시아인들끼리 총을 겨눠야만 했던 불행"한 역사로 회고한다. 즉 히노에 따르면, 중국 대륙의 전장을 누빌 때도, 필리핀에 종군했을 때도, 버마와 인도를 진공했을 때도 항시 뇌리를 떠나지 않았던 것은 "우리들의 적은 아시아인이 아니라는 강한 자각"이었다. 언제나 적은 '같은 형제'인 아시아인이 아닌 영·미 등의 서양 제국이었으며, 생사를 오가는 격렬한 전쟁터에서도 "한 차례 초연硝煙이 가시고 나면 아시아인들끼리의 피의 결합

---

37) 火野葦平, 「後書」, 『赤い国の旅人』, 309. 히노의 작품에는 임팔 작전을 그린 소설 『청춘과 흙먼지(青春と泥濘)』(1952)이 있다.

38) 火野葦平, 「全アジアを美しい文学の鎖で」, アジア諸国会議日本準備会(編), 『十四億人の声—アジア諸国会議およびアジア・アフリカ作家会議記録』, 214-220.

은 흔들리지 않는 친근감이 되어 적과 아군의 구별을 날려버"리곤 했다. 이 같은 서사의 연장선상에서 히노는, 이제 "백인종의 사슬에서 해방된 아시아 제 민족이 종래의 원한을 일절 벗어나 뉴델리에 모여 평화를 지키기 위한 논의를 할 수 있는 날을 맞이하니, 세계의 여명에 자유와 평화의 종을 울리는 축제"라고 아시아제국회의의 감격을 말한다. 또한 그는 일본을 대표하여, "우리 일본은 여러 가지 과오에 대해 반성하고 아시아인들에게 깊이 사죄해야만 한다고 생각한다"고 일본제국의 과거에 대한 입장을 표명한 후에 곧바로 이어서, "하지만 아시아제국 대부분이 현재 독립하여 아시아인들끼리 손을 잡을 시기가 도래한 것을 생각하면 전화 속에서 우리가 마음에 품었던 아시아인의 해방, 아시아인끼리 결합하는 꿈이 실현되고 있다고 볼 수 있으며, 그 기쁨은 이루 말할 수 없다"고 하며 가슴 벅찬 감회를 토로한다.[39]

구미 열강의 식민주의 아래 "아시아 민족의 해방과 단결"이라는 구호는 익숙한 대동아 공영권의 레토릭을 반복한 것이었다. 특히 히노가 "이 회의를 기회로 전 아시아에서 문학의 교류가 이루어져 본질적으로 평화의 사도인 문학자들의 결합을 통해 아시아에 평화의 빛이 비춰 오는 희망을 품는 것도 더이상 꿈은 아닐 것이라 믿는다"고 발언하는 부분에서는 대동아문학자회의에서 선언문을 낭독하던 히노의 목소리가 메아리치는 듯하다.[40] 전시기를 대표하는 작가 히노의 전쟁 책임 의식에 관해서는 선행

---

39) 火野葦平, 「全アジアを美しい文学の鎖で」, 214-217.

40) 田中艸太郎, 『火野葦平論—付:戦争体験・論の試み』, 東京: 五月書房, 1971, 77-78. 1943년에 남경에서 열린 대동아문학자대회에서 히노는 다음과 같은 "대회 선언문"을 낭독하였다.
"우리는 이번에 공습하에 있는 중화민국의 수도 남경에서 제3회 대동아문학자대회를 개최한다. 깊이 우리들의 책임을 느끼며 대동아 전쟁의 완수, 대동아 문화 확립의 결의를 굳건히 하고, 뜻을 갖고 다음의 3개 조를 선언하는 바이다. 1. 우리는 대동아 공영권 내 각 민족의 문화를 높이고, 또한 그 대조화(大調和)의 달성을 위해 공헌하는 것을 기한다. 2. 우리는 대동아 공영권 내 각 민족의 탁월한

연구에서 반복적으로 검토가 이루어져 왔다. 패전 직후에는 전쟁 협력에 대한 강한 규탄이 집중되었으나, 현재에는 시대가 안고 있던 역사적 조건 속에서 그 결을 재조명하는 입장에서 평가가 이루어지고 있다. 요컨대 전쟁터에 선 일반 병사들을 서민의 시선으로 애정을 담아 그린 '병사兵隊의 대변자'였다는 데서 작가의 주관적 '선의'를 평가하면서도, 이렇게 소박한 '서민 심정'이 전쟁을 비판적으로 사유하는 데 있어 무력했음을 지적하고,[41] 전후에 발표된 『청춘과 흙먼지』, 『혁명전후』 등의 작품에 나타난 과거 전쟁 협력에 기인하는 내면적 고뇌에 주목하면서도, 그 책임 의식은 "전쟁 책임이 아니라 오로지 일관되게 패전 책임"이었다는 데에 히노의 개인적 한계와 시대적 한계를 동시에 보는 것 등이 일반적인 평가이다.[42]

> 정신을 응집하여 상호 보익(補翼)하고, 이로써 대동아건설의 공동 목표에 매진하도록 기한다. 3. 대동아공영권 내 각 민족의 역사와 전통을 존중하고 대동아 민족 정신의 고양을 기한다."
>
> 또한 히노는 패전을 맞이한 후에 자신의 심중을 토로한 사적인 노트에 대동아문학자대회와 관련하여 다음과 같이 기록을 남긴 바 있다. "이제 모든 것은 공허하게 철저히 수포로 돌아갔지만, 과연 모든 것이 헛수고였던 것일까. 남방의 제(諸)지역에서는 버마, 필리핀, 인도네시아, 인도 모든 민족은 독립하고 혁명의 정열이 팽배해져 끓어오르고 있다. 이는 무엇 때문인가. 지금은 말하는 것이 일체 허락되지 않지만 중국에 뿌린 여러 씨앗이 한 톨도 남지 않고 사라져 버릴 것이라고는 아무래도 생각되지 않는다." (火野葦平,「鈍魚庵」, 渡辺考, 『戦場で書く—火野葦平と従軍作家たち』, 299-300) 여기서 "지금은 말하는 것이 일체 허락되지 않"는다 함은 GHQ 점령하의 상황을 뜻하는 것으로 볼 수 있는데, 인용한 문장은 히노의 사후에 공개된 사적인 기록인 만큼 그가 패전을 기점으로 대동아 공영권의 '신념'을 완전히 방기하지 않았음을 엿볼 수 있는 대목이다.

41) 田中艸太郎, 『火野葦平論—付:戦争体験·論の試み』, 126-134. 가장 이른 시기에 단순한 '전쟁 협력자'의 틀을 넘어 히노를 평가한 히라노 겐(平野謙)은, 전쟁 협력에 대한 책임을 면할 수 없지만, '고바야시 다키지(小林多喜二)와 표리를 이루는 시대의 희생으로 히노를 바라보는 시선도 필요하다고 제기한 바 있다. 히노의 평전을 쓴 다나카 소타로(田中艸太郎)는 "히노에게 있어 국가, 역사, 전쟁의 상관 관계는 결국 '심정'적 사유의 대상일 뿐 '사상'적 추궁의 소재는 되지 못했다"고 평가한다(田中艸太郎, 『火野葦平論—付:戦争体験·論の試み』, 127).
42) 池田浩士, 『[海外進出文学論] 第I部 火野葦平論』, 東京: インパクト出版会, 2000,

앞서 요약한 「고백」에서도, 일본이 구미 열강과 마찬가지로 식민주의를 펼쳤던 사실을 모호하게 은폐한 채 서양 대 아시아라는 틀에서만 아시아 태평양전쟁의 역사를 서술한다는 점에서, 가해 책임 의식의 결여와 문학의 정치성에 대한 인식의 안이함 등의 한계를 지적하는 것은 그리 어렵지 않다. 이 글의 관심은 여기서 한 발 더 나아가, 그것이 아시아제국회의의 참가국들에게 어떻게 받아들여졌는가, 즉 1950년대 아시아에서 수용된 구체적 맥락 쪽에 있다.

히노는 아시아제국회의를 참관한 견문을 그의 사적인 여행일기 『아시아 여행(アジアの旅)』(북규슈문학관 소장)에 소상히 기록하고 있다. 이를 통해 그가 회의에서 인상 깊게 들었던 대목을 확인할 수 있는데, 그중에서도 일본의 국제연합 가입 승인을 촉구한 인도 대표의 발언과 중국 대표단 단장으로 회의에 참석한 궈모뤄의 연설을 들은 감회를 각각 다음과 같이 기록하고 있는 점은 주목된다. 아래에 차례로 인용한다.

> "일본은 평화적 재건에 매진해주어야만 한다. 일본의 책임을 물을 생각은 아시아에는 없다."(인도 대표의 발언)[43]

> "일본과 중국 사이를 평화적으로 잇는 것. 중국인은 일본에 대해 매우 동정하고 있다. 이 두 나라를 잇는 것을 방해하는 것은 중국, 일본이 아닌 일본 정부 위에 있는 미국 정부이다. 그러나 미국이 일본의 재군비를 강요하고 있다. 우리들의 손을 일본인 앞에 내민다. 평화를 위해 함께 걸어가자." (박수, 궈모뤄도

---

11 등. 히노의 유작이 된 자전적 소설 『혁명전후』에는 귀환 병사가 "나는 히노 아시헤이를 원망하고 있어요. 우리들, 그 사람이 쓴 것을 읽고 이 전쟁은 이길 것이라 생각하고 열심히 했단 말이지요. 어떻게 된 일인지 이렇게 되어 버려서......"/"쓰지 씨, 당신은 패전의 책임을 느끼고 있겠지요?"라고 주인공에게 이야기하는 장면이 있다. 병사와 강한 감정적 유대를 가지고 있었던 히노가 느꼈던 '패전 책임'을 엿볼 수 있는 대목이다.

43) 『アジアの旅(I)』, 북규슈문학관 소장. 増田周子, 『1955年「アジア諸国会議」とその周辺』, 98에서 재인용.

스스로 박수, 코끝이 찡).44)

상기 인용에서도 거듭 확인되듯이, 요컨대 아시아 제국들로 하여금 일본에 '손을 내밀게' 만든 요인은 냉전의 현실이었다. 미국이라는 새로운 '제국'의 헤게모니 하에서 진행된 제3세계의 '탈식민'은, 일본제국의 과거를 불문에 붙임으로써 전후 일본을 냉전적 헤게모니에 대항하기 위한 아시아의 '연대' 안으로 끌어들이고자 했던 것이다. 특히 위와 같은 궈모뤄의 발언은 '반미 평화주의'에 기대어 일·중 양국이 쉽게 연대할 수 있었음을 선명하게 드러낸다. 여기서 중요한 점은, 이러한 냉전적 역학 아래 과거 일본제국의 피점령 국가들과 대면한 아시아제국회의가 히노에게는 '제국'의 기억의 소거를 추인받고 '아시아'와의 화해를 실감하는 장으로 기능했다는 점이다.

다시 성명문으로 돌아가서, 그렇다면 이러한 상황에서 히노가 제안한 문화 교류안은 구체적으로는 어떠한 청사진을 담고 있었을까? 히노는 "이 아시아의 결합을 문학의 아름다운 고리로 이어 찬란한 평화의 화원을 출현시키고 싶은 욕망과 꿈에 차 있다"고 희망차게 선언하고, 이어서 문학계를 대표하여 당시 일본의 문단 상황을 보고하면서 일본과 아시아와의 문화 교류가 취할 방향을 다음과 같이 제안하였다.

"누구라도 평화를 바라지 않는 자는 없겠으나, 진정으로 가슴 깊은 곳으로부터 평화를 고대하는 자는, 전화(戰火)에 휩쓸린 경험을 지닌 이들이 아닐까? 전쟁의 처참함은 전쟁터에 투입된 이들의 가슴에 지울 수 없는 기억을 새겨 넣었다. 그러한 의미에서, 도처가 전쟁터가 되었던 아시아인들의 전쟁에 대한 증오는 깊다. 또한 패배한 일본인, 특히 세계 최초로 두 발의 원자폭탄을 맞았으며 더 나아가 비키니 환초에서 수폭의 죽음의 재(死の灰)까지 뒤집어쓴 일본인은, 마음속 깊이 전쟁을 증오한다. 전후 일본에서는 전쟁에 반대하는 새로운 문학

---

44) 『アジアの旅(I)』, 북규슈문학관 소장. 増田周子, 『1955年「アジア諸国会議」とその周辺』, 99에서 재인용.

들이 많이 탄생했으며 원폭 소설이 발표되었다. (…) 이러한 소설을 꼭 아시아
인들이 읽었으면 한다."[45]

　여기에서 히노는, '전화에 휩쓸린 경험'이라는 표현을 통해 연합국과
교전하며 아시아를 전쟁터로 만들었던 또 하나의 제국적 주체인 일본의
책임을 삭제한 채 아시아와 일본을 동일선상에 배치한다. 미국을 대타자
로 상정함으로써 성립되는 폭력의 희생자=일본의 자아상을 서양 제국과
아시아와의 관계에 겹쳐 놓고, 나아가 세 차례에 걸친 '피폭'의 경험을 전
경화시킴으로써 히노는 냉전 아시아의 평화적 재건에서 선도적 역할을 담
당할 전후 일본을 아시아를 향해 어필하고자 하였다.
　여기까지, 아시아제국회의에 나타난 평화주의 담론을 검토하였다. 그
속에서 전후 일본이 제3세계 아시아 국가들과의 관계를 수복하기 위한 핵
심적 테제로 '반핵 평화'의 피폭 담론이 기능했다는 점을 확인할 수 있었
다. 이는 냉전 시대 헤게모니였던 미국과 소련에 대한 대항과도 표리 관계
를 이루고 있었다고 할 수 있다. 그렇다면 다른 한편으로 미소와의 관계
속에서 일본의 평화주의는 어떻게 나타났을까? 다음 절에서는 미국과 소
련 사이에서 전후 일본의 평화주의를 조명해 보기로 한다.

## 4. 미소 냉전과 일본의 '평화주의'
　　: 1957년 일리야 에렌부르그의 방일에서
　　　1958년 히노의 미국 시찰까지

　1950년대는 유례없는 핵 실험의 시대였다. 양대 냉전 진영의 맹주 미
국과 소련은 경쟁적으로 원수폭 개발에 집중하였고, 1957년 5월에는 영국

---

45) 火野葦平, 「全アジアを文学の美しい鎖で」, 219.

이 태평양의 크리스마스섬에서 수차례에 걸친 수폭 실험을 실행하였다. 여기서 주목하고 싶은 점은, 이처럼 치열해진 핵 개발 경쟁이 미소 간 국제 외교에서 일본의 존재감을 부각시켰다는 사실이다. 영국의 핵 실험을 앞두고《마이니치 신문(每日新聞)》은 1957년 4월 18일 자에서 "일본의 주장을 무시할 수 없게 될수록 미소의 일본에 대한 압력 공세가 활발해지고 있다"고 미·소 간 여론전 공방을 전하면서, "일본의 입장은 '방사능의 골짜기放射能の谷間'일 뿐만 아니라, 핵 실험을 둘러싼 국제 외교의 골짜기"이며, "일본만이 정치적 입장을 떠나 큰 목소리로 실험 반대를 외칠 수 있는 입장에 있는 것도 사실"이라고 전하였다.46) 이는 핵의 긴장 고조를 배경으로 국제 사회에서 '유일 피폭국' 일본의 존재감이 부각되었던 정황을 선명하게 보여 준다. 그렇다면 이러한 핵 상황 속에서 일본의 평화주의는 미소 냉전과 어떻게 맞닿아 있었을까?

이 절에서는 먼저 문학의 영역에서 소련의 문화적 공세와 평화주의 외교가 교차한 사례로 일리야 에렌부르그의 방일이라는 문화사적 사건을 주목해 보고자 한다. 스탈린 사후에 도래한 긴장 완화를 뜻하는 냉전 용어의 기원이 된 장편 소설『해빙』The Thaw(1954)의 작가로 잘 알려진 에렌부르그는 1957년 4월, 일소공동선언(1956년 10월)에 입각한 양국의 국교 회복후 첫 문화 사절로서 일본을 방문하였다. 일본 측 문화 인사들의 초청으로 이루어진 방문으로 초청 기획을 위해 일본에서는 작가, 평론가, 러시아 문학자 등 200여 명을 중심으로 '에렌부르그 환영 위원회'가 조직되어 작가를 맞이하였다.47)

에렌부르그 방일의 배경에는 미소가 상호대항적으로 전개한 문화 냉전

---

46) 原水爆禁止日本協議会(編),『人類の危機と原水爆禁止運動Ⅱ』, 東京: 原水爆日本協議会, 1957, 364-365.

47) 양아람, 「1957년 소련 작가 에렌부르그의 일본 방문과 일본의 '해빙'」,『동아시아문화연구』77, 2019.5, 28. 양아람의 논고는 현재까지 에렌부르그 방일에 관한 유일한 선행연구로, 문화사와 번역수용의 관점에서 이를 분석하고 있다.

이 있었다. 1950년대에 미국과 소련은 자국의 문화적 위상을 높이고 영향
력을 확대할 목적으로 문화예술 분야에서 경쟁적으로 세계 각국과의 교류
를 가속화했다. 1955년 미국 국무성이 문화 대사로 세계 각지에 파견한
노벨문학상 수상 작가 윌리엄 포크너William Faulkner의 3주간에 걸친 방일
을 미국에 의한 문화 공세의 대표적 사례 가운데 하나로 꼽을 수 있다
면,48) 에렌부르그의 방일은 그 성격과 영향력 면에서 이에 비견할 만한
소련의 대항을 상징하는 문화 외교로 평가할 수 있다. 물론 에렌부르그의
방문은 일본 측의 민간 초청으로 이루어졌다는 점에서 미국 국무성의 기
획과 예산으로 파견된 포크너와는 대비된다. 하지만 양아람이 에렌부르그
의 문화 외교를 "민간 차원의 초청에 공적인 성격이 가미"되었다고 평가
한 바 있듯이,49) 실제로 에렌부르그는 소련을 대표하는 문화 대사로서의
역할을 적극적으로 수행하였으며, 일본의 미디어 역시 이를 대대적으로
보도하였기 때문이다.

　　이를테면 에렌부르그는 일본에 체재하는 동안에 《아사히신문(朝日新
聞)》에 기고한 글을 통해 "과거에는 반목도 있었으나 전쟁을 알고 있는
소련과 일본의 양국 국민은 평화의 가치를 알고 있으며, 소련은 일본 문화
에 대해 경의를 갖고 있"다고 발언하면서,50) 일본의 문화를 이해하고 평
화의 가치를 공유하는 '이웃'으로서 소련을 어필하였다. 또한 그는, "얼음
은 녹았다. 때는 봄을 향하고 있다. 우리 양국 국민은 서로 호의를 느끼고
있으며 사이좋고 평화롭게 살고 싶다"고 일·소간 해빙 국면과 평화 공존
을 향한 염원을 전하고, "소비에트 독자들 사이에 이 이웃 나라에 대한
우호적인 마음을 확산시키고 강화하기 위해 나는 모든 노력을 다하고자
한다"고 일본 국민들을 향해 공언하였다51). 실제로 귀국 후에 에렌부르그

---

48) 윌리엄 포크너의 방일에 관한 연구로는 藤田文子, 『アメリカ文化外交と日本—冷
　　戦期の文化とひとの交流』, 東京: 東京大学出版会, 2015를 참조.
49) 양아람, 「1957년 소련 작가 에렌부르그의 일본 방문과 일본의 '해빙'」, 187.
50) イリヤ·エレンブルグ, 「いとぐち」, 《朝日新聞》, 1957. 4. 20., 5面.

는 일본에서의 견문을 기록한 「일본인상기」를 소련의 잡지 《외국문학》에 기고하여 이를 실천했는데, 그의 글은 곧바로 일본어로 번역되어 《중앙공론(中央公論)》(1957. 10.)과 단행본 『일본인상기(日本印象記)』(1957. 11.)를 통해 일본의 독자들에게도 전해졌다.52)

한편, 에렌부르그를 초청한 일본 측에서는 개인적 기부의 부담을 줄이기 위해 신문사나 방송사 등의 후원을 통해 자금을 마련했는데, 이러한 자금 조달 방식은 작가의 방일이 문학 애호가층을 넘어 널리 사회적 파급력을 갖게끔 하였다. 초청을 후원한 아사히신문사(도쿄, 오사카), 서일본신문사, 중부일본신문사, 니가타일보사 등의 요청으로 각 지방에서 강연회 및 좌담회가 열렸을 뿐만 아니라, 그때마다 각지各紙가 이를 기사화했기 때문이다.53) 그 결과 에렌부르그의 전국 순회는 각종 미디어를 통해 연일 보도되었고, 문예지와 종합 잡지 역시 일제히 좌담회와 강연회 참관기 등을 게재하였다.54)

이렇듯 냉전기 일·소 간 문화 교류사에서 중요한 의의를 지니는 에렌부르그의 방일은 그 자체로서 다방면에서 고찰을 요하지만, 이 글의 논지와 관련하여 주목하고자 하는 점은 에렌부르그의 방일에서 '반핵 평화'가

---

51) イリヤ・エレンブルグ, 「いとぐち」, 5面.
52) イリヤ・エレンブルグ, 「日本印象記」, 《中央公論》, 1957. 10.; イリヤー・エレンブールク(著), 稲田定雄(訳), 『長崎の雨』, 東京: 勁草書房, 1971. 초출은 소비에트에서 발행된 『외국문학(外国文学)』 1957년 8월 호.
53) 山本健吉, 「騒がれすぎたエレンブルグ」, 《新潮》, 1957. 7., 97.
54) 대표적인 잡지 게재 기사는 다음과 같다. 《新日本文学》, 1957. 6.에 게재된 なかのしげはる, 「光太夫ゴンチャロフ以来──エレンブルグ氏を迎えて」; 原卓也, 「エレンブルグ氏の来日によせて」; 牛島春子, 「福岡にエレンブルグ氏を迎えて」; 加藤周一, 「エレンブルグ氏との対話 및 荒正人, 「座談会 エレンブルグ氏に訊く」, 《群像》, 1957. 6. 등. 신문 기사로는 「来日するエレンブルグ氏」, 《読売新聞》, 1957. 3. 26., 夕刊2面; 「ソ連の文化宣伝戦? エレンブルグ, ショスタコーヴィチ氏の派日」, 《読売新聞》, 1957. 3. 28., 夕刊2面; 「エレンブルグ夫妻を囲んで」, 《朝日新聞》, 1957. 4. 10., 3面 등.

중심적 외교 메시지로 부각되었다는 사실이다.[55] 이는 첫째로, 에렌부르그의 이력에 기인한다. 소련을 대표하는 작가 외에도 국제적으로 잘 알려진 평화 운동가의 얼굴을 지닌 에렌부르그는 1950년 스웨덴에서 열린 세계평화옹호회의에서 발표된 '스톡홀름 어필Stockholm Appeal'의 발안자 가운데 한 명이었으며, 방일 당시에는 세계평화평의회 부의장과 평화옹호소비에트위원회 부의장직을 맡고 있었다.[56] 더욱이 공교롭게도 작가의 방문은 원수폭 실험에 대한 관심이 그 어느 때보다 고조된 시점에 이루어진 방일이었기에, 원수폭 문제에 관한 소련의 입장을 알고자 하는 일본 국민의 이목을 집중시키는 결과를 낳았다.

방일 동안 에렌부르그는 원수폭 문제에 대한 발언을 아끼지 않았다. 이를테면 에렌부르그의 일본 도착을 전하는 4월 7일 자 《아사히신문》의 같은 지면에는 미국, 영국, 소련의 원수폭 실험에 항의하기 위한 일본의 사절단이 파견되었음을 알리는 기사가 나란히 게재되었는데,[57] 에렌부르그는 하네다 공항에 도착하자마자 기자회견을 열고 자신이 참석한 세계평화평의원회를 언급하면서 일본 국회의 원수폭 실험 금지 결의에 대한 지지를 표명하였다.[58] 또한 에렌부르그는 3주 동안 체재하면서 도쿄東京, 후쿠오카福岡, 오사카大阪, 나고야名古屋, 니가타新潟 등지에서 개최된 강연과

---

55) 에렌부르그를 맞이한 일본 측의 관심은 문학 작품보다도 사회주의 리얼리즘, 스탈린 비판, 헝가리 동란 등 정치 문제에 집중되었다. 하지만 하라 다쿠야(原卓也)에 따르면, 에렌부르그는 정치적 의미를 지닌 행위는 삼가겠다는 조건으로 일본 외무성의 비자를 발급받았기에 이에 대한 대답을 회피하였다. 原卓也, 「エレンブルグ滞日記」,《新潮》, 1957. 6., 102. 이와 관련하여 야마모토 겐키치(山本健吉)는 "정작 궁금했던 스탈린 비판이나 헝가리 동란에 대한 의견은 듣지 못했고", "유일한 정치적 견해는 원수폭 병기 반대 의견을 표명한 것 정도"고 회고한 바 있다. 山本健吉, 「騒がれすぎたエレンブルグ」, 98.

56) イリヤー・エレンブールク(著), 稲田定雄(訳), 『長崎の雨』, 201.

57) 「原水爆実験の禁止「日本国会の決議支持」—エレンブルグ氏が来日」,《朝日新聞》, 1957. 4. 8., 7面.

58) 「原水爆実験の禁止「日本国会の決議支持」—エレンブルグ氏が来日」, 7面.

좌담회를 포함한 숨 가쁜 일정을 소화했는데,[59] 이러한 전국 순회의 하이라이트로 계획된 것이 나가사키 방문이었다. 이는 작가 자신의 '강력한 희망'에 따라 포함된 일정으로 에렌부르그는 우라카미浦上의 그라운드 제로와 평화공원 등을 시찰하고, 나가사키 시장 및 피폭자들과 만남을 갖기도 했다. 그런데 이때 일본 문학자를 대표하여 나가사키에서 에렌부르그를 맞이한 작가가 다름 아닌 히노 아시헤이였다. 히노는 에렌부르그와 함께 도교과 후쿠오카에서 열린 강연회에 참석한 후에 러시아 문학자인 요네카와 마사오米川正夫, 나카무라 하쿠요우中村白葉, 이나다 사다오稲田定雄 등과 함께 나가사키에 동행하였다.

히노가 나가사키의 안내역을 맡게 된 구체적인 경위는 알려지지 않았다. 하지만 그 이유를 짐작해 보면, 첫째로는 히노가 와카마쓰若松 출신으로 규슈 지역을 대표하는 작가로서의 영향력이 고려되었을 것이라 짐작해 볼 수 있다. 이에 더하여, 두 작가의 만남은 히노의 일련의 문화 외교의 연장선상에서 이루어진 것으로 보인다. 『붉은 나라의 여행자』에서 히노는 중국에 체재하는 동안에 소련 정부로부터도 초청이 있었다는 사실을 언급하면서 다음과 같이 이야기한 바 있다.

(나카무라) 간에몬(中村勘右衛門)씨는, 최근 받아본 《아카하타(アカハタ)》에 헬싱키의 평화애호자대회 참가자로 히노 아시헤이를 추천했다는 기사가 나와 있었다고 알려주면서, 꼭 소련에 가라고 권한다. 중국의 평화위원회에서도, 희망할 경우 헬싱키에 다녀오는 귀국길에 소련을 시찰하고 다시 북경을 경유해서 일본으로 돌아갈 때까지 지원을 해도 좋다고 제안하고 있다고 한다. 나는 당혹스럽다. 종전 직후에 나는 《아카하타》로부터 문화전범 제1호로서 혹독하게 규탄받았다. 그런데 최근에는 인도의 아시아제국회의에 갈 때도 공산당 관계자로부터 추천을 받았고, 지금은 중국에서 헬싱키행과 함께 소련행까지 신세 지려하고 있는 것이다. 이것은 무엇을 의미하는가. 내가 소련에서 돌아오면 공산당 지지자가 될 것이라는 기대가 있기 때문인가.[60]

---

59) 山本健吉, 「騒がれすぎたエレンブルグ」, 96.

히노를 포함한 대표단 일행은 결국 여정 상의 이유로 일정이 맞지 않아 소련행을 단념하게 되는데, 그 대신 히노는 그로부터 2년 후에 일본을 방문한 에렌부르그와 나가사키에 동행함으로써 일·소 간 냉전 외교의 장에 서게 된 것이다. 상기 인용한 발언에서는 미·소 간 냉전 진영의 대립이 일본 국내의 정치 지형과도 연동하는 양상을 확인할 수 있는데, 그러한 의미에서 에렌부르그와 히노의 만남은 소련과 일본 내 공산주의자 양측의 문화적 공세가 맞닿는 지점에서 성사된 사건이었다고도 볼 수 있을 것이다.

그렇다면 두 작가는 '나가사키'를 둘러싸고 어떠한 메시지를 발신했을까? 에렌부르그는 『일본인상기』에서 나가사키 방문을 언급했으며, 이 방문에서 영감을 얻어 후년 일본에서 「나가사키의 비(長崎の雨)」로 번역되는 시를 발표하기도 했다.[61] 한편 히노는 《문예춘추(文藝春秋)》 지상에 에렌부르그의 나가사키 방문을 전하는 에세이 「나가사키의 비(長崎の雨)」[62]를 발표하였다. 두 글을 차례로 살펴보기로 한다.

『일본인상기』에서 에렌부르그는 여행의 견문과 일본 문화에 대한 관찰을 이야기하는 가운데 그가 목도한 나가사키의 풍경을 묘사하였다. 원폭 투하로부터 10여 년이 지나 일견 여느 도시와 마찬가지로 재건이 이루어진 듯 보이는 나가사키에는 여전히 원폭의 후유증에 시달리며 목숨을 잃어가는 사람들이 있다. 에렌부르그는 "원폭의 저주는 구름처럼 일본의

---

60) 火野葦平, 『赤い国の旅人』, 260.

61) イリヤー・エレンブールク(著), 稲田定雄(訳), 『長崎の雨』, 東京: 勁草書房, 1971. 이 시집은 1959년 10월에 모스크바의 『소비에트작가』 출판소(『ソビエト作家』 出版所)에서 간행된 『시편 1938-1958 (詩篇 一九三八-一九五八)』을 전문(全文) 번역한 것으로, 「나가사키의 비」는 무제(無題)인 원시에 역자 이나다 사다오 (稲田定雄)가 붙인 제목이다. "인간의 양심이 얼마나 울며 슬퍼하고 있는지에 관한/너무나 넌덜머리 나는 이야기가 있다"로 시작되는 이 시의 말미에는 "나가사키 1957년"이라고 기입되어 있다.

62) 火野葦平, 「長崎の雨」, 『河童会議』, 東京: 文藝春秋社, 1958. [초출] 『文藝春秋』, 1957. 6.

하늘을 뒤덮고 있다"고 전하고, 그럼에도 이에 그치지 않고 원자력 병기의 비극이 계속되고 있는 핵 시대의 묵시록黙示録을 이야기한다. 이 글의 묘사에서 특징적인 것은 그가 핵의 주체를 명시한다는 점이다. '미국인'이 투하한 원폭의 비극이 끝나지 않은 가운데, 비키니섬에서 실행된 '미국인'의 수폭 실험은 다시 제5후쿠류마루의 23인의 어부들이 방사능증放射能症을 앓게 했으며, "일본의 하늘에는 방사능 비가 내렸다". 스트론튬 90을 머금고 내린 비에는, "태고의 계시 문학의 불길한 예언자들조차 생각지 못했던 새로운 죽음"이 깃들어 있다. 또한 그는 자신이 일본에 체재하던 동안에 '영국인'이 준비하고 있었던 크리스마스섬 수폭 실험에 대한 일본인들의 반응을 언급하면서, "인간이 얼마나 원자 병기를 증오할 수 있는지, 가공할 실험에 사람들이 얼마나 분격憤激하고 있는지를 이해하기 위해서는, 일본을 방문해 볼 필요가 있다"고 전하면서, 다음과 같이 적는다.

> "내가 나가사키에 체재하는 동안 계속 비가 내렸다. 비는 만개한 철쭉에, 하역 노동자에, 기념비에, 그리고 분홍 빛, 푸른 빛, 은빛 생선 시장에 내리고 있었다– 비와 스트론튬 90이, 비와 눈물이, 나가사키의 비가. 나는 나가사키를 떠났다. 하지만 이를 잊을 수 없다. 일본은 지금, 여러 나라 가운데 하나가 아닌, 원고原告이다. 원자병기 문제가 해결될 때까지는 그 누구도 양심의 평안함을 얻을 수 없을 것이다" 63)

이처럼 에렌부르그는 '미국'과 '영국'의 원수폭 실험을 언급하고, 여기에 '인류'를 대표하여 원수폭 병기에 항거하는 '일본'을 대치시킨다. 그리고 이어서 과거 스톡홀름에서 나가사키를 이야기하며 원폭 금지를 위해 일어섰던 자신의 기억을 회상함으로써 일본의 동반자 '소련'을 어필하였다.

나가사키 방문에 이어 오사카에서 열린 강연회에서도 에렌부르그는 일본 측 강연자와 나눌 공통의 문제로서 "평화와 문학"이라는 주제를 소망

---

63) イリヤ・エレンブルグ(著), 原卓也・山田茂勝(訳), 『日本印象記』, 東京: 中央公論社, 1957, 66.

했으며, "원수폭 문제에 대해 힘주어 발언하면서 자신의 여생을 원수폭 금지를 위해 바쳐도 좋다고까지 단언"하였다. 일본 측을 대표하여 아베 도모지, 이노우에 야쓰시井上靖와 함께 등단한 프랑스 문학자이자 평론가 인 나카지마 겐조中島健藏는 《신일본문학》에 게재된 강연회를 보고하는 글에서, 에렌부르그의 이 발언을 '우리'에게 보낸 "최대의 선물"이라고 치하하고, "우리가 에렌부르그 씨에게 답할 수 있는 유일한 것 또한 일본인의 원수폭 금지 운동의 열의일지도 모른다'고 화답하면서, "이러한 기반 위에 설 때 다시금 민족을 넘어서 새로운 문제가 확장될 것"이라고 피력한 바 있다.64) 원수폭에 대한 반대가 소련과 일본을 하나로 묶어내고 있음을 확인할 수 있는 대목이다.

이처럼 에렌부르그가 평화주의적 메시지를 발신하는 상황에서, 히노는 에렌부르그의 나가사키 방문을 어떻게 전했을까? 작가의 픽션이 가미된 것으로 보이는 에세이 「나가사키의 비」에서 히노는 나가사키에 동행하며 관찰한 에렌부르그의 모습을 묘사한다. '원자 폭탄 낙하 중심지'의 비석 앞에서 "숨 막힐 정도의 표정"을 짓고 고개를 숙인 채 조용히 묵념에 잠긴 에렌부르그의 모습에서, 히노는 작가의 진심 어린 애도를 읽어낸다. 하지만 다른 한편으로 히노의 필치는 빗속에 늘어선 환영인파 가운데서 들려오는 군중의 목소리를 다양하게 삽입함으로써, 소련으로부터 거리 두기를 시도한다. 예컨대 그는, "별로 젖지 않는 편이 좋아. 소련의 원폭 방사능이 있을지도 모르니까"라는 어느 군중의 목소리를 넣고, "최근 영국이 크리스마스섬에서 행하는 수폭 실험이나 미국의 원폭 실험 발표가 문제가 되고 있는데, 한쪽에서는 소련이 번번이 무경고 실험을 하는 것을 비꼰 것인지도 모른다"65)라고 논평을 덧붙임으로써, 에렌부르그가 이야기하지

---

64) 中島健蔵, 「エレンブルグと原水爆問題」, 《新日本文学》, 1957. 6., 79.

65) 火野葦平, 「長崎の雨」, 285. 에렌부르그가 일본에 체재하는 동안에도 소련이 수차례에 걸쳐 진행한 핵 실험이 보도되었고, 이에 대한 비판 여론이 고조되는 가운데 일본 정부는 소련에 핵 실험 중지를 요청하였다.

않은 '소련'의 핵을 상기시킨다. "미소 관계나 세계정세 여하에 따라서는 소련의 원폭이 일본에서 터지지 않으리라고 장담할 수 없다"는 또 다른 익명의 목소리는 소련을 평화의 동반자가 아닌 냉전 폭력의 위협으로 표상한다. 더 나아가 "일소 국교 회복은 좋지만 (소련은) 문화 교류를 명목 삼아 작가나 음악단, 인형극 등을 파견해서 일본의 적화赤化를 꾀한다"는 군중의 목소리를 통해, 히노는 소련의 문화 공세 아래 놓여 있는 일본을 노출시킨다.

나가사키에서 열린 간담회를 전할 때에도 히노는, 핵 경쟁의 주축으로 소련을 전경화한다. 「나가사키의 비」의 묘사에 따르면, 에렌부르그는 "'노 모어 나가사키'는 인류의 숙원"이라고 강조하면서 "나가사키 시민들에게 원폭 금지 운동에 매진할 것을 약속"하고, 나가사키 시장과 굳게 악수를 나눈 후에 피폭자들과 대화를 나누었다. 그런데 이때 한 피폭자가 일어서서 소련이 무경고 실험을 하는 데 대해 큰 유감을 표하면서, "에렌부르그 씨의 말에는 감동하지만 (…) 소련에 대한 불신과 의혹은 사라지지 않는다"고 발언한다. 이에 에렌부르그는 "소련이 국제연합에서 (핵 병기) 금지와 등록을 주장해도 어느 나라도 귀 기울이지 않았다"고 응대하면서, 소련의 실험은 국내에서 행해졌으며, 미국과 영국이 실험을 하는데 소련만 그만둘 수는 없다고 답하였다. 이러한 에렌부르그의 모습을 전하면서, "노작가는 마치 소련 정부의 대변인처럼 돌연 문학자에서 멀어졌다"고 논평을 가하는[66] 히노의 시선은 진영 논리의 대변자로서 작가를 바라보고, 냉전적 공세와 일체가 된 소련의 평화주의 메시지를 폭로한다.

다른 한편으로 에렌부르그와의 만남에서 히노가 원수폭 문제와 더불어 관심을 둔 것은, "붉은 나라의 문학과 작가의 자유 문제"였다. 이와 관련하여, 에렌부르그와 함께 후쿠오카의 강연회에 등단한 히노는 "'사회주의 리얼리즘'이라는 엄격하게 규정된 틀 안에서의 문학을 진정 예술이라 할

---

66) 火野葦平, 「長崎の雨」, 328.

수 있는가"라는 문제를 제기하고, 이에 대해 회의적인 의견을 개진하였다.[67] 「나가사키의 비」에서도 히노는 "일소 친선이나 문화 교류는 영합이 아니고 물론 환영하는 마음은 강하지만, 중요한 문제에 대해 초점을 흐리거나 아첨하는 말을 할 필요는 없다"고 자신의 입장을 명시하고, "소련이든 중국이든 '붉은 나라'의 작가들에게 자유는 없다"는 인식을 거듭 표명하였다. 또한 이미 중국과 북한을 방문한 경험이 있는 히노는 에렌부르그에게서 중공中共에서 만난 라오서老舍와 비슷한 인상을 받았다고 적으면서, "붉은 나라 가운데, 문학면에서도 소련은 대형판, 중국은 중형판, 북한은 그 소형판"이라는 관점을 제시하기도 했다.[68]

이상으로 살펴본 에렌부르그의 방일은, 소련의 '평화주의' 외교에 작동한 문화 냉전의 역학을 선명하게 보여 주는 사례이다. 그런데 더욱이 흥미로운 것은 에렌부르그의 방일로부터 1년 후, 부분적으로는 그때의 발언이 주목받아 히노는 미국 국무성의 '포린 리더 프로그램Foreign Leader Program'의 초청으로 미국을 시찰하게 되었다는 사실이다. 히노는 1958년 9월 24일부터 11월 19일까지 약 2달에 걸쳐 미국 각지를 시찰하였는데, 히노의 선고 경위를 기록한 미국 측 기록 문서에는 히노가 지닌 공적인 영향력과 더불어 그가 선정된 이유가 다음과 같이 적혀 있다.

> "그는 붉은 나라를 여행했고 오키나와 문제와 관련하여 미국에 대해 비판적이었다. 다른 한편으로 그의 저술은 일반적으로 공산주의에 대해 비판적이며, 기본적으로 미국 및 자유세계에 대해서는 호의적인 입장이다. 결국 그는 전시중에 '애국적인 작가'이기는 했으나, 현재 '우익'이 아니라는 점은 명백하다. 최근에 소비에트 작가 일리야 에렌부르그가 일본을 방문했을 때, 다마이(인용자 주—히노의 본명)는 공중 집회에서 그가 보고 온 공산중국과 마찬가지로 소련

---

67) 火野葦平, 「長崎の雨」, 284.
68) 火野葦平, 「長崎の雨」, 329. 히노는 《나가사키 니치니치 신문(長崎日日新聞)》에 실린 좌담회 기사에서도 같은 취지의 발언을 반복하였다. 火野葦平, 「自由からカッパまで—火野葦平にきくよもやま話」, 《長崎日日新聞》, 1957. 4. 26., 3面.

의 작가와 인민들 역시 충분한 자유가 없는 것이 아닌가 하는 질문을 던졌다. 이는 좌익의 후원을 받은 집회를 혼란에 빠트렸다. 따라서 우리는, 대중에 대한 공적인 영향력과 그의 통찰력에 비추어 그가 이상적인 후보가 될 것이라 판단하는 바이다."[69]

이 문장은 미·소 간에 적대적 문화 냉전의 자장이 연쇄적으로 작동했음을 단적으로 보여 준다는 점에서 매우 흥미롭다. 미국의 대일본 문화 정책에서 일본제국의 전쟁 책임 청산보다도 공산주의에 대항하는 냉전적 공세가 우선시되었음을 명징하게 보여 주는 기록이기도 하다.

미국에 체재하는 동안에 히노는 호놀룰루, 샌프란시스코, 뉴욕, 워싱턴, 보스턴, 리틀락 등 각지를 여행하였고, 그 가운데 일부 여정은 기행문『아메리카 탐험기(アメリカ探検記)』(1959)에서 묘사된 바 있다. 히노가 관찰한 미국의 모습을 이 글에서는 자세히 다루지 않기로 한다.[70] 다만 뉴욕 방문을 담은 한 장면에서, 엠파이어 스테이트 빌딩에 오른 히노가 수소 폭탄을 뉴욕 상공에서 터뜨릴 것을 몽상하면서 다음과 같이 묘사한 구절에 주목해 보자.

"수소폭탄을 한 발. 뉴욕시 상공에서 폭발시킨다면 얼마나 재미있을 것인가. 미국은 히로시마와 나가사키에서 한 발씩 원폭을 터뜨렸는데. 그 경험을 자신들의 도시에서 해보면 좋을 것이다. (…) 소련과 미국에 영국까지 합세하여 원수폭 개발 경쟁을 하고 있는데. 타인의 도시에 명중시킬 생각만 하고 자신들의 도시는 무사할 것이라고 생각하는 것인가. 원수폭 실험은 네바다 계곡 깊은 곳이나 비키니 같은 데에서 하지 말고. 이 뉴욕에서 해보는 것이 성능검사를 위해 가장 적확한 자료를 얻을 수 있지 않겠는가."[71]

---

69) "Supplementary Information on: TAMAI, Katsunori", Box 511.943/10-157, NND891407, NARA.
70) 미국 도항의 경위와 미국 관찰에 관한 자세한 사항은 김지영, 「히노 아시헤이의 냉전기행:『붉은 나라의 여행자』와『아메리카 탐험기』사이에서 바라본 전후 일본의 '친미'와 '반미'」,『일본학보』120, 한국일본학회, 2019. 8.을 참조.
71) 火野葦平,『アメリカ探検記』, 東京: 雪華社, 1959, 109.

앞서 언급한 바와 같이, 미국은 반미 여론 억제를 위해 문화 냉전을 통해 개입하고 있었다. 하지만 인용한 장면에서는 그러한 역학 아래 미국에 초청된 히노가 소련과 마찬가지로 미국에 대해서도 '반핵 평화'에 입각한 비판의 목소리를 내었음을 확인할 수 있다.

정리하자면, 핵을 둘러싼 국제적 여론전이 가열되면서 '유일 피폭국' 일본을 자신의 진영 쪽으로 끌어들이고자 미소 양측의 문화 냉전이 치열하게 전개되었고, 그 가운데 문화 교류의 장에 소환된 히노는 미소 양쪽 모두를 조망하면서 '핵'으로 상징되는 냉전적 폭력에 대해 비판의 목소리를 높였다. 미국과 소련에 대해 발언하는 히노는 냉전의 적대성에서 자유로운 '공평한' 시점을 강조하고, 양 진영에 의해 표출된 냉전의 폭력성을 환기하는 것을 잊지 않는다. 그런데 역으로 생각한다면, 미소의 폭력을 비판하는 히노의 이러한 담론이야말로 그와는 대조적으로 일체의 이데올로기로부터 자유로운 보편적 '평화주의'의 체현자로서의 전후 일본상像을 수행적으로 구축해 갔던 것은 아니었을까? 하지만 그러한 발언이 이루어지는 자리는 역설적이게도 냉전의 정치에 의해 부여된 것이기도 했다. 이상과 같은 의미에서 히노의 '평화주의'적 담론은 냉전을 전유하면서 '평화 국가' 일본의 표상을 구축해 간 궤적으로도 읽을 수 있을 것이다.


## 5. 나가며

이 글에서는 히노 아시헤이를 중심으로 전후 일본의 평화주의를 글로벌한 냉전 정치의 맥락에서 고찰하였다. 이 글을 통해 밝혀진 바와 시사점을 다음과 같이 정리할 수 있다.

첫째, 히노의 행보와 그가 남긴 담론은 적대와 연대가 글로벌한 차원에서 연쇄적으로 작동한 냉전 시기 문화 외교의 자장과 그러한 냉전 질서 속에서 전후 일본에게 부여된 자리를 생생하게 보여 준다. 아시아제국회의를 통해 고찰한 바와 같이 구 제국일본과 신생 독립국 사이를 봉합한 주요 국제정치적 요인은, 냉전 구조로 인한 미소 강대국의 제국적 헤게모니의 지속이었다고 볼 수 있다. 아시아 지역에서 새로운 헤게모니로 부상한 냉전의 종주국 미국의 위협 앞에 제3세계 내셔널리즘과 공산주의가 연대하는 가운데, '서구(제국) - 아시아'와 '자유 진영 - 공산 진영'의 대립축이 교차하는 틈새에서, 전후 일본은 일찌감치 '아시아'의 일원으로 복귀할 수 있었다. 한편 미국과 소련은 상호 대립 구도 속에서 일본을 자신의 진영으로 끌어들이고자 했다. 나아가 일본과 '아시아'와의 연대가 '미국'을 매개 항으로 하는 삼각구도 속에서 성립된 사실은, 일본의 대아시아 관계와 대미 관계가 표리를 이루며 연동되고 있었음을 드러낸다. 아시아적 지평에서 냉전의 사유가 필요한 까닭이다.

둘째, 전후 일본의 평화주의는 전쟁 경험에 뿌리를 둔 평화를 향한 결의의 발현이었지만 다른 한편으로 국제적 냉전의 역학 속에서 '유일 피폭국' 일본의 '반핵 평화'는 정치성을 띠게 되었다. 이 글에서 고찰한 냉전 시기 문화 외교의 장에서 '히로시마·나가사키 - 반핵 평화'라는 기표의 함의는 아시아와의 화해와 연대를 담보하는 구호로, 냉전의 반대 진영에 대항하는 문화 공세의 슬로건으로, 냉전적 폭력에 대항하는 보편적 평화주의의 상징으로 다양하게 변주되었다. 언제 터질지 모를 핵 전쟁의 위협 앞에 세 번의 피폭을 통해 핵의 공포를 앞서 경험한 일본은 평화의 희구를 세계를 향해 어필했고, 이는 제국에서 '평화 국가'로 전신한 전후 일본의 내셔널한 자아상을 실체화하는 담론으로도 기능해 왔다.

셋째로, 이 글의 논의는 일본의 '일국적一國的 평화주의'에 대한 재고를 촉구한다. 지금까지 아시아에서 '열전'이 발발하는 가운데 일본은 '일국 평화주의'에 틀어박혀 폐쇄적 자아상을 구축해 왔다고 지적받아 왔다. 그런데 이 글을 통해 드러난 것은 냉전 시기 문화 외교의 장이야말로 전후 일본이 '평화 국가'의 자아상을 재정립하는 데 중요한 기능을 수행하였다는 점이다. 아시아제국회의는 일본이 전전과의 단절 위에 '평화 국가'를 발신하고 승인받을 수 있는 외교적 무대였다. 또한 일본은 진영 대립에 입각한 미소의 냉전적 폭력에 반대의 목소리를 냄으로써, 그러한 미소에 대한 반사反射적 이미지로서 보편주의(휴머니즘)적 평화주의를 체현하는 새로운 자아상을 구축할 수 있었다. 이는 냉전 시기 적대적 두 맹주의 관계 속에서 추인되었다. 이처럼 전후 일본은 대외적 관계를 통해 국제적 평화에 공헌하는 '평화 국가'로서의 실감을 획득할 수 있었던 것이다. 그러한 의미에서도 1950년대 문화 냉전이 전후 일본의 세계 인식과 내셔널한 아이덴티티 재정립에 미친 영향은 더욱 구명될 필요가 있다.

그런데 이처럼 '평화'의 구호가 오가는 가운데, 제국의 과거가 논의에 부쳐지는 일은 없었다는 사실은 다시금 기억될 필요가 있지 않을까? 말할 필요도 없이, 평화주의의 내실은 제국의 역사에 대한 자성과 불가분의 관계에 있기 때문이다. 일본인의 전쟁관의 변용을 통시적으로 고찰한 요시다 유타카吉田裕는 1950년대 일본에서는 대외적으로는 최소한의 전쟁 책임을 받아들이면서 국내적으로는 전쟁 책임 문제를 사실상 부인하는 역사 인식의 '더블 스탠다드'가 성립했다고 규정한 바 있다.[72] 평화주의의 내실은 '평화주의'적 담론과는 별개로 검토되어야 할 것이다. 그러한 의미에서 히노가 아시아제국회의와 같은 시기에 일본제국의 구 식민지였던 북한과 제국/전후 일본의 폭력이 중첩된 오키나와를 방문하고 남긴 문학적 표상은, 이 글이 고찰한 히노의 전후 평화주의의 내실을 비춰내는 거울로서 검토되어야 할 것이다. 이들 표상의 분석을 통해 신/구 제국주의가 교차하고 중첩된 아시아에서 '제국'의 기억을 다시 묻는 작업은 향후 과제로 남기기로 한다.[73]

---

72) 吉田裕, 『日本人の戦争観―戦後史のなかの変容』, 91.

73) 히노의 오키나와 관련 담론에 관해서는 김지영, 「1950년대 본토 일본 문학에

그려진 '냉전 기지' 오키나와: 히노 아시헤이의 소설/희곡 「끊겨진 밧줄」을 중심으로」, 『일본학보』 128, 한국일본학회, 2021, 8을 참고.

# 참고문헌

김지영, 「히노 아시헤이의 냉전기행: 『붉은 나라의 여행자』와 『아메리카 탐
　　험기』 사이에서 바라본 전후일본의 '친미'와 '반미'」, 『일본학보』
　　120, 한국일본학회, 2019

_____, 「1950년대 본토 일본문학에 그려진 '냉전기지' 오키나와: 히노 아시
　　헤이의 소설/희곡 「끊겨진 밧줄」을 중심으로」, 『일본학보』 128, 한국
　　일본학회, 2021

남기정, 『기지국가의 탄생: 일본이 치른 한국전쟁』, 서울대학교출판문화원,
　　2016

백원담, 「아시아에서 1960~70년대 비동맹: 제3세계운동과 민족·민중 개념의
　　창신」, 성공회 대동아시아연구소(편), 『냉전 아시아의 문화풍경 2: 1960
　　~1970년대』, 현실문화, 2009

양아람, 「1957년 소련 작가 에렌부르그의 일본 방문과 일본의 '해빙'」, 『동아
　　시아문화연구』 77권0호, 한양대학교 동아시아문화연구소, 2019

アジア諸国会議日本準備会(編), 『十四億人の声—アジア諸国会議およびアジア·
　　アフリカ作家会議記録』, 東京: おりぞん社, 1955

イリヤ·エレンブルグ, 「いとぐち」, 《朝日新聞》, 1957. 4. 20.

_____, 「日本印象記」, 《中央公論》, 1957. 10.

_____, 原卓也·山田茂勝(訳), 『日本印象記』, 東京: 中央公論社,
　　1957

_____, 稲田定雄(訳), 『長崎の雨』, 東京: 勁草書房, 1971

原水爆禁止日本協議会(編), 『人類の危機と原水爆禁止運動Ⅱ』, 東京: 原水爆日
　　本協議会, 1957

坂口博, 「火野葦平と沖縄」, 『脈』 95, 2017. 11.

田中艸太郎, 『火野葦平論—付:戦争体験·論の試み』, 東京: 五月書房, 1971

中島健蔵, 「エレンブルグと原水爆問題」, 《新日本文学》, 1957. 6.

火野葦平, 「世界に唯一つの記録」, 『記録写真　原爆の長崎』, 東京: 第一出版社, 1952

＿＿＿＿, 『赤い国の旅人』, 東京: 朝日新聞社, 1955

＿＿＿＿, 「自由からカッパまで―火野葦平にきくよもやま話」, 《長崎日日新聞》, 1957. 4. 26.

＿＿＿＿, 「長崎の雨」, 『河童会議』, 東京: 文藝春秋社, 1958

＿＿＿＿, 『アメリカ探検記』, 東京: 雪華社, 1959

＿＿＿＿, 『革命前後』 上, 東京: 社会批評社, 2014

＿＿＿＿, 『アジアの旅(I)』, 北九州文学館 소장

火野葦平・田村茂・中島健蔵, 「インド・中国・朝鮮の印象―新日本対談(五)」, 《新日本文学》, 1955. 9.

増田周子, 『1955年 アジア諸国会議とその周辺』, 大阪: 関西大学出版部, 2014

丸川哲史, 『冷戦文化論―忘れられた曖昧な戦争の現在性』, 東京: 双風舎, 2005

道場親信, 『占領と平和―〈戦後〉という体験』, 東京: 青土社, 2005

渡辺考, 『戦場で書く―火野葦平と従軍作家たち』, 東京: NHK出版, 2015

山本健吉, 「騒がれすぎたエレンブルグ」, 《新潮》, 1957. 7.

吉田裕, 『日本人の戦争観―戦後史のなかの変容』, 東京: 岩波書店, 2007

吉見俊哉, 『夢の原子力』, 東京: 岩波書店, 2012

"Supplementary Information on: TAMAI, Katsunori", Box 511.943/10-157, NND891407, NARA.

# 신중국 초기 냉전적 세계관 고찰*
## : 1950년대 '항미원조' 문학을 중심으로

**한담**
원광대학교 동북아시아인문사회연구소 HK연구교수

## 1. 들어가며
## : 중국의 냉전화 특징과 '항미원조' 문학의 가치

한반도 내전으로 시작된 한국전쟁은 곧바로 남한을 포함한 유엔 진영 22개국과 북한을 포함한 공산 진영 3개국이 관여한 군사적 충돌로 확대되면서 "동아시아 냉전과 세계냉전의 한 진앙"[1]이 되었다. 중국은 사회주의 정권을 수립한 지 1년 남짓한 1950년 10월 19일 '항미원조, 보가위국抗美援朝, 保家衛國'의 기치를 내걸고 '인민지원군'을 파병함으로써 냉전 질서 안에 깊숙이 자리하게 된다. 그러나 "동아시아 냉전과 세계냉전의 한 진앙"이라는 한국전쟁의 세계적 시야와는 달리, 이 전쟁을 경험하며 진행된 아시아의 냉전화와 국민화 과정에는 미·소 양 진영으로 편제된 세계적 냉전 틀로 충분히 설명되지 않는 '지역적 특수성'이 있다. 백원담 교수는 아시아라는 지역적 특수성에 입각하여, 아시아의 냉전 특징을 다음과 같이 지적하고 있다.

---

* 이 글은 한담, 「新中国初期冷战世界观考察－－以1950年代抗美援朝文学为中心」, 『중국현대문학』 83, 한국중국현대문학학회, 2017에 수록된 논문을 수정·보완한 것임.

1) 박명림, 『한국 1950, 전쟁과 평화』, 나남, 2002, 28.

"전후 아시아에서 아시아 인식은 그 이전 시기와 분절되어 형성된 것이 아니다. 즉, 식민지의 극복과 민족해방 전쟁의 과정 속에서 배태되고 발전되었으며, 냉전의 체계화 과정에 대한 적극적 대응 속에 이뤄진다."[2]

그의 주장에 따르면, 아시아에서 탈식민의 문제는 냉전 체제로의 귀속을 의미하며, 같은 의미에서 아시아의 냉전 체제는 1945년 이전의 식민 체제 위에 덧씌워진, 이른바 "식민화의 유산과 냉전 문화화의 중첩"이라는 특징을 지닌다는 것이다. 이는 동아시아 냉전화가 "동아시아 냉전과 세계냉전의 한 진앙"인 한국전쟁을 통해 한걸음에 도달한 것이 아니라, 일제 식민에서 탈식민으로, 그리고 중국의 해방 전쟁과 한국전쟁에 이르는 냉전화 과정 사이에 모종의 '연속성'이 있음을 의미한다.

한편, 위와 같은 냉전화 과정에서의 '연속성'은 신중국이 계급 이데올로기라는 새로운 국가 통치 질서를 수립하고 실행하는 데 처한 어려움을 시사하기도 한다. 왜냐하면 중화인민공화국은 새로운 영토에서 새로운 인민으로 '창조'된 것이 아니라, 기존의 영토, 구성원, 전통, 문화 풍습 등의 환경 위에 세워진 것이기 때문이다. 따라서 건국 초기의 새로운 국가 정체성은 곧바로 급진적인 일체화를 이루기 힘들었고, 20세기 중국을 지탱해 온 다종의 정치적 정체성, 예컨대 만청 이래의 민족국가 정체성, 5·4 신문화운동 이래의 개인주의 정체성, 사회주의 신중국 수립 이후의 계급 정체성이 복잡하게 뒤섞여 있었다. 이때, 한국전쟁 발발과 참전은 정치적 측면에서 이런 어려움에 처한 중공 정부가 '전시 위기'를 통해 전 인민을 단결시킴으로써 사회 통합을 추진하고 정권 합법성을 공고히 하는 극적인 기회였다. 이를 위해 전쟁을 승리로 이끄는 것이 무엇보다 중요한 과제가 되었으며, 대 인민 선전과 교육을 대대적으로 전개하여 대중동원에도 힘을 쏟았다. 그러나 전쟁 초기 관방의 정치 선전은 인민들을 효과적으로

---

2) 성공회대 동아시아연구소 편, 「냉전기 아시아에서 아시아주의 형성과 재편」, 『냉전아시아의 문화풍경1: 1940~1950』, 현실문화 출판, 2008, 63.

동원하기 어려웠는데, 허우쑹타오侯松涛는 정부의 정책과 동떨어진 민중들의 '사회심리 상태'를 다음과 같이 지적하고 있다.

> "'항미원조, 보가위국'이 마오쩌둥을 중심으로 하는 중공중앙 영도자들이 전체적인 균형과 심사숙고를 거쳐 내린 전략적 결정이라고 한다면, 중국의 보통 민중들에게는 이러한 결책을 이해하고 받아들일 과정이 필요했다."[3]

그리하여 중공 중앙은 전국적인 '항미원조 운동'을 통한 선전과 교육을 진행하는 동시에, 문예 선전을 통해 정치적이고 추상적인 국가 선전을 일상생활에 녹여내 민중들의 심적 공감과 동일화를 끌어내는 데 주력하게 된다. 따라서 '항미원조 운동'의 일환으로 일어난 1950년대 '항미원조' 주제의 문학 창작은 아시아 냉전 질서 속에서 중국 인민의 초기 냉전화와 국민화 양상이 어떻게 전개되는지 살펴볼 수 있는 중요한 문화적 통로가 된다.

한국전쟁 발발과 함께 탄생한 중국의 '항미원조' 문학은 '항미원조, 보가위국'이라는 전쟁 참전 기치를 주제로, 중국 인민지원군의 혁명 영웅주의, 애국주의, 국제주의 정신을 표현하고 있다. 또한 사회의 총체성을 매우 구체적으로 형상화하며 긍정적 주인공인 인민지원군이 등장하여 확실한 미래의 신념, 즉 낙관적 전망을 제시하는 사회주의 리얼리즘의 미학적 특징을 지닌다. 이러한 사회주의 문예는 정치적 선전 및 교육 기능이 강하고, 궁극적으로 인민 대중들에게 사회주의 세계관을 내면화시키기 위한 것이다. 이 글에서 다룰 작가인 웨이웨이魏巍, 양쉬杨朔, 루링路翎은 전지战地 취재와 생활 체험, 창작, 북한 방문 위문단 등 다양한 목적으로 전쟁 중인 한반도를 방문했다. 또 이들은 조직적이고 집단적인 새로운 당대 문예 기제 아래 당의 문예 지침에 따른 '항미원조' 문학을 창작했다. 그리고

---

3) 侯松涛,「抗美援朝运动与民众社会心态研究」,『中共党史研究』, 2005年5第2期, 19.

중국 인민들은 그들이 써낸 작품을 통해 실제 경험할 수 없는 가상의 전쟁, 즉 이데올로기 틀 안에서의 한국전쟁을 상상하였다. 그러나 신중국 수립 이전의 중국(이하, 구중국)에서 다양한 출신 성분과 세계관을 가진 작가들은 단시간에 계급 이데올로기로 '개조'될 수 없었고 기존의 창작 세계가 작품 속에 은연중에 드러나면서 상이한 '항미원조' 전쟁 풍경을 만들어냈다. 이 글은 이러한 전지 작가들의 '항미원조' 서사 유형을 세 가지 ─'계급 정체성' 서사의 초석, '민족주의' 정서의 냉전적 전환, '인도주의' 시야에서 바라본 전쟁─로 나누고, 이를 통해 신중국 초기 냉전적 세계관의 혼재 양상을 살펴보고자 한다.

당대當代문학사에서 '항미원조' 문학은 당대문학 실천의 첫 장章으로, 옌안延安시기 해방구 문예 방식을 전국적으로 확대하는 계기가 되었다. 즉 전 국가적인 창작 실천을 통해 제재부터 생산 방식, 유통과 소비, 비평에 이르기까지 당대 문단의 메커니즘을 정비하고 안착시키는 데 중요한 전환점이 된 것이다. 그리고 이 과정에서 구중국에서 출발점이 달랐던 작가들의 '지위 변동'이 수반된다. 다시 말해서 해방구와 국통구, 옌안 출신과 비옌안 출신 등 다양한 출신의 작가들은 '항미원조' 창작 실천을 거치며 당대 문단에서 새로운 지위를 갖게 되는데, 이때 조선⁴⁾에 들어가 전선을 경험하고 '항미원조' 문예를 창작하는 것은 일종의 입성 신고식이었던 셈이다. 그러나 그들 중에는 전투 생활이 익숙한 부대 문예공작자도 있었고, 전선은커녕 당대 문예 창작 규범을 이해하지 못하는 작가도 있었다. '항미원조' 문학이 해방구의 전시 문예와 유사하다는 점에서, 해방구 출신이 아닌 작가들에게 입조入朝 결정은 당대 문단에 단기간에 적응하기 위한 고육지책이었다고도 볼 수 있다. 그렇기 때문에 비록 '항미원조' 창작만으로

---

4) 당시 '항미원조' 문예에서 '조선'은 주로 북한(북조선)을 의미했다. 하지만 문맥에 따라 남북으로 나뉘기 이전의 한반도 조선을 의미하기도 한다. 이 글에서는 '조선' 용어를 그대로 쓰되, 문맥에 따라 필요한 경우 한반도나 남한, 북한 등의 용어를 사용했다.

그들의 운명이 결정되었다고 단언할 순 없으나 그 파급력은 작지 않았다. 예를 들어, 해방 전부터 오랜 시간 부대 문예공작에 종사했던 웨이웨이가 전지통신을 통해 '신중국, 신인, 신주체'를 형상화함으로써 계급 정체성 서사의 초석을 마련했다면,『삼천리강산(三千里江山)』에서 양쉬는 일제 침략의 역사 속 중·조 간의 전통적인 '순망치한脣亡齒寒' 관계를 냉전 논리로 변용함으로써 당대 문단에서 주요 문예공작자로 인정받았다. 반면, 루링의 창작은 5·4 신문화운동 이래 개인주의 정체성이 새로운 계급 정체성에 수렴되지 못해 당시 문예 비판의 표적이 되었으며, 1955년 6월 '후펑胡风 반당 집단 사건'에 휘말리면서 문화대혁명이 끝날 때까지 박해를 받아야 했다.

사실 이 글에서 세 가지 유형으로 분류한 이 작가·작품들은, 모두 '항미원조, 보가위국'을 위해 조선에서 용감히 싸우는 인민지원군의 애국주의, 국제주의, 영웅주의라는 주제를 동일하게 전달하고 있으며, 주인공인 지원군 신분 역시 농민과 노동자 등 구중국에서 '가난하고 고통받은 자穷苦人'였다는 점 또한 대동소이하다. 그러나 상술한 것처럼 창작 주체의 고유한 특징은 동일한 전쟁을 그려냈음에도 "동질성의 기초 위에 일정 정도의 차이"[5]를 보이게 된다. 작가의 창작이란, 결코 관방 서사의 그것처럼 군더더기 없고 객관적인 본질 그 자체가 될 수 없으며, 오랜 시간 형성된 습관은 의식적·무의식적으로 작가의 표현 방식, 세계관, 심지어 용어 하나하나까지 그 흔적을 남길 수밖에 없기 때문이다. 그리하여 그들은 비록 참전 당위성 선전, 인민 대중의 전쟁 동원, 전지 지원군들의 투지 진작 등 동일한 목적과 교육을 거쳐 창작에 임했음에도 불구하고, 각기 다른 전쟁 풍경을 만들어 냈다.

그럼 본격적으로 건국 초 새로운 정치 이데올로기 속에서 단시간에 일체화를 이루거나 이루지 못한 '항미원조' 전지 작가들의 다양한 배경과

---

5) 姚康康,「抗美援朝运动与民众社会心态研究」, 7.

세 가지 서사 유형을 토대로, 청말부터 신중국에 이르기까지 20세기 중국을 지탱해 온 다종 정체성의 혼재 양상을 살펴보자. 구체적으로는 웨이웨이 전지 통신『누가 가장 사랑스러운 사람인가(谁是最可爱的人)』를 계급 정체성 서사의 초석으로, 양숴의『삼천리강산』을 일제 침략기 민족주의 정서의 냉전적 전환으로, 루링의 장·단편 소설은 인도주의적 시야에서 바라본 전쟁의 비극으로 분석하였다.

## 2. '항미원조' 문학 속에 나타난 냉전적 세계관의 혼재 양상

### 1) 해방전쟁의 해외판: '계급 정체성' 서사의 초석

당대 문단에 옌안문예의 '문무文武 양대 전선战线' 원칙을 뿌리내리게 한 접합점이 '항미원조' 문학이었다면, 전지작가 중 옌안문예 창작 체계에 익숙한 작가가 주류로 부상하는 것은 자연스러운 이치일 것이다. 그 대표적인 사례가 작가 웨이웨이魏巍(1920~2008)이다.

웨이웨이는 18세가 된 1938년 옌안에 들어와 공산당에 참가했다. 그는 옌안항일군정대학延安抗日军政大学에서 수학하고 졸업 후에는 팔로군 총사령부에서 조직한 전선 기자단을 따라 새로 형성된 항일 근거지로 향했다. 해방전쟁 시기에는 군부대 내에서 교육을 담당했고, 신중국 초기에는 총정치부 선전부에 파견되어 부대 사병들을 위한 국어 교재를 편찬하기도 했다. 중국 인민지원군이 참전한 지 1개월 후, 그는 총정치부의 명을 받아 전쟁이 한창인 북한의 포로수용소에서 미군의 정치 상황을 조사했다.[6] 임

---

6) 冉淮舟·刘绳著,『魏巍创作论』, 陕西人民出版社, 1985, 제1장 참고.

무 완수 후, 그는 전선에 남아 약 3개월 동안 지원군들과 함께 생활하며 느낀 바를 전지 통신으로 발표하기 시작한다. 그중 그의 대표작은 오늘날에도 변함없이 사랑받는 전지통신 『누가 가장 사랑스러운 사람인가(谁是最可爱的人)』이다.

문예 작품인 이 글이 당 기관지인 《인민일보》에 예외적으로 실린 일화는 잘 알려져 있다. 원래 작가협회 간행물인 《문예보(文艺报)》에 실릴 예정이었으나, 《문예보》가 반월간지였던 탓에 제때 발표되기 어려워 문예 작품으로는 처음으로 1951년 4월 11일 《인민일보》 제1면의 톱으로 실리게 된 것이다.[7] 이뿐만 아니라 《인민일보》 편집부는 이 작품을 위해 전문 좌담회를 열었고, 회의를 주관한 덩퉈邓拓 사장은 글의 첫 부분을 낭독하고 웨이웨이를 초청하여 그의 창작 경험을 공유하게 하였다. 또한, 주더朱德 총사령관은 이 작품을 읽고 "잘 썼다! 너무 훌륭하다!"고 칭찬하였으며, 마오쩌둥도 즉각 "전군에 배포하라"고 지시했다. 이 작품은 강한 애국주의와 국제주의 정신으로 전방 장병의 투지를 크게 고무시키고 후방 인민들의 전방 지원 활동을 대대적으로 추동했다. 이때부터 인민들은 지원군을 '가장 사랑스러운 사람'이라 불렀으며, 그들에게 보내는 위문편지가 전국 각지에서 눈송이처럼 조선으로 날아들고 위문품도 속속 도착했다.[8] 문예계에서도 마오 주석의 호평에 호응하는 글들이 쏟아졌다. 당시 중앙선전부 문예처 처장인 딩링丁玲은 1951년 5월, 《문예보》에 「웨이웨이의 조선 통신 『누가 가장 사랑스러운 사람인가』와 『겨울과 봄』을 읽고」를 발표하여 다음과 같이 극찬했다.

> "이 두 작품은 어디가 좋은가. 바로 그가 영웅인물의 사상 활동을 썼다는 점이다. (…) 웨이웨이의 이 글은 가장 새로운 사람을 보여 준다. (…) 바로 오늘날 중국 인민을 가장 잘 대표하는 사람이다. (…) 오늘날 우리의 문학 가치는 마오

---

7) 常彬, 「抗美援朝文学叙事中的政治与人性」, 『文学评论』, 2007년 2기, 60.

8) 杨柄, 『魏巍评传』, 当代中国出版社出版, 2000, 129-130.

주석의 지도 아래에 있는 우리나라의 시대상을 잘 반영하고 있는가의 여부를 봐야 한다. 우리나라의 새로 태어난 사람, 가장 사랑스러운 사람이 조국을 위해 한 위대한 사업을 완벽하고 훌륭하게 표현했는가를 봐야 한다. 그래서 나는 웨이웨이의 이 짧은 두 편의 글이 통신일 뿐만 아니라 문학이며 가장 좋은 문학 작품이라 생각한다."[9]

위와 같이 작품의 『인민일보』 게재, 고위 당 인사의 인정과 뒤이은 문예계의 호평, 작가 개인의 문예계 및 사회적 영향력 상승 등의 일련의 과정은 당대 중국에서 당 사업과 문예 지침에 부합하는 작가와 작품이 어떻게 주류로 부상하는지 보여 준다. 또한, 당대 중국의 문학예술과 문예공작자의 '정치화' 특징을 살펴보기 위해 당 간부로서 그의 지위와 임무에도 주목해 볼 만하다.[10]

그러나 『누가 가장 사랑스러운 사람인가』의 성공과 함께 펼쳐진 그의 출셋길은 우연이 아니라 필연이었다. 옌안 출신인 그는 항일 전쟁부터 해방 전쟁 시기까지 오랜 시간을 전선의 부대에서 생활하며 부대 문예 공작에 종사함으로써 '문예전사'로 성장해 왔기 때문이다. 이 작품을 쓸 때, 그는 31세의 젊은 나이였지만 이미 10여 년의 경력을 갖춘 베테랑 작가였다. 성공적인 전쟁 수행을 위한 군중 동원의 정치적 목적이 강한 '항미원조' 문예는 그에게 그동안 쌓아 온 부대 문예 공작 경험을 발휘할 수 있는 절호의 기회가 되었다.

반면, 문학적 가치 측면에서 당대 문학사가 홍즈청洪子诚 교수는 웨이웨이와 두펑청杜鹏程, 양모杨沫 등 50~60년대 주류 작가들을 "'고조기'가

---

9) 丁玲, 「读魏巍的朝鲜通讯――『谁是最可爱的人』与『冬天和春天』」, 《文艺报》(1951. 5.), 제4권 3기.

10) 웨이웨이는 1954년 제1회 전국인민대표로 선출된 이후 제2회, 3회 연속으로 인민대표에 선출되었다. 또한 베이징 군구 정치부에서 선전부 부부장과 문화부 부장 등을 역임했다. 그 밖에도 공청단 중앙위원, 전국 민주청년연합 부주석, 문련 위원, 작가협회 이사 등을 수행했다. 杨柄, 『魏巍评传』, 154.

곧 '종점'인 '한 권 책 작가'"로 '5·4 및 이후의 현대작가'와 구분 짓는다. 그 이유는 문화적 소양 측면에서 전자가 후자보다 학력이 낮고 일반적으로 문학 창작 준비가 부족할 뿐만 아니라, 사상과 예술에서 참고할 수 있는 범위가 좁기 때문이다.[11] 그의 지적처럼, 옌안 시기부터 1978년 출판한 장편소설『동방(東方)』까지, 웨이웨이의 창작 풍격은 일관적인 색채를 유지하고 있다. 그가 항일 시기에 쓴 보고문학(『燕嘎子』,『娘子关前－－英雄们是怎样攻占了雪花山』등)은 전투에서 죽음을 두려워하지 않는 용맹한 전사들의 이야기인데, 인민군대의 전사들은 절대적인 인민의 지지를 받으며 적으로부터 그들을 구해낸다. 이는 '항미원조' 시기 창작한 작품들과 많은 유사점이 있는데, 지원군의 영웅사적을 담고 있으며, 전사들의 신분이 동일하게 '농민'이라는 점, 작품 속 '군·민의 친밀함军民鱼水情' 모식 등이 그것이다. 그렇기 때문에 그의 작품 속에서 '항미원조' 전쟁은 '반봉건·반제국의 연장'이며 '국내 해방 전쟁의 해외판'으로 그려지고, 심지어 항일 시기 창작에서 '국제주의' 정신만 새로 추가한 것 같은 느낌을 지울 수 없다.[12]

---

11) 洪子诚,『中国当代文学史』(修订版), 北京大学出版社, 1999, 30.

12) 이런 창작 풍격은 그가 1965년 베트남전쟁에서 쓴 보고문학에도 이어진다. 1965년 여름, 주은래 총리의 명을 받아 웨이웨이는 빠진(巴金), 한즈(菡子), 두셴(杜宣) 등과 함께 베트남 전지를 방문하고 보고문학『인민전쟁의 꽃이 가장 붉다(人民战争花最红)』를 창작하여 베트남 인민군의 항전 의식을 고취한다. 1965년 11월에 쓴「비행기도 민병을 두려워하네(飞机也怕民兵)」에서 그는, "1965년 7월, 우리는 중국인민의 깊은 우정을 안고 전투 중인 베트남에 왔다. 조국의 친구들아! 우리는 너희들이 불꽃과 눈꽃이 뒤섞인 조선의 전장을 온 마음으로 응시하던 그때처럼, 베트남전을 얼마나 애타게 바라보았는지 안다. 왜냐하면 이 전쟁은 우리 조국의 문 앞에 일어난 전쟁일 뿐 아니라, 우리의 가장 친밀한 베트남 형제들의 운명이 달린 전쟁이기 때문이다. 그뿐만 아니라, 동남아 인민의 앞날과 세계 혁명 사업과 관련된 전쟁이기 때문이다."라고 설명한다. 베트남전쟁에 대한 이러한 인식은 '항미원조' 전쟁과 동일하며, 문학 작품 역시 '항미원조' 문학작품과 동일한 반미 제국주의, 미군의 희화화, 가난하지만 낙관적이고 강인한 베트남 농민 형상 등의 특징을 취하고 있다. 魏巍,

'항미원조' 창작에서도 그가 특히 주목한 것은 인민지원군의 영웅 형상이다. 그가 형상화한 지원군들은 대부분 구중국에서 지주, 국민당, 일제 등으로부터 갖은 핍박을 받은 '가난하고 고통받은 자窮苦人'인 '농민' 신분이다. 따라서 그의 작품 속 지원군들의 애국주의, 국제주의, 혁명영웅주의 정신은 바로 '땅(토지)의 분배'와 '구사회'와 대비되는 '신사회'에서의 자신과 가족들 삶의 긍정적 변화에서 발원된다. 작가 스스로도 이러한 농민 전사들을 묘사하는 데 토지 문제를 중시했음을 언급하고 있다. 1952년 11월, 웨이웨이가 조선 전지에서 20여 일을 체류하고 쓴 일기 『진지의 최전방에서』에는 2명의 해방된 농민 출신 신참내기 사병과의 대화를 다음과 같이 기록하고 있다.

> "그 둘은 모두 전쟁이 터진 후 농촌 지주의 기세가 높아졌다고 말했다. 그들은 이러한 분위기 속에서 부대에 참가했다. 보아하니, 그들은 승리의 열매를 지키는 데 천연적인 민감함을 갖고 있어, 농민 전사를 묘사할 때 토지 문제를 소홀히 해서는 안되겠다."

이와 같은 '신구新旧 사회의 대비'를 통해 발현되는 조국애와 국제주의는 그의 작품 곳곳에서 쉽게 확인할 수 있다. 예를 들어, 1952년 10월 전진하는 조국의 모습이 전사들의 마음을 격동시킨다는 내용을 담은 『전진하자, 조국아!(前进吧, 祖国!)』에서는 한 병사가 겪은 구사회에서의 고난을 다음과 같이 기록하고 있다.

> "내 여동생은 과거에 지주의 계집종이 되어 온몸이 시퍼렇게 멍들고 거칠게 땋은 머리만 늘어뜨리고 있었는데 얼굴이 누렇게 떠 사람 꼴이 아니었다. 동생이 사흘이 멀다 하고 울면서 집에 달려왔지만, 내가 무슨 방법이 있었겠는가? 부모님을 일찍 여의고 내 동생조차도 돌볼 수가 없는데! (…) 그러나 조국이 변했고 고향도 변했다. 편지에는 우리 고향 가까이 공장이 건설되기 시작했다고

---

「飞机也怕民兵」, 『魏巍文集』(第七卷), 广东教育出版社, 1999, 263.

한다. 동생은 이미 공장에 들어가 노동자가 되었단다. 할머니, 삼촌은 모두 땅을 분배받아 호조조(互助组)를 조직했다고 하고, 몇 년만 더 지나면 트랙터가 우리 고향에서 우르릉거리며 농사를 짓고 있을지도 모르겠다. 동생이 나에게는 결연하게 앞에서 싸우고, 자기는 후방에서 열심히 건설하며 서로 겨뤄 보자고 했다. 이것 봐, 사진 속에 내 동생의 즐거운 모습을 좀 보라고!"13)

이것은 '계급의 고통'을 겪은 농민 출신 지원군 전사의 애국주의, 국제주의 정신을 표상하는 웨이웨이의 전형적인 서사 전략이라고 할 수 있다. 그런데 오랜 시간 부대 문예 공작자로서 중국혁명에 투신한 그의 작품이 양숴나 빠진, 루링 등 다른 작가들과 다른 또 한 가지는 지원군 형상이 '해방된 농민'이라는 단순한 출신 성분에 머무르지 않고, 이를 토대로 초보적인 계급적 각성에서의 '항미원조' 전쟁을 그려낸 데 있다. 이는 그가 오랫동안 전쟁 동원과 선전을 위한 글쓰기에 단련되어, 명확한 사회적 목표와 낙관적 정서로 충만한 사회주의 문예 창작 규범에 익숙했기 때문이다. 비록 그의 작품 속에서 지원군들의 '항미원조, 보가위국'의 출발점은 모두 구사회에서 겪은 '계급적 고통'이지만, 초보적으로나마 혁명 영웅전사 형상화의 몇 가지 특징이 보인다.

첫째, 지원군들은 달라진 신중국에서 내 가정과 개인의 행복에만 머무르지 않고 조국과 조선의 평화를 지키는 원대한 목표 의식을 가지고 있으며, 당을 찬양하고 당의 지도 속에 성장하여 '공을 세워 입당立功入党'하는 것이 소망이다. 『전선에서의 춘절밤(火线春节夜)』에서 지원군들은 한강의 남안南岸에서 춘절을 맞이한다. 명절을 보내기에는 너무나 초라한 음식 앞에서 춘절을 맞아 북적거릴 조국을 떠올린다. 이때 한 병사가 "너희는 후방의 평화로운 생활이 그립지?"라고 묻자, 그 질문을 받은 병사가 매우 불쾌해하며 "내가 후방의 생활이 그리웠다면 여기 오지도 않았어!", "내가 여기에 온 이유는 우리 조국이 매일 장날처럼 떠들썩하고 앙가秧歌에 맞춰

---

13) 魏巍, 『魏巍全集』(第七卷), 广州: 广东教育出版社, 178-179.

춤을 추고, 화곡극花鼓戏을 하고, 농사짓고 노래하고, 문화를 배우고 길을 마음대로 다니기 위해서라고!"14)라며 되받는다. 또 다른 한 전사는 "이번 출국으로 만약 내가 공산당원이 되지 못한다면, 나는 조국의 얼굴을 보지 않을 거야! 조선이 해방되면, 너희는 훈장을 달고 모두 돌아가겠지. 나는 여기서 조선 인민들을 도와 집을 짓고 입당하고 공을 세울 거라고!"15)라며 포부를 밝히기도 한다.

둘째, 그의 작품에서는 죽음이 일상화되어 있는 전쟁에서 인간이 겪는 최소한의 두려움조차도 보이지 않는다. 토지혁명으로 집과 땅을 분배받은 지원군 전사는 전투를 코앞에 두고도 전혀 두려워하지 않고 오히려 "전투는 너무 즐거워!"라며 콧노래를 부른다.16) 이는 혁명 시기 중국의 혁명 투쟁과 전쟁 인식을 반영하는데, 일찍이 마오쩌둥은 "혁명은 손님을 초대해 밥을 먹는 것이 아니며, 글을 쓰는 것도, 그림을 그리고 수를 놓는 것도 아니다", "혁명은 폭동이며, 한 계급이 다른 한 계급의 폭력을 전복시키는 행위이다"17)고 했다. 이 시기, 혁명은 비정상적인 것을 바로잡는 정의로운 행위이자 인민 해방의 구원이었으며, 전쟁은 비극이 아니라 흥분되는 일이고 반드시 승리하는 '정의'였다. 설령 전쟁이 희생이라는 피의 대가를 치르더라도, 이러한 희생은 영광스럽고 거룩한 것이었다. 따라서 작품 속에서 다뤄지는 전투 속 영웅의 희생은 잔혹한 현실이라기보다는 추상적이고 낭만적 격정으로 가득했다. 웨이웨이 작품 속 지원군 또한 사회주의 리얼리즘 문학 속 긍정적 주인공 형상으로, 한 개인으로서의 인간이 아니라 사회주의 혁명과 건설 이상을 위한 집단적 개인으로 그려진다. 그렇기 때문에 지원군의 분노, 즐거움, 애정 등 모든 감정은 집단과 계급적 감정 틀 안에서만 발현된다. 조국 보위와 국제주의 실현이라는 원대한 사명 외

---

14) 魏巍, 『魏巍全集』(第七卷), 118-119.
15) 魏巍, 『魏巍全集』(第七卷), 120.
16) 魏巍, 『魏巍全集』(第七卷), 166.
17) 毛泽东, 『毛泽东选集·第一卷』(第二版), 北京: 人民大学出版社, 1991, 17.

에는 죽음에 대한 두려움도 없고 사사로운 개인적 감정이 그려지지 않는다. 가족애조차도 계급애에 가까운 것으로, 가족들과 공유한 '계급의 고난' 외의 감정들은 잘 드러나지 않는다. 이는 뒤에서 살펴볼 루링의 작품과 비교할 때 뚜렷한 차이가 있다.

중국의 혁명 승리와 해방의 연장선상에서 '항미원조' 전쟁을 바라보았던 웨이웨이는 1978년 출판된 장편소설『동방』을 통해 마침내 '항미원조' 전쟁을 매개로 한 사회주의 신중국의 청사진을 완성한다. 그의 작품 속 '동방'의 개념은 1953년 휴전 이후에 발표한『여기는 오늘의 동방이다(这里是今天的东方)』에서 처음 나오는데, 여기서 '동방'은 중국과 중국이 영도하는 사회주의 평화 진영을 뜻하고, 동방에 다시금 우뚝 솟은 중국의 민족 자신감을 드러낸다. 즉, 미 제국주의 침략자를 타격하고 전쟁을 승리로 이끈 중국은 달라진 '오늘의 동방'인 북한에 역사적 책임을 다한 것이고, 북한을 돕기 위해 건넜던 압록강교는 사회주의 사회로 향하는 대교가 되는 것이다.18) 한편,『동방』에서 작가는 전쟁 과정에서의 전방(조선)뿐 아니라 후방(중국)의 변화까지 전방위적으로 서술하여 '항미원조' 전쟁을 매개로 한 사회주의 신중국의 혁명사시史诗를 펼쳐냈다. 특히 후방은 해방 후에도 지주들의 악행이 이어지며 위기에 처하지만 결국 모든 역경을 이겨내고 농업 합작화를 이뤄낸 기중冀中평원의 봉황보凤凰堡 마을의 변화를 그리고 있다. 봉황보는 주인공인 지원군 전사들의 고향이자, 항일 시기에는 이 영웅부대가 전투를 벌였던 곳이기도 하다. 이런 설정은 항일부터 '항미원조'까지 일종의 호응과 연속을 암시하는데, 이는 '항미원조' 전쟁을 '반봉건·반제국의 연장'이며 '국내 해방전쟁의 해외판'으로 바라보는 작가의 변함없는 인식이 반영되어 있다. 혁명의 시대가 저무는 1978년에 출판된 이 소설은, 당시 딩링이 "역사가 증명할 것이다. 100년 후 누군가 '항미원조'를 알고 싶다면『동방』을 읽어야 할 것이다"라고 평가한 것처

---

18) 魏巍,『魏巍全集』(第七卷), 212.

럼, 건국 초기 중국에서 '항미원조' 전쟁이 지녔던 국내외적 의미를 총체적으로 담아내고 이 전쟁을 매개로 한 '사회주의 신중국의 청사진'을 그려냈다. 『동방』은 1982년 제1회 마오둔 문학상을 수상하게 되면서 웨이웨이는 문예 공작자로서 한평생을 혁명 공작에 바친 공로를 인정받게 된다.[19]

## 2) 일제 침략 시기 '민족주의' 정서의 냉전적 전환

웨이웨이가 '계급의 고난'이라는 지원군들의 초보적인 계급적 각성을 토대로, 이 전쟁과 조선을 바라보았다면, 양숴楊朔(1913~1968)의 『삼천리 강산(三千里江山)』은 과거 일제 침략기 민족의 집단적 상흔에서 출발하여, 중·조 간의 전통적인 '순망치한脣亡齒寒' 관계를 냉전적으로 전환하여 문학적으로 탁월하게 재해석하였다.

신중국 이전 양숴의 생애를 보면, 그 역시 웨이웨이와 같은 공산당원으로 중국의 혁명과 해방이라는 동일한 목표를 위해 달려왔다.[20] 또한 둘

---

19) 『동방』은 그가 두 번째 조선에 갔던 1952년에 구상을 시작하여 1959년부터 본격적인 창작에 들어갔다. 하지만 중간중간 중단과 재개를 반복하며 1978년 9월에 최종 발표하게 된다. '항미원조' 발발 이후 책이 출판된 1978년까지, 웨이웨이는 세 차례의 조선 방문, 1953년 공장에서의 노동자 생활, 1954~1955년 기중(冀中)에서 농업 합작화 경험, 1965년 베트남전쟁 취재 그리고 그 외 다양한 행정업무를 경험했다. 따라서 이 소설은 한평생 혁명 공작에 투신한 그의 발자취를 담아낸 것이다.

20) 楊朔은 1929년 하얼빈영문학교를 졸업 후, 줄곧 항일구망을 위한 '문화항전사업(文化抗战事业)'에 힘써왔다. 1937년 말에는 옌안을 방문하여, 마오쩌둥, 주더 등 중공 중앙지도자들을 만나고 산베이공학(陕北公学)을 방문하여, 새로운 제도 아래 변구 인민의 생활을 체험했다. 1939년에는 주은래가 직접 조직한 '작가전지방문단'에 가입, 화북(华北) 항일근거지에 깊이 들어가 군민들을 위문하고 전쟁 생활을 체험하며 온갖 고난을 겪는다. 근거지에 도착한 후, 그는 연대를 따라 돌아오지 않고 팔로군에 참가하여 종군기자로 산시(山西), 허베이(河北) 일대를 전전했다. 1942년에는 옌안으로 돌아와 화북 항일근거지 생활과

다 문학을 혁명 사업에 봉사하는 하나의 수단으로 여겼고, 작품 색채도 사회적 목표 의식이 뚜렷하다. 하지만 두 작가의 '항미원조' 문학 색채는 차이가 있는데, 이는 창작 주체의 성장 배경, 문화 수준과 경험 차이 등에 따른 결과라고 볼 수 있다. 양쉬의 경우, 비교적 부유한 가정에서 태어나 어릴 적부터 중국 고전문학을 접해왔고 하얼빈에서 생활할 때는 야학 선생님에게 고시古詩를 배우기도 했다.[21] 또 영문학교에서 학습하며 다양한 외국문학을 접하고 이를 번역하기도 했다. 따라서 그는 5·4 및 그 이후 현대 시기 작가들처럼 중국 고전 및 서양 문학의 소양을 두루 갖춘 편이었다고 볼 수 있다. 비교적 높은 문화 수준을 바탕으로 출판 업무, 시, 산문, 소설의 문학 창작 및 기자 활동 등의 다양한 문예 활동을 해왔는데, 이런 경험들이 그의 창작에 반영되어 웨이웨이, 류바이위刘白羽 등 오랜 시간 부대 내 선전과 문예 활동을 해 온 50~60년대 주류 작가들과는 또 다른 창작 세계를 만들어낸 것이다. 베이징이 해방된 이후, 그는 중화철도노동조합中华铁路总工会에서 일하게 되었고 전쟁이 시작되자 『인민일보』 특약 기자 신분으로, 철도노동자로 조직된 지원군인 철도부 노동자 제2대대와 함께 조선을 취재하러 떠난다. 그로부터 약 1년간 그들과 함께 생활하며 전쟁을 경험한 양쉬는 통신 보고문학을 창작하여 중국으로 전송했다. 그 중에서 1952년 『인민문학』 제10호, 11호, 12호에 연재된 『삼천리강산』은 그의 대표작이라고 할 수 있다.[22] 이 작품은 국내에서 발표되자마자 엄청난 반응을 불러일으켰고 해외로 번역 출판되기도 했다. 또한, 양쉬도 웨이웨이처럼 조선에 다녀온 이후 문예계는 물론 정치적으로도 승승장구하게 된다.[23]

---

팔로군을 주제로 한 보고문학을 발표하고, 또 한편으로는 중앙당교 3부에 들어가 1945년 가을 공산당에 가입했다.

21) 张帆, 「"却向秋风哭故园"的战地作家杨朔」, 『炎黄春秋』, 1997年11期, 62.
22) 단행본은 연재가 끝난 직후 1953년 3월, 인민문학출판사에서 출판되었다. 이 글은 단행본을 토대로 작성되었다.

이 작품은 1차부터 5차 전투까지인 1950년 10월 25일부터 1951년 6월까지를 배경으로, 동베이東北 변경에 근무하는 중국 철도노동자들이 지원군을 조직하여 북한 철도노동자들과 함께 미군 폭격으로 파괴된 철도를 제때에 복구하고 후방을 지켜낸 이야기를 다루고 있다. 그는 이 소설의 창작 동기를 다음과 같이 술회한 바 있다.

> "일 년이 넘는 시간 동안, 나는 철도노동자로 조직된 지원군들과 함께하며 수많은 사람들을 만났다. 이 사람들은 평범하고 성실하며 노동 인민의 본 모습을 잃지 않았다. (…) 어떤 힘이 우리 노동자들을 곧 혼인할 애인을 두고 지원군에 입대하게 했을까? 장례를 치르지 못한 부친을 두고 조선에 오게 했을까? 아내, 자녀 그리고 평화로운 생활을 떠나 가장 힘든 전쟁에 뛰어들게 했을까? (…) 이것은 일종의 사랑 때문이다. 그들은 조국, 인민, 정의, 평화를 사랑하기에, 개인의 행복과 사랑을 희생한 것이다. (…) 이 세상에 이보다 더 위대한 사랑이 있을까? 나는 바로 이러한 사랑을 쓰고 싶었다."[24]

『삼천리강산』은 '항미원조'를 주제로 한 첫 번째 장편소설이란 점에서도 주목받았지만, 당시 '항미원조' 문예 속에서 크게 주목받지 못한 '노동자 계급'을 주요 인물로 등장시켜 평범한 노동 인민들의 관점에서 서술한 점이 높이 평가되었다.[25] 하지만 본문에서는 작가의 '항미원조' 전쟁 인

---

23) "그는 전국작가협회 이사를 거쳐 외국문학위원회 부주임·주임, 제3차, 제4차 정치협상회의 위원, 아시아·아프리카연대위원회 부비서장, 당원, 부주석을 거쳐 세계평화수호위원회 회원으로 유라시아·중남미를 누비며 아시아·아프리카 작가회의, 소련 제1차 아시아·아프리카작가회의, 카이로·아프리카인민단합대회 등을 다녀왔다. 아시아·아프리카인민단결이사회 서기처 중국 서기로 카이로에 주재하고, 아시아·아프리카 작가 상설국의 중국 연락위원회 비서장으로 스리랑카에 주재했다. 또한, 루마니아, 인도네시아, 알바니아, 일본, 콩고, 동아프리카 등을 방문했다." 张帆,「""却向秋风哭故园"的战地作家杨朔」, 63.
24) 杨朔,『三千里江山』, 北京: 人民大学出版社, 1978, 1.
25) 당시 문예 비평가 천용(陈涌)도 이 작품의 성공 요인으로 '예술적 진실성'을 들면서, '노동자 계급'을 주요 인물로 하고 있다는 점을 높이 평가했다. 陈涌,「文学创作的新收获－－评杨朔的『三千里江山』」,『人民文学』, 1953, 56.

식이 일본 제국주의 침략 시기 중·조 양국 간의 '순망치한' 관계를 새로운 냉전 질서에 맞게 변용시킨 것에 주목하였다. 다시 말해서 이 작품은 민족주의에서 신중국의 새로운 계급 이데올로기로의 성공적 전환을 보여 주고 있는데, 이는 '해방 전쟁의 해외판'으로 '항미원조' 전쟁을 인식한 웨이웨이와도 차별화되는 지점이다.

작가는 중·조 양국의 '순망치한' 관계를 지리적·역사적인 두 측면에서 문학적으로 형상화했다. 먼저 지리적 측면에서 소설의 주 무대는 조선에서 동베이东北, 다시 조선으로 이동하며 펼쳐지는데, 프롤로그라고 할 수 있는 〈头〉에서 작가는 조선에 있는 한 마을을 등장시켜 과거와 달라진 현재의 조선을 보여 준다. 10살 난 손자가 할아버지에게 무궁화꽃을 가리키며 "할아버지, 이건 무슨 꽃이에요?"라고 질문하는 것으로 〈头〉는 시작된다. 할아버지는 손자에게 봉건 왕조 시기 조선의 국화로 지정된 무궁화꽃을 알려 주면서, 20세기 초 일본의 조선 침략 이후 자유를 잃어버린 조선과 그러한 일제 탄압에도 강인한 생명력을 이어 온 조선을 설명한다. 그리고 작가는 일제 침략에 이은 현재의 미 제국주의 침략을 이야기하면서, 중·조가 같은 위기에 처해 있음을 보여 준다.

> "노인이 이 이야기를 하는 동안, 미국의 살인자들은 일본으로부터 도살용 칼을 이어받아 일본 놈들이 걸어온 죽음의 길을 밟으며 '3일이면 중국에 도착한다!'고 소리치며 남조선에서 북으로 오고 있다."[26]

또한 할아버지는 다시 조선의 자유를 위해 나서는 청년들을 바라보면서 일제 시기를 떠올리는 동시에, 새로운 냉전 질서 속 달라진 조선 '삼천리강산'의 위상을 "이곳 삼천리강산은 더는 외로운 반도가 아니라 인류의 평화를 지키는 전초다. 강산에 만개한 것도 옛 왕조의 무궁화가 아니라 인류사에 길이 남을 영웅의 꽃이다"라고 추켜세운다.[27] 이는 오늘날의 조

---

26) 楊朔, 『三千里江山』, 2.

선이 '인류 평화를 지키는 전초'로 새롭게 자리매김함으로써, 중·조 관계 역시 전통적인 '순망치한'과는 달라졌음을 시사한다. 이어지는 '제1장'에서 작가는 조선과 중국의 변경인 '동베이'를 무대로 선택한다. 일제 침략 시기 중화민족의 상처를 고스란히 간직한 '동베이'는 동일한 비극을 경험한 조선과 연대감을 갖게 하는 상징적 지리공간이다. 특히 주인공인 장경长庚의 등장 무대를 두 나라를 잇고 있는 '다리'(花栏大铁桥)로 설정함으로써, 비록 나라는 다르지만 하나로 연결되어 있다는 중·조의 연대감과 위기의식을 보여 준다.

　소설 속 조선과의 '순망치한' 관계는 중국의 변경인 동베이와 다리로 상징되는 지리적 요인뿐 아니라, 일제 침략이라는 역사적 요인을 통해 더욱 강화된다. 주인공인 철도원조援朝대의 장경과 그의 가족이 일제 시기 겪은 아픔을 삽입함으로써, 추상적인 국가 간의 논리가 개인적이고 감정적 차원으로 구체화된다. 철도노동자인 장경은 화란대철교와 그리 멀지 않은 곳에 살아왔고, 그의 딸 야오즈란姚志兰도 철도의 전화원이다. 본래 장경네는 2명의 아들이 더 있었지만 위만주 시기 일본인에게 잡혀가 아직도 생사조차 모른다. 장경의 아내는 당시 너무나 상심한 나머지 한쪽 눈이 멀도록 울었다. 그런데 남편과 결혼을 앞둔 딸까지 모두 지원군으로 나서 조선을 돕겠다고 하니 "미국 놈들은 조선에 있잖아요, 큰 강도 사이에 있고……"[28]라며 속상해한다. 이미 두 아들을 잃었는데 더 이상 가족을 잃고 싶지 않은 것이다. 더구나 이 전쟁은 이웃나라에서 벌어진 재난이 아닌가. 이런 아내의 반응에 장경은 다음과 같이 대답하며 아내를 다그친다.

　"큰 바다를 사이에 두고서도 왔지 않았던가!" "당신처럼 자기만 생각하면 그들은 감히 그렇게 할 것이네! 거리의 상황을 당신도 알지 않는가. 당신이 좋은 날들이라고 입버릇처럼 말하지, 만약 모두 가만히 앉아 행동하지 않으면, 내일

---

27) 杨朔, 『三千里江山』, 3.
28) 杨朔, 『三千里江山』, 15.

눈을 뜨면 하늘이 무너질 것이야!"[29]

장징의 대사는 중공 중앙이 유도하는 '항미원조' 대중선전 논리와 동일하지만, 일제 시기 장징네 가족이 겪은 아픔은 이러한 정치 선전을 보다 효과적으로 전달한다. 또한 장징의 '항미원조' 참전 결정에 이르면, 그의 참전은 더 이상 개인적 이해관계가 아닌 조국애를 위한 대의로 확대된다. 과거의 아픈 역사가 오늘날의 위기로 연결되는 효과도 빼놓을 수 없다.

> "나는 이 다리 근처에서 산지 여러 해가 되었다. 그 당시 나는 일본 놈들이 이 다리를 건너오는 것을 직접 봤다. 10여 년을 고통받다가 이제 겨우 숨통이 트이는데, 나는 미국 놈들이 또 다시 이 다리를 건너와 우리를 괴롭히는 것을 보고만 있을 수 없다! 그런 날들은 절대로 되풀이되어서는 안 된다."[30]

그런데 소극적 태도를 보이는 장징 아내와 다그치는 장징의 설득 논리가 각각 '항미원조' 전쟁에 대한 당시 중국 인민들의 보편적인 심리와 선전 교육 방식을 반영하고 있어 주목된다. 호우쑹타오는 전쟁 당시 민중의 심리 상태를 크게 세 가지, 즉 전쟁을 두려워하고 안정을 추구하는 심리(畏战求安), 무관심하며 별 의미를 두지 않는 심리(漠然无谓), 미국을 두려워하고 숭배하고 친밀하게 느끼는 심리(恐美·崇美·亲美)로 설명한 바 있다.[31] 이 전쟁은 중국 안에서 발발한 것이 아니었기 때문에 인민들에게는 쉽사리 직접적이고 강렬한 위협으로 다가오지 않았다. 더구나 상대는 전 세계에서 가장 강한 미국이 아닌가. 대다수는 정부의 '항미원조' 결단에 대해 "한국전쟁은 중국에 방해되지 않는다", "중국만 때리지 않는다면 괜찮다"면서 이해하기 어렵다는 반응을 보였다. 또한 "북한의 일이 우리와

---

29) 杨朔, 『三千里江山』, 16.

30) 杨朔, 『三千里江山』, 26.

31) 侯松涛, 「抗美援朝运动与民众社会心态研究」, 『中共党史研究』, 2005年第2期.

무슨 상관이냐", "미국이 북한을 공격하는 것에 대해 관여하지 않으면, 미국도 우리를 폭격하지 않을 것"이라 생각했다.[32]

이와 같은 '항미원조'에 대한 당시 인민들의 부진한 지지를 감안했을 때, 평범한 노동자를 등장인물로 선택하고, 일제 시기의 민족 아픔을 매개로 참전 필요성을 강조하는 양쉬의 서사 전략은 매우 적절한 것이었다. 실제 '항미원조 운동'에서도 국경 밖에서 벌어지는 전쟁 속 가상의 적인 미국에 대한 인민들의 적개심을 고취하는 방법으로 현실과 역사를 결합한 시사 선전을 진행했다. 특히 '반미'의 이미지는 과거 일제의 기억으로 채워졌는데, 일본 침략자에 대한 민족적 증오를 미국에 대한 증오로 연결하는 선전 교육을 벌인 것이다. 즉, 미국의 침략 행위가 일제가 행했던 침략 정책의 계승과 재판再版으로 여겨질 때, 민중의 민족 심리가 크게 동요하고 자연스럽게 일본 침략자에 대한 증오가 미국에 대한 증오로 옮겨갔던 것이다.[33] 이처럼 가상의 적인 미제의 텅 빈 이미지를 일제의 이미지로 채움으로써 일제와 미제를 중첩시키는 과정은 중국에서 냉전이 진영 논리보다는 반제국주의라는 민족주의적 인식과 정서의 토대 위에 형성된 것임을 시사한다.[34]

그러나 위와 같은 일제 침략기 민족적 상흔이라는 집단 정서에 호소할 때, '항미抗美'를 통한 '보가위국保家卫国'이라는 애국 정서는 고취시킬 수 있지만, 국제주의 정신에 입각한 '원조援朝'의 설득에는 한계가 있었다. 왜냐하면 일제 침략 시기 일제에 대한 원한만큼 일부 '얼구이즈二鬼子'라고 불리는 조선인, 즉 '까오리빵즈高丽棒子'에 대한 악감정이 공존했기 때문이다. 전쟁 위기가 고조되면서 정치 선전에서는 중국의 안전이 조선 존망과 직결됨을 여러 방면으로 선전했지만, 인민들의 반응은 영 심상치 않았다.

---

32) 侯松涛, 「抗美援朝运动与民众社会心态研究」, 20-21.

33) 侯松涛, 「抗美援朝运动与民众社会心态研究」, 25.

34) 성공회대 동아시아연구소 기획, 『'냉전'아시아의 탄생: 신중국과 한국전쟁』, 백원담 임우경 엮음, 문화과학사, 2013, 186.

심지어 일부 노동자들 사이에서는 "까오리빵즈는 헤로인을 팔고 우릴 업신여겼다"면서 "미국에는 저항하지만 조선은 돕지 않겠다抗美不援朝"는 말이 유행하기도 했다.[35] '까오리빵즈' 문제는 단순한 역사적 문화 편견의 현대적 재판再版이 아니라 20세기 중국이 외세의 침략을 받고 동아시아 정치 지형이 크게 변화된 것에 대한 민중의 고통에서 비롯된 것이다. 청일전쟁 후, 조선은 일본 치하에 놓였고 1910년 한일병합조약에 의해 일본의 식민지로 전락하여 많은 조선인들이 일본의 대중국 군사 침략과 경제 수탈에 동원되었다. 하지만 일부 조선인들은 일본 치하의 중국에 살면서 식민지 속민의 신분으로 일정한 특권을 누렸고, 특히 화북華北 지역에서는 마약 흡입과 판매소를 차려 전당포, 도박, 매춘, 납치를 일삼기도 했다. 1945년 일본이 패전하자 조선인의 중국 특권은 사라졌고, 한반도는 두 개의 적대 정권으로 분열됐지만 중국 대중들에게 조선의 부정적 이미지는 새로운 지정학적 구조에 맞춰 변화하지 않았다.[36] 그러나 이러한 중국의 감정은 일제 침략기뿐 아니라, 과거 오랜 시간 대국이었던 중국의 자화감, 속국이었던 조선에 대한 멸시와 분노 등이 복잡하게 뒤섞인 민족 감정이었을 것이다.

중공 정부는 성공적인 전쟁 수행과 대중 동원을 위해, 인민들의 '까오리빵즈' 기억을 제거하고 조선 인식을 새롭게 정비하는 것이 미국을 적시·경시·천시해야 한다는 '삼시교육三視教育'만큼 중요한 일임을 인지하게 된다. 이를 위해 『중조인민의 우의 관계와 문화 교류』, 『중조관계 백년』, 『조선민주주의 공화국』, 『중조 인민 전투의 우의』 등 새로운 지정학적 관

---

35) 北京市总工会: "北京市工人抗美援朝保家卫国中宣传教育工作总结"(1951年3月16日), 马钊, 「革命战争、性别书写、国际主义想象: 抗美援朝文学作品中的朝鲜叙事」, 2015年中国复旦大学中华文明国际研究中心主办的访问学者工作坊『海客谈瀛洲: 近代以来中国人的世界想像, 1839-1978』 논문집 183쪽에서 재인용.

36) 马钊, 「政治、宣传与文艺: 冷战时期中朝同盟关系的建构」, 『文化研究』, 2016年1期, 106-107.

계에 따라 재해석한 조선의 역사와 지리서, 중·조 우애를 선양하는 저서들이 대량으로 쏟아져 나왔고 『인민일보』 같은 관방 매체에서도 '원조援朝'의 필요성을 대대적으로 선전했다. 대표적인 예로, 『인민일보』 기사 「조선인민 마음속 '까오리빵즈'」(1950. 11. 27.), 「'원조'는 바로 '까오리빵즈'에 반대하기 위해서이다」(1950년 제8기) 등을 들 수 있다. 기사는 주로 '까오리빵즈'를 남한군(당시, '이승만의 군대'라 불림)으로 연결시켜 '사회주의 조선', 즉 북한과 분리하고, 또 남한군을 장개석 무리와 묶어 이해시킴으로써 새로운 냉전적 진영 논리로 해석했다. 이것이 '사회주의 진영의 북조선'에서 '까오리빵즈'에 대한 이미지를 제거하는 작업이었다면, 또 한편으로는 중·조 간 혁명 전우애를 대대적으로 선전하여 '국제주의' 측면에서의 '원조援朝' 필요성을 설파하기도 하였다. 역사서의 예로는 『중조인민의 우의 관계와 문화 교류』를 들 수 있다. 저자는 최근 30년간 민족 해방을 위해 두 국가 인민이 제국주의 침략에 투쟁하는 내용을 다루면서, 일본의 조선 합병 이후 조선의 혁명지사들이 중국에서 활동하며 '동북 항일연군'을 조직했고 "수많은 조선동지들이 우리의 항일 전쟁과 해방 전쟁 중 중국에서 피를 흘렸다"며 양국의 전우애를 특히 강조한다. 그리고 결어에서는 이런 역사적 사실들을 바탕으로, 오늘날의 중·조 관계를 "소련을 필두로 하는 평화 민주 진영의 두 형제 민족"이라 규정하고, 미제국주의 침략을 결연히 몰아내야 함을 역설하면서 '항미원조, 보가위국'의 필요성을 강조하고 있다.[37]

대중서사인 문학 장르에서도 『중조인민의 우의 관계와 문화 교류』처럼 중국의 자유와 해방을 위해 함께 싸운 조선인과의 '혁명 전우애'를 그린다. 『삼천리강산』에서 과거 중국혁명에 투신한 조선 철도노동자들의 등장은 이와 같은 국제주의 측면에서의 '순망치한' 관계를 보여 준다. 조선의 철도연대 연대장 안규원은 "본래 조선의용대원으로 중국의 항일전쟁

---

37) 周一良主编, 『中朝人民的友谊关系与文化交流』, 开明书店, 1951.

과 제3차 국내 혁명전쟁에 참전한 후 지금은 조국인 조선으로 돌아갔다." 그는 일찍이 옌안에서 생활하며 "공산당 교육을 받은 마오쩌둥의 전사"였던 것이다.[38) 안규원의 옛 전투 이야기를 듣던 지원군 대장 장우전長武震은 과거에 그와 같은 날, 같은 지역에서 적을 함께 물리쳤던 것을 알고 감격에 벅차 "네 것 내 것 가리지 맙시다. 우리 두 민족은 한 넝쿨에서 열린 오이로, 쓰면 함께 쓰고 달면 함께 답니다. 과거 함께 고생해서 지금 중국 인민이 승리했으니, 조선 인민도 반드시 승리할 것입니다"39)라며 두 손을 맞잡는다.

그러나 대부분의 문학 작품에서 중국의 '원조' 논리는 중·조 간 전우애를 강조하는 관방서사와는 달리, 조선을 주로 미 제국주의에 고통받는 '여성'으로 형상화하는 방식으로 전개됐다. 즉, 1950년대 문학 속 조선은 '남성과 성인이 제거된' 이미지였다. 2000년대, 중국 '항미원조' 문학 연구의 발판을 마련한 창빈常彬은 조선 서사의 특징을 다음과 같이 정리했다.

> "조선 군민(軍民)에 대한 묘사는, 노인, 중년, 청년, 유아, 이 네 연령층의 여성/여아 형상(어머니, 아주머니, 아내/연인, 딸)의 일상생활 서사에 보다 집중되어 생동감 있게 묘사된다." "조선 남성에 대한 묘사는 우연히 나타난 할아버지 형상이나 청장년 남성이 거의 사라진 것 외에는, 언급이 되더라도 대부분 중국 혁명전쟁에 참전한 '노전우'의 신분이다.40)

이렇게 1950년대 문학 속 여성화된 조선서사 전략은 미 제국주의가 저지른 전쟁의 잔인함을 극대화하고, '까오리빵즈'로 대표되는 조선에 대한 부정적 기억을 바로잡는 것은 물론, 추상적이고 난해한 국제주의 이념을

---

38) 杨朔, 『三千里江山』, 43.
39) 杨朔, 『三千里江山』, 47.
40) 常彬, 「面影模糊的"老战友"－－抗美援朝文学的"友军"叙事」, 『华夏文化论坛·第八辑』, 2016, 125.

정감화하여 "공산주의 맥락에서의 가장주의communist paternalism"[41]로, 중국의 냉전 질서 속 국제주의 상상을 구축하는 데 효과적이었다. 하지만 이러한 조선서사의 특징은 이 전쟁이 한반도에서 일어난 전쟁이었음에도 조선은 주도적인 위치를 점하지 못하고, 결과적으로 '한국전쟁'보다는 '중미전쟁'으로 해석되는 결과를 낳게 되었다. 이렇듯 대부분의 1950년대 '항미원조' 문학에서 미군과 싸우는 주인공은 거의 중국 지원군뿐인데 『삼천리강산』에서는 조선의 남성 코드, 즉 젊은 남성들이 등장한다는 점이 주목된다.[42] 소설에서는 조선 의용군이었던 안규원뿐 아니라, 고대 한문을 쓸 줄 아는 최 역장站长, 폭격에 가족을 잃었음에도 자신의 직무를 성실히 수행하는 기사 우용대가 등장하여, '항미원조' 전쟁의 후방을 지키기 위한 중·조 노동자 병사들의 합동 작전이 펼쳐진다.

위와 같이, 『삼천리강산』은 최초의 '항미원조' 장편소설이라는 문학사적 의의 외에도, 당시 주목받지 못한 '노동자' 지원군의 등장, 조선과 함께 겪은 일제 침략 기억과 '항미원조' 전쟁을 연결하는 '동베이'라는 공간 선택 등의 서사 전략을 통해 '항미원조, 보가위국'이라는 선전구호를 새로운 냉전 질서 속에 요구되는 중·조 간 '순망치한'의 관계로 적절하게 풀어낸 작품이었다고 평가할 수 있다.

------

41) 马钊, 「革命战争、性别书写、国际主义想象: 抗美援朝文学作品中的朝鲜叙事」, 转载于2015年中国复旦大学中华文明国际研究中心主办的访问学者工作坊『海客谈瀛洲: 近代以来中国人的世界想像, 1839-1978』论文集, 206.

42) 루링(路翎) 소설도 '1950년대 문학 속 조선의 부재' 특징에서 벗어난 예외적인 작품이 많다. 하지만 양쉬와 비교할 때, 몇 가지 차이점이 발견된다. 첫째, 양쉬의 소설이나 전지 통신에서 젊은 조선 남성 노동자가 자주 등장한다면, 루링은 주로 조선 여성의 다양한 형상을 담았다. 예를 들어, 다른 작가들의 작품에서 찾을 수 없는, 조선 여성인민군, 여성 의사 등이 그것이다. 둘째, 양쉬의 조선 형상화가 주류 이데올로기 안에서 이루어진다면, 루링의 조선 형상은 이데올로기와 보편적인 인성(人性)간의 아슬아슬한 줄다리기를 하는 듯하다. 이는 루링을 향한 문예비판의 주요 표적이 되었다.

## 3) "전쟁, 평화를 위하여"
### : '인도주의' 시야에서 본 전쟁 비극

루링路翎(1923~1994)의 '항미원조' 시기 작품은 주류 문학 밖에 있는 '최초의 이단'으로 평가되며,[43] 오늘날의 당대문학사에서 거의 유일하게 중점적으로 다뤄지는 '항미원조' 작가이다. 그의 작품 속에 그려진 인민지원군, 조선인, 한국전쟁을 바라보는 인식의 틀은 계급도, 민족주의도 아닌 '인도주의' 시야였기 때문에, 당시의 집체 담론에 수렴되지 못하고 비판의 대상이 되었다.[44] 이 글에서는 루링의 '항미원조' 작품과 그에 대한 문예 비판을 통해, 5·4 이래의 개인주의 정체성이 계급 정체성으로 전환되는 과정에서의 격렬한 '진통'을 들여다보고자 한다. 주류 이데올로기가 '항미원조' 주제로 표달하고자 했던 새로운 계급 정체성과 루링의 국경을 초월하는 인도주의적 창작 세계 간의 균열은 당시 루링에 대한 문예 비판에 표면화되어 있다. 그중에서도 이 글은 당시 여타의 '항미원조' 문학과는 다른 색채를 보여 준 그의 작품 속 지원군 형상과 전쟁 인식에 주목했다. 구체적으로 전쟁 비극 속 주류 이데올로기의 요구에서 벗어난 희로애락의 감정을 가진 한 개인으로서의 지원군 형상을 살펴본다. 다음으로는 장편소설 『전쟁, 평화를 위하여(战争, 为了和平)』를 통해 이 전쟁을 조선의 '동족상잔'으로 인식한 루링의 작품 세계를 살펴보자.

---

43)  洪子诚, 『中国当代文学史』(修订版), 124-125.
44)  당대문학사가 천샤오밍(陈晓明)은 루링의 작품을 '쌍백' 방침 및 문학에 미친 영향을 다룬 5장에서 분석하고 있다. 그는 신문학의 '창작 주체' 측면에서 루링의 창작을 분석하면서, 지식인들이 오사의 계몽 세례를 받고 사상 개조를 했지만, 그 주체적인 내적 감정이 여전히 서사의 균열에서 드러났다고 언급한다. 陈晓明, 『中国当代文学主潮(第二版)』, 北京: 北京大学出版社, 2013, 153-154.

## (1) 희로애락의 감정을 가진 '인간', 중국 인민지원군

루링과 그의 창작에 대한 비판은 1954년에 발표한 『저지대에서의 '전투'(洼地上的"战役")』를 중심으로 본격화되었다. 당시 문예계는 루링의 작품을 "개인 자유주의, 온정주의, 비극색채"라며 비난했고, 심지어 인민군 정치 공작자였던 호우진징侯金镜의 비판문『세 편의 루링 소설에 대해 논함』에서는 『저지대에서의 '전투'』, 『전사의 마음(战士的心)』, 『너의 영원히 충실한 동지(你的永远忠实的同志)』의 작품 내용을 실제 전투 공작에 하나하나 견주어 봄으로써 루링의 창작이 부대의 정치 생활을 왜곡하여 묘사했다고 비판했다.[45] 이는 당시 문예 비판이 실제 공작에 중점을 두었으며, 문학성이나 예술성이 아닌 정치 및 사상 비판에 가까웠다는 점을 확인할 수 있다. 동시에 '항미원조' 선전에 있어 문예의 역할이 얼마나 중대했는지를 추측해 볼 수 있는 대목이다.

당시 발표된 루링의 '항미원조' 작품과 그에 대한 문예비평을 살펴보면, 중국 문단의 '항미원조' 문예 창작 기준과 루링의 창작 실천 간의 균열을 가늠할 수 있다. 루링 작품에 대한 비판의 칼은 거의 모두 자아 형상인 지원군의 '심리 묘사'를 겨누고 있는데, 이것이 그의 '항미원조' 창작 속 개인주의 정체성과 계급 정체성 간의 차이에서 오는 진통의 진앙이었던 셈이다. 즉, 중공 중앙에서 요구한 지원군은 인간이라기보다 결점이 없는 영웅 전사였고 '신중국·신사회·신주체'를 표상하는 집체로서의 자아 형상이었으나, 루링의 붓끝에서 탄생한 지원군은 희로애락의 감정을 가진 인간의 모습이었다. 비록 루링은 그의 기존 창작 특징(혼란한 시대를 살아가는 중국 지식인 혹은 하층민의 정신세계 속 갈등, 분투, 상처에 대한 천착)에서 벗어나, 신중국의 광명과 새 희망을 다루고자 노력했고, 그 현장을 몸소 체험하기 위해 혁명 열기가 가장 뜨거운 조선까지 자원해서 갔지만, 정치적 요구와 창작 추구 사이에서 '인간 내면의 탐구자'로서 문학가

---

45) 侯金镜,「评路翎的三篇小说」,『文艺报』, 1954年6月第12号.

의 사명을 놓지 못한 것이다. 오히려 생사가 갈리는 극한의 '전쟁'이라는 특수 상황은 복잡한 인간의 내면세계를 더욱 적나라하게 드러낼 뿐이었다. 그는 이미 여러 차례 그에 대한 비판을 통해 당대 문단과 어긋나는 자신의 창작 문제를 의식하고는 있었지만, 죽음을 마주하고 있는 그 찰나, 한 생명의 독자적 경험을 민감한 통찰력으로 솔직하게 써 내려갔다.

그러나 비록 루링이 인식한 '항미원조' 전쟁이 주류 문단이 허락한 범위를 벗어나 있었다고 해도, 완전히 이탈하여 대적하고자 한 것은 결코 아니었다. 루링 작품 속에 지원군 전사들은 여타 작품처럼 애국주의와 국제주의를 위해 용감하게 싸웠고, 불행한 조선 인민들을 가족처럼 여기고 보호했으며, 조선 인민들 역시 지원군 전사를 아들처럼 의지하고 아끼는 모습을 담아냈기 때문이다. 당시 루링에 대한 일련의 비판과 그의 1955년 반박문 「왜 이렇게 비평하는가?:『저지대에서의 '전투'』등 소설에 관한 비평」[46]을 참고해 보면, 표현 방법에 차이가 있을 뿐, 문예계와 루링이 '항미원조' 문학을 통해 실현하고자 하는 지향점은 동일했다는 것을 알 수 있다. 그러나 당시 이러한 의견 차이는 용납될 수 없었고, 루링은 이것이 단순히 문예 관점의 차이니 자신의 창작 의도를 잘 설명하면 오해를 풀 수 있을 거라 생각한 것이 비극의 시작이었다. 루링은 이 반박문에서, "제 생각에, 몇 년간 저에 대한 비평은 기본적으로 정치적 결론과 판결로 창작 상의 토론을 대체하고 있습니다. 이러한 정치적 결론에 대해 저는 동의하지 않습니다"[47]라고 재차 주장하고 있다. 당시 문예의 기준이 정치적 임무가 첫째요, 예술성이 그다음이었기에 당연히 비평가들의 평가 기준에도 정치적 적합성 여부가 가장 중요한 영향을 미쳤을 것이다. 그런데 루링은 정치적 판단으로 문학 작품을 재단하는 것에 실망감을 드러냈으니

---

46) 1954년 작품에 대한 문단의 비판이 쏟아지자, 루링은 1955년에 4만 자에 달하는 반박문(「为什么会有这样的批评?」)을 『文艺报』1호부터 4호까지 연재하였다.

47) 路翎, 「为什么会有这样的批评?」, 『路翎作品新编』, 北京: 人民大学出版社, 2011年, 454.

상황을 한참 잘못 판단하고 있었던 것이다. 그는 또한 이 글에서 일련의 비판이 집중된 작품 속 지원군의 애정, 가족, 평화로운 생활 묘사에 대해 "여기서 묘사된 것은 이런 전사입니다. 그의 운명과 조국의 운명이 일치하고, 그의 고향과 가족에 대한 감정이 바로 조국에 대한 감정인 것입니다"라고 정면 응수했다. 또한, 호우진징이 지적한 "집단주의와 계급적 자각의 거대한 힘을 제거하고 그 대신 보잘것없고 심지어 속물적인 개인의 행복에 대한 경이로움을 인민군대 전투력의 원천으로 삼는 루링의 이 몇 편의 작품은 개인주의를 선전하는 유해한 작품이라 할 수 있다"[48]는 비판에 대해서도 "그들의 구체적 분석에 적용한 논리에 따르면, 정의로운 전쟁이 구성원 개개인의 행복과 희망을 포함하지 않기 때문에, 삶에 대한 깊은 감정을 불러일으킬 수 없다"고 반박했다.[49] 즉, 그는 인민과 조국이 '혈육 관계'이기 때문에 애국과 개인의 행복은 일치하는 것이며, 여기서 출발할 때 비로소 집체주의라는 원대한 목표에 도달할 수 있다고 주장한 것이다. 이는 루링의 계급 정체성, 집체주의에 대한 이해와 출발점이 '인간/개인'에 있었음을 시사한다. 그렇다면 주류 이데올로기가 요구하는 지원군 형상과 작가가 실제 보고 느낀 현실의 균열 사이에서, 루링 작품 속 지원군은 어떻게 형상화되고 있는가?

첫째, 선·악이라는 이분법적 구도 밖, '인간' 지원군으로 형상화된다. 장편소설 『전쟁, 평화를 위하여』를 제외하고, 루링의 산문과 단편소설에는 영웅도, 악인도 크게 부각되지 않는다. 즉, 지원군은 '선'으로, 적군은 '악'으로 그려지는 이분법적 구도에서 비켜나 있고, 지원군 형상에서도 결점 없는 영웅도 없고, 고정된 악인도 없다. 지원군도 인간이기 때문에 부대 내에서 서로 갈등하고, 지휘관의 위치에 있는 지원군도 전쟁 속에 고뇌하며, 또 자신이 내린 판단이 전사들을 죽음으로 내몰까봐 조마조마해 한

---

48) 侯金镜, 「评路翎的三篇小说」, 『文艺报』, 1954年6月第12号.
49) 路翎, 「为什么会有这样的批评?」, 437-438.

다. 1954년 2월호 『해방군문예』에 실린 『너의 영원히 충실한 동지』에서 는 잘 단합되지 않는 지원군들이 전투 속에서 점차 동지애를 느끼고 결국 하나 되는 이야기를 그리고 있다. 박격포 중대 3분대 분대장 주더푸朱德福 는 보병 2중대에서 이곳으로 배치된 지 2개월이 지났지만, 여전히 만족하 지 못하고 전에 있던 보병대로 돌아가고 싶다. 한편, 노련한 포수 장창런张 长仁은 새로 배치된 자오시산赵喜山이 마음에 들지 않는다. 왜냐하면 그가 박격포 3분대의 무기 상태와 전사들을 무시했기 때문이다. 하지만 분대장 주더푸는 어리숙하지만 순수한 자오시산을 나무라지 않고 오히려 그를 편 애하면서 세 사람의 갈등의 골이 깊어진다. 전투 생활을 10년간이나 해 온 노전사이자 분대장인 주더푸가 소설 속 갈등을 일으키는 인물 중 하나 로 그려져 신병 자오시산과 함께 '사상 투쟁'의 대상이란 점도 흥미롭지 만, 더욱 주목되는 것은 이들이 갈등을 해결하고 단결해 나가는 '과정'이 다. 비록 대화와 비판회检讨会를 거치긴 하지만, 완전히 해소되지 않았던 갈등은 주더푸가 아들 편지를 받고 가족 이야기를 꺼내면서 해결된다. 그 는 구사회부터 지금까지, 혁명에 매달리느라 가족을 제대로 보살피지 못 한 지난날을 아쉬워하며 벌써 15살이나 되어버린 아들에 대한 미안함을 토로한다. 그의 가족 이야기를 들은 장창런은 그제서야 주더푸가 조선의 아이들은 물론, 자오시산을 자애로운 마음으로 자식처럼 여겼다는 것을 이해하게 된다. 하지만 이 소설은 호우진징에 의해 병사들의 정치 생활을 왜곡했다는 비판을 받는다.[50] 그의 논리에 따르면, 정치적 단결은 가족애 가 아닌 조직의 원칙, 엄숙하고 진지한 자아비판을 통해 이뤄져야하기 때 문이다.

신입 전사 장푸린张福林이 첫 전투를 겪으면서 노전사가 되는 과정을 그린 『전사의 마음』(『인민문학』, 1953년 12기)도 이런 특징들이 보인다. 첫 전투에 참가한 돌격소대 장푸린이 미숙한 탓에 적에게 발각되자 결국

---

50) 侯金镜, 「评路翎的三篇小说」.

계획보다 더 빨리 공격을 감행하게 된다. 예상치 못한 적의 포화에 지원군 전사들이 부상을 입고 부분대장이 전사하게 되자, 분대장 우멍차이(吳孟才)는 아끼는 전우를 잃은 상실감으로 장푸린에 대한 원망이 깊어진다.[51] 한편, 용감한 지원군들의 모습을 보며 점차 전사의 모습을 갖춰가는 장푸린은 전투 중 적군 미군과 맞닥뜨리게 된다. 하지만 그가 마주한 것은 줄곧 상상해 온 금수 같은 '미국 놈'이 아니라, "여위고 키가 큰, 18-19세"의 "공포로 가득 찬 눈동자"였다. 그는 한참 동안을 적의 총구가 아닌 '공포의 눈동자'를 주시하고 머뭇대다가, 분대장의 호된 다그침이 들리는 느낌에 못내 방아쇠를 당긴다. 이렇듯 루링이 그린 지원군은 상부 지휘관부터 신참내기 병사에 이르기까지, 절대적인 선과 악의 기준에서 비켜나 있고, 첫 전투에서 죽음에 대한 두려움을 극복하지 못한 전사, 자신의 전우를 잃은 상실감에 미움을 느끼는 분대장, 자신보다 어린 나이인 미군의 공포 어린 눈을 응시한 지원군의 감정 등, 타 작가의 작품에서는 접할 수 없는 전쟁과 인간, 그 죽음과 공포 날 것 그대로의 현장이 담겨 있다.

둘째, 죽음 앞에 드러난 인간의 본성이다. 전쟁에서 죽음은 매 순간 어디에나 도사리고 있다. 전쟁 중에 살아남는 것이 죽는 것보다 어려우니, 어쩌면 '생(生)과의 싸움'이라 하는 것이 더 적합할 것이다. 하지만 '17년 시기', 전쟁 속의 죽음은 영광스러운 것이었고, 영웅적 희생이자 성스러운 것이었다.[52] 그러나 루링은 죽음의 문턱에서 인간이라면 대면할 수밖에 없는 본성을 용감하고 솔직하게 그려냈다. 그것은 마치 잠꼬대처럼 꿈인

---

51) 路翎, 「战士的心」, 『初雪』, 宁夏人民出版社, 1981年, 4.

52) '17년 시기' 동안 중국에서 전쟁은 '비인간적, 참혹한, 죽음' 등을 의미하지 않았다. 오히려 침략과 억압에 저항하여 해방과 자유를 가져다주는 정의로운 전쟁이었고, 인민 영웅이 탄생하는 장소이자 영웅을 영도한 마오쩌둥과 중공의 위대함이 증명되는 장소이기도 했다. 따라서, 당시 작품 속에 혁명이상주의, 낙관주의, 영웅주의가 충만했던 것이다. 자세한 내용은 戴锦华, 「历史叙事与话语 : 十七年历史题材影片二题」, 『北京电影学院学报』, 1991年第2期 참고.

듯 생시인 듯 처리되어, 현실에서는 절대 일어날 수 없는 일인 것처럼 느껴진다.『저지대에서의 '전투'』에서 한 정찰소대는 조선의 가정집에 잠시 머무르게 된다. 주인아주머니의 딸 김성희는 신병 왕잉훙王应洪을 좋아하지만, 그는 오로지 전쟁에서 공을 세울 생각뿐이다. 하지만 그도 점차 "마음속에 전에 없던 달콤하고 당황스러운 감정이 나타나기 시작했다."53) 첫 임무를 수행하러 간 왕잉훙은 작전 수행 중 큰 부상을 당한다. 엄격한 군의 기율은 청년을 진정한 전사로 성장시키고, 또 소녀에게 느끼는 이성 감정도 통제했지만, 막상 죽음을 앞두자, 군의 기율도, 전쟁이 가져다준 격동도, 공을 세우겠다는 영광스러운 다짐도 멀어져가고 오직 상처로 인한 고통만이 느껴질 뿐이다.54) 피곤함과 고통으로 의식을 잃고 잠이 든 그는 짧지만 달콤한 꿈을 꾼다. 현실에서 적의 포위 속에 있던 그는 단숨에 아픈 자신을 걱정하며 보살펴 주는 어머니를 만났다가, 또 자신조차 모르고 있던 '달콤하고 당황스러운 감정'으로 김성희를 만난다. 그녀는 가슴에 훈장을 단 왕잉훙을 위해 춤을 추는데, 그녀가 춤을 추는 그곳은 꿈에 그리던 천안문이다. 그곳에서 마오쩌둥이 그를 격려하고 김성희도 어머니 품으로 달려드는데…. 꿈속에서 그는 다시 강인하고 즐겁게 적진을 향해 출발했다.55) 조국을 수호하고 조선을 지키는 지원군 전사 왕잉훙과 사랑하는 사람들과 함께하고 싶은 왕잉훙은 본디 하나인데, 죽음이 코앞에 닥친 후에야 그 본래의 나를, 나의 소망을 꿈속에서 스치듯이 이룬 것이다.

반면, 타 작가들의 항미원조 작품에서는 '죽음 앞의 인간'을 어떻게 묘사했을까? 웨이웨이나 루주궈陆柱国 작품 속 죽음은 루링에 비해 매우 추상적으로 그려지며 오로지 성스럽고 영광스럽게 장식된다. 현대작가 빠진

---

53) 路翎,「洼地上的"战役"」,『路翎作品新編』, 北京: 人民大学出版社, 2011年, 236.
54) 路翎,「洼地上的"战役"」, 262.
55) 路翎,「洼地上的"战役"」, 260-261.

巴金의 작품은 어떨까? 1953년 발표된 『강인한 전사(堅强的战士)』는 부상병을 구하러 갔다가 지뢰에 중상을 입은 장웨이량张渭良이 온갖 어려움을 이겨내고 적의 진지를 뚫고 아군에게 돌아가는 실제 영웅사적을 담고 있다. 그 역시 부상 때문에 죽음의 문턱을 넘나들며 몇 번이나 정신을 잃고 꿈을 꾼다는 점에서 루링의 작품과 비교해 볼 수 있다. 하지만 왕잉훙과 달리, 장웨이량이 꿈속에서 본 것은 따뜻한 가족의 품이 아닌 구사회에서 겪은 고통으로, 지주의 핍박으로 죽은 아버지와 가난 때문에 남에게 보낸 친딸이다. 또한 그를 고무시킨 것은 토지개혁으로 받은 땅과 집, 기뻐하는 어머니의 얼굴이다. 이렇듯 빠진 작품 속 전사의 무의식과 의식의 간극은 주류 이데올로기 범주인 신·구사회의 대비 즉, 신사회에 대한 감사와 찬양 그리고 해방의 기쁨을 벗어나지 않아 루링의 작품과 차이가 있다.

셋째, 전쟁 너머에 있는 그곳, 평화로운 삶과 고향 그리고 가족이다. 루링의 작품에는 항상 '전쟁 이후의 평화로운 삶'이 또 하나의 지향점으로 잠재되어 있다. 그렇게 볼 때, 지금의 전쟁은 비일상적인 것이며 잠시 스쳐 지나가는 것이 된다. 물론 이것은 직접적으로 제시되지 않고, 전사들이 고향에서의 삶과 가족을 떠올리거나 오랜 전투 생활로 일상 삶에서 멀어져 버린 전사들의 고뇌 속에 간접적으로 드러난다. 이는 다른 작가들이 전쟁을 침략과 억압에 저항하여 해방을 이루는 정의이자 영웅으로 성장하는 장소로 그려내, 전쟁과 투쟁 그 자체를 목적으로 다루는 것과 차이가 있다. 사실 미제 침략에 저항하는 이 전쟁은 결국 조국 보위와 조선의 평화, 더 넓게는 세계 평화를 위함인데 정작 지원군 개인의 평화로운 삶은 지양되는 것이다. 하지만 루링의 작품 속에서 전쟁 속 투쟁은 지원군들에게 있어 조국과 조선을 보호하기도 하지만, 내 가족을 보호하는 것이고, 후방에 두고 온 고향과 가족에 대한 그리움을 더욱 짙게 만든다. 심지어 '혹시 내가 그 평화로운 삶에서 영영 떨어져 나와 버린 건 아닌가?' 하는 조바심이 들게 한다. 예를 들어, 『저지대에서의 '전투'』에서 김성희와 왕잉훙을 안타까운 마음으로 바라보는 분대장 왕슌의 내면세계를 살펴보자. 그는 왕잉훙에게 겉으로는 군의 기율을 강조하지만, 마음속으로는 젊은 사람이 이렇게 사랑에 둘러싸여 있어도 오직 전장에서 공을 세울 생각만 하는 것을 안타까워한다. 작전 수행 중에 그와 왕잉훙이 부상을 당해 적군 의 진지에 숨어 있는 장면에서, 왕슌은 문득 이런 잔혹한 전쟁과 너무나 대비되는, 평화로운 삶에 대한 김성희의 소망을 떠올린다. 그리고 자연스 럽게, 6년이나 떨어져 지내는 아내와의 관계를 떠올린다.

> "그는 아내와 떨어진 지 6년이나 됐다. 편지에는 항상 그를 6년 전 그 장난 기 많은 청년이라고 여기며, 늘 먹는 것을 조심하고 감기에 걸리면 안 된다고 당부한다. 평화로운 생활에서야 감기나 기침도 걱정하겠지만, 현재 그는 숱한 전투를 경험한 노련한 정찰병이다. 더 이상 장난을 좋아하는 청년이 아닐뿐더 러, 규율에 따라 어떤 진흙탕이든지 몇 시간을 잠복해야 한다. 그런데 아침저녁 감기에 조심하라니! 대체 어디서부터 말을 꺼내야 할까."56)

왕슌은 고향과 가족에 대한 그리움을 넘어, 자신의 현재 상황을 전혀 이해할 길 없는 아내를 책망하고 있다. 그 원망의 대상은 누구일까? 소설 속에는 드러나지 않았지만, 어쩌면 전쟁 그 자체가 아니었을까? 그리고 이미 그에게서 멀어져 버린 평범한 삶에 대한 왕슌의 갈망은 앞으로 자신 과 같은 길을 걸어갈 청년 왕잉훙에 대한 연민으로 이어진다.

## (2) 조선의 '동족상잔', '항미원조' 전쟁 인식

루링의 '항미원조' 작품 중 유일한 장편인 『전쟁, 평화를 위하여』는 1955년 전에 완성된 것으로 추측되나 1985년 12월에 첫 출판되었다. 이 작품은 2차 전투가 끝난 1950년 말부터 정전협정이 체결된 1953년 7월

---

56) 路翎:《洼地上的"战役"》, 转载于《路翎作品新编》, 北京: 人民大学出版社, 2011年, 第259页。

27일 전후까지를 배경으로, 전방인 조선과 지원군의 고향인 후방의 초기 농촌 사회주의 개조 운동을 그리고 있다. 이 글에서는 이 작품 속에 담긴 루링의 조선과 '항미원조' 전쟁 인식에 주목하고자 한다.

이 소설은 총 10개의 장으로 이루어져 있는데, 중국의 후방 농촌을 그린 5장을 제외하고 거의 모든 장에 조선 인민이 등장한다. 또한 5장을 기준으로 전반부에는 조선 인민군 배영철이 주요 인물로 부각되면서 '중·조 합동작전'이 펼쳐지고, 후반부에는 정전 협정에 이르기까지 '중·조 군민 간의 우애'가 그려진다. 상술한 바와 같이, 1950년대 문학 속 조선 형상화는 남성이 사라진 '여성화'를 특징이라 할 수 있는데, 이 소설은 조선 인민군뿐 아니라 중국 지원군과 북한 인민들이 한데 등장하여 '여성화' 특징을 벗어나 있다.

더욱 주목되는 것은 루링이 조선인 마을의 무대를 '38선 부근'으로 설정했다는 점이다. 전반부에서는 한강 이남의 남한 마을을 조명하고, 후반부에서는 38선에 가까운 북한 마을을 다룬다. 양숴 소설과 비교하면 38선의 경계를 무대로 한 본 작품의 의미가 뚜렷해진다. 『삼천리강산』은 '조선과 중국'의 경계인 '동베이' 변방에 근무하는 중국 철도노동자 지원군 이야기를 다룬다. 작품 속 조선과의 지리적 접근성은 전통적인 중·조 간 '순망치한' 관계에서 출발하여, 조선이라는 국경 밖에서 벌어지는 전쟁이 중국에 미칠 위기감을 증폭시키는 데 기여했다. 그러나 만약 '조선'을 남북으로 가르는 경계인 '38선'을 시야로 가져온다면? 민족 간의 이념 갈등으로 폭발한 '동족상잔'이라는 한국전쟁의 본질이 드러나게 되면서, '항미원조'가 요구하는 적아의 대립 구조가 위태로워진다. 한마디로 '항미원조' 서사의 정치적 목적에는 전혀 도움이 되지 않는 매우 위험한 설정이라고 볼 수 있다. 물론 소설에서도 전반부의 남한 마을은 "일찍이 이승만의 선전으로 마비된 곳"[57])으로, 후반부의 38선에 가까운 북한 마을은 "38선에

---

57) 路翎, 『战争, 为了和平』, 北京: 中国文联出版公司, 1985年, 61.

가깝고, 과거 이승만 정권 바로 옆에 있었기 때문에 간첩과 악질분자들이 늘 소란을 피웠다"58)고 묘사하고 있다. 하지만 여기서 38선 이남과 북한 마을의 인민들이 이승만 군대의 폭정에 견디지 못해 인민군과 지원군을 열렬히 환영했다는 식으로 서술했다면 정치적 위험을 해소할 수 있었겠지만, 루링은 그런 길을 선택하지 않았다.

실제로 1951년 6월부터 1953년 7월 27일 휴전조약 체결에 이르기까지 약 26개월 동안의 전투는 피아 쌍방이 38선을 중심으로 기존 점령지를 두고 뺏고 빼앗기는 공방전으로 전개되었고, 지도상에 한 뼘도 안 되는 땅을 차지하기 위해 수많은 인민과 전사들이 희생되었다. 또한 이 과정에서 특정 지역은 불과 며칠 단위로 국군에서 인민군으로, 또 인민군에서 국군의 통치로 '세상'이 바뀌었고, 그저 목숨 부지와 가족의 생계를 위해 인민군 또는 국군에게 협조한 인민들은 각 정권에 의해 '부역자'라는 죄명으로 무참히 희생되었다. '잠재적 비국민'으로 분류되어 내쳐진 것이다. 그리고 조선의 수많은 남성들은 이념도, 자신의 의지와도 상관없이 병력 충원을 위해, 남한으로 혹은 북한으로 끌려가 노역을 하거나 총을 들어야 했다. 38선 경계 지역이었다면 이런 비극은 더했을 것이다. 1952년 12월에 조선에 들어간 루링은 이러한 조선의 현실을 보았을 것이고, 그런 무대를 선택해 현실 속의 전쟁과 조선 인민을 담아낸 것이다. 그래서인지 그의 작품 속에는 북한 인민뿐 아니라 남한 인민도 등장하고 또 남한군도 등장한다. 이러한 작가의 남다른 조선과 전쟁 인식은 소설에서 평범했던 한 가족이 이념으로 인해 남북으로 찢어지고 결국 파탄에 이른 비극을 비춤으로써, 이 전쟁의 본질이 조선의 '동족상잔'임을 간접적으로나마 전달하고 있다.

38선에 가까운 마을에 사는 이 씨네는 두 아들이 모두 전쟁터에 있는데 "큰아들은 인민군으로, 둘째 아들은 반동 조직에 참가해 이승만을 따라갔다"59). 어느 날, 마을 부녀위원 김정영과 최 씨 아낙은 그 집에 둘째

---

58) 路翎, 『战争, 为了和平』, 283.

아들이 돌아온 것 같다는 보고를 받고 다른 일을 핑계 삼아 이 씨네 아낙을 찾아간다. 그들이 둘째 아들 때문에 자신을 찾아왔다는 것을 이미 알고 있는 이 씨네 아낙은 이념과 어머니로서의 혈육의 정 사이에서 번뇌한다. 이 씨네 아낙은 아들이 부탁한 음식을 준비했음에도 이것을 갖다 줘야 할지를 고민하고, 또 한편으로는 자신을 찾아 온 그녀들이 제발 눈치채지 못하길 마음속으로 간절히 바란다. 결국 이 모든 것이 발각되고, 이 씨네 아낙은 지원군과 아들이 있는 곳에 함께 가기로 결정하고는 슬피 울다 혼절한다. 겨우 깨어난 그녀는 아들과 약속한 저녁 시간이 가까워질수록 또다시 마음속 갈등에 고뇌한다. '혹시 아들을 잡아 죽이면 어떡할까, 내가 잘 설득하고 용서를 빌면 안 될까?' 하다가도 "스파이! 강도, 도적놈!"하고 아들을 비난한다. 또 그런 말을 내뱉는 자신에게 소스라치게 놀라면서 고개를 가로젓다가 문득, 인민군에 있는 큰아들을 떠올린다. 그녀의 상상 속에서 미군이 큰아들을 포위하고 총을 겨누고 있다. 그녀는 미군을 아직 발견하지 못한 큰아들이 총에 맞을까봐 아들의 이름을 애타게 부르면서 끔찍함에 몸서리를 친다. 약속한 시간이 되자, 그녀는 지원군에게 자신이 먼저 둘째 아들을 설득해 보겠다고 간곡히 부탁하고, 그 마음을 헤아린 지원군들은 주변 풀숲에 은신하여 대기하기로 한다. 그러나 둘째 아들이 숨어 있던 최 씨 아낙을 발견하게 되면서 상황이 악화되고, 아들을 설득하는 데 실패한 이 씨네 아낙은 최 씨를 해하려는 아들의 총을 대신 맞고 죽게 된다.

물론 루링은 허용된 이데올로기 안에서 둘째 아들과 그 가족을 형상화했다. 두 아들의 어린 시절을 회고하는 부분에서, 큰아들은 긍정적으로 작은 아들은 어릴 적부터 게으르고 약삭빠른 부정적 인물로 묘사하였으며, 지금은 미군의 스파이 기구에 들어가 돈을 탐하고 조선 인민들을 죽이고 마지막에는 어머니까지 죽이는 냉혹하고 무정한 인물로 묘사하였다. 그러

---

59) 路翎, 『战争, 为了和平』, 285.

나 서사의 초점을 남한군도 지원군도 아닌, 두 아들을 서로 다른 진영에 둔 어머니에게 맞춤으로써, 이 전쟁이 평범한 가족을 비극으로 내몰았음을, 넓게는 한 민족이 남북으로 갈라서 서로 총을 겨누는 '동족상잔'이었음을 간접적으로 묘사하고 있다.

또한 전반부에서 조선 인민군으로 활약하는 배영철도 본래 한강 이남에 살던 평범한 청년으로 묘사된다. 배영철은 해방 후, 동지들과 일본 첩보원이자 지주인 김윤을 체포한다. 그러나 미군이 서울에 들어오자 김윤이 풀려나 마을로 돌아온다. 그 후, 동지들은 보복으로 죽임을 당하고 배영철도 결국 붙잡혀 수감된다. 한 동지의 도움으로 혁명을 깨치게 된 그는 탈옥하여 38선을 넘어 북한으로 갔고, 전쟁이 시작되자 인민군의 정찰대원이 되었다.[60] 그리고 지금, 그는 다시 돌아온 한강 이남의 고향 땅을 복잡한 심정으로 바라보고 있다. 폭격으로 구덩이가 깊게 패인, 과거 부모님과 누이가 일구던 밭을 보며 옛 추억에 잠긴다. 일찍 부모님을 여의고 집안을 돌봐 준 누이, 착실한 농민이었던 매형, 자신을 좋아한 소녀 등 평화롭던 과거가 떠오른다. 조선 인민군의 고향을 북한이 아닌 남한으로 설정함으로써, 냉전 이데올로기 구도 밖의 남한을 상상하게 만들고, 그의 과거 회상을 통해 해방 이후 외세의 간섭과 곧 이은 전쟁으로 인해 두 동강이 나버린 조선의 아픈 현대사를 응축해 내는 작가의 통찰력이 돋보인다.

이와 같이 『전쟁, 평화를 위하여』는 두 아들을 서로 다른 진영에 둔 조선 어머니, 남한의 평범한 청년이었던 인민군의 가족 이야기를 담아냄으로써, 조선 인민에게 이 전쟁이 '적과 나'의 투쟁이기도 하지만, 그 적이 본래는 한 가족이었고 함께 사는 이웃이었다는 것을 보여 주는 인도주의 시야가 담긴 유일한 '항미원조' 문학이라고 평가할 수 있다.

---

60) 路翎, 『战争, 为了和平』, 74.

## 3. 나오며

"동아시아 냉전과 세계냉전의 한 진앙"이 된 한국전쟁의 세계적 시야와는 달리, 이 전쟁을 경험하며 진행된 중국의 냉전화와 국민화 과정에는 미·소 양대 진영으로 편제된 세계적 냉전 틀로는 충분히 설명되지 않는 "식민화의 유산과 냉전 문화화의 중첩"의 특수성이 있다. 한편, 이러한 냉전화 과정에서의 '연속성'은 신중국이 '계급 정체성'이라는 새로운 국가 통치 질서를 수립하고 실행하는 데 처한 어려움을 시사한다. 신중국이 구중국의 인적·물적 토대 위에 세워진 탓에 건국 초기 새로운 계급 정체성이 곧바로 급진적인 일체화를 이루기 힘들었고, 20세기 중국을 지탱해 온 다종의 정치적 정체성이 복잡하게 뒤섞여 있었기 때문이다.

이때, 구중국에서 다양한 출신 성분과 세계관을 가진 '항미원조' 작가들의 창작은 그 양상을 들여다보는 문화적 창이 된다. 그들은 조직적이고 집단적인 새로운 당대 문예 기제 하에서 통일된 당의 창작 지침에 따라 '항미원조' 전쟁의 국가서사를 구축해내지만, 단시간에 '개조'될 수 없었던 기존의 세계관과 창작 세계가 작품 속에 은연중에 드러나 서로 다른 전쟁 풍경을 만들어냈기 때문이다. 따라서 이러한 창작 주체들의 창작물은 구중국에서 신중국으로의 과도기적 성격, 즉 건국 초기 다양한 세계관이 혼재해 있던 중국의 냉전화 특징을 살펴볼 수 있는 연구 텍스트로 볼수 있다. 이를 위해, 이 글에서는 항미원조 문학 속 전쟁 서사 유형을 세가지, 즉 계급 정체성 서사의 초석, 민족주의 정서의 냉전적 전환, 인도주의 시야에서의 전쟁 비극으로 나누어, 각각 웨이웨이의 전지 통신, 양숴의 『삼천리강산』, 루링의 소설을 주요 텍스트로 삼아 분석해 보았다. 이는 특히 창작 주체들이 이 전쟁을 어떻게 이해했는가, 그리고 어떤 부분을 힘써 강조하고 있는가에 따라 달라진다.

첫째, 오랜 시간 부대 문예 공작에 종사해 온 웨이웨이의 경우, 구사회에서 '가난하고 고통 받은 자勞苦人'의 인민지원군 신분에 주목하여, '계급의 고통'이라는 그들의 초보적인 계급 각성을 바탕으로 신·구 사회 대비에서 발원되는 '농민' 지원군의 조국애와 국제주의 정신을 구현했다. 또한 작가는 이 전쟁을 '해방 전쟁의 해외판'으로 인식하여 사회주의 신중국의 새로운 계급 정체성에 입각한 '항미원조' 국가서사를 만들어냈다.

둘째, 양숴는 일제 침략 시기 민족의 집단적 상흔에서 출발하여, 중·조 간의 전통적 '순망치한' 관계의 냉전적 전환을 문학적으로 탁월하게 재해석하였다. 일제 시기 민족 상흔을 미제에 중첩시키는 방법은 당시 '항미원조 운동' 중 반미 교육에서도 찾아볼 수 있다. 하지만 중국 인민들의 집단기억 속에 '반일' 정서와 공존하는 반조선反朝, 즉 '까오리빵즈'에 대한 기억은 '사회주의 조선'에서 분리되어야 할 요소였다. 정감화된 정치 수단인 대중 서사에서 '까오리빵즈'에 대한 악감정을 제거하고 원조援朝의 필요성을 설득하는 서사 전략은 크게 혁명 전우애 고취와 여성화된 조선 형상화가 있는데, 『삼천리강산』은 전자를 택하여 중·조의 합동 작전을 그렸다. 또한, 이 작품은 한국전쟁을 계기로 전개된 중국의 초기 냉전화가 진영 논리에 의한 것이라기보다 일제 침략 시기 형성된 민족주의 정서의 토대 위에 형성된 것임을 보여 준다.

셋째, 5·4 신문화운동의 계몽 세례를 받은 루링은 이들과는 또 다른 '항미원조' 서사를 보여 주었는데, 그의 전쟁과 지원군에 대한 인식은 '집단주의'로 수렴되는 계급도, 민족주의도 아닌, 보편적인 인도주의였기 때문에 당시의 시대 담론과 어긋나게 되었다. 본문에서는 루링 작품과 그에 대한 비판을 토대로, 이념을 초월한 '인도주의' 측면에서 '인간' 지원군의 내면 심리와 조선의 '동족상잔'으로 '항미원조' 전쟁을 형상화한 루링의 창작 세계를 살펴보았다.

위와 같이, '항미원조' 전쟁의 국가서사 형성기라고 볼 수 있는 건국 초기, 세 작가의 창작은 다종의 정치 정체성이 혼재하는 중국의 초기 냉전적 세계관을 엿볼 수 있는 문화적 창이다. 또한 작가들의 다양한 서사 방식은 주류 이데올로기가 '항미원조'로 표달하고자 했던 새로운 냉전 질서의 해석으로도 볼 수 있는데, 당대 문단에서 작가들의 창작이 용인되고 변용되고 또 비판받는 선별 과정은 건국 초 다양하고 복잡하게 표상된 '계급 정체성'이 점차 단일화 및 일체화로 수렴되는 과정으로 볼 수 있다.

# 참고문헌

## ● 중국 문헌

[원전 자료]

魏巍, 『魏巍全集』 第七卷, 广州: 广东教育出版社, 1999

杨朔, 『三千里江山』, 北京: 人民文学出版社, 1978

路翎, 『初雪』, 宁夏人民出版社, 1981

路翎, 『战争, 为了和平』, 北京: 中国文联出版公司, 1985

路翎, 『路翎作品新编』, 北京: 人民大学出版社, 2011


[연구논저]

周一良主编, 『中朝人民的友谊关系与文化交流』, 开明书店, 1951

李傅琇, 『抗美援朝快板集』, 上海: 晨光出版公司, 1951

丁玲, 「读魏巍的朝鲜通讯－－『谁是最可爱的人』与『冬天和春天』」, 『文艺报』, 第
四卷·第三期, 1951

陈涌, 「文学创作的新收获－－评杨朔的『三千里江山』」, 『人民文学』, 1953

侯金镜, 「评路翎的三篇小说」, 『文艺报』 第12号, 1954年6月

冉淮舟·刘绳著, 『魏巍创作论』, 陕西人民出版社, 1985

『毛泽东选集(第二版)』 第一卷, 北京: 人民大学出版社, 1991

杨柄, 『魏巍评传』, 当代中国出版社出版, 2000

洪子诚, 『中国当代文学史(修订版)』, 北京: 北京大学出版社, 2011

陈晓明, 『中国当代文学主潮(第二版)』, 北京: 北京大学出版社, 2013

戴锦华, 「历史叙事与话语: 十七年历史题材影片二题」, 『北京电影学院学报』1991
年第2期

张帆, 「"却向秋风哭故园"的战地作家杨朔」, 『炎黄春秋』 1997年11期

侯松涛, 「抗美援朝运动与民众社会心态研究」, 『中共党史研究』 2005年5第2期

常彬,「抗美援朝文学叙事中的政治与人性」,『文学评论』2007年第2期

常彬,「面影模糊的"老战友"－－抗美援朝文学的"友军"叙事」,『华夏文化论坛』, 2016

马钊,「革命战争、性别书写、国际主义想象: 抗美援朝文学作品中的朝鲜叙事」,
　　　　2015年中国复旦大学中华文明国际研究中心主办的访问学者工作坊『海客
　　　　谈瀛洲: 近代以来中国人的世界想像, 1839-1978』论文集

马钊,「政治、宣传与文艺: 冷战时期中朝同盟关系的建构」,『文化研究』2016年
　　　　01期

姜艳秀,『论魏巍抗美援朝作品中的朝鲜形象』, 延边大学硕士学位论文, 2009

李伟光,『论杨朔抗美援朝文学作品中的朝鲜形象』, 延边大学硕士学位论文, 2009

姚康康,『"组织写作"与当代文学的"一体化"进程－－以抗美援朝文学为例』, 西北
　　　　师范大学硕士学位论, 2012

刘宇,『论路翎抗美援朝文学作品中的朝鲜形象』, 延边大学硕士学位论文, 2012

倪玲颖,「抗战时期杨朔的出版活动和文学创作」,『文艺报』(2015. 4. 27.)


[신문기사]
『人民日报』,「朝鲜人民心目中的"高丽棒子"」(1950. 11. 27.)

『人民日报』,「"援朝"正是为了反对"高丽棒子"」(1950年第八期)

● 한국 문헌

박명림,『한국 1950, 전쟁과 평화』, 나남, 2002

성공회대 동아시아연구소 편,『냉전아시아의 문화풍경1: 1940~1950』, 현실문
　　　화 출판, 2008

성공회대 동아시아연구소 기획,『'냉전'아시아의 탄생: 신중국과 한국전쟁』,
　　　백원담·임우경 엮음, 문화과학사, 2013

동북아다이멘션 연구총서 8

# 동북아 냉전 체제의 고착과 문화적 재현

초판 인쇄 | 2022년 10월 21일
초판 발행 | 2022년 10월 31일

엮 은 이   원광대학교 한중관계연구원 동북아시아인문사회연구소
발 행 인   한정희
발 행 처   경인문화사
감     수   김정현 유지아 한담
교     정   손유나
편     집   유지혜
출판번호   406-1973-000003호
주     소   파주시 회동길 445-1 경인빌딩 B동 4층
전     화   031-955-9300  팩 스   031-955-9310
홈페이지   www.kyunginp.co.kr
이 메 일   kyungin@kyunginp.co.kr

ISBN 978-89-499-6664-9
ISBN 978-89-499-4821-8 (세트)
값  31,000원